L'ESPRIT

DU BIEN-HEUREUX

FRANÇOIS DE SALES,

EVESQUE DE GENEVE.

TOME II.

DE L'IMPRIMERIE DE BEAU, A SAINT-GERMAIN-EN-LAYE.

L'ESPRIT

DU BIEN-HEUREUX

FRANÇOIS DE SALES,

EVESQUE DE GENEVE,

REPRÉSENTÉ EN PLUSIEURS DE SES ACTIONS ET PAROLES REMARQUABLES,

RECUEILLIES DE QUELQUES SERMONS, EXHORTATIONS, CONFERENCES,
CONVERSATIONS, LIVRES ET LETTRES

DE M. JEAN-PIERRE CAMUS,

EVESQUE DE BELLEY,

Nouvelle édition enrichie d'un portrait,

ET D'UNE NOTICE SUR LA VIE ET LES ÉCRITS

DE M. CAMUS,

PAR M. DEPÉRY,

CHANOINE ET VICAIRE-GÉNÉRAL DE BELLEY.

TOME DEUXIÈME.

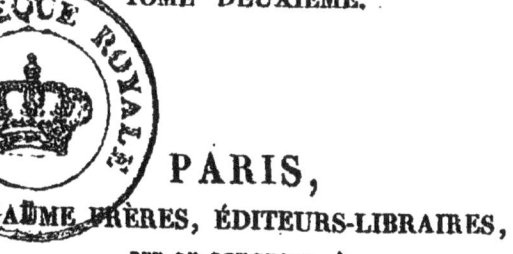

PARIS,

GAUME FRÈRES, ÉDITEURS-LIBRAIRES,

RUE DU POT-DE-FER, 5.

—

1840

LE LIBRAIRE AU LECTEUR.

Voicy, Lecteur, le troisiesme tome de cét *Esprit*, dont les deux premiers ont contenté tant d'esprits. Je m'asseure que cettuy cy ne leur donnera pas moins de satisfaction; car il en prend en ce sujet comme aux fleuves qui s'aggrandissent par leur cours, et comme à ces pierres qui tombent de haut, lesquelles redoublent leurs poids et leurs forces par leur descente.

Tant s'en faut que ceste source s'espuise estant plus puisee, qu'au contraire elle s'en rend plus claire et plus nette, pourveu qu'il ne luy arrive point comme à ces belles fontaines, dont l'eau plus vive que le cristail, devient trouble et noirastre quand quelque animal venimeux y vient boire. Si rien ne traverse la desirable suitte que l'on me promet, il en prendra à cette source, comme à celle de Mardochee qui devint un large fleuve, lequel en fin se changea en soleil lumineux qui esclaira toute la terre.

Cét or s'estend à mesme qu'il est battu; et ceste huile, comme celle du prophete, se multiplie à mesme qu'on luy presente les vaisseaux des desirs de plusieurs bonnes ames, à qui la memoire du bienheureux François de Sales est comme celle de Josias, plus suave que l'espanchement d'un parfum precieux.

Il en prend icy comme aux mines d'or, où plus avant on foüille, plus la veuë du métal est pure et raffinee; et plus grande est la joye et l'avidité de ceux qui la creusent. Si les deux tomes precedens ont meslé l'utile avec le delectable, cestuy-cy ne leur cedera point en ces deux excellentes qualitez; car il en est des escrivains comme de l'homme de bien dont la route est comparee à celle de l'aurore, qui s'avance tousjours jusques à la plenitude du jour. Il en sera en cet ouvrage non comme du lait qui pousse toute sa cresme au dessus, mais comme du miel et du baume qui ont leur douceur et leur force au fonds des vaisseaux : cét architriclin te garde le bon vin pour l'arrieremets.

Pourveu qu'il n'y ait point de Balac qui vueille regarder cecy de costé, afin de le maudire ou d'en mesdire! Mais Dieu sçait confondre ceux qui se laissent aller au train du loyer de Balaam, et tirer la loüange de la bouche mesme de l'envie : comme il arracha la benediction de celle de ce mauvais prophete contre son intention, il a le secret pour faire sortir nostre salut de nos ennemis, et de la main de ceux qui nous hayssent.

L'ESPRIT

DU BIEN-HEUREUX

FRANÇOIS DE SALES.

PARTIE SEPTIESME.

SECTION I.

De l'egalité d'esprit.

On me demande quelle est la vraye egalité d'esprit; et je responds qu'on ne la sçauroit depeindre de plus vives et naïves couleurs, que celles qu'en fournit nostre-bienheureux Pere, au septiesme de ses Entretiens spirituels. Vous, mes Sœurs, qui avez tous les jours ce livre en main, en devez estre autant et plus instruittes que moy, joint que vous en joignez la pratique à la theorie : car le train de vostre vie est si egal, et ajusté de tant de regles et de constitutions, comme avec autant de niveaux, qu'il ne se peut faire autrement que leur observance ne vous conduise peu à peu, et insensiblement à cette saincte egalité d'esprit, qui est, à mon jugement, comme le sommet de la perfection de la vie spirituelle.

C'est pourquoy je la compare quelquefois au faiste du mont Olympe, que l'on dit estre si haut eslevé, qu'il perce tous les nuages, et va jusques à une region de l'air si subtile, et si espuree de broüillards, de pluyes et de vents, que l'on n'y sent aucun orage; de sorte que ce que l'on y trace sur le sable n'est jamais effacé par aucune tempeste, ny impression de l'air. On peut dire d'une ame où regne ceste egalité d'esprit que vous demandez, que, comme l'aigle, elle met son aire et ses petits en des rochers si eslevez, qu'ils sont inaccessibles aux hommes et aux animaux de la terre : elle a son refuge en des lieux haults, de sorte que le mal n'en peut aborder, ny les fleaux approcher de son tabernacle. Et quand je dy le mal, j'entends celuy de coulpe, car pour celuy de peine, c'est une ombre inseparable du corps de ceste vie mortelle, de cette region de l'ombre de mort. Cependant le cœur egal ne perd point sa tranquilité, ny la fermeté de son assiete, pour tous les maux opposez aux trois sortes de biens, honorables, utiles, ou delectables; au contraire, faisant profit de son dommage, il tire sa gloire de l'ignominie de la croix, il fait sa richesse de sa disette, et il cueille des roses d'un sainct aise du milieu des espines des plus poignantes dou' urs, selon ce que disoit le Psalmiste, *Seigneur, vous avez deschiré le sac de mon corps, et vous avez environné et comblé mon esprit d'une sainte allegresse* [1]; et l'Apostre, *Vous me faites trouver la force dans les infirmitez* [2].

Mais, j'entends bien, vous voulez sçavoir dans quelle nacre on trouve ceste precieuse marguerite, pour laquelle avoir il faut vendre tout son avoir; en quel champ se rencontre ce tresor inestimable, pour l'acquisition duquel il ne faut point faire de reste. Je le vous diray en une parole, mes tres-cheres Sœurs : il ne se trouve que dans le champ et dans la nacre de la parfaicte indifference chrestienne, et ceste par-

[1] Psal. xxix, 12. — [2] II Cor. xii, 9.

faite indifference ne croist que dans le lien de perfection, la tres-saincte charité, mais charité en un degré eminent. Ceste plante ne rampe pas contre terre, elle ne vient que sur la pointe des plus hauts cedres du Liban, ou des cyprez de la montagne de Syon.

Mais qu'est-ce que cette indifference, mes Sœurs? Adjouster quelque chose à ce que nous en apprend nostre-bienheureux Pere en son Theotime, où il en traitte à plein fonds [1], ne seroit-ce pas rouler des eaux à la mer, ou porter des chouettes à Athenes? Vous voulez neantmoins (tel est vostre sainct empressement) entendre l'escolier apres le maistre, et profiter par la repetition de ma leçon : ainsi soit-il, mes Sœurs; car s'il vous est bon d'escouter, il m'est encore meilleur de repasser sur ces idées, desquelles on peut dire mieux que ce poëte de ses poëmes,

Decies repetita placebunt [2],

que la dixiesme repetition en sera encor agreable.

L'indifference chrestienne (car je ne parle pas de la philosophicque payenne, qui estoit un vray sublimé d'orgueil) n'est autre chose, à mon advis, qu'une entiere confiance en Dieu, et un total abandonnement à sa saincte providence : ne prenant jamais de la gauche ce qu'il nous envoye tousjours de la droitte, car c'est de ceste main qu'il nous tient, qu'il nous conduit en sa volonté, pour nous recevoir en sa gloire; estimant donc que ce qu'il nous envoye, soit bien, soit mal de peine, est tousjours (comme certes il est) pour nostre mieux, et mesme que ses verges et ses bastons nous peuvent consoler, changeant ses foudres de menaces en pluyes de promesses et de graces, c'est le vray moyen d'estre, comme les poissons de la mer, doux parmy la saleure et l'amertume.

Celuy qui peut dire avec ce sainct, *Encore que Dieu me tüe, je ne laisseray d'esperer en luy* [3], au contraire plus il

---

[1] Liv. 9, chap. 4-7. — [2] Horat. De art. poet. 365. — [3] Job XIII, 15.

m'accablera, plus je me retourneray vers luy, est certes fort voisin de l'egalité d'esprit de ce miroir des patiens, qui dans son desbris universel n'avoit autre parole en la bouche, sinon : *Le Seigneur m'avoit donné beaucoup de biens, le Seigneur me les a ostez, son sainct nom soit beny* [1]. Le Psalmiste a dit depuis, en ceste mesme assiette d'esprit : *Je beniray le Seigneur en tout temps, sa louange sera tousjours en ma bouche* [2].

L'ancien Platon appelloit un homme parfait et tousjours égal à soy-mesme un homme quarré; c'est-à-dire, semblable à un dé, lequel, de quelque costé qu'on le tourne, est tousjours sur son cube, et sur sa droitte assiette. Cette égalité d'esprit est comme le lest d'un navire, qui luy sert comme de fondement, pour le tenir droit et juste parmy la varieté des flots et des vagues. Celuy qui l'a, fait comme l'aigle qui se balance avec tant de justesse dans les airs, qu'elle s'y tient immobile tandis qu'elle regarde fixement le soleil, aux rayons duquel elle purifie et raffine sa veüe.

Certes je ne voy rien qui nous exprime en termes plus energiques ceste ferme et invariable egalité d'esprit parmy l'inegalité des evenemens de ceste vie, comme cette excellente sentence de nostre-bienheureux Pere qu'il a couchee en son Theotime, dont voicy les mots :

« C'est un signe certain que nous n'aymons que Dieu en
» toutes choses quand nous l'aymons egalement en toutes
» choses; d'autant que Dieu estant tousjours egal à luy
» mesme, l'inegalité de nostre amour envers luy ne peut ti-
» rer son origine que de quelque chose qui n'est pas luy. »

Et ne faut pas que vous vous imaginiez, mes Sœurs, que cette saincte egalité d'esprit soit renversee, quoy qu'elle soit traversee par l'inegalité des humeurs et des inclinations de la partie inferieure de l'ame : car tout ainsi que la cime de ce mont Olympe dont nous avons parlé ne laisse d'estre

---

[1] Job I, 21. — [2] Psal. xxxiii, 2.

nette, pure, seraine et tranquile, quoy que les gresles, les vents, les pluyes, les orages et les tonnerres grondent vers ses racines; aussi les troubles et les inconstances de la partie inferieure de l'ame, ne sont à rien conter, pourveu que la pointe de l'esprit, la partie superieure, demeure bien unie et attachee à la volonté de Dieu.

Mens immota manet, lachrymæ volvuntur inanes [1].

Alors on imite Abraham (duquel si nous sommes enfans nous devons imiter les œuvres), qui laissa son valet et son asne au pied de la montagne, tandis qu'il alloit sur la sommité faire ce grand sacrifice de son fils unique, et estonner le ciel et la terre du spectacle d'une si prodigieuse obeissance. Je sçay bien que cét exemple nous esbloüit de son éclat, nous estouffe de sa grandeur, et nous donne plus d'admiration que d'esperance de le suivre : mais quand nous pensons que nous servons le mesme Dieu d'Abraham, que nous aspirons à la mesme gloire, par la mesme grace de celuy dont le bras n'est point racourcy, ny affoibly, qui fait seul des merveilles, qui opere puissamment en son bras, et qui choisit les choses foibles pour confondre les fortes; que ne devons nous attendre de l'appuy de celuy qui peut tout, et qui fait tout ce qu'il veut au ciel et en la terre? Quand nous marcherions au milieu de l'ombre de la mort, nous ne devons craindre aucun mal, pourveu qu'il soit avec nous, et qu'il y soit comme un fort guerrier, avec sa main puissante et son bras relevé.

SECTION II.

De trois exercices spirituels.

Il faisoit grande estime de trois exercices spirituels, qui sont familiers à ceux qui font profession de vivre devote-

---

[1] Virgil. Æneid. IV, 449.

ment. Le premier, celuy de la presence de Dieu : le second, celuy de la volonté de Dieu : le troisiesme, celuy de la pureté d'intention. Il disoit qu'il ne falloit que la pratique fidele de l'un de ces exercices, pour eslever une ame à un haut degré de perfection.

Son favori estoit le premier, c'est à dire, celuy de la presence de Dieu; et vous sçavez, mes Sœurs, que c'est celuy qu'il vous a le plus recommandé, et qui se pratique d'avantage dans vos maisons. Et certes il a cét honneur d'estre recommandé par la propre bouche de Dieu, disant à Abraham le pere des croyans, *Marche devant moy*, c'est à dire, en ma presence, *et sois parfait*[1] : et David parlant selon le cœur et l'esprit de Dieu, disoit, *Je regardois tousjours Dieu present, et cela m'affermissoit en toutes mes voyes*[2].

Il n'y a point de frein pareil pour nous empescher de mal faire, ny d'esperon pareil pour nous faire avancer dans le bien, comme est cét exercice. Le Psalmiste attribuë les cheutes des pecheurs à ce qu'ils n'ont pas Dieu devant leurs yeux, et de ce que ses jugemens sont effacez de leurs memoires[3]. Et nous voyons mesmes par experience que la presence des personnes graves et de respect, tient en regle, sinon la pensee, au moins la contenance des plus desreglez et licentieux. Comme la veuë continuelle de Dieu dans le ciel, cause un amour necessaire, cét amour sans interruption fait l'impeccabilité des bien-heureux. Si nostre foy estoit tousjours veillante comme cette baguette du prophete, et tousjours retournee vers Dieu comme l'aiguille du cadran vers le nort, nous ne chopperions pas si souvent par les surprises de celuy qui tente : car nous aurions et vergoigne et crainte d'offenser celuy qui voit tout, et qui peut en un instant precipiter le corps et l'ame en la gehenne eternelle. Que si le souvenir des fins dernieres, selon la parole du Sage, est capable de nous retirer du peché[4]; combien plus la presence de celuy qui est

---

[1] Gen. xvii, 1. — [2] Psal. xv, 8. — [3] Psal. x, 5. — [4] Eccli. vii, 40.

l'alpha et l'omega, c'est à dire, le commencement et le principe premier, et la fin derniere et souveraine de toutes choses? Cette veuë continuelle de Dieu conserveroit la grace et la charité en une ame qui en seroit pourveuë, et la rappelleroit bientost en celle qui en seroit privée. Cét exercice est tres-asseuré pour arriver au port de salut, ce qui ne se peut faire que par la charité, laquelle est la fin du precepte, et de toute consommation.

Le second exercice est celuy de la tres-saincte volonté de Dieu, duquel vous sçavez combien d'estat fait nostre bienheureux Pere, selon ce qu'il en escrit en son Theotime, en ses Entretiens, et en ses Epistres. Une ame qui le prend pour niveau de toutes ses actions, peut bien dire qu'elle marche sous la vraye regle de toute perfection; et *quiconque suivra ceste regle,* pour user des termes de l'Apostre, *paix sur luy, et l'Israel de Dieu*[1]. Faire en toutes choses la volonté de Dieu, c'est la fleur et comme le faiste de la couronne du sainct amour : car puisque l'amitié fait un mesme vouloir et non vouloir entre les personnes qui s'entr'aiment, combien plus en la charité, qui est un amour de Dieu, et un amour d'amitié, amour desinteressé, qui n'a pour visee que le bien de l'object aymé, et le desir de luy plaire en toutes choses?

Le troisiesme exercice est celuy de la pureté d'intention, cét œil, ce cheveu unique, dont le cœur du sainct amant est blessé dans le Cantique des cantiques[2]. Certes ce dernier me semble comprendre les deux precedens, comme un grand cercle enferme et embrasse les moindres, et le firmament les spheres qui luy sont inferieures. Celuy qui fait toutes ses actions, tant les bonnes que les indifferentes, que la fuitte des mauvaises, avec pureté d'intention, c'est à dire, uniquement et seulement pour la fin derniere, qui est la gloire de Dieu, marche continuellement en sa presence, et ne s'escarte point de sa volonté, puis que Dieu se veut soy mesme, et toutes choses pour soy, c'est à dire pour sa gloire.

[1] Galat. vi, 16. — [2] Cantic. iv, 9.

C'est pour cela, si vous me permettez de vous dire mon sentiment, que mon cœur se tourne principalement vers ce troisiesme exercice, comme plus universel, plus aisé, plus necessaire : plus universel, puis qu'il comprend les deux autres, nous faisant operer en la veuë de Dieu, c'est à dire, en sa presence, et conformement à sa volonté, autrement nostre intention ne peut estre pure. A raison dequoy je l'appelle un lien de trois cordons qui se rompt difficilement[1]. Certes l'intention est l'ame de nos actions, lesquelles sont d'autant plus excellentes que nostre intention est pure, ce qui faisoit dire à nostre bien-heureux Pere, « que c'estoit faire excel-
» lemment les actions petites, que les faire avec beaucoup de
» pureté d'intention, et une forte volonté de plaire à Dieu,
» et qu'ainsi elles nous fortifiaient grandement. Il y en a qui
» font peu de besogne, mais ils la font avec une volonté et
» une intention si saincte, qu'ils font un progres extreme en
» la dilection[2]. »

SECTION IV.

Repartie agreable.

Quelqu'un luy disoit un jour assez brusquement, que l'on ne voyoit que femmes autour de luy. « Sans comparaison, respondit-il, il en estoit ainsi de nostre Seigneur, et plusieurs en murmuroient. — Mais, reprit celuy qui avoit avancé ce propos assez legerement, je ne sçay pourquoy elles s'amusent ainsi autour de vous, car je ne m'apperçoy pas que vous leur teniez pied à causer, ny que vous leur disiez grande chose. — Et n'appellez-vous rien, repartit le Bien-heureux, de leur laisser tout dire? Certes elles ont plus de besoin d'oreilles pour les entendre, que de langues qui leur repliquent, elles en disent assez pour elles et pour moy : c'est possible ceste facilité à les escouter qui les empresse autour de moy ;

---

[1] Eccli. iv, 12. — [2] De l'amour de Dieu, liv. 12, chap. 6.

car à un grand parleur rien n'agree tant qu'un auditeur patient et paisible. »

Il omettoit à dire que l'extreme douceur de sa conversation avoit des charmes qui eussent enchanté les tygres, et qui luy captivoient bien autant l'affection des hommes que des femmes : car comme le rayon de miel en un morceau de succre attire à soy les mouches, ainsi la suavité des mœurs entraine apres soy les esprits les plus farouches et les moins traittables.

L'autre en continuant sa liberté, luy dit qu'il avoit pris garde à son confessionnal, que pour un homme qui s'y presentoit, il y avoit un grand nombre de femmes qui l'assiegeoient : — Croyez-moy, repartit-il, en riant, que si les femmes entendoient les confessions, les hommes y feroient bien une autre presse. Que voulez-vous, adjousta-t'il ? ce sexe est plus enclin à la pieté, et c'est pour cela que l'Eglise l'appelle devot : plût à Dieu que les hommes qui font bien d'autres pechez, eussent autant d'inclination à la penitence ! »

L'autre croissant tousjours en hardiesse, demanda s'il y avoit plus de femmes sauvees que d'hommes. Le Bien-heureux, qui ne prenoit pas plaisir que l'on parlast des choses sainctes par joyeuseté : « Raillerie à part, dit-il, ce n'est pas à nous d'entrer dans le sens et le secret de Dieu, ny d'estre ses conseillers, ny de sçavoir les temps et les momens que Dieu a reservez à son pouvoir et à sa cognoissance. » Il arresta son discours avec ce frein et ce camare. C'est ainsi qu'il faut faire pour clorre la bouche à ceux qui disent des choses superflues, et qui donnent dans l'iniquité.

SECTION V.

A un evesque.

Un evesque que je cognoy bien et qu'il n'est pas expedient de nommer, luy demandoit son avis sur une pensee qu'il avoit de quitter sa charge pour se retirer dans une vie privee, luy alleguant le grand exemple de sainct Gregoire de Nazianze, surnommé le Theologien, l'oracle de son temps; lequel quitta trois eveschez, Sozime, Nazianze, et le Patriarchat de Constantinople, pour aller finir ses jours en la vie champestre, en sa maistairie paternelle, appellee Arianze.

Il luy respondit, que nous devions presumer que ces grands saincts n'avoient rien fait sans un particulier mouvement de l'Esprit de Dieu, et qu'il ne falloit pas juger de leurs actions par l'escorce exterieure; veu mesme qu'il avoit esté contrainct de ceder à la violence, quand il quitta ce dernier siege, ce qui estoit aisé à juger de la derniere action qu'il y fit en public, où il arracha les larmes de tous ceux qui l'ouyrent.

L'evesque repliquant que la grandeur de la charge l'espouvantoit, ayant à respondre de tant d'ames : « Helas! dit le Bien-heureux, que diriez-vous, que feriez-vous, si vous aviez un tel faix que le mien sur vos espaules? et cependant il ne faut pas que j'en espere moins en la misericorde de Dieu. »

L'evesque se plaignant d'estre comme la chandelle qui se consomme pour eclairer les autres, et d'avoir tant d'occupation pour le service du prochain, qu'il n'avoit pas presque le loisir de penser à soy, et d'avoir attention à son propre salut : « Et celuy du prochain, reprit le bien-heureux Prelat, faisant une partie du vostre, et une partie si grande, qu'elle fait presque le tout, ne faittes-vous pas le vostre en procurant celuy d'autruy? mais pouvez-vous operer le vostre, sinon en avançant le salut des autres, puisque vous estes appellé à cela? »

L'evesque repartant, qu'il estoit comme la queux, ou pierre aiguisoire, qui se fait mousse en aiguisant les tranchans; et que taschant de porter les autres à la saincteté, il s'exposoit au hazard de la perdre : « Lisez, luy dit le sainct Pasteur, l'histoire ecclesiastique, et toutes les vies des saincts, et tenez pour constant que vous ne trouverez point tant de saincts en aucun ordre, ny en aucune vocation tant qu'en la condition d'evesque; n'y ayant aucun estat en l'Eglise de Dieu qui fournisse tant de moyens de sanctification et de perfection ; le meilleur moyen de faire progrez en la perfection estant de l'enseigner aux autres, et par parole, et par exemple, à quoy les evesques sont obligez par leur estat, et d'estre la forme et le modele de leurs troupeaux de tout leur cœur, et de toute leur ame. Toute la vie du chrestien est une milice sur la terre, et doit estre une course continuelle vers le but de la perfection : or entre les estats ou vacations qui sont en l'Eglise n'y en ayant aucune de plus grande perfection que l'episcopale, tant pour la fin que pour les moyens, c'est en quelque façon regarder en arriere, et faire comme les enfans d'Ephraim, qui laschoient le pied quand il falloit aller à la charge, de se retirer d'une telle fonction. Vous allez si bien, qui est-ce qui vous retient? Demeurez dans le vaisseau où Dieu vous a mis pour faire le traject de ceste vie; ce passage est si court qu'il ne vaut pas la peine de changer de barque. Que si la teste vous fait mal dans un grand navire, combien plus vous tournera-t'elle dans l'esquif plus subjet au mouvement des vagues; je veux dire, dans une moindre condition, laquelle quoy que moins occupee, et en apparence plus tranquille, ne sera pas moins sujette aux tentations? »

Ces raisons retindrent cet evesque dans la pratique de ce mot de l'Apostre, *Que chacun demeure en la vocation à laquelle il est appellé*[1], et garde fidelement son poste en l'armee de la Sulamite, la saincte Eglise.

SECTION VI.

De l'accommodement.

Apres la paix conclue à Vervins entre la France et l'Espa-

[1] 1 Cor. vii, 20, 24.

gne, on rendit à son Altesse de Savoye la duchee de Chablais, contenant trois bailliages, Thonon, Ternier, et Gaillard, qui avoient esté usurpez sur ces estats par ceux du canton de Berne. Ceux de ce canton estans de l'eglise protestante, ils avoient osté l'exercice de la Religion catholique de ces trois bailliages, qui estoient du dioceze de Geneve. Monseigneur de Granier, predecesseur de nostre Bien-heureux en l'evesché de Geneve, se trouvant lors evesque, et secondant les pieux desseins de son Altesse qui estoient de ramener ces peuples seduits au giron de l'Eglise Romaine, fit amas d'ouvriers pour envoyer en ceste moisson.

Nostre bien-heureux qui lors estoit prevost de l'eglise cathedrale de sainct Pierre de Geneve, qui est la premiere dignité de ceste eglise-là, apres celle de l'evesque, fut choisi des premiers avec quelques chanoines, curez et autres prestres du clergé par monsieur de Granier : auquel se presenterent plusieurs cenobites de divers Ordres, pour estre employez en ceste non moins onereuse qu'honorable mission. On ne sçauroit exprimer les travaux de ces missionnaires, et les obstacles qu'ils avoient au commencement de cette saincte entreprise. Car Jesus-Christ ayant esté prophetisé par Simeon, pour un signe auquel on contrediroit[1], le vray sceau de sa doctrine, c'est la contradiction : veu mesme que le pere de mensonge remua toutes pierres pour empescher l'entree et le progrez de la verité parmy ce peuple, qu'il tenoit assis parmy les tenebres de l'erreur et dans ceste region d'ombre de mort.

Je n'ay pas fait dessein de vous raconter ceste histoire, laquelle est assez amplement descrite dans celle de la vie de nostre bien-heureux Pere : je veux seulement vous en representer une particularité qui vous fera cognoistre, mes Sœurs, combien l'esprit de nostre Bien-heureux estoit souple et accommodant, et combien servit cette qualité à l'avancement de la

---

[1] Luc. II, 34.

conversion de ces peuples. Il estoit comme la manne qui prenoit tel goust que desiroient ceux qui la savouroient, se rendant tout à tous pour les gaigner tous à Jesus Christ. Juif aux Juifs, Gentil aux Gentils, joyeux avec les joyeux, triste avec les affligez, malade avec les malades, il accommodoit mesmes les medecines, autant qu'il pouvoit, au goust des infirmes, sans prejudice de la vertu des remedes, pour leur redonner leur santé avec douceur et suavité, estimant que l'agreement de l'antidote contribuoit beaucoup à l'avancement de la santé et de la saincteté, ce qui est pris et receu à contre-cœur profitant beaucoup moins.

Dans son ordinaire conversation, son habit, qui estoit commun et vulgaire, choquoit beaucoup moins les yeux et l'esprit de ces peuples, que les vestemens diversifiez et extraordinaires de ceux des divers Ordres qui estoient associez à ceste mission. Il se rangeoit quelquefois à ce point de condescendance, luy et les ecclesiastiques du clergé qui estoient de son esquadre et rangez sous sa direction, de marcher avec des manteaux courts, et bottez, pour se donner en cette façon plus facile accez dans les maisons particulieres, et ne blesser point les yeux des compagnies par le port de l'habit long qui leur estoit nouveau.

Stratageme pieux, duquel les autres ne se vouloient pas servir, leurs vestemens de distinction estans comme essentiels à leur estat, ou au moins comme des accidens inseparables de sa substance. Au reste cette varieté de robes si peu conformes à l'usage commun estonnoit tellement ces peuples, que les enfans fuyoient devant leur aspect, comme à la veüe de quelque fantosme ; et les femmes enceintes, à ce qu'ils disoient, en tomboient en divers accidens, soit par la frayeur, soit par les impressions de l'imagination, dont elles sont en cét estat fort susceptibles.

De tant loin qu'on les voyoit, les plus timides s'escartoient, et se cachoient de leur presence, et les plus hardies se portoient à des risees, et quelquefois à des hüees insolentes et scandaleuses. S'ils vouloient parler en public, c'estoit une solitude merveilleuse autour d'eux, ou c'estoit un tumulte de cris et de sarcasmes qui estouffoient leur voix dans la vehemence du bruit. S'ils vouloient parler dans les places publiques et les marchez, chacun troussoit son bagage et ses marchandises, et se retiroit, de sorte qu'en ces lieux delaissez ils demeuroient comme la voix du desert; ces peuples effrayez de leur exterieur faisans comme l'aspic, qui se fait sourd en se fermant l'oreille à la musique du sage enchanteur, qui ne resonne que pour le prendre.

Leur procedé mesme avoit de la conformité avec leur habillement; car il estoit austere et rude, different en cela de la palme dont l'escorce est si aspre et le fruit si doux. Car leurs discours pleins de chaleur et d'emotion estoient durs et poignans, plus remplis de vinaigre que d'huile, de menaces que de benignité; perpetuelles invectives contre les autheurs de la secte qu'ils combatoient. Cela procedoit de l'excez de leur zele, bon, certes, mais qui eust esté plus loüable s'il eut esté plus retenu et plus moderé. Leur conversation particuliere n'estoit pas moins tempestative; tousjours dans les chaleurs de la dispute, dans laquelle il est mal-aisé que les plus sages et les plus moderez gardent un juste temperament.

Nostre bien-heureux Pere alloit par une voye toute differente, et prenoit plus de mousches avec une cueilleree de ce miel qui luy estoit si familier, que tous ceux-cy avec des tonneaux de vinaigre. Son exterieur et son interieur estoient tout à fait dans l'accommodement, et ses paroles, comme ses gestes et ses deportemens, dedans la complaisance : si les autres se vouloient faire craindre, luy se desiroit faire aymer, et entrer dans les esprits par la porte de la complaisance.

Aussi estoit-il tousjours le plus suivy de tous, soit qu'il parlast en public, soit qu'il fist des conferences particulieres. Quoy que les Protestans l'attacquassent, et ne parlassent que des disputes, il traittoit tousjours avec eux sans esprit de contention, ayant ordinairement ce beau mot de l'Apostre en la bouche : *Si quelqu'un est contentieux parmy vous, dites luy que ce n'est pas l'esprit de l'Eglise de Dieu, ny de ses enfans*[1].

Mais pour ne m'estendre point dans le general de ce narré, et venir à la particularité que je vous ay promise; ayant leu dans sainct Augustin, dans Optat Milevitain, et dans quelques anciens, que parlant aux heretiques et schismatiques de leur temps, ils ne laissoient de les appeller freres, pour les inviter à la reunion et reconciliation par ce terme d'amour et de benignité, il estima qu'il s'en pourroit legitimement servir à leur imitation : ce qui luy concilia tellement le cœur de ces peuples, qu'ils couroient à trouppes pour l'entendre, charmez de la douceur et de la suavité de ses discours qui procedoient de l'abondance de la benignité de son cœur.

Ce terme fut trouvé tellement odieux à ceux qui les traittoient de cœurs incirconcis, de rebelles à la lumiere, d'opiniastres, d'engeance de viperes, de membres pourris, de tisons d'enfer, d'enfants du diable, et de tenebres, et de semblables fleurs capables d'irriter les cœurs les plus dociles, et qui se couvroient neantmoins de l'authorité de l'Escriture pour appuyer tous ces beaux mots : qu'ils firent une assemblee entr'eux, et delibererent de remonstrer à monsieur le Prevost qu'il gastoit tout en pensant bien faire, qu'il flattoit l'orgueil si naturel à l'heresie, et qu'il endormoit ces gens là dans leur erreur en leur cousant des oreillers soubs les coudes; qu'il estoit meilleur de les corriger en misericorde et justice, sans leur graisser la teste de l'huylle de la cajollerie, appellans ainsi la benignité de nostre Bienheureux.

Il receut ces remonstrances fort cordialement, et avec un grand respect, sans se defendre en aucune façon, mais faisant place à leur zele, quoy qu'un peu chagrin et melancholique. Mais voyans qu'il n'en faisoit pas l'usage qu'ils s'en

[1] I Cor. xi, 16.

promettoient, ils escrivirent en corps à monsieur l'Evesque qu'il eust à rappeller monsieur le Prevost et ceux de sa suite, lesquels, avec leur douceur fade et affetee, en gastoient plus en un jour qu'ils n'en pouvoient edifier en un mois, autrement que leur travail ressembleroit à celuy du cordier de l'embleme, ou à la toile de Penelope : qu'il preschoit plustost en ministre qu'en predicateur catholique, jusques à appeller les heretiques ses freres, ce qui estoit si scandaleux, que desja les Protestans se promettoient de l'attirer à leur party et en faisoient de grands trophees, ne voulans ouyr que luy, ny conferer qu'avec luy, parce qu'il cousoit des oreillers soubs leurs coudes, et ne leur disoit que des choses qui leur plaisoient : qu'il estoit cause que ces peuples fuyoient leur abord, et ne vouloient pas prendre les ameres mais salutaires medecines qu'ils leur presentoient, tant ils estoient ennemis de la croix et de la saincte doctrine, ne voulans oüir que les paroles de soye de monsieur le Prevost, qui chatoüilloit leurs oreilles par ces termes de fraternité, quoy qu'il n'y eust nulle societé de la lumiere avec les tenebres, et des enfans de Christ avec ceux de Belial.

Mais le bon Evesque mieux informé des deportemens des uns et des autres, ne fit pas grande mise ny recete de ces instructions, qu'un zele amer avoit dictee, plustost que celuy qui est accompagné de la vraye science des saincts; il les exhorta seulement à poursuivre leur pointe, et que tout esprit loüast le Seigneur, selon le talent que Dieu leur departiroit.

Le Bien-heureux averty de ces charitez qu'on luy prestoit aupres de son prelat, ne se deffendit point, remettant sa cause au jugement de Dieu, et attendant l'evenement avec silence et espoir. Et certes il ne fut pas confondu de son attente, car l'experience ayant fait cognoistre que l'empressement trop ardant de ces zelez reculoit l'affaire, plus qu'il ne l'avançoit, on fut contrainct de les rappeller eux mesmes et de les renvoyer dans leurs solitudes, en les priant de ne prendre point tant de peine à gaster et à laver des tuiles ; la fin et le commencement de l'ouvrage ayant esté remis à nostre Bien-heureux et à ceux qui travailloient soubs sa conduitte, comme à des ouvriers plus propres à edifier qu'à demolir, et qui tenoient plus de la suavité des rayons du soleil, que de l'impetuosité de la bize.

Une fois le Bien-heureux estant mis par moy sur ce propos, me dit : « Ces bonnes gens ressembloient à ceux qui regardoient au travers d'un verre coloré, à qui toutes choses paroissent de la mesme couleur de leurs lunettes. Monsieur mon predecesseur jugea prudemment qui estoient ceux qui troubloient la feste de la conversion de ces peuples. »

Et comme je luy demandois la raison de ce mot de freres, donné à des personnes qui en effet ne le sont pas, nul ne pouvant avoir Dieu pour pere, qui n'a l'Eglise catholique pour mere, et ceux-là estans hors de son sein, ne pouvant estre les nostres ; il me dit : « Aussi ne les appelle-je pas freres sans l'epithete d'errans, qui marquoit assez expressement cette distinction. Joint qu'ils sont en effet nos freres par le Baptesme, lequel est bon en leur Eglise : de plus ils le sont quant à la chair et le sang, car nous sommes eux et nous enfans d'Adam. Item, nous sommes concitoyens, et estions sujets d'un mesme prince ; tout cela n'est il point capable de composer quelque fraternité ? joint que je les regardois comme enfans de l'Eglise en disposition, puis qu'ils se laissoient instruire, et comme mes freres en esperance d'une mesme vocation à salut ; et c'est ainsi que l'on appelloit autrefois les catechumenes avant qu'ils fussent baptisez. » Ces raisons me contenterent, et me firent estimer la loüable industrie que le sainct Esprit luy avoit suggeré, pour luy rendre plus dociles et pliables ces ames revesches et farouches.

Nemo adeo ferus est qui non mitescere possit,
Dummodo culturæ patientem commodet aurem [1].

[1] Horat. lib. 1, Epist. 1, 39, 40.

SECTION VII.

De trois livres de pieté.

Trois petits livrets de pieté estoient dans son esprit, en une haute estime. Le premier estoit celuy du *Combat spirituel*, duquel je vous ay tant parlé, mes Sœurs, qu'il vous a tant recommandé, et qu'il recommandoit avec beaucoup de soing à ses enfans; leur confessant à dessein, mais avec verité, qu'il l'avoit porté dix-sept ans durant dedans sa poche, en lisant presque tous les jours quelque chapitre, et tousjours avec de nouvelles lumieres.

Le deuxiesme estoit celuy de l'*Imitation de Jesus-Christ*, que l'on attribuë à divers autheurs, ou plustost à divers secretaires : car pour dire le vray, son vray autheur c'est le sainct Esprit. Ce livre-là ne peut estre assez loüé ny estimé, et un sainct personnage de nostre temps disoit que sa lecture avoit converty plus d'ames qu'il ne contenoit de lettres.

Mais nostre Bien-heureux donnoit deux avis pour sa lecture : l'un, qu'on le leut avec un grand respect, et comme un elixir et un consommé de l'Evangile, autrement que l'on s'exposoit à faire contumelie à l'esprit de grace; l'autre, que l'on se servist de l'addresse du reverend Henry Sommalius Jesuitte, autrement que faute de methode on s'embarrasseroit en sa lecture, comme dans un labyrinthe, quoy que tres-aymable labyrinthe de pieté, auquel c'est se trouver en Dieu, que de se perdre en soy-mesme. Je me suis fort bien trouvé de ce dernier avis, que j'ay pensé vous devoir transmettre, mes Sœurs, afin que vous tiriez plus de fruict de la lecture de ce livre-là, qui ne peut estre assez prisé, et qui contient en peu d'espace un grand tresor, comme la precieuse perle dont il est parlé en l'Evangile[1]. Et vous diray qu'avant qu'il m'eust esté baillé par nostre bien-heureux

---

[1] Matth. XIII, 46.

Pere, je m'estois forgé un ordre pour le lire, qui est tel. J'avois marqué tous les chapitres qui parlent de la voye purgative, c'est à dire, de l'extirpation des vices et imperfections; et puis, ceux qui traittent de l'illumination, qui est la pratique des vertus; et enfin, ceux qui proposent l'unitive, ou les exercices de la charité : et je les lisois non point selon l'ordre ou la suitte qui est dans le livre, mais selon la conduite de ces trois voyes, ausquelles se distribuë toute la vie spirituelle. Mais depuis que j'ay rencontré la methode ou addresse de Sommalius, j'ay quitté celle-là, parce qu'elle est mieux ordonnée, et entre bien plus dans les particularitez de la conduitte de l'esprit.

Le troisiesme livret estimé par nostre bien-heureux Pere est la *Methode de servir Dieu*, d'Alphonse de Madrith Observantin Espagnol; lequel, pour dire le vray, a ravy mes inclinations et gagné mes affections. Nostre Bien-heureux ne l'estimoit pas si clair ny si facile que le Combat spirituel ; mais c'est possible que s'estant consommé en la lecture de cettuy-cy, il ne vouloit pas aller au change. Mais je vous puis asseurer, mes Sœurs, que si quelqu'une de vous se veut appliquer avec attention d'esprit, et fidelité, à la lecture et à la pratique de ceste methode, mais lecture plusieurs fois reïteree, elle y apprendra à faire ses actions devant Dieu avec une grande perfection. J'ay dit expressement une lecture reïteree, car à dire le vray, la premiere ou les premieres, estonnent plustost l'esprit qu'elles ne le gaignent; mais si vous entrez une fois dans l'interieur du voile, vous verrez que cette amertume de l'abbord se changera en un rayon de miel, au rebours de ce volume dont il est parlé en l'Apocalypse.

Je n'ignore pas, mes Sœurs, que nostre bien-heureux Pere en quelqu'une des ses epistres, parlant de cette *Methode de servir Dieu*, et aussi d'un autre livret que l'on attribue à une dame Milannoise, qui s'appelle, *L'Abbregé de la perfection chrestienne*, et encore d'un autre qui est intitulé,

La Perle evangelique, dit que ces trois livres sont trop speculatifs, et qu'ils vont (ce sont ses mots) par la cime des montagnes, preferant à leur lecture le Combat spirituel, qu'il appelle clair et tout praticable.

Il est vray que l'*Abbregé* a de l'obscurité; mais encore la peut on percer avec une ferme attention, et ce fut pour y donner quelque lumiere à une bonne ame, que nous traçasmes il y a quelque temps le petit traitté de Renoncement de nous mesme, qui depuis a esté imprimé. Pour le regard de la *Perle evangelique*, je la voy estimée de quelques uns, mais je pense qu'elle est entendue de peu. Pour moy je vous advoüe mon imbecillité à l'entendre; il est vray que je n'y ay pas fait grand effort, c'est pourquoy je ne pourrois juger qu'à veuë de pays de cét ouvrage-là. Mais ayant fait un plus long usage de celuy de la *Methode de servir Dieu*, je ne crain point de la vous recommander par ma propre experience, et de vous promettre que vous trouverez une amiable clarté si vous la voulez lire avecque l'attention requise. Apres le jugement de preference donné par nostre bien-heureux Pere au *Combat spirituel*, ce n'est pas à moy à en faire icy des comparaisons qui ne pourroient estre de bonne grace : je vous diray seulement ce mot evangelique, Il est bon de lire l'un, mais il ne faut pas omettre ny negliger l'autre[1] ; car je vous asseure que vous trouverez beaucoup d'esprit, et je dy de l'esprit de Dieu, soubs l'escorce de la lettre de cet escrit là; et en ce conseil je pense estre poussé, pour user des termes de l'Apostre, de l'esprit de nostre Seigneur[2].

SECTION VIII.

Histoire de la naissance de Philothee.

Vous desirez, cher Aristandre, que je vous raconte la miraculeuse et vrayement extraordinaire origine de ce divin

---

[1] Matth. xxiii, 23. — [2] I Cor. vii, 40.

livre de nostre bien-heureux Pere à qui il a donné pour titre *L'Introduction à la vie devote*, et qu'il addresse à Philothee, c'est à dire, à toute ame desireuse d'aymer et de servir Dieu, principalement dans la vie civile ou seculiere.

Ce peu que je vous en dy l'autre jour de vive voix vous estonna, et vous desirez que je vous le reduise par escrit, pour le soulagement de vostre memoire, et vostre particuliere consolation, et mesme pour communiquer à vos amis une si memorable histoire. Vostre desir m'estant un commandement expres, et vostre amitié ayant un aussi fort ascendant sur ma volonté, que vostre jugement sur le mien, ceste obeissance me sera favorable, veu mesme qu'elle me prestera l'occasion de rappeller en mon souvenir une pensee qui ne me peut estre que fort agreable, puis qu'elle regarde l'une des plus dignes et insignes productions de l'esprit de nostre bien-heureux Pere, duquel la saincte memoire nous est en benediction, et plus suave que l'espanchement d'un parfum, comme il est escrit de celle de Josias.

Je vous repete donc des l'entree de cét escrit, ce paradoxe qui vous estonna quand je vous fis le recit de la notable avanture de la production de ce livre là, sçavoir qu'il estoit fait deux ans devant que son autheur pensast d'avoir escrit un livre. Ceste proposition, qui paroist à l'abord si extravagante, merite d'estre expliquee et esclaircie. Vous devez donc sçavoir ce que luy mesme recognoit dans la preface de ce livre-là, en ces termes.

« Mais ce n'a toutesfois pas esté par mon election ou incli-
» nation que ceste *Introduction* sorte en public. Une ame
» vrayement pleine d'honneur et de vertu ayant, il y a
» quelque temps, receu de Dieu la grace de vouloir aspirer
» à la vie devote, desira ma particuliere assistance pour ce
» regard, et moy qui luy avois plusieurs sortes de devoirs,
» et qui avois long-temps auparavant remarqué en elle beau-
» coup de disposition pour ce dessein, je me rendis fort
» soigneux de la bien instruire; et l'ayant conduitte par

« tous les exercices convenables à son desir et sa condition,
» je luy en laissay des memoires par escrit, afin qu'elle y
» eust recours à son besoin. Elle depuis les communiqua à
» un grand docte et devot religieux, lequel estimant que
» plusieurs en pourroient tirer du profit, m'exhorta fort de
» les faire publier : ce qui luy fut aisé de me persuader,
» parce que son amitié avoit beaucoup de pouvoir sur ma
» volonté, et son jugement une tres grande authorité sur le
» mien. »

Voila le plan racourcy de ceste histoire, et le texte sur lequel j'ay à tracer le commentaire que vous allez lire.

Ceste ame vrayment pleine d'honneur et de vertu, estoit une dame de maison, native de Normandie, qui avoit espousé un gentil-homme de marque en Savoye, dont les terres estoient en partie dans le diocèze de Geneve, et où il faisoit sa principale demeure, et qui estoit proche parent de nostre bien-heureux Pere. Ceste dame ayant une grande inclination à la pieté, n'estima point pouvoir choisir un meilleur conducteur en la vie devote que le bien-heureux François, son pasteur diocesain, et son allié de la part de son mary.

Le Bien-heureux apporta à sa conduitte les soings que luy mesme recognoist, jusques à luy tracer par escrit la plus part des enseignemens qu'il luy donnoit de vive voix, tant pour le soulagement de la memoire de ceste personne, que pour se soulager soy-mesme de la frequente repetition de mesmes preceptes. Elle qui comme une Marie conservoit soigneusement en son cœur toutes les paroles de vie eternelle que Dieu luy disoit par la bouche de son fidele serviteur, et par les traces de sa main sur le papier, fit durant deux ans un grand amas de memoriaux qu'elle gardoit precieusement sans en perdre un seul : elle en fit des liasses que, mesmes de son propre esprit, elle distingua selon les subjets qui avoient plus de conformité, afin de s'en servir dans les occasions plus commodement.

Comme les maisons riches sont sujettes au fleau des procés et des grandes affaires, il en survint un de grande importance à la maison du mary de ceste dame, lequel estant occupé lors à la guerre en Piedmont pour le service de son prince, le serenissime duc de Savoye, et en des emplois fort honorables et avantageux, laissoit à sa femme, non moins habile mesnagere que devote, le soin de toutes ses affaires domestiques. Ce fut à elle d'aller à Chambery, capitale de Savoye et siege du senat ou parlement, solliciter ce grand procez qui luy vint sur les bras : elle y sejourna plus d'un demy an dans ceste penible et fascheuse occupation, en laquelle il faut une grande provision de pieté pour y conserver la paix et la tranquillité de l'ame.

Elle prit pendant ce sejour pour conducteur de son ame le pere Jean Ferrier recteur du college des Jesuites, auquel nostre Bienheureux avoit souvent ouvert la sienne au tribunal de la penitence ; et comme elle luy demanda souvent ses avis sur diverses occurrences, tantost il se rencontroit conforme au sentiment du bien-heureux François, quelquesfois different ; et dans les differences, pour luy tesmoigner qu'elle ne parloit point par cœur, et qu'elle avoit un autre appuy que sa propre memoire, elle luy faisoit voir quelques uns de ces memoriaux que nostre Bien-heureux luy avoit mis par escrit. Ce bon personnage fort versé aux choses de l'esprit, y trouva tant de suc et tant de goust qu'il luy demanda si elle en avoit plusieurs de semblances. « Mais tant, luy dit-elle, mon Pere, que s'ils estoient mis en bon ordre il y auroit dequoy en faire un juste volume. » Le desir vint au Pere d'en avoir la communication : elle luy en apporta plusieurs liasses (elle portoit tousjours avec elle en ses voyages toutes ses instructions), et luy donna tout le loisir qu'il voulut pour les fueilleter. Ce vertueux homme en fut si satisfait qu'il luy demanda permission de les faire transcrire ; ce qu'il obtint avec la mesme facilité dont il en avoit eu la communication. Ces copies se multiplierent parmy les peres de son college, qui desirerent prendre part à ce tresor, et ils les conservoient comme des pierres precieuses.

Au retour de ceste dame le pere recteur escrivit par elle au Bien-heureux, luy rendant tesmoignage de la bonté de ceste ame, de ses vertueux deportemens en la poursuitte de son affaire, dont elle avait eu une issue assez heureuse; le priant de continuer ses soings pastoraux en la conduite de cét esprit, qui estoit un terrein tres-propre à porter toutes sortes de vertus solides et vrayment chrestiennes; loüant à merveilles les riches meubles spirituels, dont sa plume l'avoit garnie. Cette premiere lettre fut leuë par le Bien-heureux (ainsi que luy-mesme m'a raconté) sans faire aucune reflexion sur ces meubles escrits. Mais depuis il en receut plusieurs autres du mesme Pere par lesquelles il l'exhortoit, prioit, conjuroit, pressoit, de n'estouffer point de si dignes productions, et de ne sacrifier point aux tenebres de l'oubli, des ouvrages si dignes de la lumiere du jour, et qui pourroient esclaircir beaucoup d'ames dans les voyes de justice et de salut. Le Bien-heureux ne pouvant deviner ce qu'il vouloit dire, lui respondoit qu'il estoit dans une charge si pesante et si occupee qu'elle ne luy laissoit aucun loisir pour escrire; au reste qu'il n'avoit aucun talent pour cela, et qu'il ne pouvoit s'imaginer qui le poussoit à luy faire ces remonstrances. A la fin le pere Ferrier luy manda que s'il ne prenoit resolution de mettre au jour ces excellentes instructions qu'il avoit donnees par escrit à ceste dame, il penseroit retenir la verité en injustice, priver les ames d'un notable avantage, et Dieu d'une grande gloire, de ne les communiquer point au public.

Le Bien-heureux estonné de ce langage, monstra la lettre qui contenoit ces choses à ceste dame, et la pria de luy explicquer ces enigmes qu'il ne pouvoit desvelopper. Elle luy respondit que le mesme Pere luy faisoit les mesmes prieres, afin qu'il permist que l'on mist au jour les memoriaux qu'il luy avoit donnez pour sa conduite particuliere.

« Quels memoriaux, » dit le Bien-heureux? « Helas, mon Pere, dit ceste dame, ne vous souvenez-vous point de tant de petits escrits que vous m'avez dressez sur divers sujets de devotion pour le soulagement de ma memoire? — Et que pourroit on faire de tous ces billets, dit le Bien-heureux? Possible quelque almanach ou quelque fueille de placard. — Comment, dit la dame, quelque fueille? sçavez-vous que j'en ay presque pour remplir une cassette? Peu à peu le monceau s'est fait plus grand que vous ne pensez, à la fin plusieurs plumes font une livre, et plusieurs traits de plume composent un livre. S'il vous plaist que je vous fasse voir les liasses que j'ay ramassees, vous jugerez de leur quantité; le pere recteur les a fait transcrire, et la copie va à un juste volume. — Quoy, dit le Bien-heureux, ce bon personnage a-t-il bien eu la patience de lire tous ces chetifs bulletins, faits pour l'usage d'une simple femme? Vraiment vous nous avez fait là un grand honneur, de l'amuser apres si peu de faict, et de luy faire voir ces rares pieces! — Il les estime si rares, reprit la dame, qu'il ma protesté n'avoir jamais rien veu de plus utile, ny qui l'ait plus edifié: c'est le sentiment general de tous les peres de sa maison à qui il les a communiquez, c'est à qui en aura des copies, et ils sont resolus, si vous n'y voulez mettre la main, de ne tenir pas plus long-temps ceste lampe sous le boisseau. — Certes, dit le Bien-heureux, cecy est emerveillable, que l'on me fasse croire que j'aye fait un livre, sans que j'en aye eu la moindre pensee; mais encore voyons un peu quelles sont ces precieuses marguerites dont on fait tant de cas. « Elle luy apporta donc toutes ces liasses de memoriaux qu'elle avoit communiqué au pere Ferrier. A leur veuë le Bien-heureux fut estonné de leur multitude, et il admira le soin qu'avoit eu ceste dame, de les ramasser et de les conserver ainsi.

Il luy demanda le loisir de les revoir, et estant esclaircy des prieres qui luy estoient auparavant enigmatiques, il pria le Pere que l'on se gardast bien de jetter ainsi sous la presse ces pieces si descousuës et destachees, à la publication desquelles il n'avoit jamais pensé, et que s'il jugeoit que ce qui avoit esté fait pour la consolation d'une ame, pûst estre utile à d'autres, il ne manqueroit pas de les mettre en bon ordre, et de les equiper de quelque ajencement qui les pûst rendre agreables à ceux qui voudroient prendre la peine de les lire. Ce qu'il fit selon la forme que nous voyons au livre de l'*Introduction*, que l'on peut dire avoir esté fait deux ans devant que son escrivain pensast l'avoir produict, ny eust eu aucune pensee, en l'escrivant ainsi à lambeaux descousus, de composer un livre. Cependant l'experience a fait cognoistre qu'à proprement parler le sainct Esprit a esté le premier autheur de cet ouvrage-là, et que le bien-heureux François n'en a esté que comme le secretaire : car il n'eut pas plustost veu le jour, qu'il apporta dans les esprits pieux une nouvelle lumiere qui leur fit connoistre que l'on se pouvoit sauver dedans le siecle, et que la grace de Dieu n'estoit point attachee à certaines vacations qui semblent sequestrees de la vie seculiere, bien que leur commerce n'y soit pas moins frequent, que de celles qui y paroissent les plus engagees.

Cét astre nouveau qui enseignoit aux courtisans, et à toutes les conditions du siecle à chercher et à trouver Jesus, c'est à dire, le salut, jusques dans les estables et dans toutes sortes d'estats et de pofessions, allarma ceux qui n'establissoient le salut que dans la fuitte de la vie civile; et s'allerent imaginer que le desert alloit estre deserté, si ce secret venoit à se divulguer, et si la devotion que l'on avoit habillee auparavant d'une façon extraordinaire, et à qui on avoit donné un visage sauvage et farouche, venoit à se rendre domestique, familiere et populaire.

Le bon vieillard Simeon ayant predit du Fils de Dieu, qu'il seroit un signe auquel on contrediroit, afin que les pensees de plusieurs fussent reveleés[1], il ne faut pas s'eston-

[1] Luc. II, 34, 35.

ner si sa doctrine, et tout ce qui meine à luy, porte le sceau de sa chancellerie, qui est la contradiction. C'est pour cela que quelques uns, imitans ceux qui vouloient estouffer les masles des Hebreux et Jesus-Christ mesme en leur naissance, firent tous leurs efforts, et en public et en particulier, pour suffoquer ce part spirituel, et faire avorter ce livre dés sa premiere impression. On ne sçauroit exprimer par combien d'assaults violens du demon du midy, par combien de stratagemes secrets de la negociation qui marche en tenebres, par combien de subtils ressorts de la fleche qui vole si dextrement durant le jour, qu'on ne peut remarquer sa trace, non plus que celle de l'oyseau en l'air, du vaisseau sur la mer, et du serpent sur la terre, ce livre fut attaqué, ny de combien de mesdisance et calomnies son escrivain fut chargé.

Le mauvais esprit, voyant sans doute, et prevoyant la grande déroute que ce livre pieux alloit faire dans son empire; et combien il alloit des-abuser d'esprits, qui soubs pretexte d'une pretenduë difficulté tendante à l'impossible, renonçoient à la devotion, comme n'estant pas pratiquable dans le siecle, c'est à dire, dans la vie civile et populaire; remua toutes pierres pour ruiner cét édifice spirituel, et empescher qu'il n'edifiast les murailles spirituelles de la mystique Hierusalem, la saincte pieté. Mais comme celuy bastit en vain la maison, si le Seigneur ne l'edifie; aussi en vain quelqu'un pense destruire un bastiment que le Seigneur conserve. Celuy qui habite dans l'aide du Seigneur sera ferme soubs sa protection contre tous les orages, et contre toutes les rages de ses contrarians.

Je n'ay point d'encre assez noire pour marquer la noirceur du venin d'aspic, qui sortoit de dessous les lévres de ceux qui s'animerent et s'éleverent contre ceste douce et innocente production. Representez vous ce dragon roux dont il est parlé en l'Apocalypse, et qui n'attendoit que l'accouchement de ceste femme enceinte, afin de devorer son enfaut[1]. Leur gosier estoit un sepulchre ouvert, leurs langues des rasoirs affilez, mais rasoirs tranchans des deux parts; car ils parlaient en un cœur, et en un cœur; d'autant qu'ils couvroient le vray sujet de leur emotion d'un faux pretexte, justement comme les Pharisiens de l'Evangile, qui pressez des reprehensions de nostre Seigneur qui reveloit leur honte sur leur visage, et qui preschoit sur les toits ce qu'ils pratiquoient à cachette, levant le masque à leur hypocrisie, cachans leur interest soubs celuy de Dieu et du public l'accusoient comme destructeur du temple et de la religion de Moyse. Le vray subjet de leur mal talent estoit la crainte de la desertion dont nous avons parlé; mais ils le voyoient soubs la reprehension du bal et du jeu dont nostre bienheureux regle et modere l'usage dans sa Philothee.

Le zele indiscret en alla jusques à ce point de transformer la chaire de verité en des theatres de fureur et de transport, en y faisant des declamations tragiques contre ce livre, comme si c'eust esté le flambeau d'Erostrate; jusques à l'y deschirer et bruler, comme si c'eust esté un eschaffaut de justice publique, et à charger son escrivain de plus de maledictions et d'anathemes que le bouc emissaire de l'ancienne loy. Que ne fit on pour exciter la haine publique contre cet ouvrage, non seulement innocent, mais si sainct et si utile, et pour obliger le monde à en faire ce que fit Israël de l'anatheme d'Acan, et Judith de l'equipage d'Holophernes? Mais enfin tous ces efforts, comme des vagues contre un rocher, estans devenus inutiles, et n'ayans laissé que de l'escume et de la bave qui ne salit que leurs propres autheurs, et la voix du peuple, qui est ordinairement celle de Dieu, par un applaudissement general, ayant fait passer les rieurs du costé du livre, ce fut à ces mesmes declamateurs de chanter la palinodie : et de peur de perdre le credit eux-mesmes, et d'estre tenus pour calomniateurs (qualité prejudiciable à ceux

---

[1] Apoc. xii, 3, 4.

qui ont à vivre d'esprit et de reputation), ils commencerent à loüer ce qu'ils s'estoient efforcez de blasmer, soufflans le froid et le chaud d'une mesme bouche, eslevans jusques au ciel un livre qu'ils avoient tasché de plonger dans les abysmes, et qu'ils avoient protesté estre pire que tous les escrits de ces deux heresiarques qui ont empoisonné, l'un l'Allemagne, l'autre la France, de leurs fausses doctrines, jusques à appeller le Bien-heureux vray successeur de C.** en la chaire de pestilence de G.** Voila jusques où l'ombre d'un interest imaginaire porte ceux qui s'y attachent avec tant de vehemence.

Cependant tandis qu'ils maudissoient ces fueilles, Dieu respandoit sa benediction dessus, et en tiroit une infinité de fleurs, fleurs qui estoient autant de fruicts d'honneur et d'honnesteté : et tandis que le Bien-heureux possedoit son ame en silence, en paix et en patience, voyant crever ces orages à ses pieds, cette source de Mardochee petite en son origine, se dilatant par sa cause, *vires acquirit eundo*[1], et parvient jusques à une mer de lumiere; tant est vray ce mot du Sage, que *la route du juste est comme la lumiere resplendissante de l'aurore qui se dilate sans cesse jusques à ce qu'elle ait amené le jour à la perfection de son midy*[2].

Ce livre a veu depuis plus de trente impressions françoises, a esté traduit non seulement en latin, mais en italien, en espagnol, en allemand, en anglois, bref, en toutes les langues de l'Europe; ces persecutions n'ayans servy que de pierre aiguisoire pour affiler son tranchant, et de lime pour le rendre plus clair et luisant.

Et afin qu'il ne vous semble pas, Aristandre, que j'adjouste à cette persecution quelque chose de mon crû, je seray bien aise que vous oyez la deposition mesme du Bien-heureux qui s'en plaint avec tant de suavité dans la preface de son traitté de l'Amour de Dieu, que ses accens de cygne

---

[1] Virg. Æneid. iv, 175. — [2] Prov. iv, 18.

eussent esté capables de charmer des lyons, et d'arracher la massue d'entre les mains d'Hercule. Voicy ses propres mots.

« Trois ou quatre ans apres, je mis en lumiere l'*Intro-
» duction à la vie devote*, pour les occasions et en la façon
» que j'ay remarqué en la preface d'icelle ; dont je n'ay rien à
» te dire, mon cher lecteur, sinon que si ce livret a receu ge-
» neralement un gracieux et doux accueil, voir mesme parmy
» les plus braves prelats et docteurs de l'Eglise, il n'a pas
» pourtant esté exempt d'une rude censure de quelques uns,
» qui ne m'ont pas seulement blasmé, mais m'ont asprement
» baffoué en public, de ce que je dis à Philothee que le bal
» est une action de soy-mesme indifferente, et qu'en recrea-
» tion on peut dire des quolibets ; et moy sçachant la qualité
» de ces censeurs, je loüe leur intention, que je pense avoir
» esté bonne. Mais j'eusse neantmoins desiré qu'il leur eust
» pleu de considerer, que la premiere proposition est puisee
» de la commune et veritable doctrine des plus sains et sça-
» vans theologiens, que j'escrivois pour les gens qui vivent
» emmy le monde et les cours ; qu'au partir de là, j'inculque
» soigneusement l'extreme peril qu'il y a és danses : et que
» quant à la seconde proposition, avec le mot de quolibet,
» elle n'est pas de moy, mais de cet admirable roy sainct Louys,
» docteur digne d'estre suivy en l'art de bien conduire les
» courtisans à la vie devote. Car je croy que s'ils eussent pris
» garde à cela, leur charité et discretion n'eust jamais per-
» mis à leur zele, pour vigoureux et austere qu'il eust esté,
» d'armer leur indignation contre moy. »

Il faut que je vous advouë, cher Aristandre, que la douceur de ces lignes, et le grand exemple de ceste moderation extraordinaire en une persecution si sanglante, ne m'ait pas servi d'un petit lenitif, quand de semblables traverses me sont survenues sur les orages sortis des mesmes cavernes, qui ont soufflé tant sur nos Histoires pieuses (que je n'ay tracees que par le conseil, l'instruction et la persuasion de nostre Bien-heureux, comme je vous raconteray une autre fois plus amplement), que sur des ouvrages de matieres plus pointilleuses : car si le pere et le maistre a esté traitté de la sorte, pour une production si saincte, que devoit attendre le fils et le disciple pour d'autres plus rudes, et de plus difficile digestion? Me voila neantmoins sur la rade apres une si horrible tempeste; chantons pour actions de graces le pseaume 90, *Qui habitat*, et le cantique de la sœur de Moyse, *Cantemus Domino gloriose.* Vous entendez ce que je veux dire.

SECTION IX.

Du soin principal des evesques.

« Comme evesque, me disoit-il quelquesfois, vous estes surintendant, sentinelle, et surveillant en la maison de Dieu, c'est ce que signifie le nom d'evesque. C'est donc à vous de veiller et de prendre garde à tout vostre dioceze, de faire sans cesse la ronde par vos visites, de crier, Qui va là? jour et nuict selon l'advertissement du prophete[1], sçachant que vous avez à rendre conte au grand pere de famille de toutes les ames qui vous sont commises.

» Mais vous devez principalement veiller sur deux sortes de personnes, qui sont les chefs des peuples; les curez, et les peres de famille; car d'eux procede tout le bien ou tout le mal qui se trouve dans les parroisses ou dans les maisons. Vous sçavez la reprehension que fit cet ancien philosophe à ce precepteur dont il trouva le disciple ignorant ce qu'il devoit luy avoir appris.

» Quand un enfant qui est à la mammelle se trouve mal, me disoit-il, vous sçavez que le medecin ordonne une medecine à la nourrice, afin que la vertu en passe dans le laict, et par le laict dans l'enfant. De l'instruction et de la bonne vie des curez, qui sont les pasteurs immediats des peuples,

---

[1] Isai. LXII, 6.

procede leur bonne elevation en la doctrine et en la vertu. Ce sont ces baguettes de Jacob qui donnent aux agneaux telle couleur de toison que l'on desire. L'instruction fait beaucoup, l'exemple incomparablement d'avantage; peu de gens estans capables de cette leçon de l'Evangile : *Faites ce qu'ils disent, et non ce qu'ils font*[1]. Il en est ainsi des peres et meres de famille : de leurs remonstrances, et plus encor de leurs actions despend tout le bon-heur de leurs mesnages.

. . . . Non sic inflectere sensus
Humanos edicta valent, ut vita regentis [2].

» Comme vostre charge episcopale est architectonique et de sur-intendance, c'est à vous de veiller sur les principaux entre les particuliers, et sur ceux qui, comme Saül, surpassoit les autres de toute la teste, c'est à dire, qui sont les chefs de maison, ou de parroisse; parce que de là decoule le bien dans les inferieurs, comme le parfum d'Aaron descendoit de sa teste jusques aux extremitez de sa robe. C'est pourquoy il faut que vous fassiez instances autour de ces personnes-là, opportunement, importunement, en toute patience et doctrine : car vous estes le curé des curez, et le pere des peres de famille. »

SECTION X.

De l'amour de Dieu.

Sans ce vivant, regnant et triomphant amour, tout l'amas des vertus ne luy estoit qu'un monceau de pierres; car enfin, si le Seigneur n'edifie la maison par sa grace, qui est la mesme chose que son amour, en vain travaillent ceux qui la bastissent. C'est pour cela que sur toutes choses, suivant la doctrine de l'Apostre, il recommandoit que l'on eust la charité[3]; mais il ne vouloit pas que l'on se contentast de la seule

---

[1] Matth. XXIII, 3. — [2] Claudian. Consul. IV Honor. 298, 299. — [3] Coloss. III, 14.

habitude, il adjoustoit avec le mesme Vaisseau d'election, *Que toutes vos actions soient faites en charité* [1]; c'est à dire, par le motif, ou avec le motif de la charité. Tout son Theotime, mes Sœurs, est plein de ce sentiment. Il inculquoit sans cesse, et sans se lasser, ce que dit le grand Apostre, que sans la charité rien ne sert, ny foy, ny aumosne, ny science, ny prophetie, ny martyre, non pas mesme celuy du feu, qui est la plus rigoureuse de toutes les souffrances [2] : et il me disoit quelquesfois que cela ne pouvoit estre assez repeté pour le graver profondement dans l'esprit du peuple.

« Car en fin, disoit-il, dequoy sert de courir, si l'on ne parvient au but, *Sic currite ut comprehendatis* [3]? dequoy sert de tirer de l'arc, si l'on ne donne au blanc? O combien de bonnes œuvres demeurent inutiles pour la gloire de Dieu, et pour le salut, faute d'estre animees ou accompagnees du motif de la charité! et cependant c'est à quoy l'on pense le moins, comme si l'intention n'estoit pas l'ame d'une bonne action, et comme si Dieu avoit promis de recompenser des œuvres qui ne sont pas faites pour luy, ny addressees à son honneur. »

Oyez, mes Sœurs, la belle doctrine de nostre bien-heureux Pere sur ce sujet, c'est en son traicté de l'Amour de Dieu.

« Le salut, dit-il, est monstré à la foy, il est preparé à
» l'esperance, mais il n'est donné qu'à la charité. La foy
» monstre le chemin de la terre promise, comme une co-
» lomne de nuee et de feu, c'est à dire, claire, obscure :
» l'esperance nous nourrit de sa manne de suavité; mais la
» charité nous introduit, comme l'arche de l'alliance, qui
» nous fait le passage au Jordain, c'est à dire, au jugement,
» et qui demeurera au milieu du peuple, en la terre celeste,
» promise aux vrais Israelites, en laquelle ny la colomne de
» la foy ne sert plus de guide, ny on ne se repaist plus de la
» manne d'esperance [4]. »

[1] 1 Cor. xvi, 14. — [2] Id. xiii, 1-3. — [3] Id. ix, 24. — [4] Liv. I, chap. 6.

Certes comme un maçon ou architecte conduit tout son ouvrage, l'esquiere, la regle, le niveau à la main; aussi pour edifier les murailles de Jerusalem, et en rendre nos actions les pierres vives, c'est à nous d'avoir tousjours devant les yeux l'allignement de la charité, faisans tout pour Dieu, selon ce que dit l'Apostre : *Quoy que vous fassiez, soit de parole, soit d'œuvre, faittes le tout au nom,* c'est à dire pour la gloire, *de Jesus-Christ* [1], *qui est Dieu beny par tous les siecles* [2]. Amen.

SECTION XI.

Tout par amour, rien par force.

C'estoit son grand mot, et le principal ressort de tout son gouvernement. Il m'a dit quelquefois que ceux qui veulent forcer les volontez humaines, exercent une tyrannie extrememement odieuse à Dieu, et detestable aux hommes : c'est pour cela qu'il avoit en horreur les esprits absolus, qui veulent se faire obeyr bon gré mal gré, et que tout cede à leur empire. « Ceux là, disoit-il, qui ayment à se faire craindre, craignent de se faire aymer, et eux mesmes craignent plus que tous les autres; car les autres ne craignent que luy, mais luy craint tous les autres.

Necesse ut multos timeat quem multi timent [3]. »

Il les estimoit plus superbes que le premier ange revolté, parce que cét ange ne desiroit mettre son siege qu'à l'egal de celuy de Dieu, encore du costé de l'aquilon, qui est la gauche, et se rendre semblable au Tres-hault : mais eux veulent entreprendre une authorité que Dieu ne s'est pas reservee, laissant les volontez libres, agir selon la franchise naturelle qu'il leur a donné, laquelle il ne viole jamais, quoy qu'il le puisse faire.

[1] Coloss. III, 17. — [2] Rom. IX, 5. — [3] Syrus Mim. Sentent. v, 192 : edit. Bentl.

Je luy ay entendu dire assez souvent cette belle sentence : « En la galere royale de l'amour divin, il n'y a point de forçat, tous les rameurs y sont volontaires. » Ce qu'il a depuis exprimé en son Theotime, en ces beaux termes.

« L'Amour divin gouverne l'ame avec une douceur nom-
» pareille, il n'a point de forçats ny d'esclaves, ains il reduit
» toutes choses à son obeyssance avec une force si delicieuse,
» que comme rien n'est si fort que l'amour, aussi rien n'est
» si aimable que sa force[1]. »

Et en un autre lieu du mesme ouvrage, parlant de la suavité des attraits de l'amour divin, il fait ainsi parler une ame attiree à la suitte des odeurs de l'Espoux sacré.

« Mais que personne n'estime que vous m'alliez tirant
» apres vous comme un esclave forcé, ou comme une cha-
» rette inanimee; ah! non, vous me tirez à l'odeur de vos
» parfums. Si je vous vay suivant, ce n'est pas que vous me
» trainiez, c'est que vous m'allechez : vos attraits sont puis-
» sans, mais non pas violens, puis que toute leur force con-
» siste en leur douceur. Les parfums n'ont point d'autre
» pouvoir, pour attirer à leur suite, que leur suavité; et la
» suavité comme pourroit-elle tirer, sinon suavement et
» agreablement[2]? »

Fondé sur ces principes il ne faisoit jamais de commandement que par forme ou de persuasion ou de priere, je dy à ceux mesme qui estoient soubs son obeïssance, tant domestiques que diocesains. Ce mot de sainct Pierre luy estoit en singuliere veneration, et il me l'a souvent inculqué : *Paissez les troupeaux commis à vostre garde, non par contrainte, mais librement; non pour un profit sordide, non comme ayans seigneurie sur les clergez, mais comme modeles et exemplaires de vertu à vos oüailles*[3]. Il vouloit qu'en matiere de gouvernement spirituel, on se comportast envers les ames à la façon de Dieu et des Anges, par inspirations,

---

[1] Liv. 1, chap. 6. — [2] Liv. 2, chap. 13. — [3] I Petr. v, 2, 3.

insinuations, illuminations, remonstrances, prieres, sollicitations, en toute patience et doctrine; que l'on frappast, comme l'Espoux, à la porte des cœurs; que l'on en pressast doucement l'ouverture; si elle se faisoit, qu'on y introduisit le salut avec joye; si on la refusoit, qu'on en supportast le refus avec douceur.

Il faut que je vous die cecy, mes Sœurs, à ma confusion et à vostre edification, afin que vous profitiez de mon mauvais exemple, à la façon des Lacedemoniens qui apprenoient la sobrieté à leurs enfans, par le spectacle de l'yvresse de leurs esclaves. Au commencement de l'exercice de ma charge pastorale, à laquelle je vins fort jeune, voulant remedier en mes visites à quelques desordres avec un zele impetueux et immoderé, son amertume me portoit quelque fois à des impatiences et descouragements, dont je me plaignois et m'accusois à nostre bien-heureux Pere, et il me disoit : « Que vous avez l'esprit absolu! vous voulez marcher sur les aisles des vents, et vous vous laissez transporter à vostre zele, qui comme les ardans, vous conduit en des precipices. Avez vous oublié le precepte de vostre patron, sainct Pierre : *Ne veuillez cheminer en vostre ferveur*[1]? Voulez vous faire plus que Dieu, et gesner la franchise des creatures que Dieu a faittes libres? Vous tranchez comme si les volontez de vos subjets estoient toutes en vostre main; et Dieu qui a tous les cœurs en la sienne, et qui sonde les reins et les pensees, n'en fait pas ainsi. Il souffre les resistances, les rebellions contre ses lumieres; que l'on regimbe contre ses coups d'esperon, que l'on s'oppose à ses inspirations, jusques à contrister son esprit; et enfin il laisse perdre ceux qui par l'endurcissement de leur cœur impenitent, s'amassent des tresors de courroux au jour de la vengeance. Il ne laisse pourtant d'inspirer, quoy que l'on rejette ses attraits, et qu'on luy die : *Retirez-vous de nous, nous ne voulons point suivre vos voyes*[2]. Nos

---

[1] I Petr. IV, 12. — [2] Job XXI, 14.

anges gardiens imitent en cela sa conduite, et quoy que nous abandonnions Dieu, par nos iniquitez, si ne nous abandonnent ils pas, fussions nous tombez en sens reprouvé, tant que le souffle de vie passe par nos narines. Voulez vous de meilleurs exemples pour regler vostre conduite? »

C'est ainsi qu'il me reprenoit avec misericorde, et qu'il me remettoit dans les sentiers et les sentimens de la droite justice. Que celles qui gouvernent parmy vous fassent usage de ceste leçon : si vous en voulez une plus ample sur ce subjet, consultez le chapitre huitiesme du livre neuviesme de son traitté de l'Amour de Dieu.

SECTION XII.

De la confusion penitente.

Il y a une confusion, dit le Sage, *qui apporte du deshonneur, et il y en a une autre qui meine à la gloire.* Ceste derniere est la salutaire confusion de la penitence; mais toute confusion de penitence ne produit pas cet effect, mais celle-là seulement qui vise à la gloire de Dieu : car nous ne donnons jamais de gloire à Dieu qu'il n'en rejalisse beaucoup sur nous, parce que l'honneur qui est à l'honoré, est aussi dans l'honnorant.

Nostre Bien-heureux avoit une addresse admirable pour discerner dans l'administration du Sacrement de reconciliation, la confusion vraye de la fausse : aussi avoit il mangé de ce coin de beure et de ce rayon de miel mystique, qui font distinguer le precieux du vil [1], et qui le rendoit en cela la bouche du Seigneur, d'où les penitens prenoient la loy. Car quand la confusion estoit pleine de trouble et d'inquietude, il disoit qu'elle procedoit de l'amour propre, non de l'Esprit de Dieu, et que l'on estoit marry de se voir et

---

[1] Isai. vii, 15.

de se dire pecheur et imparfait, non pour l'amour de Dieu, mais pour l'amour de soy-mesme. Il a exprimé ce sentiment dans l'un de ses Entretiens (c'est au second) en ces mots.

« Il ne se faut pas confondre tristement et avec inquie-
» tude; c'est l'amour propre qui donne ces confusions-là,
» parce que nous sommes marrys de n'estre pas parfaits,
» non tant pour l'amour de Dieu que pour l'amour de nous
» mesme. »

Ce qu'il faisoit donc, c'estoit de mettre un esprit en sa droitte assiette de chasser dextreement le trouble, le chagrin, l'inquietude, pour porter le cœur à une repentance judicieuse, reposee, tranquille, constante, ferme, volontaire, douce, et en fin joyeusement amoureuse, et amoureusement joyeuse : et c'est la couronne de la salutaire confusion, qui donne gloire à Dieu, et par reflexion à celuy-là mesme qui en couvre son visage. Escoutez, mes Sœurs, une riche piece du Theotime de nostre bien-heureux Pere, avec laquelle nous cloüons cét entretien spirituel.

« La repentance qui forclost l'amour de Dieu, est infer-
» nale, pareille à celle des damnez. La repentance qui ne
» rejette pas l'amour de Dieu, quoy qu'elle soit encor sans
» iceluy, est une bonne et desirable repentance, mais impar-
» faite, et qui ne peut nous donner le salut, jusques à ce
» qu'elle ait attaint à l'amour, et qu'elle se soit meslee avec
» iceluy. Si que, comme le grand Apostre a dit, que s'il don-
» noit son corps à brusler, et tous ses biens aux pauvres,
» sans avoir la charité, cela luy seroit inutile [1] : aussi pou-
» vons-nous dire en verité, que quand nostre penitence
» seroit si grande, que sa douleur fit fondre nos yeux en
» larmes, et fendre nos cœurs de regret, si nous n'avons pas
» le sainct amour de Dieu, tout cela ne nous serviroit de rien
» pour la vie eternelle [2]. »

---

[1] I Cor. XIII, 3. — [2] Liv. 2, chap. 19.

SECTION XIII.

Le trosne de la misericorde de Dieu.

Il avoit de coustume de dire, que le trosne de la misericorde de Dieu, c'estoit nostre misere, et partant que nous devions avoir d'autant plus de confiance en sa bonté, que nostre misere estoit plus grande : ce sont ses propres mots, en quelqu'un de ses Entretiens [1]. Car le Seigneur a une grande misericorde, une abondante redemption, et des tresors et richesses immenses de bonté et de douceur. « Hé ! » que feroit-il de sa misericorde (dit-il en quelqu'une de ses » Epistres), ce Dieu tout bon et tout misericordieux, et » duquel nous devons avoir des sentimens dignes de sa bon- » té, s'il n'en faisoit part à nous autres miserables ? Si nos » imperfections et nos besoins ne servoient de theatre à ses » graces et à ses faveurs, quel usage feroit-il de ceste saincte » et infinie perfection ? »

Ce n'est pas que nous devions estre mauvais parce qu'il est bon, ny nous estudier à mal faire afin qu'il ait sujet de nous pardonner : mais quand nous pechons par infirmité ; il se souvient que nous sommes chair, un esprit qui va au mal par sa propre inclination, mais qui n'en revient pas sans l'aide de sa grace ; c'est pourquoy il n'oublie pas ses anciennes misericordes, ny à nous prevenir de ses faveurs, et à nous couronner de ses miserations, afin que nous annoncions ses bontez aux portes de la fille de Syon.

Voyez le grand Job sur un fumier, comme sur un trosne conforme au roy des miserables de la terre ; c'est de là qu'il commande au mal-heur, et qu'il gourmande tous les efforts du malin, que l'on appelle en langage vulgaire les rudes assauts de la mauvaise fortune : c'est sur l'ordure de nos miseres que Dieu triomphe de nous pardonner, faisant sur-

[1] Entret. 2.

abonder sa grace où les fautes ont abondé, et sa misericorde surnageant sa justice, il la met au dessus de toutes ses œuvres. Vous diriez que nostre misere est la nacre dont sa bonté est la perle, ou celle-cy le diamant dont celle là est l'enchasseure; et tous les jours, par le misericordieux pardon de nos offences, il fait ce que nous admirons en la creation de l'univers lors qu'il tira la lumiere du milieu des tenebres, et fit sortir le jour des mesmes obscuritez qui couvroient la face de l'abysme. Rien ne releve plus la blancheur douce, satinée du lys, que la noirceur et la rudesse des espines qui l'environnent : rien ne rehausse plus l'eclat de la divine bonté que la perversité humaine; tout ainsi que le lustre de la beauté se redouble par le voisinage de la laideur, et l'odeur des roses se renforce par la proximité des aulx.

Aussi le prophete voulant donner loüange à Dieu l'appelle longanime, grandement misericordieux [1], et patient sur la malice des hommes, les attendant tousjours à penitence, jusques à ce qu'elle soit arrivée à sa consommation et au comble de sa mesure. Et mesme dans les enfers sur les vaisseaux de son indignation il tempere les rigueurs de sa justice par la moderation de sa misericorde, les punissant au deça de leurs demerites, tant il est vray qu'il ne peut retenir dans sa plus grande colere les effets de sa misericorde : et si les damnez n'estoient point tombez en sens reprouvé, ils chanteroient à Dieu un cantique meslé de misericorde et de jugement, et recognoistroient à misericorde de n'estre point tout à fait consommez et reduits au neant, parce que le non estre est pire que le plus miserable de tous les estres.

SECTION XIV.

Zele raisonnable.

Ce zele est vrayement juste et enfant de la justice et de la saincteté, qui ne regarde que la seule et pure gloire de Dieu,

[1] Psal. cii, 8.

et qui fait que nous nous resjouissons autant de la voir avancer par les autres que par nous : car, comme dit sainct Paul, pourveu que Christ soit annoncé et Dieu servy, qu'importe par qui et comment[1]? Quelques uns ineptement jaloux pour la gloire de Moyse plus que de celle de Dieu, luy vindrent rapporter qu'il y en avoit en Israël qui se portoient pour prophetes, estimans qu'il n'appartient qu'à ce grand legislateur de porter cette qualité, et il leur respondit sans se picquer de cela : *A ma volonté que tous prophetizassent, mais par la communication de l'esprit de Dieu*[2].

Nostre bien-heureux Pere, releve bien haut l'action du sainct serviteur de Dieu Jean Avila, comme procedant d'une force d'esprit et d'une indifference extraordinaire, au regard de ce zele qui nous fait non seulement aymer nostre prochain comme nous mesme, mais quelquefois plus que nous mesme. Je vous la raconterois bien, mes Sœurs, en mes propres termes, mais parce que je sçay que ceux de nostre Pere sont meilleurs, et vous sont incomparablement plus venerables, donnez moy son Theotime, et je vous les liray. Ils sont du chapitre sixiesme du livre neufviesme, où il dit ainsi.

« Le bien-heureux Ignace de Loyole ayant, avec tant de
» travaux, mis sus pied la compagnie du nom de Jesus, de
» laquelle il voioit tant de beaux fruicts, et en prevoyoit encor plus de beaux à l'advenir, eut neantmoins le courage
» de se promettre que, s'il la voyoit dissiper, qui seroit le
» plus aspre deplaisir qu'il peut recevoir, dans demy heure
» apres il en seroit resolu, et s'accoiseroit en la volonté de
» Dieu. Ce docte et sainct predicateur d'Andalusia, Jean
» Avila ayant dessein de dresser une compagnie de prestres
» reformez pour le service de la gloire de Dieu, en quoy il
» avoit desja fait un grand progrez, lorsqu'il vid celle des
» Jesuites en campagne, qui luy sembla suffire pour cette
» saison-là, il arresta court son dessein avec une douceur et

[1] Philipp. 1, 18. — [2] Num. xi, 29.

» humilité nompareille. O que bien-heureuses sont telles
» ames, hardies et fortes aux entreprises que Dieu leur ins-
» pire, souples et douces à les quitter quand Dieu en dispose
» ainsi ! Ce sont des traicts d'une indifference tres-parfaicte
» de cesser de faire un bien quand il plait à Dieu, et de s'en
» retourner de moitié chemin, quand la volonté de Dieu,
» qui est nostre guide, l'ordonne. »

Or, mes Sœurs, sçavez vous bien qu'en changeant le nom de Jean Avila, en celuy du bien-heureux François de Sales, voila une histoire qui a esté et est escrite et pratiquée par cettuy-cy. Ouy certes, car je sçay fort bien qu'il avoit quelque dessein de dresser une congregation de prestres du clergé qui fust libre et sans vœux, environ selon le modele de la vostre, quand elle commença ; conforme neantmoins à la vocation de l'estat sacerdotal : mais quand il sceut que le fidelle serviteur de Dieu Pierre de Berulle, depuis cardinal, de tres-heureuse memoire, avoit dressé la congregation de l'Oratoire, que l'on void fleurir en tant de doctrine et pieté, il desista de son entreprise, et se resjouït extremement de ce que Dieu avoit donné ceste saincte commission à un autre moins occupé que luy pour vaquer à l'establissement et à l'avancement d'une œuvre si saincte et si utile à la gloire de Dieu.

Il avoit pris pour essais du projet de cette congregation de prestres, l'erection de la vostre, estimant que selon que celle-cy reussiroit il pourroit promouvoir celle-là ; et mesme avant que de dresser la vostre il en avoit fait quelque essay en ceste congregation d'hermites qui sont dans son dioceze, en ceste affreuse mais saincte montagne de Nostre-Dame de Voiron, que l'on peut appeler (ce que sainct Bernard disoit de la grande Chartreuse avec les termes de David) un lieu d'horreur et de vaste solitude : il leur dressa des loix et des constitutions, soubs lesquelles ils ont vescu depuis avec beaucoup de bonne odeur et de saincte observance.

Je diray plus, et vous le sçavez, que son zele estoit si

condescendant, et qu'il estoit si peu attaché à ses propres sentimens, qu'il changea la premiere face à vostre congregation, soubs laquelle elle a vescu quatre ou cinq ans avec beaucoup d'edification et de fruit, aussi tost que monseigneur l'archevesque de Lyon, depuis cardinal de Marquemont, luy eust representé qu'il seroit meilleur qu'elle changeast de forme, et qu'elle vescust comme les autres instituts soubs des vœux, et soubs la closture.

Il m'a neantmoins dit plusieurs fois depuis ce changement, quoy qu'il l'approuvast de tout son cœur, et que l'experience a fait cognoistre estre de la plus grande gloire de Dieu, que l'Eglise avoit besoin d'une congregation de filles et de femmes vefves qui fut libre, c'est à dire sans vœux et sans closture, et qui vaquast non aux offices du chœur, mais au travail des mains aux jours ouvriers, et aux œuvres de pieté et de misericorde aux dimanches et aux festes. Plaise à Dieu susciter ou plustost resusciter cét esprit en quelques bonnes ames, qui a esté le premier esprit de votre institut, et à raison duquel il vous donna le titre de Visitation!

SECTION XV.

Suitte.

Sur ce propos, je luy disois un jour : « Mais mon Pere, si une telle congregation s'establissoit, ne vous semble-t'il pas que le titre de saincte Marthe luy conviendroit mieux que celuy de saincte Marie? — Ouy certes, me dit-il, car elles seroient comme saincte Marthe occupees à la vie active. » Il ne faudroit pas y faire grande façon, les plus pauvres filles et femmes y seroient les plus propres, et celles qui n'auroient autre chose pour gaigner leur vie que le travail de leurs mains qu'elles pourroient mettre en commun, afin que quelqu'une venant à tomber malade elle peut estre soulagee par les autres et du labeur de la communauté. Que s'il se rangeoit quelque fille ou femme riche parmy elles, et qui eust dequoy vivre sans avoir besoin de travailler, il faudroit neantmoins qu'elle se rangeast à l'ouvrage, comme les autres, pour eviter l'oisiveté. Que si elle vouloit donner son labeur à la communauté, elle feroit une œuvre excellente, car elle ne feroit pas un point qui ne tendist à l'aumosne, et à l'exacte pratique de ce mot de l'Apostre, qu'il s'occupe au bon et juste travail des mains pour avoir dequoy soulager celuy qui souffre necessité[1].

Le meilleur seroit en ceste congregation qu'il n'y eut point d'habit particulier, mais que chacune demeurast en celuy de sa condition avec la modestie et pieté vrayement chrestienne. On y pourroit donner quelques petits reglemens : l'un, pour passer en bon ordre les journees de travail ; l'autre, pour les jours de feste, pour les jours de labeur. Apres l'exercice du matin commun à tout chrestien qui veut vivre justement, sobrement et pieusement en ce monde, et le temps pour oüir la Messe, toute la matinee se passeroit à l'ouvroir, et durant l'ouvrage on pourroit tantost garder le silence, tantost faire une briefve et pieuse lecture, tantost s'entretenir sur ce qui auroit esté leu, ou de quelques propos d'edification. L'apresdisnee se passeroit de la mesme façon, donnant quelque petit espace de relasche apres le repas. Et le soir apres l'examen de conscience, accompagné des litanies ou de Jesus, ou de nostre Dame, on iroit au repos. Aux dimanches et festes elles s'employeroient, selon l'attraict de Dieu, les unes aux fonctions de Marie, à l'oraison, contemplation, lecture, frequentation des Sacremens, assistance aux offices divins et à la predication ; les autres, aux exercices de Marthe, visitant les malades dans les hospitaux, ou dans leurs maisons, et à semblables exercices de misericorde conformes à leur puissance et à la bienseance de leur condition. Elles pourroient aussi s'addonner à

---

[1] Ephes. iv, 28.

l'instruction des petites filles, soit pensionnaires, soit externes, en leur apprenant divers ouvrages, et leur enseignant les elemens de la doctrine chrestienne et autres exercices de devotion.

Comme il seroit libre à celles qui se joindroient à ceste congregation de s'en retirer, soit pour se marier, soit pour se ranger à des conditions qui leur sembleroient plus avantageuses : aussi seroit-il libre à la congregation, en cas ou de scandale, ou de desordre, ou de mauvais exemple de quelqu'une, de la prier de s'en retirer, et mesme de l'en rejetter, la pluralité des voix allant à l'expulsion. Il ne faudroit pas craindre qu'une telle congregation vint à se dissoudre, tant que la vraye devotion et solide pieté y regneroit : que si la devotion venoit à y manquer, non seulement elle se deferoit d'elle mesme, comme le sel qui est mis dans l'eau, mais mesme il est desirable, expedient et utile qu'elle soit dissipee et anneantie, comme un sel corrompu et gasté qui ne vaut plus rien qu'à estre jetté et foulé aux pieds. Car depuis que l'odeur de vie à la vie se perd par le mauvais exemple, reste l'odeur de mort à la mort par le scandale duquel il est écrit : *Mal-heur au monde à cause du scandale, et plus grand mal-heur à celuy d'où il vient*[1]. Et certes c'est le grand mal-heur des societez attachees et jointes par des liens sinon indissolubles, au moins dont on dispense rarement, que lors que la relaxation et l'inobservance s'y met, elles ne se peuvent dissiper, mais demeurent sur pied, à la ruine plustost qu'à l'edification, et au scandale plustost qu'à la consolation des fideles.

Au reste, pour la congregation dont je parle, il n'est point besoin de tant de formalitez; elle ne peut durer qu'autant qu'y durera la vraye pieté en la charité qui edifie, n'ayant point d'autre lien que celuy de la charité, de laquelle l'Apostre dit : *La charité de Dieu nous unit et nous serre*[2],

---

[1] Matth. XVIII, 7. — [2] II Cor. v, 14.

qui estoit le lien des premiers Chrestiens, desquels il est escrit, qu'*ils n'avoient qu'un cœur et une ame* [1]. Il n'est point besoin de maison achettée, ny possedee en commun, une de loüage et payee des deniers provenans des travaux communs estant suffisante : de chappelle, ny d'oratoire à y dire la Messe ny à y celebrer, les divins offices n'y estant point necessaires, la parroisse ou l'eglise la plus voisine suffisant à cela, sans autre conduitte que celle des pasteurs ordinaires tant parrochiaux que diocesains : la faculté de renvoyer les incorrigibles et celle de mauvais exemple pouvant obvier à tous les inconveniens de dissolution qui pourroient survenir par la malice ou la foiblesse humaine.

J'ay bien voulu vous deduire sommairement ces pensees, que j'ay autrefois communiquees à nostre bien-heureux Pere, lesquelles il benit tellement de son approbation, qu'il souhaitta que quelque serviteur de Dieu receust inspiration et commission du ciel pour entreprendre un dessein si pieux, et si salutaire à plusieurs pauvres ames. Amen, amen. *Fiat, fiat.*

SECTION XVI.

Sublime pensée d'indifference.

Chacun sçait la pensee de saincte Catherine de Sienne, qui luy a esté commune avec plusieurs autres saincts et sainctes, de consentir à estre en enfer pour un jamais, pourveu que ce fust sans perte de la grace, se promettant de changer, moyennant cela, les flammes d'enfer, en flammes d'amour de Dieu. Elle semble fondee sur ces souhaits de Moyse et de sainct Paul : l'un d'estre effacé du livre de vie, pourveu que Dieu pardonnast au peuple [2] ; l'autre, d'estre anatheme pour ses freres [3].

J'ay autrefois remarqué dans la vie du bien-heureux Philippes de Nery, fondateur de la congregation de Nostre-

---

[1] Act. IV, 32. — [2] Exod. XXXII, 32. — [3] Rom. IX, 3.

Dame de la Vallicelle, autrement de l'Oratoire de Rome, une chose digne de soigneuse consideration. Quand il exhortoit un malade qui estoit voisin de la mort, et qu'il le voyoit effrayé des jugemens de Dieu, estant une chose horrible de tomber entre les mains du Dieu vivant, il avoit de coustume de le resoudre, en luy disant qu'il s'abandonnast entierement corps et ame au temps et en l'eternité, entre les mains de Dieu, afin qu'il disposast de luy selon sa saincte volonté. « Faites, luy disoit-il, de necessité vertu; aussi bien n'y a-t-il aucun qui se puisse arracher de cette main, ni fuïr devant l'esprit de Dieu, qui est par tout, selon que dit le Psalmiste[1], et que la foy nous enseigne. Nostre sort, bon ou mauvais, voulions ou non, est en ses mains; il fait tout ce qu'il veut au ciel et en la terre, et n'y a rien qui puisse resister à sa volonté, laquelle est tousjours accomplie en la maniere qu'il a resolue : de quoy sert de regimber contre l'esperon, ainsi que Jesus-Christ disoit à sainct Paul terrassé[2]?

» Mais l'importance est de faire volontairement et de bon cœur, ce qu'il faut faire necessairement; parce que Dieu ayme les sacrifices volontaires, principalement les holocaustes, où rien ne se reserve, et ceux qui luy offrent joyeusement et franchement. Joint, adjouste-il (et voicy un notable sentiment), qu'encores que Dieu soit tout puissant, et que nulle parole luy soit impossible, il est neantmoins hors de sa puissance de perdre pour jamais une ame dont la volonté, à son issuë du corps, est sousmise à la sienne. Comme l'arbre tombera il demeurera; et l'ame sera pour jamais en l'estat où elle se trouvera au dernier periode de la vie : si rebelle à la volonté de Dieu, sa part sera dans le calice des meschans, et l'estang de feu et de souffre; si sousmise à cette volonté, son salut est indubitable, quoy qu'il puisse estre differé dans le purgatoire, si elle a quelque rouille à y purger, rien de souïllé ne pouvant entrer au

---

[1] Psal. cxxxviii. — [2] Act. ix, 5.

ciel. De sorte que s'abandonnant ainsi entre les bras de Dieu à la vie et à la mort, soit à salvation, soit à damnation, il n'y a rien à craindre : car outre que sa volonté est nostre sanctification, et qu'il ne desire qu'aucun perisse, mais que tous viennent au salut par la penitence ; il luy est impossible d'envoyer une ame sousmise à sa volonté, aux tenebres exterieures, puisqu'elles ne sont destinees que pour les rebelles à sa lumiere et à son amour. »

Les pensees de ces saincts sont belles et eslevees ; mais, mes cheres Sœurs, il faut avouër que je n'en ay jamais rencontré une plus genereuse en matiere d'indifference chrestienne que celle de nostre bien-heureux Pere, que je vous vay representer, mais representer avec ses mesmes paroles ; non seulement parce qu'elles sont tres-energiques, et que je ne pourrois en subroger d'autres sans alterer son sentiment, mais parce que les mots de ce bien-heureux Pere de nos ames nous sont à vous et à moy plus doux que les rayons de miel. Voicy donc comme il parle en son traitté de l'Amour de Dieu.

« Le bon plaisir de Dieu, est le souverain object de l'ame
» indifferente ; par tout où elle le void, elle court en l'odeur
» de ses parfums, et cherche tousjours l'endroit où il y en a
» plus, sans consideration d'aucune autre chose. Il est con-
» duit par la divine volonté, comme par un lien tres amiable,
» et par tout où elle va il la suit : il aymeroit mieux l'enfer
» avec la volonté de Dieu, que le paradis sans la volonté de
» Dieu. Ouy, mesme il prefereroit l'enfer au paradis, s'il
» sçavoit qu'en celuy-là il y eust un peu plus de bon plaisir
» divin qu'en celuy cy : en sorte que si, par imagination de
» chose impossible, il sçavoit que sa damnation fust un peu
» plus agreable à Dieu que sa salvation, il quitteroit sa sal-
» vation et courroit à sa damnation. »

Voila une des hardies et courageuses propositions que j'aye jamais leuës : et afin que vous appreniez quel estat il en faisoit, souvenez-vous qu'il ne s'est pas contenté de la coucher en son Theotime, mais qu'il la repete encor en ses

Entretiens; car au second il dit ces mots : « Les saincts qui
» sont au ciel ont une telle union avec la volonté de Dieu,
» que s'il y avoit un peu plus de son bon plaisir en enfer, ils
» quitteroient le paradis pour y aller. »

Cecy me remet en memoire un trait fort remarquable du bien-heureux Ignace fondateur de la societé des Jesuites. Il demanda un jour à quelques uns de ses confreres, par maniere de conference spirituelle, lequel des deux ils choisiroient, ou d'aller presentement au ciel, si Dieu leur en presentoit l'entree avec certitude, ou de demeurer en terre dans l'incertitude de leur salut, mais dans une apparence fort probable d'y pouvoir rendre de notables services à la gloire de Dieu; eux ayant esleu le certain et laissé l'incertain, il choisit l'autre party, le tenant plus pur et desinteressé : et comme ils luy objectoient le hazard de l'incertitude en chose de telle consequence, il leur dit que l'interest de la plus grande gloire de Dieu estoit son premier mobile, qui entrainoit et ravissoit apres soy toutes ses inclinations.

Sentiment exquis et qui pourroit estre appuyé par ces oracles sacrez : *Ceux qui se confient en Dieu sont faits comme la montagne de Syon, et ne sont jamais esbranlez*[1]. *Jettez vostre pensee au Seigneur, et il vous protegera; il ne permettra point que le juste flotte dans l'incertitude*[2]. *Ce sont des delices incomparables que de s'appuyer entierement sur ce bien aimé*[3]. *En paix en luy on peut dormir et reposer avec seureté*[4]. *Ceux qui esperent en luy ne sont jamais confondus*[5]. *Il nous reçoit selon sa parole fidelle, et ne nous confond jamais de nostre attente*[6].

C'estoit le sentiment du grand sainct Paul, quand il se disoit pressé de deux desirs : l'un, d'estre avec Jesus-Christ; l'autre, de demeurer avec ses freres pour avancer en eux la gloire de leur commun maistre[7]. C'estoit celuy de sainct

---

[1] Psal. cxxiv, 1. — [2] Psal. liv, 23. — [3] Cantic. viii, 5. — [4] Psal. iv, 9. — [5] Psal. xxiv, 3. — [6] Psal. cxviii, 116. — [7] Philipp. i, 23, 24.

Martin lors que voyant les cieux ouverts, comme sainct Estienne, il disoit à Dieu : « Seigneur, si je puis encore vous rendre quelque service dans la charge des ames, je ne refuse pas le travail. » Grandes ames qui preferent la croix aux delices, comme Moyse, pour amplifier la gloire de Dieu! Nostre bien-heureux Pere, mes Sœurs, avoit la mesme pensee, laquelle il declare en l'un de ses Entretiens, en ces termes.

« Que la maladie surmonte le remede, ou le remede sur-
» monte le mal, il en faut estre en parfaitte indifference :
» en telle sorte, que si la maladie et la santé estoient là
» devant nous, et que nostre Seigneur nous dit : Si tu choisis
» la santé, je ne t'en osteray pas un grain de ma grace; si
» tu choisis la maladie, je ne te l'augmenteray pas aussi de
» rien : mais au choix de la maladie il y a un peu plus de
» mon bon plaisir : alors l'ame qui s'est entierement delaissée
» et abandonnee entre les mains de nostre Seigneur, choisira
» sans doute la maladie, pour cela seulement, qu'il y a un
» peu plus du bon plaisir de Dieu. Ouy, mesme quand ce
» seroit pour demeurer toute sa vie dans un lict sans faire
» autre chose que souffrir; elle ne voudroit pour rien du
» monde desirer un autre estat que celuy-là [1]. »

SECTION XVII.

De l'abandon de soy-mesme entre les bras de Dieu.

Je ne vous sçaurois dignement exprimer, mes Sœurs, combien d'estat nostre bien-heureux Pere faisoit de l'exercice de l'abandon de soy-mesme entre les bras de Dieu. Il l'appelle en quelque lieu, « La vertu des vertus, la chresme de
» la charité, l'odeur de l'humilité, la fleur de la patience, et
» le fruict de la perseverance; vertu grande, et seule digne
» d'estre pratiquee des plus chers enfans de Dieu [2]. »

[1] Entret. 2. — [2] Ibid.

Il confirme cela par ce grand exemple du Sauveur remettant son esprit entre les mains de son pere, lors qu'il estoit attaché à la croix, apres luy avoir dit que tout estoit consommé : car, à dire le vray, c'est en haut point de resignation et d'indifference que consiste la consommation de toute fin, ou la fin de toute consommation. O que celuy qui habite dans ceste aide du Seigneur, et en la perfection du Dieu du ciel, et qui le prend pour receptacle, pour forteresse et pour refuge, et qui n'espere que soubs l'ombre de ses aisles; que celuy-là, dis-je, marche avec une grande confiance ! qui perd ainsi son ame la gagnera pour l'eternité.

« Nostre Seigneur ayme d'un amour extremement tendre,
» ceux qui sont si heureux que de s'abandonner ainsi tota-
» lement à son soing paternel, se laissant gouverner par sa
» divine providence, sans s'amuser à considerer si les ef-
» fects de ceste providence leur seront utiles, profitables
» ou dommageables; estant tout asseurez que rien ne leur
» sçauroit estre envoyé de ce cœur paternel et tres-aimable,
» ny qu'il ne permettra que rien leur arrive, dequoy il ne
» leur fasse tirer du bien et de l'utilité, pourveu que nous
» ayons mis toute nostre confiance en luy, et que de bon
» cœur nous disions : Je remets mon esprit, mon ame, mon
» corps et tout ce que j'ay entre vos benites mains, pour en
» faire selon qu'il vous plaira[1]. »

Certes nous voyons tous les jours par experience qu'aussi tost que l'on s'humilie, que l'on demande pardon à un homme que l'on aura offensé, et que l'on se sousmet à sa misericorde, la vengeance luy tombe des mains, et à peine a-t-on achevé de reclamer sa pitié, s'il n'a un cœur de tygre, qu'il remet l'offense : estimons nous que Dieu, qui a des entrailles de misericorde et qui est riche en bonté sur ceux qui l'invoquent, regarde comme l'homme, et que nous regarder humiliez, sousmis, et preparez à ses foüets, et nous

[1] Entret. 2.

faire misericorde, ne soit pas en luy une mesme chose ? Certes il n'oublie pas ainsi à pardonner, puisque mesme il ne peut retenir sa misericorde dans les plus sanglantes executions de sa plus severe justice. Il y a propitiation pardevers luy, et sa redemption est abondante. La parabole du pere de l'enfant prodigue, nous doit assez faire cognoistre la facilité à pardonner, du Pere des misericordes, du Dieu de toute consolation, et qui a pour nous des pensees non d'affliction, mais de paix.

Mais, dira-t-on, nous n'avons pas tousjours assez de graces pour produire cét acte si fort et si genereux du total abandon de nous mesmes entre les bras de Dieu. Certes, mes Sœurs, vueillions ou non, si sommes nous tousjours entre ses mains, puis que c'est luy qui soustient avec trois doigts toute la masse de l'univers : et quand mesme nous en sortirions pour entrer dans les espaces imaginables, où pourrions nous aller au delà de son infinie immensité? Quelle folie donc de fuïr devant la face de celuy que l'on ne peut eviter, dans lequel nous avons vie, et dans lequel, duquel, par lequel et pour lequel sont toutes choses? Rendons nous à sa mercy, puisque nous sommes en sa puissance, et ne nous plaignons point que sa grace nous deffaille pour produire un acte si courageux; car ceux qui cherchent Dieu de bon cœur ne manquent jamais de rien. Et, pour user des termes de nostre bien-heureux Pere comme plus propres et plus aymables, tenant pour certain que « nous ne sommes jamais re-
» duits à telle extremité, que nous ne puissions tousjours
» respandre devant la divine Majesté des parfums d'une
» saincte sousmission à sa tres saincte volonté, et d'une con-
» tinuelle promesse de ne le vouloir point offenser. » Et c'est là proprement ce que nous appellons un abandonnement general de nous mesmes entre les mains de Dieu, et c'est ainsi qu'il magnifie toutes ses volontez dans les saincts qui sont au ciel et en la terre.

SECTION XVIII.

De la resignation, indifference et simple attente.

Ou celle qui me fait la presente question, n'est pas beaucoup versee dans la lecture du Theotime de nostre bien-heureux Pere, ou bien c'est pour sonder si mon sentiment est dissemblable au sien, qu'elle me fait ceste proposition icy : Quelle difference il y a entre resignation, indifference, et simple attente. Certes il traicte de cecy si amplement et si nettement dans tout le neuviesme livre de son traicté de l'Amour de Dieu, que vouloir adjouster quelque chose à ses lumieres, c'est allumer une lampe pour esclairer le soleil. Je me contenteray donc, de dire tout simplement et apres luy (puis que l'on ne peut rien dire de different sans contrarier la verité), que la resignation n'est autre chose que l'acte de la soumission de nostre volonté à celle de Dieu, qui se fait avec quelque sorte d'effort : et quoy que la partie superieure acquiesce à l'affliction que Dieu envoye, il y a neantmoins quelque espece de repugnance dans la partie inferieure, repugnance qui ne se surmonte pas sans combat, et ce combat n'est point sans quelque sorte de violence, mais c'est une saincte violence avec laquelle on ravit le ciel. Voicy les mots dont nostre bien-heureux Pere exprime ceste contention d'esprit.

« La resignation se pratique par maniere d'effort et de
» sousmission. On voudroit bien vivre en lieu de mourir;
» neantmoins, puis que c'est le bon plaisir de Dieu qu'on
» meure, on acquiesce. On voudroit vivre s'il plaisoit à
» Dieu, et de plus on voudroit qu'il pleut à Dieu de faire
» vivre; on meurt de bon cœur, mais on vivroit encor plus
» volontiers; on passe d'assez bonne volonté, mais on de-
» meureroit encor plus affectionnement. Job en ses travaux
» fait l'acte de resignation : *Si nous avons receu les biens,*

» dit-il, *de la main de Dieu, pourquoy ne soustiendrons-*
» *nous les peines et travaux qu'il nous envoye*[1]? Voyez,
» Theotime, qu'il parle de soustenir, supporter et endurer.
» *Comme il a pleu au Seigneur, ainsi a-il esté fait : le nom*
» *du Seigneur soit beny*[2]. Ce sont des paroles de resignation
» et acception, par maniere de souffrance et de patience[3]. »

Apres ceste description appuyee de ce grand exemple, que peut on adjouster pour donner mieux à cognoistre ce que c'est que resignation?

Quant à l'indifference, elle differe de la resignation en ce qu'elle se fait sans effort, le cœur vrayement indifferent n'ayant aucune peine à se ranger à la volonté de Dieu aussi tost qu'elle luy paroist, ny aucun autre choix que celuy de l'evenement qui luy fait cognoistre ceste tres-saincte volonté qui est son unique nom, son aimant tres-aimable, et qu'elle suit en l'odeur de son parfum, c'est à dire, doucement et soüefvement. Voicy les mots de nostre bien-heureux Pere :
« L'indifference est au dessus de la resignation, car elle
» n'ayme rien sinon pour l'amour de la volonté de Dieu, si
» que aucune chose ne touche le cœur indifferent, en la pre-
» sence de la volonté de Dieu[4]. » Le bon Job apres l'acte de resignation fit aussi celuy d'indifference, allant comme par degrez et par montees au faiste de la perfection, ce qu'il temoigne par ces mots : *Le Seigneur m'avoit donné beaucoup de biens, le Seigneur me les a ostez, son sainct nom soit beny*[5]. Où vous voyez que la richesse et la pauvreté luy sont egales, pourveu qu'il puisse benir Dieu en l'un et en l'autre estat.

Or la resignation et l'indifference regardent la volonté de Dieu signifiee par l'evenement, quoy que diversement, parce que celle-là s'y range avec effort, celle-cy avec plus de suavité et sans contention. Mais le degré de la simple at-

---

[1] Job II, 10. — [2] Id. I, 21. — [3] Traité de l'Amour de Dieu, liv. 9, chap. 2. — [4] Id. chap. 4. — [5] Job I, 21.

tente est encore au dessus de tout cela, parce qu'il regarde la volonté de Dieu qui nous est incognue, et nous fait vouloir par anticipation tout ce que Dieu voudra, sans que nous le sçachions et en ayons aucune asseurance. Par exemple, quelqu'un est malade, il peut faire trois actes en cet estat; le premier, de resignation, embrassant la souffrance, d'autant qu'il cognoist par l'evenement que telle est la volonté de Dieu. Ce n'est pas qu'il n'aimast mieux la santé, mais parce qu'il a la charité, et ainsi qu'il ayme Dieu plus que toutes choses, et par consequent plus que soy-mesme, il prefere la volonté de Dieu à la sienne, quoy que ce ne soit pas sans effort, et sans se faire violence. Le deuxiesme est l'acte d'indifference, s'il a fait un tel progrez dans la pieté, que la volonté de Dieu luy soit esgalement aimable en la maladie qu'en la santé : ceste egalité d'esprit ne penchant ny d'un costé ny d'autre, sans choix ny eslection, autre que celle de Dieu, luy ostant la peine et l'effort qui se trouve à prendre, et qui est plus des-agreable à la nature. Mais parce que dans la maladie, la volonté de Dieu paroist en deux façons, et ne paroist pas en la troisiesme, c'est pour cela qu'apres l'acte d'indifference, reste encor celuy de suspension. Voicy comme je l'explique.

Premierement, la volonté de Dieu que l'on appelle de signe, est manifestee par l'evenement de la maladie; et asseurement Dieu la veut, puisqu'elle est arrivee, veu qu'un cheveu de nostre teste ne tombe point sans son ordre. Secondement, nous sçavons par sa parole qu'ayant donné de la vertu aux remedes pour la guerison de nos maux corporels, il veut que l'on s'en serve, à cause de la necessité; c'est pourquoy celuy qui negligeroit les remedes avec opiniastreté, les pouvant avoir, offenceroit, et se rendroit semblable à celuy qui tente Dieu, desirant que la premiere cause agisse par miracle, sans le concours des secondes. Apres avoir usé du conseil des medecins et suivy leurs ordonnances, si Dieu vouloit que le mal victorieux aux remedes nous portast à la mort, ou que les remedes victorieux du mal nous ramenassent à la santé ; c'est dans ceste incertitude que se produit l'acte de suspension, par lequel nous voulons certainement et confidemment dés à present, tout ce que Dieu voudra faire de nous à l'avenir, quoy que les choses futures nous soient incertaines et incogneuës.

Or cét acte de suspension d'esprit, que nostre bien-heureux Pere appelle de simple attente, est d'autant plus difficile que les deux precedens, qu'il est plus malaisé d'atteindre à un but sans le voir, que quand il est exposé à nostre veuë, et que nous y pouvons arrester nostre mire fixement. Aussi Job, parmy ces extremes angoisses ausquelles l'Escriture nous le represente reduit, et essayé en toutes façons, apres avoir produit les actes de resignation et d'indifference, tesmoigne bien l'estime qu'il fait de celuy de suspension, quand il dit que son ame l'a choisie, sçachant bien que par là on donne beaucoup de gloire à Dieu, et que c'est le plus haut degré où la patience (dont l'œuvre est parfait, dit sainct Jacques [1]) puisse attaindre.

On appelle cela suspension par une similitude tiree de celuy qui estant suspendu par le col, sans pouvoir respirer ny estre tout à fait suffoqué, n'est à proprement parler ny entre les morts ny entre les vivans, balançant avec une extreme douleur entre la mort et la vie. Mais entre les suspensions il faut avoüer que celles qui regardent l'estat de la nature, n'ont rien de comparable à celles qui concernent celuy de grace ou celuy de gloire : car ceste suspension de l'ame qui ayme Dieu, sans sçavoir non seulement si elle en est aymee, de l'amour qu'il porte aux ames justifiees, mais mesmes si elle l'ayme, est une croix d'amour des plus grandes qu'une vraye Philothee puisse souffrir.

Il est vray que l'on en peut avoir des conjectures non seulement qui peuvent consoler, mais encor qui peuvent

---

[1] Jacobi 1, 4.

consolider, je veux dire affermir et fortifier un esprit raisonnable; et non seulement luy oster tout doute, toute angoisse, toute perplexité, mais mesme toute crainte accompagnee de servilité : car la vraye charité bannit du cœur où elle est repandüe par le sainct Esprit, non la crainte servile qui est compatible avec la charité, mais la servilité de la crainte, laquelle preferant la peine à la coulpe, ne peut demeurer avec la sincere et non feinte charité. Mais apres tout, ce ne sont que conjectures, non des certitudes de foy; ce sont des confiances d'esperance qui ne sont point sujettes à confusion quand elles sont fondees et enracinees en la charité. Neantmoins nul ne sçait s'il est digne d'amour ou de haine, Dieu voulant esprouver nostre fidelité dans cette ignorance, et que nous l'aymions de tout nostre cœur, sans sçavoir si tout nostre cœur l'ayme, et si luy mesme nous ayme comme justifiés ou à justifier : car en toutes façons, nous ne pouvons sans impieté douter de son amour et de sa misericorde, dont nous avons tant de tesmoignage, que toute la terre en est remplie Et c'est pourtant dans cette amertume tres-amere que Dieu veut que nous trouvions la douceur, comme Samson le rayon de miel dans la gueule du lyon, et que dans cette aymable inquietude nous rencontrions nostre paix, comme l'alcyon le calme au milieu des ondes de la mer.

La destresse de la suspension me semble encore plus grande au regard de l'eternité bien-heureuse ou mal-heureuse : car la grace de perseverance ou finale, qui fait ce moment duquel depend nostre eternelle salvation ou damnation, estant une grace, selon que la theologie nous l'enseigne [1], qui ne depend d'aucun merite, mais de la pure liberalité de Dieu, dont l'esprit souffle où il luy plaist; representez vous en quelle transe doit estre une ame qui ne sçait si elle sera favorisee de ceste derniere grace qui est la porte necessaire de

---

[1] S. Thom. 1ª 2æ, quæst. 114, art. 9.

la gloire. Il est certain que de la sorte que l'arbre tombera, il demeurera, et que l'ame sera pour un jamais en l'estat conforme à la disposition où elle se trouvera au moment de sa separation d'avec son corps. Si sa volonté se trouve separee de celle de Dieu, ou, ce qui est le pis, opposee à la divine, elle n'aura point d'autre sejour que les tenebres exterieures et la gehenne, pour toute l'estendue de l'eternité : si au contraire elle se trouve conforme ou sousmise à la volonté de Dieu, son salut est asseuré, quoy qu'il puisse estre retardé pour quelque temps, si elle se trouve reliquataire de quelques peines temporelles. O moment duquel depend l'eternité, que tu es redoutable! ô combien il fait horrible tomber entre les mains du Dieu vivant! C'est icy, mes Sœurs, où la suspension est de difficile pratique, et où se void la derniere estreinte de la charité pure et vrayement des-interessee.

Pour y arriver, il ne faut point tant regarder le paradis de Dieu, comme le Dieu de paradis; ny tant l'enfer que Dieu a fait, que le Dieu qui a fait l'enfer : il ne faut pas tant s'arrester aux menaces ny aux promesses de Dieu, qu'à Dieu qui menace et promet. Dieu, dit nostre bien-heureux Pere en quelque endroit de son Theotime, est si aimable et si estimable, que quand il n'auroit ny enfer pour punir, ny paradis pour recompenser, il n'en seroit ny moins aymé ny moins estimé par une ame juste, qui ne sçait pas tant aymer le paradis de son Dieu, que son Dieu de paradis, duquel elle chante avec le Roy prophete, *Heureux ceux là, Seigneur, qui demeurent en vostre maison celeste*[1]! Mais pourquoy? est-ce parce que la gloire et les richesses y abondent? est-ce parce qu'on y est abbreuvé d'un torrent de voluptez inconcevables? Non certes, mais parce que Dieu y est loüé, glorifié, aymé, adoré, servy aux siecles des siecles. Amen

---

[1] Psal. LXXXIII, 5.

SECTION XIX.

Force d'esprit.

Je vous veux raconter à propos de fermeté de courage dans les assauts impreveus, une force d'esprit de nostre bien-heureux Pere; et je m'asseure, mes Sœurs, que vous jugerez ce trait n'estre pas des vulgaires. Quelque ame assez bonne, mais simple en la maniere que vous allez entendre, luy vint un jour dire tout franchement, que sur quelques rapports sinistres qu'on luy avoit faits de luy, elle avoit conceu contre luy une aversion extreme, et l'avoit en une tres-basse estime. Sans luy en demander le subjet il luy respondit promptement et rondement : « Je vous en ayme d'avantage. — Comment cela, luy demanda ceste personne? — Parce qu'il faut que vous ayez un grand fond de candeur et de franchise pour me parler si ouvertement, et j'estime ces qualitez-là extremement. — Je vous ay dit cela, reprit la personne, selon le vray sentiment de mon ame, non seulement passé, mais encore present. — Et moy, repartit le Bien-heureux, selon le sentiment de la mienne passé, present, et encore futur, comme je l'espere de la grace de mon Dieu. »

Alors cette personne, comme le voulant quereller, luy dit, que le fondement de son aversion, estoit provenu de l'advis qu'on luy avoit donné, qu'il avoit appuyé de sa faveur et recommandation son adverse partie en une affaire fort espineuse et importante. Le Bien-heureux repliqua : « Cet advis est veritable, et je l'ay fait parce que j'ay jugé que le droit estoit de son costé. — Vous devriez, luy dit l'autre, vous porter comme pere commun, et non pas comme partie, embrassant un costé au prejudice de l'autre. — Et les peres communs, respondit François, ne discernent-ils pas dans les contestations de leurs enfans ceux qui ont tort ou raison? Vous devez avoir apris par le jugement qui en a esté rendu que le droit estoit du costé de vostre partie, puisqu'il luy a esté conservé.

— On m'a fait injustice, repliqua la partie interessée. — Certes, respondit François, si j'eusse esté de vos juges, j'eusse prononcé de la mesme sorte contre vous. — C'est bien, dit l'autre, pour me guerir de mon aversion. — Voyez-vous, dit le Bien-heureux, c'est la plainte ordinaire de ceux qui ont perdu leur cause; mais quand le temps aura remis vostre esprit en une plus tranquille et plus droitte assiette, vous benirez Dieu, et vos juges qui sont ses organes, de vous avoir osté un bien que vous ne pouviez posseder en conscience, ny avecque justice, et alors cessera toute aversion et contre eux et contre moy; ce qu'il ne faut pas esperer jusques à ce que ceste taye de la passion vous tombe des yeux. Je prie Dieu qu'il vous fasse ceste grace.

— Amen, reprit l'autre, mais je voudrois bien sçavoir si c'est sans feintise que vous avez dit que vous m'en aimiez d'avantage. — Je n'ay jamais proferé de parole, dit François, plus conforme au vray sentiment de mon cœur : car qui n'aymeroit une ame qui se descharge si franchement de ce qui luy pese sur le cœur, et qui exposant si ouvertement ses playes en rend la cure si aisee. Ceste action ne me semble pas seulement aymable, mais je la revele comme heroïque, et procedante d'une force d'esprit qui n'est pas commune. Les gens vrayement du monde, sont plus fins et dissimulez, ils couvrent mieux leur mauvais jeu : leurs langues trompeuses parlent en un cœur et en un cœur; quand ils discourent de paix avec leur prochain, ils couvent de la malice en leur ame. Mais je voy bien que vous avez vomy tout ce que aviez sur le cœur, et quelque aversion que vous ayez contre moy, qu'il reste encor un secret advocat pour moy dans le fond de vostre ame, lequel me fera gaigner ma cause, et reconquerir vos bonnes graces aussi tost que le feu de la passion estant esteint, vous reverrez le soleil de la justice et de la verité. »

En suitte battant le fer tandis qu'il estoit chaud, il lui remonstra si clairement l'injustice de sa cause, et la raison de sa partie, que ceste personne fut contrainte de donner gloire à Dieu, et de protester qu'elle avoit gaigné en perdant, et comme Themistocle, qu'elle estoit perduë si elle ne l'eust perduë. « Mais pourtant, adjousta-t-elle, cela n'empesche pas que je n'aye moins d'estime de vous que je n'avois auparavant; car j'ai veu le temps que je vous tenois pour un sainct. — Et vous aviez tort à lors, reprit François : car je vous asseure en vraye verité, et sans humilité, que je suis bien esloigné de la reputation que mes amis me prestent; mais c'est qu'ils me souhaittent tel qu'ils me disent estre, tant ils ont de desir que je sois tel. Maintenant que n'avez plus si bonne opinion de moy, je n'ay garde que je ne vous en ayme d'avantage, car vous estes de mon party, vous estes de mon avis. Ceux qui m'allaictent de leurs applaudissemens, me trompent, se trompent eux-mesmes, estans contraires à la verité, et m'exposent au danger de la presomption et de la perte de mon ame. Mais ceux qui me mesestiment, font ce que je dois faire, m'enseignent l'humilité par effect, et ainsi me mettent en la voye de salut; car il est escrit que *Dieu sauvera les humbles de cœur*[1]. En un mot j'ayme mieux les blessures de celuy qui me dit la verité, que les baisers de celuy qui me flatte. Le juste me corrigera en misericorde, mais l'huile du cajoleur me graissera et boursoufflera la teste. Voila les raisons pour lesquelles comme vous me faittes plus de bien, je vous dois aymer, et de fait je vous en ayme d'avantage. »

SECTION XX.

De l'ennemy reconcilié.

Il detestoit de tout son cœur ce proverbe ultramontain :

[1] Psal. xxxiii, 19.

Al nemico reconciliato non fidearti : Qu'il ne se faust jamais fier à un ennemy reconcilié. Il l'appelloit une maxime traistresse et diabolique, et qui renverse entierement les fondemens du Christianisme. Il vouloit mesme que cela choquast la raison humaine, comme contraire à la droiture naturelle, qui se trouve mesme parmy les nations les moins civilisees. Certes il n'appartient qu'aux demons et aux ames damnees, qui sont affermies en leur mauvais propos et tombees en sens reprouvé, de ne pouvoir se deffaire de leur malice. La condition des vivans n'est pas si deploree : ils se peuvent par la vertu de la grace divine relever de leurs cheutes, et leurs cœurs peuvent estre lavez de leurs malignitez par ceste eau de la sagesse d'enhaut et salutaire.

Le Bien-heureux estimoit plus veritable la maxime contraire, et que les courroux entre amis n'estoient que des moyens pour redoubler leur amitié; les comparant à l'eau dont se servent les forgerons pour allumer d'avantage leurs brasiers. Et de fait l'experience enseigne que le cal qui se forme autour des os cassez est si fort qu'ils se rompent par apres en un autre endroit qu'en celuy de leur premiere briseure : et que les chevaux retirez de la gueule du loup ont plus de fougue et de courage que les autres. Il avient assez souvent que ceux qui sont reconciliez renoüent de plus fortes affections qu'auparavant, les offensans se gardans de la recheute, et taschans de reparer leur faute passee par quelque service signalé, et les offensez faisans gloire de pardonner et d'ensevelir dans l'oubly le tort qui leur a esté fait.

> Corpora magnanimo satis est prostrasse leoni,
> Pugna suum finem cum jacet hostis habet.
> Sed lupus et tristes instant morientibus ursi,
> Et quacumque minor nobilitate fera est [1].

On voit que les princes gardent bien plus soigneusement des places reconquises, que celles qui n'ont jamais esté for-

---

[1] Ovid. III, Trist. v, 33-36.

cees ny prises par leurs ennemis. C'est plus de se conserver un courage reconquis, que de maintenir la bien-vueillance de celuy qui n'a jamais esté rebelle, et qui ne s'est point revolté contre nostre amitié.

Mais de se servir de la reconciliation pour machiner de plus faciles ou de plus hautes vengeances, c'est un crime si noir et si infame que toute l'eau de la mer n'est point capable de le laver : c'est le trait de la plus execrable trahison et perfidie qui puisse sortir de l'enfer; c'est comme un de ces pechez contre le sainct Esprit, qui n'a point de pardon en ce monde ny en l'autre. David appelle la mort eternelle sur de telles gens, et souhaite que l'enfer les engloutisse tout vivans[1].

Principalement entre les Chrestiens, à qui la dilection des ennemis est non seulement recommandee, mais commandee; et sur tout la reconciliation, Dieu ne voulant point recevoir les presens à son autel de celuy qui aura quelque rancune contre son frere. La divine parole nous avertissant de ne nous endormir point sur nostre courroux, mais de nous remettre en paix avec nostre prochain, de peur que le juste juge ne nous mette dans le cachot des tenebres exterieures, le moindre mouvement de mespris, la moindre interjection d'indignation, estant coupable de jugement et de conseil, et la moindre parole injurieuse de la gehenne du feu[2]; nous pouvons juger de là combien cette maxime dont nostre bien-heureux Pere avoit tant d'horreur est opposee aux fondemens du Christianisme.

SECTION XXI.

La vraye mesure des vertus.

Ce n'estoit pas sa coustume de mesurer les vertus par elles mesmes, ny de les peser au poids naturel et prophane : sa

[1] Psal. LIV, 16. — [2] Matth. v, 44, 22-26.

regle estoit la regle d'or de la saincte charité avec laquelle il toisoit les murailles de la mystique Hierusalem, je veux dire le vray merite des bonnes œuvres. Il fronçoit le sourcil, et tesmoignoit du desgoust et de la peine, toutes les fois que l'on disoit, Il y a bien plus de merite à faire cecy que cela, ceste action est de plus grand merite que ceste autre, ceste vertu est plus meritoire que celle-là, sans faire mention de la charité. Sa raison estoit que ceste maniere de parler choquoit le fondement de la doctrine chrestienne, qui met la charité pour baze et pour racine de tout merite, au moins pour le regard du loyer essentiel.

Or la charité estant une vertu dont toute la gloire est au dedans, c'est à dire interieure, et si nul ne sçait s'il l'a de certitude de foy; comme pourra-t'il sçavoir s'il l'a plus grande ou plus petite, et par consequent si ses actions sont plus ou moins meritoires, estant certain qu'une moindre vertu estant exercee avec plus de charité est plus meritoire, qu'une plus grande vertu pratiquee avec une moindre charité?

Il est vray que les vertus quoy qu'egalement vertus, ne sont pas toutefois egales vertus, et qu'il y en a de plus excellentes les unes que les autres, selon leurs excellences propres et naturelles : mais comme il y a bien de la difference entre les vertus acquises et humaines, et les infuses et divines, il se faut bien garder de confondre les poids et les mesures, en pesant au poids prophane ce qui ne doit estre pesé qu'au sacré, de peur que l'on ne die de nous que nous avons des balances trompeuses et mensongeres, et que nostre jugement a une balance double et un faux poids.

Laissant donc au poids naturel et humain les advantages que les vertus morales et acquises ont les unes sur les autres, quand il est question de parler du vray merite des vertus chrestiennes et parfaites, il en faut tirer la mesure de celle qui est appellee *le lien de perfection*[1], c'est à dire, de la

---
[1] Coloss. III, 14.

charité, sans laquelle nulle vertu ne peut estre parfaite, ny atteindre la dernicre fin : qui la tire d'ailleurs, met la nature en la place de la grace, et frize de bien pres le Pelagianisme, si mesme il ne donne dans cét escueil.

Ne donnera-t-on donc rien à la difficulté, à la dignité ou à l'excellence naturelle de l'œuvre? L'Ange de l'escole luy attribuë quelque loyer accidentel supposé qu'il soit fait en charité, et que tout le loyer essentiel se tire de la charité qui anime cét œuvre[1]. Or les theologiens reduisent ce loyer accidentel aux trois difficultez d'où ils tirent les trois aureoles : que si l'on multiplie toutes les difficultez, il faudra pareillement multiplier les aureoles à l'infiny; à quoy aviseront ceux à qui il appartient.

Nostre bien-heureux Pere, mes Sœurs, n'ayant que la pure dilection pour visee en toutes ses actions, en tiroit comme d'un centre toutes les lignes tendantes à la circonference de ses deportemens, suivant ce grand enseignement de l'Apostre : *Que toutes vos actions se fassent en charité.* Et comme sainct Augustin (ainsi qu'il remarque en son Theotime) deffinissoit toutes les vertus chrestiennes par l'amour de Dieu, appellant la foy un amour qui croit, l'esperance, un amour qui attend (selon ce que dit l'Apostre, que la *charité croit tout, espere tout, souffre tout*[2]); et la patience, un amour qui endure; la prudence, un amour judicieux; la justice, un amour qui rend à chacun ce qui luy appartient; la force, un amour genereux; la temperance, un amour attrempé; l'humilité, une charité qui descend; l'oraison, une charité qui s'esleve, et de mesme des autres[3] : ainsi nostre Bien-heureux vouloit que l'amour de Dieu fust comme le fondement et la racine, aussi la mesure de l'elevation et du fruict de toutes les vertus. C'est à elle que vous devez ajuster toutes vos pratiques et tous vos exercices de pieté, si

---

[1] 1², quæst. 95, art. 4. — [2] I Cor. xiii, 7. — [3] S. August. De Moribus Eccles. cath. cap. 15, n. 25; Enarrat. 2 in Psal. 31, nn. 5, 6, et passim.

vous voulez que vostre negociation spirituelle reussisse à la gloire de Dieu : c'est là l'or pur dont sainct Jean, dans l'Apocalypse, nous conseille de faire provision, si nous voulons estre opulens des vrayes richesses de l'esprit, et paroistre devant Dieu non avec des mains vuides, mais garnies d'œuvres pleines, solides, et qui luy soient agreables [1].

SECTION XXII.

De l'humilité.

Entre les vertus morales quelques-uns donnent la principauté à celle de religion, à raison de son object qui est le culte au service de Dieu ; d'autres, à l'obeissance ; d'autres, à la chasteté ; et tous ont leurs raisons particulieres. Mais nostre bien-heureux Pere, mes Sœurs, donnoit la palme à l'humilité, et l'appelloit le fondement des autres ; appuyé du sentiment de sainct Augustin, qui disoit que celuy qui veut eslever un haut comble de perfection doit creuser bien profondement le fondement de l'humilité [2], d'autant que bastir sans ce fondement c'est demolir plustost qu'edifier.

Or, comme le fondement d'un edifice se cache dans la terre, et soustient tout ce qui paroist d'eslevé, ce qui sert le plus estant le moins en veuë ; ainsi l'humilité qui tire son nom de la terre (*ab humo*), quoy qu'elle soustienne tout l'amas des vertus, est neantmoins la moins visible et la plus cachee de toutes, et celle qui paroist le moins, son teint estant si delicat que non le soleil seulement, mais l'air mesme le bazane et decolore ; ce qui fait que les actions d'humilité qui ont trop d'eclat et de monstre exterieure sont suspectes d'une secrette vanité.

Nostre Bien-heureux disoit que ceste vertu entre les morales estoit plus particulierement aimee du Christianisme que

---

[1] Apoc. III, 18. — [2] Serm. 69, cap. 1, n. 2.

les autres, parce qu'elle avoit esté comme incognue aux philosophes payens, qui la tenoient quasi pour lascheté et bassesse de courage. Mais l'Evangile l'a mise en tel credit, et l'a recommandee si puissamment, qu'elle est comme la premiere leçon de l'escole de Jesus Christ, lequel a dit, *Aprenez de moy que je suis doux et humble de cœur*[1], et ne preconise rien tant en ses predications, que l'aneantissement, et le renoncement de soy-mesme, la pauvreté d'esprit, le mespris des honneurs, et l'amour du mespris.

Il faut neantmoins, mes Sœurs, que j'adjouste ce petit sentiment à celuy de nostre Pere, en vous avertissant que vous ne vous imaginez pas que le fondement des vertus chrestiennes et parfaites soit en l'humilité, puis que l'humilité sans la charité, non plus qu'aucune autre vertu, n'a pas un brin de perfection essentielle qui consiste toute en la charité. Quand donc vous lisez que l'humilité est le fondement des vertus, entendez cela des morales et acquises, non des infuses et divines, entre lesquelles la foy et l'esperance sont incomparablement plus excellentes que l'humilité; et toutesfois ny la foy ny l'esperance ne sont rien, et ne profitent de rien (ce sont les propres termes de l'Apostre[2]) sans la charité, qui est en effect la royne, la couronne, l'ame, la vie, le faiste, le sommet, et le vray fondement des vertus chrestiennes, et le comble de la perfection du chrestien. Et quiconque mettra un autre fondement, qu'il vous soit comme payen et estranger; car nul ne peut mettre un autre fondement que celuy qui a esté mis; c'est la grace de Dieu en Jesus-Christ nostre Seigneur, qui est beny pour tous les siecles. Amen.

[1] Matth. xi, 29. — [2] I Cor. xiii, 1-3.

SECTION XXIII.

La continence des yeux.

On parloit une fois d'une dame de son pays et sa parente, et comme on disoit que c'estoit la plus belle femme de la contree, il se tourna vers moy, et me dit : « Je l'ay desja ouy dire à plusieurs. » Je luy respondy assez brusquement : « Vous la voyez fort souvent, elle est vostre parente assez proche, en parlez vous ainsi pour rapport? » Il me repliqua avec une simplicité merveilleuse : « Il est vray que je l'ay veuë souvent, et luy ay parlé beaucoup de fois, mais je vous promets que je ne l'ay pas encore regardee. — Mon pere, luy dis-je, comme faut il faire pour voir les gens sans les regarder? Il se trouva un peu surpris, et cognut qu'il s'estoit un peu plus engagé qu'il ne pensoit. « Voyez vous, me dit-il, je vous ay souvent veu et regardé, mais ceste parente est d'un sexe qu'il faut voir sans le regarder; il le faut voir superficiellement et en general, pour distinguer que c'est une femme à qui on parle, et non pas un homme, et se tenir sur ses gardes pour ne la regarder pas fixement et d'un regard arresté et fort discernant. »

Cela me fist souvenir de ce que dit Job qu'il avoit fait paction avec ses yeux de ne penser point à la vierge[1], de peur que son œil ne derobast son ame : et de ce que fit Alexandre, ne voulant pas voir la femme du roi de Perse qu'il tenoit prisonniere avec son mary, ny les filles de sa suitte, disant que les dames persiennes faisoient mal aux yeux. Notable exemple de moderation en un prince payen, craignant que l'incontinence ne luy desrobast l'honneur de sa victoire, luy faisant commettre quelque action moins honneste.

Sainct Ambroise donnant des avis à une vierge pour la conservation de son integrité, luy conseille de mesnager soi-

[1] Job xxxi, 1.

gneusement ses regards, de peur que les larrons, les mauvais desirs n'entrassent en son cœur par ces fenestres. « Que tes yeux, luy dit-il, se portent indifferment sur les hommes sans s'arrester sur aucun. » Cela n'est-ce pas le voir sans regarder, en nostre bien-heureux Pere?

Une autre fois comme l'on parloit d'une autre damoiselle qu'un seigneur de marque avoit espousee pour sa beauté : « J'ay ouy dire, dit-il, qu'elle est fort specieuse, mais je ne la vy jamais. » Me souvenant du mot precedent qu'il avoit dit à un autre rencontre, je luy dy avec la liberté que j'avois aupres de luy : « Dittes, mon Pere, que vous ne l'avez pas regardee. — Non, reprit-il en sousriant, je ne me souvien point de l'avoir jamais veuë. — Mais pourquoy, repris-je, avez-vous usé de ce mot de specieuse? je ne sçay s'il est savoyard, mais il n'est pas trop françois. — Il n'est, me dit-il, ny françois ny savoyard, mais il est fort ecclesiastique, c'est à dire conforme au langage de l'Eglise qui est le latin. — Faut il donc, luy di-je, que les prestres escorchent comme cela la langue latine?— Non, me dit-il, mais quand ils parlent de ce sexe, il me semble que ces mots de beau, de belle, de beauté, ne sont pas seans en leur bouche, parce qu'ils accusent en quelque façon le jugement de leurs yeux, et qu'il est à propos de les moderer par des termes plus modestes et moins ordinaires. » Jugez par là de la pureté des paroles, des regards et des pensees de ce Bien-heureux homme, vrayement sainct, comme parle sainct Paul, et de corps et d'esprit[1].

SECTION XXIV.

La Magdeleine au pied de la croix.

Sainct Charles Borromee avoit une devotion speciale au mystere de l'agonie de Jesus-Christ au Jardin des Olives, et

---

[1] I Cor. vii, 34.

avoit ce tableau en divers endroits de sa maison, et en faisoit porter un petit par tout où il alloit, faisant ordinairement des prieres devant ce portrait, et il l'avoit au pied de son lict et devant ses yeux quand il expira.

Nous vous avons dit autrefois, mes Sœurs, que nostre bien-heureux Pere avoit une particuliere inclination d'honorer la relique du sainct Suaire de nostre Seigneur et qu'il en avoit le portrait en divers endroits de sa maison. Mais il avoit aussi une speciale reverence pour le tableau de la saincte penitente Magdeleine au pied de la croix, et l'appelloit quelquefois son livre et la bibliotheque de ses pensees. Il y a de l'apparence qu'il se le representoit peu avant qu'il rendist son ame à Dieu, lors qu'on luy entendit repeter ce verset avec un grand sentiment de pieté : *Amplius lava me ab iniquitate mea, et à peccato meo munda me*[1]. « O, disoit-il une fois, voyant un tableau de ceste sorte que j'avois à Belley dans ma maison, que ceste penitente fit un heureux et avantageux traffic! elle donna des larmes au pied de Jesus-Christ, et voila que ces pieds luy rendent du sang, mais du sang qui lave toutes ses fautes; car il nous a lavez de toutes nos soüilleures en son sang, et de noirs comme le charbon, il nous a rendus blancs comme la neige, par ceste aspersion d'hyssope. O pluye volontaire, que Dieu a destinee à ceux de son heritage, que vous estes aymable et desirable! »

Il adjousta à ceste pensee cét autre, que nous devons bien cherir les petites vertus qui croissent au pied de la croix, puisqu'elles sont arrosees du propre sang du Fils de Dieu. L'eau naturellement quitte la sommité des montagnes, pour couler dans la bassesse des vallees, selon ce que dit le Psalmiste : *Mittit fontes in convallibus; inter medium montium pertransibunt aquæ*[2]. « Et quelles sont ces vertus là, luy dis-je? — Ce sont, reprit-il, l'humilité, la patience, la douceur, la benignité, le support du prochain, la condescen-

[1] Psal. L, 4. — [2] Psal. CIII, 10.

dance, la suavité de cœur, la debonnaireté, la cordialité, la compassion, le pardon des offenses, la simplicité, la candeur, et leurs semblables. Ces qualitez-là sont comme les violettes qui se plaisent à la fraischeur de l'ombre, qui se nourrissent de la rosee, et quoy que de peu d'eclat, qui ne laissent d'espandre une fort bonne odeur.

— Y a-t'il donc d'autres vertus au haut de la croix, luy di-je ? — Mais tant, reprit-il : ce sont celles qui ont un grand lustre, et sont fort exemplaires quand elles sont accompagnees d'une notable charité ; telles sont la prudence, la justice, la magnificence, le zele, la liberalité, l'aumosne, la force, la chasteté, la mortification exterieure, l'obeyssance, la contemplation ravissante et extatique, la constance, le mespris des richesses et des honneurs, et leurs pareilles, desquelles chacun veut gouster, parce qu'elles sont plus excellentes, plus estimees, et souvent parce qu'elles nous rendent plus illustres et considerables ; quoy que nous ne deussions aymer leur excellence, que parce que Dieu les ayme d'avantage, et qu'elles nous donnent le moyen de luy tesmoigner nostre amour plus excellemment. »

SECTION XXV.

Resignation notable.

Dieu mortifie et vivifie, meine aux enfers et en rameine. Vostre congregation, mes Sœurs, receut une rude secousse au commencement qu'elle fut establie. Cette tres-vertueuse dame, que nostre bien-heureux Pere choisit pour en faire la premiere pierre, et qui vit encore parmy vous avec tant de bonne odeur de pieté et de saincteté, tomba malade si griefvement que les medecins desespererent de sa vie, et dirent tout haut ce que Job disoit de soy, qu'il ne falloit penser à autre chose qu'à luy dresser un tombeau [1].

[1] Job xvii, 1.

Nostre Bien-heureux receut ceste sentence avec sa tranquilité ordinaire, se resignant aussi tost au bon plaisir de Dieu; et prevoyant bien que la bergere estant par terre, les brebis se dissiperoient, et que mal-aisement trouveroit-il une ame de ceste trempe sur laquelle il pust fonder l'edifice de vostre congregation, il ne dit autre chose, sinon : « Dieu se contentera de nostre volonté, il cognoist assez nostre foiblesse, et que nous n'estions pas assez forts pour faire le voyage entier. »

Il ne se fut pas si tost abbatu soubs la Providence, qu'esperant contre toute esperance et apparence, la santé fut rendue à ceste personne de qui la vie estoit deplorée; mais rendue avec tant de vigueur, qu'elle a survescu à ceste maladie depuis vingt huict ans qu'il y a qu'elle en est relevée, pour avancer l'œuvre de Dieu en l'estendue de vostre congregation au point où elle se void aujourd'huy. Certes les œuvres de Dieu ne sont pas moins merveilleuses que parfaittes : *Elles sont admirables*, disoit le Psalmiste, *et mon ame ne le cognoist que trop* [1].

« Il y a de certaines entreprises, disoit le bien-heureux François, que Dieu veut que nous commencions et que d'autres les achevent. Ainsi David amassa des materiaux pour le temple qu'edifia son fils Salomon. Sainct François, sainct Dominique, sainct Ignace de Loyola souspirerent apres la grace du martyre et le rechercherent par tous moyens; Dieu pourtant ne les en voulut pas couronner, se contentant de leur volonté. Se remettre simplement et doucement à la volonté de Dieu au manquement des entreprises qui regardent sa gloire, n'est pas un acte de mediocre resignation. »

---

[1] Psal. cxxxviii, 14.

SECTION XXVI.

De la sincerité.

Cette maxime de sagesse humaine, mais sagesse animale, terrestre, diabolique, comme l'appelle sainct Jacques [1], luy estoit en horreur, qu'il faut aymer comme ayant un jour à haïr, et haïr comme ayant un jour à aymer. Car c'est estre proprement de ces tiedes qui ne sont bons qu'à estre vains. « Il est vray, disoit-il, que la seconde partie de cét axiome, si plein de duplicité, est plus supportable que la premiere : car il est meilleur de ne haïr que mediocrement, et comme pensant à renouer l'amitié, que de nourrir de ces haynes implacables et irreconciliables qui tiennent plustost du demon que de l'homme. C'est une chose humaine de se courroucer, mais c'est une chose execrable de ne pouvoir s'appaiser, ny pardonner. Haïr donc comme ayant quelquefois à aymer, c'est une espece de disposition à la reconciliation.

Mais n'aymer qu'avec ceste preparation d'esprit, d'estre un jour ou de penser estre ennemy, c'est n'aymer qu'en masque, c'est n'avoir aucune sincerité, aucune franchise, aucune cordialité. Or, nostre bien-heureux Pere faisoit tant d'estat de la rondeur et sincerité, que sans cela il estimoit la vie malheureuse, et comme conduitte en une terre d'ennemis. Un jour quelqu'un luy demandoit ce qu'il entendoit par la sincerité : « Cela mesme, respondit-il, que le mot sonne, c'est à dire, sans cire. — Me voila, repliqua l'enquerant, aussi sçavant, qu'avant ma demande. » Il poursuivit : « Sçavez vous ce que c'est que du miel sans cire ? C'est celuy qui est exprimé du rayon, et qui est fort purifié : il en est de mesme d'un esprit, quand il est purgé de toute feintise et duplicité, alors on l'appelle sincere, franc, loyal, cordial, ouvert, et sans arriere pensee.

---

[1] Jacobi III, 15.

» Les personnes sinceres sont extremement propres à l'amitié, qui est le sel et le soleil de vie ; ou, pour mieux dire, l'assaisonnement de toute bonne societé. Au contraire, *l'homme double d'esprit*, dit le Sage, *est inconstant et flottant en toutes ses voyes* [1], il se deffie de chacun, et chacun l'a pour suspect : vray Ismaël de qui les mains sont contre tous, et les mains de tous sont contre luy [2]. Sa langue est un rasoir qui tranche des deux costez, il a le cœur double comme les paroles ; ses discours sont ambigus, comme les faux oracles des anciens ; et lors qu'il parle de paix, c'est quand il couve dans son sein quelque malice noire. Ces gens-là sont evitables, comme des escueils, parce qu'ils pechent, condamnez par leur propre jugement, leur cœur reprenant leur mauvaise conscience. »

SECTION XXVII.

De la charité envers le prochain.

On me demande l'esclaircissement de ceste sentence de nostre bien-heureux Pere : « Il faut tenir nostre cœur droit, de peur que les dons naturels ne nous fassent distribuer injustement nos bonnes affections et charitables offices. » La droitture du cœur, parlant philosophiquement et moralement, c'est ce qui nous fait envisager en nos actions l'honnesteté de la droite raison : mais parlant chrestiennement, c'est l'envisagement de la fin derniere qui est Dieu et sa gloire ; et c'est de la droitture de cœur en cette seconde maniere que parle icy nostre Bien-heureux, conformement à l'Escriture sacree qui la prend tousjours en ce sens là, appellant droits de cœur ceux qui n'ont que la gloire de Dieu pour dernier but de leurs intentions.

Celuy qui a la charité a ceste vraye droitture de cœur : car tout ainsi que l'aiguille du cadran frottée d'ayman se tourne

---

[1] Jacobi I, 8. — [2] Gen. XVI, 12.

tousjours vers le nort; aussi un cœur touché de l'ayman du pur amour de Dieu qui est en la charité, ne se tourne que vers Dieu sans aucun retour vers son interest propre. Sainct Augustin exprime fort bien ce sentiment quand il dit : « O » Seigneur, vous avez fait nostre cœur pour vous, à raison » dequoy il est en une perpetuelle inquietude jusques à ce » qu'il se repose en vous[1]. » Et l'amante saincte du Cantique confirme cela, disant que son bien-aimé est tourné vers elle, et qu'elle est toute retournee vers luy[2]. Le cœur en qui la charité est respandue par le sainct Esprit est un vray heliotrope qui suit le cours du soleil.

Mais tout de mesme que la presence du diamant empesche que l'aiguille du cadran ne s'arreste vers le nort, et l'œil que le girosel ne se contourne vers le soleil; il arrive assez souvent que l'amour naturel empesche en nous l'effect du surnaturel, principalement dans le prochain. Parce qu'encore que nous aymions au commencement le prochain purement pour Dieu, et d'amour de charité, qui est un amour desinteressé, il arrivera neantmoins par succession de temps, que les bonnes qualitez naturelles du prochain nous amuseront et arresteront en luy sans rapporter à Dieu l'amour que nous luy portons : et de ceste sorte insensiblement l'amour surnaturel degenere en naturel, à la maniere de ces Israelites inconsiderez qui prindrent l'alliance des Moabites au lieu de pousser avant en la conqueste de la terre promise.

De là vient ceste acceptation des personnes tant blasmee en l'Escriture, et si prejudiciable à la pure charité pour laquelle nous aymons le prochain, et luy rendons de bons offices, non plus parce qu'il est l'image, et à raison que Dieu nous commande de l'aymer et de l'assister, mais ou parce qu'il nous plaist, ou que nous esperons de luy une bienvueillance reciproque.

Et quoy que nous l'aymions d'amour d'amitié, c'est à dire

---

[1] Confession. lib. 1, cap. 1. — [2] Cantic. vii, 10.

sans pretendre de luy aucun avantage, si nous terminons en luy ceste bien-vueillance en derniere instance, et que nous l'aymions pour l'amour de luy mesme, ce ne sera plus d'amour de charité; parce que la charité estant une vertu divine et theologale a Dieu pour object et fin derniere, et quoy qu'elle nous fasse aymer le prochain, c'est à condition que nous l'aymerons en Dieu et pour Dieu en dernier ressort, et non pas pour luy mesme.

C'est à quoy nostre Bien-heureux nous enseigne de prendre garde par ceste notable leçon, nous avertissant de l'embuscade de l'amour humain, qui, comme un Jacob, veut supplanter son aisné qui est le divin, et nous servir de remors qui nous attache à la creature, et nous retarde d'aller jusques au Createur. Pour cela il nous fait souvenir de la droitture de cœur, qui n'a que Dieu pour souverain but de toutes ses pensees, afin que nous le regardions tousjours fermement et droitement, comme des aiglons legitimes, sans imiter ceux dont le Psalmiste parle, qui attachent leurs regards à la terre, c'est à dire, à la creature[1]; ou ces faux vieillards, dont Daniel parle, qui declinerent leurs prunelles pour ne voir pas le ciel[2] : mais plustost à demeurer debout sur nos voyes, pour ne distribuer nos affections, et en suitte nos bons offices et services au prochain, qu'en la veüe de Dieu, c'est à dire en Dieu, pour Dieu, et selon Dieu, en quoy consiste la vraye charité envers le prochain.

SECTION XXVIII.

De la raison et du raisonnement.

C'estoit un de ses mots, que la raison n'estoit pas trompeuse, ouy le raisonnement. La raison ne trompe pas; car quand elle trompe elle n'est pas raison, parce qu'il n'y a rien de plus desraisonnable que la tromperie. Mais plusieurs

---

[1] Psal. xvi, 11. — [2] Dan. xiii, 9.

se trompent eux-mesmes par leur raisonnement, et en trompent d'autres, parce que c'est l'outil le plus propre à tromper. De là est venu l'art des logiciens ou de la dialectique, qui nous apprend à discerner le vray du faux raisonnement, et à discerner les sophismes des argumens legitimes.

Quand on proposoit à nostre bien-heureux Pere quelque affaire, quelque plainte ou quelque difficulté, il escoutoit fort patiemment et attentivement toutes les raisons qu'on luy alleguoit sur ce fait là; et comme il abondoit en jugement et en prudence, apres les avoir balancees il sçavoit fort bien distinguer les legeres de celles qui estoient de poids, les solides des apparentes.

Et quand on s'opiniastroit à soustenir des avis par des raisons qui sembloient plausibles, mais qui n'avoient pas assez de force pour appuyer la justice, il disoit quelquefois de fort bonne grace : « Ce sont là vos raisons, je le voy bien ; mais sçavez-vous bien aussi que toutes les raisons ne sont pas raisonnables ? » Et quand on luy disoit que c'estoit accuser la chaleur de n'estre pas chaude, il repartoit, selon la distinction que nous avons dite, que la raison et le raisonnement estoient choses differentes : le raisonnement n'estant que le chemin pour arriver à la raison, le chemin pour y parvenir n'est pas si certain que le but, parce qu'on se fourvoye souvent au lieu d'y attaindre, mais celuy qui a donné dans le blanc est asseuré de son attainte.

Apres cela petit à petit il taschoit de ramener celuy qui s'estoit egaré dans le labyrinthe d'un faux raisonnement, au centre de la verité qui n'est jamais separee de la raison, puisque c'est une mesme chose. Certes, comme il y a difference entre parler, crier, et chanter, toute voix n'estant pas conduitte selon les regles de la musique; et comme l'on ne regle pas tousjours ses pas, en marchant, selon les cadences du bal : aussi en raisonnant on ne se conduit pas tousjours selon le niveau de la droitte raison. Les opiniastres aheurtez à leur propre jugement ne cognoissent pas cecy, mais les esprits dociles et traittables. *Quis sapiens et intelliget hæc*[1]? Il faut quelque force d'esprit pour bien cognoistre sa propre foiblesse, et c'est un trait de prudence non commune de se rendre à un meilleur avis que le sien.

SECTION XXIX.

Justice et judicature.

De mesme faisoit-il grande difference entre justice et judicature, et entre un homme de justice et un de judicature. Un homme de justice, c'est un homme juste, qui, de quelque condition qu'il soit, rend à un chacun ce qui luy appartient, et, comme dit l'Apostre, *à qui honneur honneur, à qui tribut tribut*[2] : mais l'homme de judicature se prend pour un officier ou magistrat qui fait profession de rendre le droit à un chacun, selon les formes de la jurisprudence. Et c'est grande pitié que l'on puisse dire de ces formes ou formalitez ce que sainct Bernard disoit de ces mauvaises filles qui avoient suffocqué leur mere. Car ayant esté inventees à bon dessein pour rendre à chacun ce qui luy appartient, avec plus de droitture et d'equité, il est arrivé par la suitte du temps, et la malicieuse subtilité des hommes, qu'au lieu de rendre par la à chacun ce qui luy appartient, ce sont autant de moyens pour prendre à chacun ce qui luy appartient, et faire tomber entre les mains de ceux qui manient les affaires, les biens de ceux qui les debattent; d'où est venu le proverbe : Entre deux contendans un troisiesme jouyst.

Comme cét ancien empereur disoit que la quantité de medecine le faisoit mourir, on peut dire que la multitude des loix et des formalitez suffoque la justice; qu'elles composent un labyrinthe où s'enferme un Minotaure qui devore ceux qui s'y embarrassent : que ceux qui s'y engagent font comme

---

[1] Psal. cvi, 43. — [2] Rom. xiii, 7.

le ver à soye qui se file un tombeau, et, comme dit le Psalmiste, qu'ils trament un tissu d'araignee[1].

Quand on parloit de cecy devant nostre bien-heureux Pere, il avoit de coustume de dire en sens allusic ce mot de David, *Justitia conversa est in judicium*[2], la justice est changée en judicature : et de ces longues formalitez il disoit que c'estoient des faux-bourgs beaucoup plus longs que la ville, et des ardans qui conduisoient durant la nuict en des marests, ou à des precipices ; en un mot, que le territoire de la judicature estoit une vraye terre de Canaan qui devoroit ses habitans, et où les renards de Samson mettoient le feu dans toutes les moissons.

SECTION XXX.

Transfigurations mystiques.

Il ne preschoit ny ne pressoit rien tant que la pureté du divin amour, tesmoins tant de traicts excellens qu'il en a escrits, et quantité d'autres qu'il a dits durant sa vie, et dits avec un sentiment fort cordial ; car il pouvoit veritablement dire avec sainct Paul : « J'aurois honte de dire des choses que Jesus-Christ ne fist point en moy et par moy. » Le grand dessein du Pere eternel estant de nous voir conformes à l'image de son Fils Jesus-Christ nostre Seigneur, et que nous soyons transfigurez de clarté en clarté par son divin esprit, il essayoit par tous moyens de reduire à l'unité de Marie la multiplicité des motifs de Marthe ; en un mot, de faire en sorte que l'on agist le plus souvent que l'on pourroit par le seul motif de plaire à Dieu, et d'avancer sa gloire exterieure, sans se soucier de son propre interest.

Sur cela il dit de fort bonne façon en quelqu'une de ses Epistres : « Ne voir que Jesus seul c'est la fin de la vraye transfiguration. » Au spectacle de ce divin et admirable

[1] Psal. LXXXIX, 9. — [2] Psal. XCIII, 15.

mystere, l'esprit servil et encor le mercenaire joüerent leurs rolles. Le servil et de crainte saisit les trois apostres qui en furent les spectateurs, si que frappés d'estonnement et d'effroy, ils tomberent sur leurs visages contre terre, presqu'en estat de dire comme ces anciens Israëlites, *Que le Seigneur ne nous parle pas, de peur que nous ne mourions*[1], ou d'imiter ces Seraphins qui reploient leurs aisles sur leurs yeux devant le throsne du Seigneur; et si le Sauveur ne les eust rasseurez et exhortez à quitter leur crainte, ils eussent continué en cét esprit.

Le mercenaire paroist assez aux paroles de sainct Pierre, *Faisons icy trois tabernacles, il nous est bon d'y estre;* et à celles que ces deux autres compagnons firent porter à Jesus-Christ par leur mere, desirans d'estre assis aux costez du fils de Dieu, comme ils avoient veu Moyse et Elie. Mais le Sauveur l'ayant encore dissipé, en leur disant qu'ils ne sçavoient ce qu'ils demandoient, et les faisant souvenir de l'excés de ses souffrances qu'il devoit accomplir en Jerusalem, dont parloient Moyse et Elie, par la proposition qu'il leur fit de son calice[2], il leur monstra bien qu'il desiroit estre aymé d'eux d'une maniere plus pure et plus des-interessée. Aussi à la fin du mystere tout ce glorieux spectacle estant evanoüy, ils ne virent plus que Jesus tout seul[3], leur apprenant par là que le pur amour n'est point mercenaire, et que moins il vise à la recompense, d'autant plus grand est le loyer qui luy est reservé dans le ciel.

Ce n'est pas que l'on ne se puisse animer à bien faire par la veuë de la retribution, et la consideration de ces delectations sans fin qui sont dans la droite de Dieu; à cet encouragement visent toutes les promesses divines qui composent la meilleure et plus ample part des Escritures sacrees : mais Dieu qui promet ne veut pas que l'on s'arreste de sorte aux promesses qu'on en oublie le prometteur, ny que l'on pre-

---

[1] Exod. xx, 19. — [2] Matth. xx, 20-23. — [3] Id. xvii, 1-8.

fere le don au donateur, le bien-faicteur au bien-fait, l'heritage au pere, ny le salaire au maistre. Il nous amorce seulement par nos interests pour nous amener au sien, et nous attirer apres luy en l'odeur de ses parfums et de ses graces. Joint que prenant le mot de recompense eternelle selon toute son estendue, il comprend non seulement nostre interest, mais encore celuy de Dieu : car quand nous desirons et operons nostre salut, et travaillons pour la gloire future qui nous sera revelee au ciel, nous avons pour visee tout le paradis, lequel consiste tant en la gloire que Dieu nous y donnera, qu'en celle que nous y rendrons eternellement à Dieu. Mais parce que celle-cy est la principale et la fin derniere du paradis, l'ame en qui la charité est bien ordonnee a plus d'esgard à la gloire qu'elle donnera à Dieu dans le ciel, qu'à celle qu'elle recevra de luy, ne considerant celle qui luy sera donnee que comme l'accessoire dont l'autre sera le principal. Et parce que leur connexité est telle que nous ne pourrons glorifier Dieu que selon les degrez de gloire que nous recevrons de sa bonté, elle prend pour fin prochaine la gloire dont Dieu la favorisera; mais pour derniere celle qu'elle donnera à Dieu eternellement, son souverain bonheur et son plus aimable loyer estant de demeurer en la maison de Dieu et de l'y loüer aux siecles des siecles; et alors sera la fin de la bien-heureuse transfiguration où l'on ne verra que Dieu tout seul, lequel sera toutes choses en tous et à tous.

PARTIE HUICTIESME.

SECTION I.

De l'obeyssance.

L'excellence de l'obeyssance ne consiste pas à suivre les volontez d'un superieur doux et gracieux, qui commande par prieres plustost que comme ayant authorité : mais à plier le col sous le joug de celuy qui est aspre, rigoureux, imperieux, severe. C'estoit un des sentimens de nostre bien-heureux Pere, mes cheres Sœurs, et quoy qu'il desirast que ceux qui conduisent les ames, les gouvernassent en peres, non en maistres, plustost par exemple que par domination, et avec une baguette florissante comme celle d'Aaron plustost qu'avec une gaule de fer, et que luy-mesme gouvernast de ceste façon, avec une mansuetude nompareille; si est-ce qu'il vouloit un peu plus de verdeur en ceux qui sont en superiorité : et pour le regard des inferieurs il haïssoit la tendresse qu'ils avoient sur eux-mesmes, qui les rendoit impatiens, mutins, et peu endurans. Pour insinuer sa raison il se servoit de ces similitudes. La lime rude oste mieux la roüille et polit d'avantage le fer, qu'une plus douce et moins mordante. Voyez comme l'on se sert de chardons fort aigus pour gratter les draps et les rendre plus lissez et plus fins, et avec combien de coups de marteaux on rend fine la trempe des meilleures lames d'espée.

« Mais, luy disois-je sur ce subjet, comme la plus parfaitte obeyssance est celle qui est accompagnee de plus de dilection, ne faut il pas aussi que le commandement soit fait avec amour, afin qu'il provoque l'inferieur à une obeyssance amoureuse? » Il respondit : « Il y a bien de la difference entre l'excellence de l'obeyssance, et la perfection : l'excellence regarde la nature de ceste vertu ; la perfection, la grace ou la charité qui l'accompagne. Or je ne parlois pas de sa perfection surnaturelle, qui se tire sans doute de l'amour de Dieu; mais de son excellence naturelle, laquelle s'espreuve mieux par la rudesse que par la douceur du commandement. L'indulgence des peres et des superieurs est cause quelquefois, quand elle est excessive, de beaucoup de desordres, selon ce que disoit ce poëte :

Blanda patrum segnes facit indulgentia natos.

« On oste le succre aux enfans parce qu'il leur engendre des vers.

« Et au regard mesme de la perfection surnaturelle de l'obeyssance, il est fort probable que la severité du commandement ayde à la faire croistre, et à rendre l'amour de Dieu, pour lequel on la rend, plus fort, plus ferme, et plus genereux. Quand un superieur commande avec tant de douceur et de circonspection, outre qu'il met son authorité en compromis et la rend mesprisable, il attire tellement à soy la bien-vueillance de son subjet, que souvent sans y penser il la desrobe à Dieu ; si que celuy-cy obeyt à l'homme qu'il ayme, et parce qu'il l'ayme, plustost qu'à Dieu en l'homme, et parce qu'il ayme Dieu : c'est la douceur du commandement qui donne insensiblement ce change. Mais la rudesse d'un empire sauvage et rigoureux, espreuve bien mieux la fidelité d'un cœur qui ayme Dieu tout de bon cœur. Car ne trouvant rien de suave dans ce qui est commandé, que la douceur du divin amour, pour lequel seul on obeit, la perfection de l'obeyssance est d'autant plus grande que l'intention en est plus pure, plus droitte, et plus immediatement portee à Dieu. En cét esprit David disoit, que pour l'amour des paroles des levres de Dieu, c'est à dire, de sa loy, il avoit marché par de dures voyes ¹. »

Nostre bien-heureux Pere adjoustoit, pour exprimer cecy, une conception fort agreable. « Obeyr à un superieur farouche, despiteux, chagrin, et à qui rien ne plaist, c'est puiser l'eau claire d'une fontaine qui coule par la gueule d'un lyon de bronze; c'est selon l'enigme de Samson tirer la viande de la gorge de celuy qui devore; c'est ne regarder que Dieu dans le superieur, quand mesme il luy seroit dit pour nostre regard, comme à sainct Pierre, *Tue, et mange*² ; et dire avec Job, *Quand mesme Dieu me tueroit, je ne laisserois d'esperer en luy*³. »

SECTION II.

La science et la conscience.

La science ordinairement donne la conscience. *Mon peuple*, dit Dieu par un de ses prophetes, *a esté mené captif par ce qu'il n'a pas eu la science* ⁴ : ce qui se peut entendre de la captivité de la coulpe, que David appelle les liens du peché, et sainct Paul, la servitude ou l'esclavage du peché, et du deffaut de la science des voyes de Dieu, de la science des saincts, de la science qui fait les saincts; et la vraye science qui fait les saincts, c'est celle qui apprend à avoir la conscience bonne et droitte. J'ay pourtant dit, ordinairement; car il arrive quelquefois que les plus sçavans ne sont pas les plus conscientieux. Certes la science est un grand ornement et avantage à la pieté; ce que nous moustrent les exemples des anciens peres et docteurs de l'Eglise, qui ont joint le sçavoir avec une exquise vertu : mais s'il faut venir à la comparaison de ces deux choses, il n'y a personne de bon sens et amoureuse de son salut qui ne preferast la bonne conscience à la plus exquise science, et la charité qui edifie au sçavoir qui

¹ Psal. XVI, 4. — ² Act. X, 13. — ³ Job XIII, 15. — 4 Isai. V, 13.

enfle et qui donne de la vanité. La subtilité de l'esprit, aussi bien que l'exercice et la souplesse du corps, sert à peu : mais la pieté est bonne à tout, et sert au temps de ceste vie, et plus encor pour la conqueste de la bien-heureuse eternité. Une ignorance pieuse est preferee à une science indevote.

C'estoit là, mes Sœurs, le sentiment de nostre bien-heureux Pere, lequel il declara une fois en ma presence, sur le subjet d'un pasteur dont on loüoit la bonne vie, mais on blasmoit son deffaut de doctrine.

« Il est vray, dit-il, que la science et la pieté sont les deux yeux d'un bon ecclesiastique : mais comme l'on ne laisse pas de recevoir aux Ordres ceux qui n'ont qu'un œil, principalement s'ils ont celuy du Canon ; aussi un curé ne laisse pas d'estre serviteur idoine en son ministere pourveu qu'il ait l'œil du Canon, c'est à dire, de la vie exemplaire et canonique, c'est à dire, bien reglee. Les fonctions de la doctrine se peuvent exercer par d'autres, qui seront pedagogues, ainsi que parle sainct Paul, et non pas peres [1] ; mais nul ne peut donner bon exemple que par la propre bonté de ses mœurs et de ses actions, et non par procureur : joint que l'Evangile nous apprend à arracher l'œil qui nous scandalize, estant meilleur d'arriver au ciel avec un œil, que d'estre jetté avec deux en la gehenne [2]. Il est vray, adjoustoit-il, qu'il y a un certain degré d'ignorance crasse et si grossiere qu'elle est inexcusable, et qui rendroit un aveugle conducteur d'autres aveugles : mais quand on loüe la pieté d'un homme, c'est signe qu'il a la vraye lumiere qui le meine à Jesus-Christ, et que monstrant aux autres ceste vraye lumiere, comme s'il leur disoit, *Faites ce que je fay* [3], ainsi que Gedeon, ou, avec l'Apostre, *Soyez mes imitateurs, comme je le suis de Jesus-Christ* [4], il ne marche point en tenebres, et ceux qui iront apres luy ne laisseront d'arriver à bon port. S'il n'a pas ces grands talens de sçavoir et d'erudition qui le fassent esclater

---

[1] 1 Cor. iv, 15. — [2] Matth. xviii, 9. — [3] Judic. vii, 17. — [4] 1 Cor. iv, 16.

dans la chaire, c'est assez qu'il puisse, comme l'Apostre disoit, *exhorter en saine doctrine, et reprendre ceux qui s'esgarent de leur devoir*[1]. Voyez, disoit-il, que Dieu fait enseigner le prophete Balaam par sa propre monture. »

C'est ainsi que sa charité couvroit dextrement les deffauts de son prochain, et de ceste leçon nous apprenons à priser d'avantage une once de bonne conscience, que plusieurs livres de science vaine et boursouflee.

SECTION III.

Patience dans les douleurs.

Il assistoit un jour une personne extremement malade, et qui non seulement faisoit paroistre, mais avoit en effet une prodigieuse patience parmy des douleurs excessives. « Elle a, dit le bien-heureux François, trouvé le rayon de miel dans la gorge du lyon. »

Mais parce qu'il aymoit les vertus solides et vrayement parfaittes, il voulut sonder si ceste patience estoit chrestienne, c'est à dire fondée et enracinee en la charité, ce que sainct Paul appelle la vertu de Jesus-Christ[2], c'est à dire la patience; et si ceste personne enduroit purement pour l'amour et la gloire de Dieu, et non pour l'estime des creatures. Il commença donc à loüer sa constance, à exagerer ses souffrances, à admirer son courage, son silence, son bon exemple, sçachant que par ces appeaux il attireroit par sa bouche les vrais sentimens de son cœur.

Il ne fut pas deceu de son attente; car ceste personne vrayement et chrestiennement vertueuse, et pourveüe de ceste patience, dont l'Escriture dit que l'œuvre est parfaitte[3], luy dit aussi tost : « Mon pere, vous ne voyez pas les revoltes de mon sens et de la partie inferieure de mon ame : certes

---

[1] Tit. I, 9. — [2] II Thess. III, 4, et II Cor. XII, 9. — [3] Jacobi I, 4.

tout y est en desordre et sendessus dessous, et si la grace de Dieu et sa crainte ne faisoit une forteresse dans la partie superieure, il y a longtemps que la defection seroit generale et la revolte universelle : representez vous que je suis comme ce prophete que l'ange portoit par un cheveu; ma patience ne tient qu'à un petit filet, et si Dieu ne m'aidoit puissamment je serois desja habitant de l'enfer. Ce n'est donc pas moy, mais la grace de Dieu qui est en moy, laquelle me fait tenir si bonne contenance; tout mon jeu n'est de ma part que feinte et hypocrisie. Si je suivois mes propres mouvemens, je crierois, je me debattrois et despiterois, je murmurerois et maudirois; mais Dieu bride mes maschoires avec un camare et un frein qui fait que je n'ose me plaindre sous les coups de sa main, que j'ay appris, par sa grace, d'aymer et d'honnorer. »

Le Bien-heureux se retirant d'aupres ceste personne, dit à ceux qui le reconduisoient : « Elle a la vraye patience charitable et chrestienne; nous avons plus à nous resjouyr de sa douleur qu'à la plaindre, car ceste vertu ne se perfectionne que dans les infirmitez. Mais avez-vous pris garde comme Dieu luy cache la perfection qu'il luy donne, desrobant ceste cognoissance à ses yeux? sa patience n'est pas seulement courageuse, mais amoureuse, mais humble, et semblable au pur baume qui va au fond de l'eau quand il n'est point sophistiqué. Mais gardez bien de luy rapporter ce que je vous viens de dire, de peur qu'elle n'en prenne de la vanité, et que cela ne gaste en elle toute l'œconomie de la grace dont les eaux ne coulent que dans la vallee de l'humilité; laissez-la posseder paisiblement son ame en sa patience, elle est en paix en ceste amertume tres-amere. »

SECTION IV.

De la fidelité aux petites occasions.

C'est aux rayons du soleil et non à l'ombre que l'on apperçoit les atomes qui voltigent en l'air : à mesure qu'une ame devient plus esclairee dans les voyes de Dieu, elle apperçoit plus clairement ses deffauts et s'en corrige, perfectionnant sa fidelité dans les moindres occasions. *O Seigneur*, disoit le Psalmiste, *illuminez mes yeux, et je considereray les merveilles de vostre loy* : et encore, *J'ay pensé à toutes mes voyes, et j'ay dressé mes pas dans vos commandemens*[1].

Quelqu'un joüoit à quelque jeu d'addresse et de recreation devant le bien-heureux François, et trompoit celuy contre lequel il s'exerçoit. Le Bien-heureux, ne pouvant souffrir ceste supercherie, luy remonstra sa faute. « Ho ! dit l'autre, nous ne joüons qu'aux liards. — Et que seroit-ce, reprit François, si vous joüiez des pistoles? celuy qui est fidele et loyal aux petites occurrences, le sera bien plus aux grandes; et celuy qui craint de prendre une espingle, ne desrobera pas des escus : au contraire, celuy qui mesprise les fautes legeres, tombera bien tost en des lourdes; celuy qui est fidele sur peu, sera estably sur beaucoup. »

Je le visitay une fois, selon ma coustume, au mois de septembre, et avois esté battu d'un soleil fort ardant durant le chemin, si que j'estois tout abbatu de la chaleur. Comme je me plaignois de ce chaud excessif, arrivant en sa maison, il me demanda en riant si je voulois qu'on m'allumast du feu! « Comment, dis-je, me voulez vous achever de rostir? » Il respondit gracieusement que le feu rechauffoit ceux qui avoient froid, et raffraichissoit ceux qui avoient trop chaud; et puis ayant un peu pensé, il me dit tout naïfvement :

[1] Psal. cxviii, 18, 59.

« Voyez-vous, je vien de faire une duplicité; car me souvenant de vous avoir ouy dire que vous craignez fort le froid, et que vous n'aviez jamais trop de chaud, je voulois rire de l'excez de la chaleur que vous avez souffert, et vous faire souvenir par là de ce que vous dittes quelquefois, qu'il vaut mieux suer que trembler, et que le feu est bon en tout temps : jugez combien ma pensee estoit differente de la response que je vous ay faite. » Que dites-vous, mes Sœurs, de ceste simplicité? A d'autres qu'à vous ceste action sembleroit petite, mais je sçay fort bien que vous la prendrez de la bonne main, que vous ne la laisserez pas eschaper de vos memoires, qu'elle vous apprendra à parler selon le vray sentiment de vostre interieur.

Je luy joindray cette autre sentence de nostre Bien-heureux, que j'ay souvent ouye de sa bouche : « La grande fidelité envers Dieu consiste à s'abstenir des moindres fautes; les grandes font assez d'horreur d'elles mesmes, c'est pourquoy il est plus aisé de les eviter. » Possible me direz-vous que ceste maxime est un seminaire de scrupules, et que celles de nos sœurs qui sont atteintes de ce mal en feront un mauvais usage. Certes nostre Bien-heureux estoit l'homme du monde le moins subjet aux scrupules, et qui les arrachoit des ames avec le plus de dexterité, et c'est un mal qui regne fort peu dans vostre congregation : neantmoins si quelqu'une en estoit affligee, cette sentence bien entendue n'augmentera nullement sa perplexité; je dis, bien entendue, car il y a bien de la difference entre prendre garde aux moindres choses par le motif du pur amour de Dieu, ou par celuy de la crainte servile : c'est par ce premier motif qu'il faut pratiquer cet enseignement; non par le second, qui est la vraye source de tous les scrupules. Vous auriez peut-estre de la peine à le croire, il n'y a rien pourtant de plus veritable, qu'il n'y a gens au monde plus amoureux d'eux mesmes, je veux dire plus attachez à leur jugement propre que les scrupuleux : fascheux mal, auquel, comme à la jalousie, toutes choses servent d'entretien, et peu de choses de remede.

SECTION V.

La moderation de la vie.

Il disoit que la convoitise des yeux avoit cela de mauvais de ne regarder jamais au dessous de soi, mais tousjours au dessus; et qu'ainsi ceux qui en estoient atteins n'avoient jamais de repos ny de solide contentement. L'ambition, l'avarice, ne considere que les plus grands et les plus riches, non ceux qui sont en des fortunes inferieures : et aussi tost que un homme desire estre plus grand ou plus riche qu'il n'est, la dignité ou le bien qu'il possede ne luy semble rien, et quand il est parvenu où il desiroit, l'appetit luy vient en mangeant, et son hydropisie d'esprit fait qu'il s'altere en beuvant; si bien qu'il marche tousjours sans jamais arriver au but, la mort arrivant plustost que la fin de ses pretentions et de ses esperances.

Le bien-heureux François n'avoit pas seulement mis des bornes à ses desirs, mais ou il n'avoit point de desirs, comme il l'a quelques fois avoüé, ou il consideroit sa condition comme beaucoup eslevee au dessus de ses desirs. Il s'estonnoit souvent (telle estoit son humilité) que Dieu eust permis qu'il fust eslevé à la dignité qu'il possedoit en l'Eglise, l'estimant à un si haut poinct, qu'il frissonnoit quand il faisoit reflexion sur le fardeau qu'il avoit receu sur ses espaules ayant son prochain en fort bonne estime, il s'estonnoit de se voir superieur de beaucoup de gens qu'il croyoit plus capables et plus dignes que luy.

Et quand on le plaignoit du peu de revenu qui lui restoit pour soustenir sa dignité : « Hé! qu'avoient les Apostres, disoit-il, pour appuyer la leur qui estoit encore plus grande? combien y a-t-il d'honnestes gens qui n'ont pas tant de bien? La pieté avec la suffisance est un grand revenu : ayans de quoy soustenir nostre vie, et couvrir la honte de nostre nudité, n'est-ce pas dequoy estre content? ce qui est de plus n'est que mal, ou soucy à quoy on l'employera. Il est vray que l'evesque doit estre hospitalier et aumosnier, supposé qu'il ait de quoy fournir à l'un et à l'autre; mais quand il est à l'estroit et n'a justement que ce qu'il luy faut pour vivre, il n'a que le desir pour exercer ces fonctions, et pourveu que ce desir soit sincere et veritable, Dieu sans doute, qui est riche en misericorde et qui regarde le cœur plus que les presens, le prendra pour effect. Que si, au regard du mal, celuy qui a convoité injustement en son cœur le bien ou la femme d'autruy, est tenu devant Dieu pour larron et adultere, pourquoy celuy ne sera-t-il recognu pour misericordieux qui aura des entrailles de compassion sur les miseres de son prochain, quoy que les moyens pour les soulager luy deffaillent? »

SECTION VI.

De la justice commutative et distributive.

Un des beaux mots de nostre bien-heureux Pere est cestuy-cy, que pour exercer à un haut point de perfection la justice commutative, il falloit se rendre acheteur lors que l'on vendoit, et vendeur lors que l'on achetoit. Voicy une sœur qui demande ce que veut dire cela, puis que quand l'on vend on n'est pas en estat d'acheter, et quand on achete on n'est pas vendeur. Je respond, que l'injustice la plus universelle et qui regne d'avantage dans le monde, est que celuy qui vend veut avoir de sa marchandise tout le plus haut prix qu'il en peut tirer, et celuy qui achete l'avoir au plus bas; d'où procede une infinité de fraudes et de tromperies, qui des-honnorent le commerce, et le rendent une espece de piege pour les uns et pour les autres. Mais si en vendant on donnoit sa marchandise pour le prix que l'on voudroit donner si l'on en acheloit une semblable, et de mesme si en achetant on offroit le mesme prix que l'on voudroit recevoir si l'on en vendoit une pareille, la balance se feroit si juste, que chacun feroit à autruy ce qu'il voudroit estre fait à luy-mesme.

Quant à la justice distributive, nostre Bien-heureux disoit encor un autre mot fort remarquable. « Il y a long-temps, disoit-il, qu'elle est manchotte, et qu'elle a perdu l'un de ses bras. » Sa raison estoit, parce que consistant en la distribution des recompenses à ceux qui font bien, et des peines aux meschans, elle semble percluse de son bras droit; car il n'y a plus de recognoissance ny de loyer pour la vertu: quoy que le gauche, par lequel les vices sont chastiez, paroisse en exercice, si est-ce qu'il est encor comme paralytique ou à moytié estropié, les supplices publics, selon le proverbe, n'estans pas tant pour les coulpables que pour les mal-heureux, la faveur ou la corruption ayans assez de subtilitez pour excuser ou pallier les plus grands crimes; quoy que la saincte parole nous crie que *celuy qui condamne l'innocent, et qui justifie le meschant, est abominable devant Dieu* [1].

SECTION VII.

Des hosteliers.

Il avoit une particuliere affection pour ceux qui tiennent les hostelleries et y reçoivent les passans. Pour peu qu'ils eussent de courtoisies et de civilité, il les tenoit aussi tost pour des saincts, et avoit souvent en bouche ce mot apostolique : *N'oubliez point l'hospitalité et la beneficence, car Dieu a de telles hosties fort agreables* [2].

Chacun neantmoins n'estoit pas de son avis; car au siecle où nous sommes l'experience fait cognoistre que chacun cherche ses propres interests non ceux d'autruy, et que ce n'est pas la charité du prochain qui porte les personnes à ce penible mestier, mais le desir d'avoir, et de se faire riches

[1] Prov. xvii, 15. — [2] Hebr. xiii, 2, 16.

aux despens d'autruy, et par des voyes bien ruineuses à la conscience. Il y en a qui appellent ces lieux des escorcheries, ou des terres de Canaan, où les passans sont devorez; la justice commutative y estant presque tousjours violee, on en sort d'ordinaire comme d'un naufrage ou d'un incendie, apres les orages de plusieurs outrages et disputes.

Nostre Bien-heureux regardoit ces pauvres hostes d'un autre œil, et ce que ce poëte disoit des villageois,

. . . . . Felices nimium sua si bona norint [1],

il l'appliquoit aux hosteliers, disant qu'il ne voyoit point de condition en laquelle on eust plus de moyen de servir Dieu dans le prochain, et de s'acheminer plus heureusement au ciel, parce que c'estoit le mestier d'une œuvre de misericorde, quoy qu'ils receussent, comme les medecins, le salaire de leur travail. Il consideroit que ces gens perdent leur propre repos pour procurer celuy d'autruy, qu'ils ne sont que comme valets ou esclaves dans leur propre maison, qu'il leur faut endurer les inesgalitez, les insolences, les chagrins, les despits, les coleres de mille differentes humeurs, souffrir des mespris et des injures, veiller tandis que les autres dorment, quitter souvent leurs licts aux estrangers, estre attachez à leurs maisons, comme des statues à leurs niches, n'avoir aucune heure à eux ny de nuict ny de jour, aucun jour de feste ny de recreation, estre tout à tout, à tout moment sur les pieds, dans le bruit et le tracas, dans l'impossibilité de contenter tout le monde, quelque desir qu'ils en eussent, paisibles parmy les querelleux. Certes il est à croire que si luy, qui avoit de si bonnes pensees et des mœurs si douces, eust exercé ce mestier là, qu'il l'eust pratiqué avec une grande perfection. Aussi disoit il quelquefois fort gracieusement, que c'estoit une des qualitez des evesques, selon que sainct Paul l'enseigne [2]; et le mesme

[1] Virgil. Georg. II, 458. — [2] I Tim. III, 2, et Tit. I, 8.

apostre inculque soigneusement en divers lieux la recommandation de l'hospitalité aux fideles [1].

Une fois apres le repas, comme il nous entretenoit par recreation de choses agreables, ce propos des hosteliers ayant esté mis sur le tapis, et chacun disant librement son avis sur ce subjet, il y en eust un qui s'avança de dire que les hostelleries estoient de vrays brigandages, et la plus part des hostes estoient des larrons tolerez, comme l'on souffre ces bandes d'Egyptiens. Ce discours ne plùt pas au Bien-heureux, comme je le remarquay aux changemens de son visage: mais parce que le lieu, le temps et la personne n'estoient pas disposez à la correction, qu'il reserva possible en une commodité plus opportune, il destourna fort gracieusement ce mauvais propos par une histoire bien gentille.

Un pelerin Espagnol, dit-il, assez peu chargé de monnoye, arriva dans une hostellerie, où apres avoir esté assez mal traitté, on luy vendit si cherement ce peu qu'il avoit pris, qu'il appelloit le ciel et la terre à tesmoin du tort qui luy estoit fait. Il fallut neantmoins passer par là, et encore filer doux parce qu'il estoit le plus foible. Il sort de l'hostellerie tout en colere, et comme un homme devalizé. Elle estoit situee en un carrefour à l'opposite d'une autre, et au milieu il y avoit une croix plantee. Il s'avisa de cette gentillesse pour soulager sa douleur. « Vrayement, dit-il, cette place est un Calvaire, où l'on a mis la croix de nostre Seigneur entre deux larrons, » entendant les maistres des deux hostelleries opposees. L'hostelier de la maison où il n'avoit pas logé, se rencontrant sur sa porte, pardonnant à sa douleur, luy demanda froidement, quel tort il avoit receu de luy, pour le qualifier d'un si mauvais titre. Le pelerin, qui sçavoit mieux que manier son bourdon, luy repartit brusquement : « *Calle, calle, hermano, sarays el bueno* : Taisez-vous, taisez-vous, mon frere, vous serez le bon. » Comme

---

[1] Rom. xii, 13, et Hebr. xiii, 2, 16.

luy disant : « Il y avoit deux larrons aux deux costez de la croix de Jesus-Christ, un bon et un mauvais : vous m'estes le bon, car vous ne m'avez point fait de mal; mais comme voulez-vous que j'appelle vostre compagnon qui m'a escorché tout en vie? »

Apres cela il prit doucement occasion de dire que ce pauvre pelerin termina son courroux par ceste joyeuseté, mais pourtant qu'il falloit soigneusement eviter le blasme en general des nations et des vacations, comme de dire, Ils sont larrons, ou arrogans, ou traistres, en telle province ou condition ; parce que encore que l'on n'eust en veuë aucun particulier, les particuliers de ces contrees ou professions s'interessoient dans ce blasme, et ne prenoient pas plaisir d'estre bercez de ceste façon.

J'oubliois à vous dire que nostre Bien-heureux estoit si partial pour les hosteliers, que quand il faisoit voyage il deffendoit fort expressement à celuy de ses gens qui avoit la charge de payer, de contester avec les hostes, et de souffrir plustost toute sorte d'injustice que de les mescontenter. Et quand on se plaignoit qu'ils estoient tout à fait desraisonnables, et qu'ils vendoient les denrees au double, et au triple : « Ce n'est pas seulement cela qu'il faut estimer, disoit-il; mais pour combien contez vous leur soin, leur peine, leurs veilles, et la bonne volonté qu'ils nous tesmoignent ? certes ceste amitié ne se sçauroit assez payer. » Ceste benignité de nostre Bien-heureux estoit cause, outre la reputation de sa pieté qui estoit si universelle, qu'assez ordinairement les hostelleries où il passoit et qui le cognoissoient, ne vouloient pas conter avec ses gens, et se remettoient pour leur salaire à sa discretion, qui estoit telle qu'il leur taxoit presque tousjours plus qu'ils n'eussent demandé : de là venoit que ses gens craignoient plus les hosteliers civils que les rudes.

SECTION VIII.

De l'esprit de magnificence et d'abjection.

Dieu prend quelquefois plaisir à tirer le contraire du contraire, comme quand il tira en la creation le tout du rien, la lumiere du milieu des tenebres; et depuis, le feu de la bouë, et la rosee d'une fournaise. S'il fait de ces traits miraculeux en l'estat de la nature, il en a de pareils en celuy de la grace. Vous l'allez voir, mes Sœurs, en deux exemples opposez, de sainct Charles Borromee, et de nostre bien-heureux Pere.

Sainct Charles estant neveu de Pape avoit esté fort enrichy par son oncle, et tient on qu'il avoit plus de cent mille escus de rente, outre son patrimoine qui estoit notable. Neantmoins parmy ces grands biens il avoit l'esprit de pauvreté et de bassesse. Car, outre qu'il n'avoit ny tapisseries, ny vaisselles d'argent, ny meubles precieux, sa table, mesme pour les hostes, estoit si frugale qu'elle donnoit jusques dans l'austerité (car pour sa personne le pain et l'eau, et quelques legumes estoient sa nourriture ordinaire); les coffres où il serroit ses tresors estoient les mains des pauvres : ainsi il estoit pauvre parmy ses richesses, et vrayement dans la premiere des beatitudes.

L'Esprit du bien-heureux François estoit bien different : car il avoit celuy de magnificence dans sa pauvreté, qui estoit assez cognue par le peu qui luy restoit du revenu de son evesché; car de son patrimoine il en laissoit l'usage à ses freres. Il ne rejettoit ny la tapisserie, ny la vaisselle d'argent, ny les beaux meubles, specialement ceux qui regardoient le service de l'autel; car l'ornement et l'embellissement de la maison de Dieu luy estoit fort à cœur. Il a quelquefois receu des grands seigneurs dans sa maison avec tant d'eclat, que l'on s'estonnoit comment avecque si peu de bien il pouvoit faire de si grandes choses, taschant en tout de magnifier son ministère, mais seulement pour la gloire du maistre qu'il servoit. Je l'ay veu quelquefois se contrister de ce que les princes mesmes, les souverains ne regardoient les evesques que comme leurs vassaux et subjets temporels, sans considerer d'autre part qu'ils estoient leurs peres et pasteurs au spirituel, qui est bien d'autre importance, et qui concerne l'eternité de l'autre vie, non les momens passagers de cele-cy.

Je trouve fort bonne la demande de cette sœur : lequel j'estime d'avantage de ces deux esprits, d'abjection parmy les richesses, ou de magnificence dans la pauvreté. A dire le vray, ceste question me surprend un peu ; neantmoins puisque je suis en train, il faut que je die ce qui m'en semble. Il m'est donc avis que, selon la nature de la chose, l'esprit d'abjection est plus conforme à la pauvreté, et celuy de magnificence aux richesses ; d'autant qu'il est mal-aisé d'estre magnifique sans avoir dequoy, et il est facile d'estre abject et vil à qui est pauvre et miserable. Mais pourtant ce qui est difficile à la nature est tres-aisé à la grace, laquelle peut rendre un homme riche pauvre, sinon d'effect au moins d'esprit et d'affection, en destachant son cœur de l'affluence de ses biens : et d'autre costé il est en la main de Dieu de rendre le pauvre honorable et magnifique, par des voyes cognues à sa providence, mais incognues à la prudence humaine.

On me presse de respondre directement, ce que je feray par l'organe d'un ancien philosophe, à l'opinion duquel je me rendray pour ce regard. Il dit donc que celuy là est magnanime qui use de plats de terre comme s'ils estoient d'argent, ayant le cœur si bon qu'il fait vertu de la necessité, estant aussi satisfait dans la disette que dans l'abondance. Mais il estime celuy-là d'un plus grand courage qui se sert de plats d'argent et en fait aussi peu d'estat que s'ils estoient de terre. Le premier est riche en imagination ; le second est vrayement pauvre d'esprit, les richesses estant aussi peu

7

attachées à son cœur que les peaux de Jacob à ses mains et à son col.

Voulez-vous que je vous fournisse un exemple illustre qui embrasse l'une et l'autre perfection? il est du Vaisseau d'elite, sainct Paul, lequel dit de soy, que par la grace de Dieu il sçavoit abonder, et souffrir la disette [1], egalement content et sousmis à la volonté de Dieu en l'une et en l'autre condition de richesse et de pauvreté.

SECTION IX.

Frugalité d'un grand et sainct prelat.

Monsieur l'archevesque de Lyon qui fut depuis cardinal de Marquemont, ayant à conferer avec le bien-heureux François touchant quelques affaires qui regardoient la gloire de Dieu dans le service de l'Eglise, et mesme qui concernoient l'estat de vostre congregation, mes Sœurs; ils prindrent leur rendez vous en ma maison à Belley, qui estoit presque au milieu du chemin de leurs residences : car Belley n'est distant de Lyon que de dix lieues, et d'Annessi de huict. J'eus le bon-heur d'estre l'hoste de ces deux grands personnages l'espace de huict ou dix jours, durant lesquels j'eu le moyen, si j'en eusse esté bien soigneux, de me garnir de beaucoup d'exemples de vertu. Ils honorerent tous deux la chaire de nostre cathedrale de leurs predications, nostre office de leurs presences, et nos autels de leurs sacrifices quotidiens, à la grande edification de tout nostre peuple.

Ce qui les faschoit, mais ce qui me faschoit encore d'avantage, c'estoit la plainte qu'ils faisoient qu'on les traittoit trop bien, et la crainte qu'ils avoient de fouler trop long-temps leur hoste, duquel ils sçavoient que les facultez n'a-

[1] Philipp. iv, 12.

voient pas besoin d'un grand hyver. Moy d'autre part les suppliois d'oster ceste pensee de leur esprit, et de croire qu'il ne me coustoit presque rien à les traitter, parce que l'on me donnoit de tous les costez presque plus qu'il ne falloit pour leur traittement; clergé, noblesse et peuple concourans à l'envy à qui soulageroit ma foiblesse, et à qui contribueroit quelque chose à l'entretien de bouche de ces deux tant illustres prelats. « Si vous vous en allez, leur disois-je, on ne me donnera plus rien. C'est vous qui, comme des Jacobs, apportez tant de biens en la maison de Laban; il m'est bien à cause de vous : vous estes des arches qui rendez abondante la maison d'Obededon. C'est vous qui me faites bonne chere, non moy à vous : si vous vous en allez, adieu les jours de fertilité; les vaches maigres me viendront non pas en songe, mais en effect. Demeurez donc tant qu'il vous plaira, et ne craignez pas que rien nous manque; ceux qui cherchent Dieu comme vous faites, ne tombent jamais en deffaut. »

Un jour apres le repas, comme ils me conjuroient de retrancher un peu de ce qui leur sembloit superflu, et que je les traittasse comme sainct Charles traittoit les evesques qui passoient par Milan et l'alloient visiter : « Je ne sçay pas, leur dis-je, de quelle façon les traittoit sainct Charles, lequel partit de ce monde le mesme jour que j'y entray : mais je vous diray bien comme les traitte son cousin et son successeur en sa chaire, monsieur le cardinal Frederic Borromee à present archevesque de Milan; car j'ay mangé plusieurs fois à sa table, en divers voyages que j'ay faits en Italie. » Ils me convierent de leur en faire le narré.

Vous sçaurez, premierement, leur dis-je, que c'est un prelat que l'on tient riche de cinquante mille escus de rente; dequoy il fait de si grandes choses pour le service de l'Eglise et le soulagement des pauvres, qu'on le croiroit avoir les richesses d'Attalus. La fondation admirable de ceste grande Bibliotheque Ambrosienne qui se voit à Milan en la maniere que vous sçavez, n'est qu'un eschantillon de sa magnificence. Mais pour le regard de sa personne, de sa maison et de sa table, vous allez entendre une frugalité qui vous estonnera. Vous sçavez mieux que moy ce que c'est que *la parte*, que le Pape, les cardinaux et les prelats d'Italie, tant à Rome qu'ailleurs, donnent à tous leurs domestiques; telle est celle de la famille du cardinal dont je parle. Pour ce qui concerne sa personne et sa maison, je veux dire ses vestemens et ses meubles, vous n'y voyez que la simple necessité. Un jour me parlant du reglement de Reformation qui est dans le Concile de Trente touchant les maisons des evesques, il se plaignoit de ce qu'il estoit si mal observé, et que l'on n'y voyoit pas *frugalem mensam, et pauperem supellectilem*. Il soupiroit de ce que les pauvres estoient nuds à leurs portes, et leurs murailles insensibles estoient revestues de tapisseries; que leurs tables regorgeoient de viandes superflues, et qu'encore ce superflu (*quod super est*) n'estoit pas distribué aux necessiteux. Et comme je luy demandois ce qu'il falloit donc faire pour bien observer ce sainct decret, il me dit que pour le regard des meubles il falloit oster trois choses d'une maison episcopale, la tapisserie, la soye, et la vaisselle d'argent, que par là on donnoit la sappe à la vanité : et que pour le regard de la table, il falloit y observer une frugalité qui panchast plustost vers le trop peu que vers le plus, afin que l'on y fist des repas de Platon, de la sobriété et parsimonie desquels on se sentoit à la santé du lendemain, et au paisible repos de la nuict. Ayant, disoit l'Apostre, ce qui suffit honnestement, justement, sobrement, pieusement, pour la nourriture et le vestir, si nous ne sommes contens, ce qui est de plus est mauvais et reprehensible[1]. Qui n'a assez de ce qui suffit, ne trouvera jamais la vraye suffisance.

Comme ils me pressoient de leur explicquer la maniere et

[1] 1 Tim. vi, 8.

la matiere de l'un de ses repas, je leur en descrivy un celebre fait un jour notable. Nous l'avions assisté, monseigneur l'evesque de Vintimigle (l'un de ses comprovinciaux, c'est à dire l'un des evesques suffragans de la province de Milan) et moy durant l'office pontifical de la saincte Messe qu'il celebra dans le dome, c'est à dire dans l'eglise metropolitaine de Milan, au jour de la feste de sainct Charles Borromee, le quatriesme de novembre l'an mil six cens seize (je revenois lors de Rome) : au retour de l'Eglise il nous retint pour disner avec luy, et avec nous un cavalier de grande vertu, et son parent, appelé le comte Charles Borromee. En toute sa maison l'on ne voyoit ny tapisserie, ny aucun meuble de soye; quelques tableaux de pieté en divers endroits sur les murailles toutes nues, mais fort blanches et nettes. Les assiettes, la salliere, les plats, tant à laver que les autres, et les aiguieres, tout estoit de terre blanche que l'on appelle ouvrage de faënze : il n'y avoit que la seule cueillere qui fust d'argent; les fourchettes n'estoient que d'acier fort luisant, et les cousteaux aussi.

Apres la benediction de la table faitte selon l'usage du Breviaire romain, nous prismes nos places : l'un des aumosniers commença à lire un chapitre de l'Evangile, et continua sa lecture jusques à la moitié du repas, qui ne fut interrompue d'aucune parole ny d'aucun devis familier. Nous demeurasmes quelque temps à escouter avant que l'on servist aucune chose. Le premier service fut à chacun sa portion egale, comme aux tables conventuelles, et nous donna-t-on pour entree deux plats à chacun : l'un, de cinq ou six cueillerees de ceste viande que l'on appelle en Italie, *vermicelli*, qui est une espece de menestre faite avec de la paste sechee, puis bouillie, qui est environ comme du ris, ou comme de la bouillie, jaunie avec un peu de saffran; l'autre plat estoit un petit poulet boüilly flottant dans un peu de broüet, et je l'appelle petit, parce qu'il estoit d'une taille au dessous des mediocres. Voila nostre entree ou nostre premier service.

Le second, qui estoit comme le corps du festin, fut aussi de deux plats devant chacun de nous : le premier chargé de trois boulettes de chair hachee avec des herbes grosses comme des esteufs, ou environ comme trois œufs pochez à l'eau ; et dans l'autre une grive rostie accompagnee d'une orange. Voila le gros du banquet.

Et au troisiesme service nous eusmes encore chacun deux plats de desserts, dont l'un contenoit une poire cruë toute pelee, d'une grosseur au dessous des moyennes ; et d'une serviette dans l'autre, que je me figuray estre pour l'usage du laver des mains apres le repas. Mais m'estant apperceu que monsieur de Vintimigle mon collateral foüilla dans la sienne et en avoit tiré un petit morceau de fromage de Milan, environ gros comme un teston, j'estimay que faisant l'inventaire de la mienne j'y trouverois une semblable pitance ; je ne fus trompé en mon attente : et la serviette, cela estant expedié, nous demeura pour l'usage que je m'estois imaginé, pour nettoyer nos mains sur lesquelles on versa de l'eau où il y avoit quelque senteur comme d'eau de roses ou de fleur d'orange.

Voila non pas le sommaire ny l'abbregé, mais la narration de toute l'estendue du festin qui nous fut fait en ceste feste si celebre, ou je m'asseure, leur dis-je, que vous ne trouverez rien de superflu, ny qui peust exciter des fumees ou des vapeurs qui fussent capables d'offusquer les idees du cerveau, et empescher que l'on ne discourust fort clairement et commodement apres le repas, et de faire la recreation fort alaigrement.

Là dessus je dy à ces Messieurs que s'il leur plaisoit que je les traittasse à la Borromeenne, et proportionnement à mes facultez comparees à celles de ce tres-bon et tres-pieux cardinal, je ne me mettrois pas en grands frais pour leur donner à chacun (puisqu'il avoit quarante fois autant de revenu que moy) la quarantiesme partie de six cueillerees de ris ou de vermicelli, la quarantiesme partie d'un poulet, la quarantiesme partie de la grosseur de trois œufs de hachic, la quarantiesme d'une grive, d'une poire et d'un morceau de fromage de la grosseur d'un teston. Ceste joyeuseté agrea à ces messieurs qui me prierent de considerer que deça les monts nous avions des estomacs qui ne prenoient pas plaisir d'estre armez si à la legere : mais aussi qu'il ne falloit pas que je les suffocasse de tant de viandes comme l'on avoit jusqu'alors.

Monsieur de Marquemont, quoy qu'il eust une façon melancholique, et un abord austere, avoit neantmoins des mœurs tres-douces et faciles, et une conversation tout à fait agreable et sans amertume; il releva ce narré, d'un autre qu'il avoit veu à Rome. Un de nos cardinaux françois que je ne veux pas nommer, prelat de vertu et de pieté non vulgaires, s'avisa un jour estant à Rome d'inviter à manger le cardinal Bellarmin, qu'il suffit de nommer pour dire son eloge ; et parce qu'il cognoissoit la saincteté du personnage, il crut luy aggreer d'avantage de le traitter à la façon de sainct Charles Borromee, que de luy faire un festin à la françoise. Il le receut donc avec une frugalité extraordinaire, de laquelle luy voulant faire compliment apres le repas, il luy dit que cognoissant sa pieté, et qu'ayant esté nourri dans une celebre compagnie où la sobrieté et la frugalité ne sont pas moins observees que les autres vertus, il avoit destiné faire chose qui luy seroit agreable de rejetter les superfluitez des festins du siecle, pour l'accueillir ainsi domestiquement et familierement. Le cardinal Bellarmin qui estoit d'humeur fort gaye, sur ces mots de domesticité et de familiarité, ne respondit autre chose, sinon : *Assay, Monsignor illustrissimo, assay.* Ceux qui sçavent la delicatesse et proprieté de la langue cognoissent bien que cét *Assay, Assay,* veut dire, Assez privement, certes; c'est à dire, un peu trop, et d'une privauté fort domestique familiere. Nostre cardinal, qui entendoit mieux le françois que l'italien, fut fort content, estimant que cét assez, assez, tesmoignoit par ceste repetition, qu'il n'y en avoit que trop, et s'excusant qu'il ne pouvoit faire, promit une autre fois s'il luy faisoit pareil honneur, de diminuer la doze, et de le traitter au deça mesme de l'ordinaire, et au de là de la privauté.

Nostre Bien-heureux qui avoit naturellement l'humeur joviale, et qui n'approuvoit la tristesse que quand elle s'emploie à l'usage de la penitence, voulut exercer la vertu d'eutrapelie ou de bonne conversation, et y contribua son escot par ceste gracieuse histoire. « Comme j'estois à Rome, dit-il, il y arriva un nouveau ambassadeur de France, lequel n'ayant pas encore pris de cocher italien, et qui sceust les coustumes de la ville, qui est d'arrester le carrosse quand un cardinal passe, lequel aussi fait arrester le sien pour faire compliment aux ambassadeurs, prelats ou seigneurs qui luy font honneur : il avint qu'un cardinal neapolitain, et par consequent d'affection, comme de sujettion, espagnol, vint à passer en carrosse, ainsi que monsieur l'ambassadeur alloit aussi dans le sien par la ville. Quelques cavaliers françois façonnez à la cour de Rome, qui accompagnoient monsieur l'ambassadeur dans le sien, commencerent à crier au cocher, Ferme, cocher, ferme, ferme ; qui en langage italien, *Ferma*, veut dire, Arreste. Le cocher françois s'imagina qu'on luy dist, Marche ferme, c'est à dire roidement et promptement : il commence donc à fouëtter ses chevaux de si bonne façon qu'ils partent de la main, et courent à toute bride. Tous ces cavaliers crioient, Ferme, ferme, et le cocher de fouëtter encore plus ferme. Le cardinal le voyant courir de la sorte sans saluer ny rendre aucun honneur, s'imagina que c'estoit une algarade qu'on luy avoit faitte, et une espece de bravade.

» Il en fallut venir aux excuses. Monsieur l'ambassadeur depescha promptement vers luy un de ses gentils-hommes qui luy dit tout simplement d'où venoit le mal entendu, et que le cocher françois ayant entendu qu'on luy crioit, Ferme, ferme, avoit fouetté si fermement ses chevaux, qu'ils avoient pris la course, et que ce mot de Ferme en françois vouloit dire, Allez fortement et promptement. Le cardinal receut ceste excuse tellement quellement, estimant qu'il falloit recevoir de mauvais payeurs toute sorte de monnoye; et comme il s'en plaignoit, il fallut s'esclaircir de cela. D'autres cardinaux qui sçavoient nostre langue, l'asseurerent que l'excuse estoit tres-bonne, et la faute innocente. Le cardinal espagnolisé respondit froidement : *Y Francesi hanno ogni cosa à la roverscia, et la lingua, come il cervello* : Les François ont toutes choses à la renverse, et la langue aussi bien que la teste. Un cavalier qui estoit en la compagnie adjousta, qu'il n'estoit pas bien seant à un Italien de parler de renverse, qu'ils ont en ce pays là des medailles dont les revers ne valent gueres mieux, et qu'ils sont de dangereux joüeurs de reversis, parce que la duplicité, la fraude, la tromperie, regnent manifestement en ceste nation là, beaucoup plus qu'en la nostre, ce qui soit dit sans recriminer, et par le seul zele de la verité. »

SECTION X.

Traict aigu,

J'admirois quelquefois en nostre Bien-heureux comme la pesanteur de sa constitution naturelle pouvoit compatir avec la gentillesse des reparties qu'il avoit d'ordinaire en la bouche. Il est vray qu'il ne parloit pas par boutade, ny vivacité d'esprit, qui est souvent accompagné d'inconsideration, mais apres avoir un peu pensé; et ce peu de temps qu'il estoit à respondre, rendoit ses mots accompagnez et assortis de tant de sagesse, qu'il estoit bien nommé de Sales, à raison du sel dont ses propos, et principalement ses reparties, estoient assaisonnees. Vous eussiez dit qu'il ne reculoit que pour mieux sauter, et ne visoit qu'à assener plus puissamment son coup. Ce que les esprits plus prompts et plus presens font par saillie, il le faisoit par solidité de jugement; et, ce qui est de merveilleux, avec autant de grace et de joyeuseté. Je vous veux, mon cher Orant, donner un exemple fort agreable sur le subjet que je vous viens de proposer.

Le pays de Gex est un petit bailliage aux portes de Geneve, qui estoit tout de son dioceze, mais qui est sous la sujettion de la couronne de France. Le voisinage de ceste ville toute gastee de l'erreur protestante, fait que ce peuple est fort meslé en matiere de religion. Nostre Bien-heureux avoit un grand soin d'y establir des curez qui fussent fort capables et de bonne vie, pour faire teste à l'erreur et aux errans, tant de parole que d'exemple. Un de ces pasteurs le vint un jour voir à Annessi comme j'y estois, et ayant disné avec nous, il nous raconta apres le repas une conference qu'il avoit euë avec le ministre voisin de son village, nouvellement sorty des escoles de Geneve; et nous disoit que la loy de la conference, qu'il avoit receuë du ministre, estoit que l'on ne se serviroit en la dispute, que de la seule Escriture saincte, et des raisonnemens qui en seroient deduits, et le subjet estoit du purgatoire.

« Le ministre, nous dit-il, en sa petite preface compara l'Escriture à la maschoire de Samson, avec laquelle il se promettoit de terrasser toute l'armee des Philistins de la Papauté. Dans mon preambule, adjousta-t-il, je m'avisay de la comparer à la fronde et aux cinq pierres de David, me faisant fort en la vertu de Dieu, qui estoit en quelques passages que j'avois en main, d'abbatre mon Goliath, et de brider ses maschoires avec un camare, un frein, et un mors à pas d'asne. Et parce qu'il avoit dit que dans ceste maschoire de Samson il trouveroit une source d'eau capable d'éteindre le feu de purgatoire, je luy di que sa maschoire à luy estoit pleine d'une ardeur qui ne s'esteignoit pas avec de l'eau, mais avec de puissant vin, car c'estoit un beuveur à outrance; et qu'au lieu que celle de Samson estoit si humide qu'elle couloit des eaux, la sienne estoit si seche qu'il estoit contraint de l'arrouser souvent. »

Le Bien-heureux sousriant au recit de ses arguties, respondit fort delicatement : « Les maschoires de monsieur le ministre avoient bien plus de rapport à celles de Samson, que non pas l'Escriture; s'il en eust fait la comparaison, elle eust esté mieux assortie. Mais quoy? qu'arriva-t'il de ceste celebre dispute?

— Comme je ne sçay aucun poinct de controverse mieux appuyé de l'authorité de l'Escriture et des Peres, que celuy du purgatoire et de la priere pour les morts, dit le Curé, je le menay greslant de passages, ausquels, pour toute replique, il me disoit qu'il ne voyoit point le mot de purgatoire. Il n'est pas question du mot, luy disois-je, mais de la chose; c'est à dire, du tiers lieu, et de la priere pour les trespassez, que je vous fai voir et toucher à l'œil et au doigt. Certes il n'y a point de pire sourd ny aveugle que celuy qui ne veut ouyr ny voir; c'est donc jetter en vain des grains de sel dans la maschoire de Samson. En suite je le pressois de me monstrer les mots de Trinité, de Consubstantiel, d'Incarnation, d'Eucharistie, dedans l'Escriture, lesquels neantmoins il tenoit pour bons, et exprimans des choses qu'il croyoit. En fin, dit-il, il s'en retourna plustost terrassé que terrassant avec sa machoire de Samson.—Trois, reprit le Bien-heureux; car pour combien contez vous les deux siennes? »

SECTION XI.

Simplesse scientifique.

En une ville où il y a un monastere de vostre congregation, mes Sœurs, on eut pour predicateur pour les dimanches et festes de l'Advent et du Caresme, un personnage duquel je ne veux point dire la condition, c'est à dire s'il estoit du clergé ou de cloistre; mais qui joignoit à beaucoup de doctrine, une grande cognoissance des lettres greques, qu'il aymoit avec passion, et qui faisoient son plus beau talent.

Comme il y estoit extremement versé, il avoit tousjours en la bouche des termes grecs, ne citoit les passages des autheurs grecs, principalement ceux du nouveau Testament, qu'en ceste langue qui leur est originelle ; et de plus changeoit en terminaisons françoises quantité de mots grecs, et les faisoit passer ainsi comme estant de nostre idiome. Ces filles estonnees d'entendre un langage qui leur estoit si peu cogneu, le prenoient pour un nouveau prophete que Dieu leur avoit suscité. Mais parce que faute d'intelligence ses discours leur estoient moins fructueux, il y en eut une qui se hazarda de parler en particulier à cét evangeliste, qui sembloit venu d'un pays estranger, pour le supplier de se faire mieux entendre, ou au moins de leur donner quelque notion des termes dont il usoit si souvent, qui leur estoient incognus. Il s'estoit tellement habitué à ce langage, moitié grec, moitié françois, ou, pour mieux dire, de grec habillé à la françoise, ou de françois revestu à la greque, qu'il estima estre le plus court de leur expliquer quelques-uns de ces termes, dont ceste bonne sœur fit une liste.

Par exemple, il se servoit assez ordinairement de ces mots de philafthie, antipathie, antiperistase, aftopsie, elenche, symmiste, symphonie, analyse, eulogie, hypothese, doxologie, theodidacte, antonomasie, athanasie, philantropie, epiphanie, theandrique, theophanie, analogie, heterodoxie, apocalypse, philadelphie, et semblables. Le bon du jeu fut que nostre sœur, qui faisoit un catalogue de ces notables mots pour en avoir l'interpretation, fit plusieurs *qui-pro-quo*, prenant l'un pour l'autre. Par exemple, au lieu de mettre sur philafthie amour propre, elle mit aversion ou contrarieté d'humeurs, qui est la signification d'antipathie ; sur antiperistase elle escrivit amour propre : sur d'autres mots elle mit la glose comme il falloit, comme sur antonomasie excellence, athanasie immortalité, analyse resolution, analogie rapport, apocalypse revelation, epiphanie apparition, et ainsi des autres.

Et parce que ce n'est pas assez d'oüir d'excellentes leçons, si l'on n'en fait un bon usage, en toutes sciences la theorie estant fort peu de chose sans la pratique, nostre bonne sœur estima qu'elle se pourroit servir de ces beaux mots qu'elle avoit oüis en la chaire de verité. Quand donc elle voyoit deux sœurs qui se ressembloient, ou qui avoient quelque rapport d'esprit ou de visage, elle disoit, que ces deux sœurs avoient une grande analogie. Quand on parloit de l'apparition des ames, elle l'appelloit l'epiphanie des esprits. Quand on disoit que quelque personne devote avoit des visions, elle appelloit cela des theophanies. On disoit que quelque chose d'extraordinaire étoit apparu à quelqu'une, aussi-tost se souvenant de son dictionnaire, elle dit qu'elle n'eust pas estimé qu'une telle eust eu des apocalypses. Quand on parloit de la vie eternelle, elle y aspiroit, et desiroit d'estre dans l'athanasie. On disoit une fois d'une fille qu'elle estoit fort hardie et resoluë : « C'est, disoit-elle, qu'elle a beaucoup d'analyse. »

Il arriva que la superieure tomba malade d'une grosse fiévre durant les plus grandes chaleurs de l'esté. Pour luy procurer un peu de soulagement, les sœurs qui servoient à l'infirmerie, taschoient de tenir la chambre la plus fraische qu'elles pouvoient, y jettans de l'eau, et y espandans du fueillage : le medecin venant visiter la malade, en entrant trouva cette chambre si froide, qu'il dit que cela n'estoit pas bon, d'autant que cette trop grande fraischeur feroit redoubler l'ardeur de la fiévre, à cause de l'antiperistase. La sœur de Grece s'y rencontra, qui ne laissa pas tomber ce mot à terre. Se souvenant qu'il estoit dans son dictionnaire, et trouvant dessus, pour glose, le mot d'amour propre, elle entra en zele contre ce medecin, et dit à une des sœurs, comme en murmurant : « Voilà un medecin fort entendu aux choses spirituelles, qui dit que nostre sœur a de l'antiperistase, c'est à dire, de l'amour propre; comme si c'estoit un grand amour propre de chercher un peu de soulagement à l'ardeur d'une fiévre vehemente, et durant le chaud qu'il fait : ce n'est pas aux medecins de juger de cela, mais aux confesseurs; il feroit mieux de ne se mesler que de son mestier. »

Quand elle vouloit exprimer que elle avoit aversion à quelque chose, elle disoit qu'elle avoit une grande philafthie à cela; estimant que philafthie vouloit dire aversion, d'autant qu'elle l'avoit ainsi remarqué dans son catalogue. A la fin on luy donna obedience pour revenir de Grece en France, et pour parler comme les autres, apres que sa scientifique simplesse eut assez donné de recreation, et fait manger aux sœurs plusieurs plats de ris. J'ay appris cette inocente facetie de la bouche mesme de nostre Pere, mes Sœurs, qui prenoit sujet de là d'estimer, sinon le bon jugement, au moins la memoire de ceste bonne fille, et de priser beaucoup sa simplicité et sa bonne foy.

SECTION XII.

Un de ses sentimens sur la passion de nostre Seigneur.

C'estoit sa pensee, qu'il n'y avoit point de plus pressant aiguillon, pour nous pousser et faire avancer dans le sainct amour, que la consideration de la mort et des souffrances du Fils de Dieu. Il l'appelloit le plus doux et le plus violent de tous les motifs de pieté. Et comme je luy demandois de quelle façon il pouvoit conjoindre la douceur avec la violence : « En la mesme maniere, me respondoit-il, que l'Apostre dit, que la charité de Dieu nous presse, nous serre, nous pousse, nous tire, car c'est ce que signifie ce mot *Urget*[1]. En la mesme maniere que le sainct Esprit nous apprend dans le Cantique des cantiques, que *la dilection est forte et vehemente comme la mort, et aspre au combat comme l'enfer*[2]. On ne sçauroit nier, disoit-il, que l'amour ne soit la douceur des douceurs,

[1] II Cor. v, 14. — [2] Cantic. viii, 6.

et le sucre de toutes les amertumes ; neaulmoins voyez comme il est comparé à ce qu'il y a de plus violent, qui est la mort et l'enfer : la raison est en ce que comme il n'y a rien de si fort que sa douceur, il n'y a aussi rien de plus doux ny de plus amiable que sa force. Il n'y a rien de plus doux que l'huille et le miel ; mais quand ces liqueurs sont boüillantes, il n'y a point d'ardeur pareille : rien de plus doux que l'abeille, mais quand elle est irritee, son aiguillon est bien perçant.

« Jesus en croix est le lyon de la tribu de Juda, et de l'enigme de Samson, dans les playes duquel se trouve le rayon de miel de la plus forte charité, et c'est de ceste force que sort la douceur de nostre plus grande consolation. Et certes comme la mort du Redempteur est le plus haut effect et comme l'apoge de son amour envers nous, ainsi que toute l'Escriture nous tesmoigne, ce doit aussi estre le plus fort de tous les motifs de nostre amour vers luy. Ce qui faisoit dire à sainct Bernard : « O Seigneur, hé, je vous supplie, que la
» force embrasee et emmiellee de vostre amour crucifiant
» engloutisse mon cœur, afin que je meure pour l'amour de
» vostre amour, ô Redempteur de mon ame, qui avez daigné
» mourir pour l'amour de mon amour. »

« C'est de cét excez d'amour qui osta la vie à l'amant de nos ames sur la montagne de Calvaire, que parloient Moyse et Elie sur celle de Thabor, parmy la gloire de la Transfiguration, pour nous apprendre que mesme dans la gloire celeste dont la Transfiguration n'estoit qu'un eschantillon, apres la consideration de la bonté de Dieu contemplee et aymee en elle mesme et pour elle mesme, il n'y aura point de plus puissant aiguillon d'amour envers le grand Sauveur que le souvenir de sa mort et de ses douleurs. Nous avons un signalé tesmoignage de ceste verité en l'Apocalypse, où les Anges et les saincts chantent ces mots devant le trosne du Vivant aux siecles des siecles : *L'Agneau qui a esté tué est digne de recevoir vertu, divinité, sagesse, force, honneur, gloire et benediction, par toutes les creatures du ciel et de la terre*[1]. »

Si vous voulez estre plus amplement informees de ce pieux sentiment de nostre Bien-heureux, voyez le dernier chapitre de son Theotime.

SECTION XIII.

De l'odeur de pieté.

Je ne vous sçaurois exprimer, mes Sœurs, combien grande estime faisoit nostre bien-heureux Pere de l'odeur de la pieté, et combien il estimoit heureux ceux ou celles qui par leur bon exemple la respandoient dans le monde, non pour leur propre gloire, mais pour celle du Pere celeste et des lumieres, de qui procede tout present tres-bon, et tout don parfait. Et à dire le vray, si les vertus exemplaires tiennent un rang principal entre les plus notables, et sont comme les baguettes dont Jacob se servoit pour diversifier les toisons de ses agneaux; il n'y a point de doute que ceux qui parfument le monde de la senteur de leur bon exemple, et qui par là monstrent le train de la justice aux autres, ne reluisent un jour, comme de brillantes estoilles, dans le firmament de l'eternité.

Certes si le mal-heur est prononcé, par la parole qui ne peut mentir, contre ceux qui apportent du scandale au monde[2]; quelle benediction ne se doivent promettre du Dieu des misericordes, ceux qui y apportent de l'edification par leur vie exemplaire, et qui attirent les ames à la suitte et à l'imitation de leurs vertus, et les font courir en l'odeur de leurs aromates? Sainct Paul disoit de telles personnes, qu'elles estoient la bonne odeur de Jesus-Christ, et odeur de vie à la vie, et que les scandaleux estoient odeur de mort à la mort[3]. Je ne voy point que l'Espoux sacré estime rien de

[1] Apoc. v, 12, 13. — [2] Matth. xviii, 7. — [3] II Cor. ii, 14-16.

plus en son amante saincte, dans son Cantique, comme ses parfums de bon exemple, dont elle embaumoit toutes ses compagnes, et les tiroit par là à la suitte du bien-aymé des biens-aymez : à raison dequoy il la compare, tantost à un filet de fumee aromatique composé de toutes les drogues du parfumeur, tantost à des carreaux d'aromates et de poudres odorantes, que les parfumeurs arrangent sur leurs tables pour faire leurs compositions [1].

On dit que la panthere attire les autres animaux apres soy, et les retient aupres de soy, tant par la bonne bonne odeur que sa peau exhale, que par la beauté des divers miroirs dont elle est mouschetee : mais, comme c'est un animal cruel et de proye, elle leur fait payer bien cher cét amusement, d'autant qu'elle en fait sa curee les uns apres les autres. Une ame qui a des vertus exemplaires a les mesmes attraits, mais non la mesme cruauté, si l'on n'appelle de ce nom ce qui fut dit à sainct Pierre, *Tue et mange* [2], ce qui est plustost une misericorde qu'une rigueur, quand on fait mourir les vices par le bon exemple, et quand on les devore par une ardante charité, qui jette des charbons ardans pour les reduire en cendre, ou qui en cache la multitude soubs son grand manteau.

Comme il y a quantité d'esprits bourrus dans le monde, qui n'y servent qu'à contredire les bonnes actions, et qui y sont comme les contre pointes en la musique, il y en eut un dont l'humeur extravagante n'approuvant pas vostre institut, apres l'avoir blasmé de nouveauté devant nostre Bienheureux, luy dit en fin : « Mais dequoy servira-t-il à l'Eglise ? » Le bien-heureux François respondit fort gracieusement : « A faire le mestier de la royne de Saba. — Et quel est ce mestier, reprit cét homme ? — De rendre hommage à celuy qui est plus que Salomon, repartit le Bien-heureux, et à remplir de parfums et de bonne odeur toute la Hierusalem militante. »

[1] Cantic. I, 2, 3 ; III, 6 ; IV, 10, 14, 16, et V, 1, 13. — [2] Act. x, 13.

Certe j'ay esté consolé de rencontrer ce mesme sentiment en l'un de ses Entretiens, où il l'exprime fort delicatement en ces termes.

« Il me semble que la divine Majesté vous a choisies vous
» autres, qui vous en allez, comme des parfumeuses ou par-
» fumieres. Ouy certes, car vous estes commises de sa part
» pour aller respandre les odeurs tres suaves des vertus de
» vostre institut : et comme les jeunes filles sont amoureuses
» des bonnes odeurs (ainsi que dit la sacree amante du Can-
» tique des cantiques, que le nom de son bien-aymé est
» comme une huyle, ou un baume qui respand de toutes
» parts des odeurs infiniement agreables ; et c'est pourquoy,
» adjouste-elle, les jeunes filles l'ont suivy, attirees de ses
» divins parfums[1]), faites, mes cheres Sœurs, que comme
» parfumeuses de la divine bonté, vous alliez si bien respan-
» dant de toutes parts l'odeur incomparable d'une tres-sin-
» cere humilité, douceur et charité, que plusieurs jeunes
» filles soient attirees à la suitte de vos parfums, et embras-
» sent vostre sorte de vie, par laquelle elles pourront, com-
» me vous, jouyr en cette vie d'une saincte et amoureuse
» paix et tranquilité de l'ame, pour par apres aller jouyr de
» la felicité eternelle en l'autre[2]. »

Certes quand je vous considere, mes cheres Sœurs, il m'est avis que vos maisons sont autant de cassolettes, et que vous en particulier estes autant de pastilles, qui exhalez de toutes parts une odeur de suavité qui recree le ciel et la terre, Dieu, les Anges, et les hommes. Il n'y a que les escargots et les autres puantes bestes, qui hayssent les parfums, qui puissent avoir des-agreable vostre bon exemple ; et je ne sçay comme il est possible que la douceur et l'humilité, qui sont les deux piliers fondamentaux et les bases de vostre institut, joinctes à l'innocence, simplicité et candeur de vos mœurs, puissent trouver des contrarians. Mais quand je pense qu'il

---

[1] Cantic. 1, 2, 3. — [2] Entret. 6.

n'y eut jamais d'Abel sans Caïn, de Jacob sans Esau, de David sans Saül, et que le Sauveur mesme, prototype de toute vertu, a esté un but de contradiction, il ne se faut pas estonner s'il fait part de ceste croix à ses cheres espouses. Réjouyssez-vous neantmoins, parce que vous serez bienheureuses, quand on mesdira de vous mensongerement, d'autant que vostre salaire sera grand dans les cieux.

SECTION XIV.

Suitte du propos precedent.

Il me souvient encor sur ce propos, d'un gentil traict de nostre Bien-heureux parlant à la vesture d'une de nos sœurs, et disant que celles qui prenoient l'habit de vostre institut, pour y faire l'annee de noviciat, ou de probation, comme l'on appelle, ressembloient à ces jeunes filles que l'on polissoit, parfumoit, ajustoit, paroit un an devant que les presenter au lict d'Assuere, apres que ses yeux en avoient fait l'elite. Certainement, disoit-il, c'est de celuy-cy que l'on pouvoit dire à la lettre ce mot d'un poëte ancien.

Dum poliuntur, dum comuntur annus est [1].

Mais quant à vous, mes cheres Sœurs, ce n'est pas assez d'un an pour vous ajuster, afin de paroistre devant les yeux de l'eternel Assuere, devant lesquels les astres ne sont pas nets, et qui remarquent des deffauts dans les Anges ; il faut que vous fassiez estat que ceste annee d'espreuve qui vous est donnee, n'est que pour sonder et recognoistre si vous serez des pierres vives propres au bastiment mystique de ceste congregation. Mais pour le regard de Dieu les professes ne sont que novices toute leur vie, et dans une continuelle espreuve et preparation de cœur : elles doivent estre comme ces vierges sages de la parabole, tousjours veillantes en attendant avec patience la venue de l'espoux [2]. Mais souvenez-

[1] Terent. Heautont. act. 2, scen. 2, 11. [2] Matth. xxv, 1-13.

vous que ce n'est pas assez de la lampe allumee si le vaisseau à l'huille ne l'accompagne, qui est la charité, et encor la charité perseverante; car qui ne perseverera en charité jusques à la fin ne sera point admis aux nopces eternelles.

Soyez donc là, mes Sœurs, comme des Esthers, humbles, esclaves et servantes de Jesus-Christ, entre les mains de ceux qui vous conduisent, et leur laissez le soin de vous ajancer et polir spirituellement, par les mortifications, obeissances, et autres observances et pratiques de vostre institut, sans en souhaitter d'autres; puisque le grand Assuere n'a point agreable de vous voir parees d'autres ornemens que de ceux qui sont propres à la condition à laquelle il vous a appellees par sa grace. Comme des enfans nouveaux nais, qui sont sans finesse, ne recherchez que le laict de la candeur et simplicité; et si vous marchez ainsi simplement, vous irez avec asseurance. Bien heureux ceux qui sont sans tache en leurs voyes; ce sont ceux qui marchent en la loy du Seigneur.

SECTION XV.

Remise en Dieu.

Jettez vostre pensee en Dieu, et il vous conservera; non, dit David, *il ne permettra point que le juste flotte dans les inquietudes*[1]. *Je me confie en Dieu,* dit le mesme prophete; *pourquoy dites-vous à mon ame qu'elle s'envole en la montagne ainsi qu'un passereau*[2]? *Ne sçavez-vous pas que ceux qui se confient en Dieu seront comme la montagne de Syon qui ne s'esbransle pour aucun orage*[3]? C'est un proverbe de prudence humaine : Aide toy, et Dieu t'aidera. Ceux qui se rendent collateraux de Dieu en l'œuvre de leur fortune et de leur salut, disent à peu pres comme celuy qui vouloit mettre son siege aux flancs de l'aquilon et estre semblable au tres haut [4], et sont bien differens de l'accent de celuy qui disoit

---

[1] Psal. LIV, 23. — [2] Psal. X, 2. — [3] Psal. CXXIV, 1. — [4] Isai. XIV, 13, 14.

que par la grace de Dieu il estoit ce qu'il estoit ; et encore, *Non moy, mais la grace de Dieu avec moy* [1], en moy, par moy, sans elle je ne puis rien ; avec elle, tout. Toute ma suffisance vient d'elle ; sans elle je n'ay pas de moy, comme de moy, seulement une bonne pensee [2].

Quand nous nous confions trop en nostre propre vertu, souvent Dieu nous laisse en la main de nostre conseil, et souffre que nous cheminions selon les desirs de nos cœurs et apres nos imaginations, d'où nous viennent des fourvoyemens qui nous engagent en d'estranges labyrintes. Quiconque laissant le foible appuy du baston de roseau de la prudence de la chair, se remet entierement entre les bras de la providence divine, peut bien dire qu'il habite dans l'aide du Seigneur, et en la protection du Dieu du ciel, et qu'en paix, en luy il dort et repose doucement.

Le bien-heureux François de Sales avoit de coustume de dire, que quand nous voulions nous justifier devant les hommes par les voyes de droict ou de fait, cela se fait bassement, laschement, obscurement. Mais quand nous remettons nostre sort entre les mains de Dieu, cela se passe et reussit hautement, fortement, eclatamment. Si nous sommes innocens, il fait paroistre tost ou tard nostre innocence avec un grand lustre, tirant la lumiere du milieu des tenebres, et, comme dit le Psalmiste, faisant naistre un grand jour d'entre les obscuritez, pour ceux qui ont le cœur droit, ne permettant jamais que ceux-là soient confondus qui mettent en luy toute leur attente. *Parce que le juste a esperé en moy*, dit il par David, *je le delivrerai, je le protegerai, parce qu'il a recognu mon nom et luy a donné gloire* [3].

Il rapportoit pour confirmation de cette verité, l'illustre exemple de la saincte Vierge, laquelle n'ignorant pas la perplexité que la jalousie avoit mise en l'ame de sainct Joseph, sur le subjet de sa grossesse ; et sa modestie ne luy permet-

---

[1] I Cor. xv, 10. — [2] II Cor. iii, 6. — [3] Psal. xc, 14.

tant pas de luy descouvrir la grace incomparable dont Dieu l'avoit honoree, la rendant mere du Verbe incarné; elle se remit entierement au soin de la Providence, qui osta ce nuage de l'esprit de son espoux, par l'ambassade du mesme ange qui luy avoit annoncé le mystere de l'incarnation. O que de consolation à ces deux cœurs, quand, selon la multitude de leurs angoisses, les consolations de Dieu les resjouyrent !

Sainct Paul nous conseillant de ne nous deffendre pas quand on nous outrage, ou quand nous sommes injustement accusez, mais de faire place à la colere [1], nous donne une excellente leçon de remise de tout ce qui nous regarde entre les bras de Dieu, où nous devons avoir nostre recours, comme le poussin sous les aisles de sa mere : car Dieu nous promet de nous cacher sous ses aisles, de nous mettre à l'abry sous l'ombre de sa clemence [2], et de nous environner de sa verité comme d'un bouclier [3]; et bouclier impenetrable aux traicts les plus aigus et les plus enflammez de nos ennemis.

SECTION XVI.

De l'egalité d'esprit.

Je ne voy rien que nostre bien-heureux Pere vous inculque plus soigneusement, mes Sœurs, que la saincte egalité d'esprit. Il avoit de coustume de dire, que puisque ceste vie est une navigation vers le havre de grace, et le port de salut de l'eternité, nous devions estre semblables aux bons pilotes, qui tiennent tousjours leur timon juste parmy l'inegalité des flots.

Mais comme faut-il faire, me dites vous, pour arriver à cette justesse? — Certes je ne sçay point de meilleur moyen, que d'imiter les mesmes pilotes qui se conduisent en la mer,

---

[1] Rom. xii, 19. — [2] Psal. xvi, 8. — [3] Psal. xc, 5.

par le regard continuel du pole et du nort. Et quel est ce pole? C'est la tres-saincte charité, laquelle n'a pour visee que Dieu, c'est à dire, sa gloire, en fin derniere, sans faire aucune reflexion sur nos propres interests. La raison de cela est que les inegalitez d'esprit ne procedent que de l'inegalité des regards des creatures non rapportez au Createur ; et ainsi selon la varieté des accidens qui arrivent en ceste vie, nous changeons d'humeurs et d'inclinations. Mais quand nous considerons toute cette diversité dans l'uniformité tousjours esgale de la saincte volonté de Dieu, distributrice des prosperitez et des adversitez, de la santé et de la maladie, de la vie et de la mort, de la richesse et de la pauvreté : et quand nous venons à penser que de tout cela nous pouvons tirer des sujets d'augmenter la gloire exterieure de Dieu, soit en agissant, soit en souffrant; nous entrons dans ceste aimable indifference chrestienne qui nous fait dire avec Job : *Pourquoy ne recevrons-nous pas de la main de Dieu les maux de peine, d'un cœur aussi content comme nous en avons autrefois receu les biens* [1]?

Vous me direz qu'estant retirees dans le cloistre vous n'estes plus sujettes, par la grace de Dieu, aux inconstances des evenemens et des accidens qui arrivent si frequemment dans le siecle; mais que delivrees des mains de vos ennemis, vous servez à Dieu sans crainte dans cét azile sacré, où il ne tient qu'à vous que vous ne passiez devant luy en saincteté et en justice tous les jours de vostre vie. Seulement vous vous plaignez des inegalitez qui se rencontrent en la vie spirituelle, des sterilitez et secheresses qui succedent aux abondances en l'oraison, des tristesses qui viennent apres les joyes, des desolations interieures qui traversent vos consolations, et des obscuritez qui offusquent les beaux jours ausquels vous cheminez en la lumiere de la grace. Certes, mes Sœurs, c'est dans la diversité de ces estats si opposez que se

---

[1] Job II, 10.

doit monstrer nostre fidelité, et pratiquer ceste saincte egalité d'esprit que nostre Bien-heureux vous recommande si fort. Pour y parvenir, il vous donne pour avis que vous soyez exactes et ponctuelles en l'observance de vos regles et constitutions, et qu'en vain la chercherez vous par autre voye. Voicy ses mots au troisiesme de ses Entretiens :

« Tous les anciens peres des religions ont visé particuliere-
» ment à faire que ceste esgalité et stabilité d'humeurs et
» d'esprit regnast dans leurs monasteres. Pour cela ils ont
» estably les statuts, constitutions et regles, afin que les re-
» ligieux s'en servissent comme d'un pont pour passer de la
» continuelle esgalité des exercices qui y sont marquez et
» ausquels ils se sont assujetis, à ceste tant aymable et desi-
» rable esgalité d'esprit, parmy l'inconstance et inesgalité
» des accidens qui se rencontrent, tant au chemin de nostre
» vie mortelle, que de nostre vie spirituelle. »

A quoy vous me permettrez d'adjouster, que le regard attentif de la divine gloire (qui est l'unique but de la charité), par lequel nous voyons Dieu en toutes choses, et toutes choses en Dieu, c'est à mon advis un des plus puissans moyens pour establir nos ames en la grace, et les tenir justes et egales dans les vicissitudes des evenemens qui traversent le cours de ceste vie mortelle tant exterieure que interieure.

SECTION XVII.

Du vœu de closture.

Je demandois un jour à nostre bien-heureux Pere, mes Sœurs, pourquoy en la formule de vostre profession il ne vous faisoit point faire vœu de closture, puisque c'est un vœu que l'on fait faire presqu'à toutes les sanctimoniales. Il me respondit que le Concile de Trente estant receu dans son dioceze, et ceste closture y estant ordonnee par decret exprès, il n'estimoit pas necessaire d'obliger par vœu à une chose desja commandee par l'Eglise; la propre matiere du vœu, selon tous les theologiens, estant ce qui est de conseil, non ce qui est de precepte[1] : car ce seroit en vain que quelqu'un vouëroit de jeusner le Caresme, ou les veilles commandees par l'Eglise, y estant assez obligé par l'ordonnance ecclesiastique sans y adjouster encore le vœu.

« Mais, luy dis-je, ne peut on pas voüer de faire les commandemens de Dieu et de l'Eglise? » Il repliqua : « Le conseil, comme je vous ay dit, est la propre matiere du vœu, et le precepte l'improprе, d'autant que le vœu estant une promesse volontaire faite à Dieu, il faut qu'il nous soit libre de faire ou ne faire pas la chose voüee, afin que la chose voüee soit une promesse volontaire : mais il ne nous est pas libre de faire ou ne faire pas les commandemens de Dieu et de l'Eglise, puisque la mort eternelle est attachee à leur transgression, et la vie à leur observance. Il est vray qu'en quelque sens on les peut voüer, entant que volontairement on les veut garder comme chose bonne et agreable à Dieu, non entant qu'il est necessaire de les observer de necessité de fin, c'est à dire pour arriver au salut : c'est la doctrine de l'Ange de l'escole[2]. »

Je luy fis ceste seconde instance. « Ne puis-je pas m'obliger à double titre à l'observation d'une chose? — Ouy, reprit-il; mais aussi au cas de contravention vous vous obligez à double peché. Par exemple, tout chrestien, de quelque condition qu'il soit, est obligé par le commandement de Dieu de fuyr la fornication, et le prestre qui a fait vœu de continence la commettant, ne peche pas seulement contre le commandement divin, mais de plus il commet un sacrilege, parce qu'il viole son vœu de continence qui est une chose sacree. Ainsi celuy qui voüe de faire les commandemens de Dieu, quand il y contrevient, peche doublement, et qu'est-il besoin de s'exposer à ce peril?

---

[1] S. Thom. 2ª 2ᵐ, quæst. 88, art. 2. — [2] Loco citato.

« Mais aussi, repliquay-je, il merite doublement en les observant. — Ouy, repartit il, s'il les observe avec plus de charité que celuy qui les garde sans les avoir voüez.—Comment cela, luy dis-je? n'a t'il pas le merite de son observance aussi bien que celuy qui n'a pas voüé de les garder, et de plus le merite de son vœu? »

Il reprit : « Sainct Thomas vous apprendra que la quantité du merite se peut tirer de deux sources : la premiere, de la racine de la charité à laquelle correspond le loyer de la gloire essentielle; la deuxiesme, de la grandeur, excellence, ou difficulté de l'œuvre, à laquelle correspond la recompense de la gloire accidentelle, qui est une joye particuliere procedante de quelque bien creé[1]. Ce sont ses mots. Or je ne voy point que nos theologiens recognoissent que trois sortes de gloire accidentelle dont ils composent les trois aureoles, de martyre, de virginité, et de doctrine. S'il y en a d'avantage il faudra multiplier les aureoles à l'infiny, et en faire autant qu'il y aura de grandeurs, d'excellences, et de difficultez differentes dans les œuvres particulieres; ce que je n'ay encor remarqué avoir esté avancé par aucun autheur de marque. C'est pourquoy, n'ayant point leu qu'il y eust une aureole particuliere pour ceux qui voüent, je vous ay dit qu'il falloit prendre la mesure du merite de ceux qui observent les commandemens de Dieu soit par vœu, soit sans vœu, à la grandeur ou petitesse de la charité des uns ou des autres, puis que c'est l'unique mesure de la gloire essentielle selon sainct Thomas[2]. Que si vous la voulez encore prendre du costé du vœu et de la gloire accidentelle, il faut necessairement que vous establissiez une aureole pour le vœu : or de sçavoir sur quelle authorité vous la fondez, c'est ce que j'ignore.

— Sur celle mesme de sainct Thomas, luy dis-je, lequel nous asseure que l'œuvre faite par vœu est plus meritoire que

---

[1] 1ª, quæst. 95, art. 4. — [2] Loco citato.

la mesme œuvre faite sans vœu¹. — Dieu, respondit il, est autheur de la nature aussi bien que de la grace, et il a des recompenses temporelles pour les œuvres des vertus naturelles, morales, humaines et acquises, faites sans grace; comme il en a d'eternelles pour les actions des vertus infuses et surnaturelles, faites en grace et par le motif de la grace. Ce que nous avons amplement demonstré dans nostre traitté de l'Amour de Dieu². Quand donc sainct Thomas en ce lieu que vous alleguez parle de l'excellence et du merite du vœu, il parle de son excellence naturelle et de son merite conforme. Qu'il soit ainsi, vous le trouverez, si vous voulez examiner les trois raisons de la preeminence du vœu qu'apporte sainct Thomas en ce lieu-là.

» La premiere est tiree de la preeminence de la vertu de religion dont le vœu est un acte. Or, comme elle tient un haut rang entre les vertus morales à raison de son object, qui est, non pas Dieu, comme a fort bien remarqué le docteur Angelique³ (autrement elle seroit vertu theologale, ce qu'elle n'est pas), mais le culte ou service de Dieu; quand elle commande l'acte d'une vertu qui luy est naturellement inferieure en excellence, par exemple le jeusne, alors elle éleve le jeusne à une plus haute dignité que la sienne propre, parce que d'acte d'abstinence ou de temperance qu'il est, elle le rend de plus acte de religion, ou commandé par la religion. Or tout cela est naturel et moral, et sans la charité n'a aucun merite qui regarde l'eternité, ny la gloire essentielle du ciel. Car le jeusne mesme fait avec vœu, mais sans la grace justifiante, n'a aucun droit à la gloire eternelle, et Dieu n'a pour une telle œuvre faite en cet estat que quelques recompenses temporelles; comme sainct Augustin l'a remarqué au fait du grand empire des Romains, qu'il tient avoir esté le loyer de leur justice, de leur vaillance et de

---

¹ 2ᵃ 2ᵉ, quæst. 88, art. 6. — ² Liv. 11, chap. 1 et 2. — ³ 2ᵃ 2ᵉ, quæst. 81, art. 5.

leurs autres vertus morales¹. Le vœu donc, comme acte de la vertu de religion, a beau rehausser l'acte du jeusne, sans la charité tout cela n'est rien, dit sainct Paul, et ne sert de rien pour la gloire eternelle. Ce seroit un pelagianisme trop evident de vouloir faire passer la nature dans la gloire sans l'entremise de la grace.

— Mais aussi la grace justifiante, repartis-je, venant à survenir, ostera-t-elle au jeusne voüé la preeminence naturelle qu'il a sur le non voüé? — Non certes, respondit-il : car la charité n'est pas une vertu destruisante et appauvrissante, mais plustost edifiante, selon le terme de l'Apostre², et enrichissante ; et il peut arriver que celuy qui jeusne par vœu, fasse cette double action de temperance et de religion avec plus de charité, et par consequent avec plus de merite de grace et eternel, que celuy qui jeusne sans vœu : comme aussi d'autre part il peut avenir que celuy qui jeusne sans vœu, fasse ce seul acte de temperance avec une plus grande charité, et par consequent avec plus de merite, qui regarde la gloire essentielle de l'eternité, que celuy qui jeusne avec vœu, afin que nul ne se glorifie de son action exterieure, mais seulement au Seigneur, c'est à dire en sa grace, par laquelle il est ce qu'il est, il fait ce qu'il opere de bon, et sans laquelle il ne fait rien, il ne peut rien, il n'est rien.

» Et se faut bien garder de mesurer la grace par la nature, ny de s'imaginer que necessairement, infailliblement, absolument il y a plus de grace où il y a plus de vertus morales et naturelles, sainct Thomas nous apprenant que la charité ne se repand pas dans les ames par le sainct Esprit, selon la capacité des vaisseaux naturels³, comme l'huile du prophete qui se multiplia selon la vacuité de ceux qu'apporta la vefve⁴ ; autrement ce seroit assujettir la grace à la nature, par un renversement qui destruiroit la regle par laquelle

---

¹ De Civit. Dei, lib. 5, capp. 15, 18, etc. — ² I Cor. vɪɪɪ, 1. — ³ 2ᵃ 2ᵉ, quæst. 24, art. 3. — ⁴ IV Reg. ɪv, 1-8.

les Pelagiens ont esté condamnez par l'Eglise. Veu que l'Esprit de Dieu, qui est l'esprit de grace, souffle où il veut ; Dieu faisant misericorde à qui, comment, et autant qu'il luy plaist : autrement la grace ne seroit pas grace, mais salaire, d'autant qu'elle ne seroit pas gratuite. C'est à ce sujet que l'Apostre deffend à celuy qui jeusne de mespriser celuy qui mange, et à celuy qui mange de se mocquer du jeusneur[1], parce que l'un et l'autre peuvent faire ces differentes actions avec divers degrez de grace; de telle sorte que le mangeur se nourrira possible avec plus de charité que le jeusneur ne fera son abstinence, puisque, selon le mesme Vaisseau d'elite, on peut boire et manger pour la gloire de Dieu[2]; et reciproquement il peut estre que le jeusneur s'abstienne avec plus de grace, que celuy qui se repaist. C'est pourquoy nous ne devons point entreprendre de nous juger l'un l'autre, ny de syndiquer le serviteur d'autruy, ny nostre frere; par ce que si nul ne sçait s'il est digne d'amour ou de haine, c'est à dire, s'il a la charité, soit en mangeant, soit en jeusnant, soit en jeusnant par vœu, soit en jeusnant sans vœu, comme discerna-t-on celuy qui en l'un ou l'autre de ces exercices a plus ou moins de charité?

— Mais tousjours, luy dis-je, demeure la preeminence du jeusne voüé sur le non voüé. — Ouy, naturelle, me respondit-il; mais la surnaturelle, qui depend de la grace, est tousjours incertaine, par la derniere raison que j'ay avancee. Partant il ne faut point dire absolument, infailliblement, necessairement, et sans exception et distinction, que celuy qui jeusne avec vœu a plus de merite que celuy qui jeusne sans vœu, puisque le contraire peut avenir, si celuy-cy a plus de charité ou jeusne avec plus de grace, de ferveur, et de pureté d'intention que celuy-là : la preeminence naturelle du jeusne voüé sur le non voüé subsistant tousjours, au regard de la recompense temporelle, qui suit la bonne œuvre

---

[1] Rom. xiv, 1-6. — [2] I Cor. x, 31.

morale et naturelle, non le salaire de la gloire essentielle de l'eternité, qui ne se mesure que par la seule charité.

— Je sçay bien, luy dis-je, que la charité est l'unique toise d'or qui arpante la saincte cité de la Hierusalem celeste, au regard de la gloire essentielle, et mesme que la difficulté, dignité, ou excellence de l'œuvre exterieure ou morale ne peut meriter l'accidentelle, si elle n'est faitte en charité : c'est donc de l'accidentelle dont je parle. » Il repliqua : « Je vous donneray volontiers les mains quand vous m'aurez fait voir par des authoritez de bonne mise et de franc alloy, outre les trois aureoles dont on traite en l'escole, qu'il y en a une quatriesme pour le vœu, et une infinité d'autres pour toutes les difficultez, grandeurs, dignitez, excellences et preeminences des œuvres moralement bonnes. » Il ne pouvoit pas me renvoyer avec plus de suavité : je le priay de m'expliquer la deuxiesme raison de sainct Thomas, ce qu'il fit environ de ceste sorte.

« La deuxiesme preeminence qu'il donne à l'œuvre voüee est que de libre à faire ou ne faire pas qu'elle est de sa nature, le vœu la rend de precepte; de sorte que celuy qui voüe, au subjet de son vœu, donne sa liberté à Dieu, et par consequent, non seulement le fruict, mais encore l'arbre et le fonds où il a ses racines : grande preeminence, certes, mais morale toutesfois, et naturelle, et qui peut estre pratiquee sans charité, et par consequent sans aucun merite qui regarde la gloire eternelle. — Mais aussi, repris-je, fait avec charité? — « Il repliqua modestement : » Il en faut dire le mesme que nous avons deduit en la precedente prerogative, et se garder bien de confondre la nature avec la grace, de peur de frizer l'erreur de Pelagius, ny d'attribuer à celle-là ce qui n'appartient qu'à celle-cy. »

De là il passa à la troisiesme excellence du vœu qui est d'affermir la volonté dans l'execution de la chose promise. « Certes, dit-il, tout homme d'honneur est naturellement porté à maintenir sa parole quand il l'a une fois donnée à quelqu'un; combien plus fortement se sent obligé de la garder à Dieu, celuy qui a fait vœu, c'est à dire, promis à Dieu de faire en son honneur une chose bonne? *J'ay juré et resolu,* disoit David, *de garder les jugemens de vostre justice, ô Seigneur* [1]. Si est-ce neantmoins, qu'il faut soigneusement distinguer entre l'affermissement surnaturel du cœur qui se fait par la grace, duquel la saincte parole a dit, *Il est bon d'establir son cœur en la grace* [2]; et celuy qui se fait par la nature, telle qu'est la fermeté qui procede du vœu comme acte de religion, qui n'est de soy qu'une vertu morale non surnaturelle ny infuse, comme sont les trois appellees divines ou theologales [3]. Joint que ceste fermeté morale ne porte pas immutabilité; autrement il ne faudroit que faire vœu de toutes les vertus pour estre immobile ou immuable dans le bien : ce qui est absurde et à penser et à dire; veu mesme que la grace justifiante n'opere pas cela dans le commun des fideles, qui en peuvent descheoir : d'où cet avertissement sacré, *Que celuy qui est debout avise de ne tomber pas* [4]; la confirmation en grace n'ayant esté communiquee en ceste vie qu'à la saincte Vierge, aux Apostres, et à quelques ames d'elite, par un privilege fort special.

« L'illation que sainct Thomas tire de cét avantage de fermeté morale, qui est au vœu, est que si ceux là pechent d'avantage qui sont plus endurcis dans le mal et qui ont la volonté plus obstinee, ceux-là aussi meriteront d'avantage qui operent par une volonté plus affermie dans le bien : or le vœu l'affermit, doncques, etc. Tout cela est fort vray selon la nature du vœu, et de la vertu de religion, dont il est un acte, et par consequent plus meritoire naturellement de recompenses temporelles, qu'un mesme acte, par exemple, de jeusne, fait sans vœu, l'un et l'autre consideré despouillé de charité. Que si vous les en considerez revestus, il faudra lors prendre la mesure de leur merite de la gloire

---

[1] Psal. cxviii, 106. — [2] Hebr. xiii, 9. — [3] S. Thom. 2a 2æ, quæst. 81, art. 5. — [4] I Cor. x, 12.

eternelle par la charité qui les anime, non par la fermeté naturelle que le vœu donne à l'action qu'il commande, qui l'avantage sur une semblable faitte sans vœu ; parce que la charité ne tire pas son excellence ny son rehaussement de l'action faitte par vœu, mais c'est celle-cy qui releve sa grandeur surnaturelle de la charité qui l'accompagne. »

J'ay esté fort consolé, mes Sœurs, de voir que nostre bien-heureux Pere ait exprimé ce mesme sentiment dans son Theotime, et qu'il s'en soit expliqué en ces termes.

« La perfection de l'amour divin est si souveraine, qu'elle
» perfectionne toutes les vertus, et ne veut estre perfectionnée
» par icelles, non pas mesme par l'obeissance, qui est celle
» laquelle peut respandre le plus de perfection sur les au-
» tres. Car encor bien que l'amour soit commandé, et qu'en
» aymant nous pratiquons l'obeissance, si est-ce neantmoins
» que l'amour ne retire pas sa perfection de l'obeissance,
» ains de la bonté de celuy qu'il ayme ; d'autant que l'a-
» mour n'est pas excellent parce qu'il est obeyssant, mais
» parce qu'il ayme un bien excellent. Certes, en aymant nous
» obeyssons, comme en obeyssant nous aymons : mais si cette
» obeyssance est si excellemment aymable, c'est parce qu'elle
» tend à l'excellence de l'amour, et sa perfection depend, non
» pas de ce qu'en aymant, nous obeyssons, mais de ce qu'en
» obeyssant nous aymons. De sorte que tout ainsi que
» Dieu est esgalement la derniere fin de tout ce qui est bon,
» comme il en est la premiere source : de mesme l'amour
» qui est l'origine de toute bonne affection, en est pareille-
» ment la derniere fin et perfection [1]. »

Ce qu'il dit là de l'obeyssance, se peut aussi entendre, mes Sœurs, de vostre vœu d'obeyssance : car la religion, dont le vœu est un acte, n'est pas plus vertu theologale que l'obeyssance ; toutes deux ne sont que morales, et par consequent qui ne donnent pas, mais qui reçoivent leur perfection de la charité.

[1] Liv. 11, chap. 9.

J'adjoustay à ces trois prerogatives du vœu, que propose sainct Thomas, ceste quatriesme : « Vous ne sçauriez nier que deux flambeaux n'esclairent plus qu'un, principalement si le second flambeau est plus gros que le premier : or un jeusne fait par vœu, outre la lumiere de l'acte de temperance qui luy est propre, a encore celle de l'acte de religion qui jette plus de clarté, et est par consequent plus meritoire. » Il me respondit : « Je vous ay desja dit que ces deux actes sans charité n'ont aucun merite, sinon de quelque salaire temporel qui se termine en ceste vie. — Mais faites en charité, repris-je? — Ils n'ont de merite, repartit-il, au regard du loyer de la gloire essentielle qu'autant qu'ils ont de charité : et au regard de l'accidentelle, s'il y a une aureole du vœu (dequoy je vous demande la preuve), il y aura quelque loyer accidentel en la gloire pour le jeusne fait avec vœu.

— Ne sçauroit-on, demanday-je, jeusner sans vœu par acte de religion? » Response. « Il y a unze actes de la vertu de religion, selon sainct Thomas[1], desquels le vœu n'est que le huictiesme. Celuy donc qui jeusne par devotion, fait acte de temperance, et aussi acte de religion, puis que la devotion est un acte de la vertu de religion, et d'autant plus grande que la devotion fait une vertu speciale, et non pas le vœu ; car on n'a point encor ouy parler de la vertu du vœu. On peut encor jeusner par maniere de sacrifice spirituel qui mortifie le corps, et le sacrifice est un acte de la vertu de religion, je dy tant celuy qui est proprement, que celuy qui est improprement appelé sacrifice; car toute bonne œuvre faite pour honorer Dieu est dite sacrifice en quelque maniere : ainsi la priere est appellee sacrifice des levres[2], et la contrition d'esprit aussi[3]. Jeusner pour adorer Dieu, c'est joindre la temperance à la religion, parce que l'adoration de Dieu que l'on appelle latrie, est un acte de religion. Jeusner et offrir son jeusne à Dieu, de mesme; car l'offrande ou obla-

---

[1] 2ᵃ 2ᵉ, quæst. 81. — [2] Osee xiv, 3, et Hebr. xiii, 15. — [3] Psal. l, 19.

tion est un acte de religion. Jeusner pour loüer et benir Dieu, de mesme; car la loüange de Dieu est un acte de religion. Ainsi il y a plusieurs autres moyens que le vœu pour joindre l'acte de religion avec les actes des autres vertus, sans prejudice pourtant de la dignité speciale et naturelle du vœu, qui jette en la volonté une certaine fermeté et constance morale qui est fort estimable. »

Je fis ceste autre instance. « S'il y a plus de peché à celuy qui rompt (par exemple) la continence vouee, qu'à celuy qui la viole n'en ayant point fait de vœu; pourquoy, en cas pareil, n'en aura-t-il pas plus de recompense s'il l'observe? » J'eus pour response : « Ouy, recompense temporelle; car il fait deux actes de vertu, l'un de chasteté ou temperance, et l'autre de religion. Mais ce mot de *cas pareil*, merite un tour de peigne, d'autant qu'il y a bien de la difference entre l'œuvre du peché et celle de la grace. En celle-là tout est à nous; car le peché est ce neant que Dieu n'a point fait, et que nous faisons sans luy. *Ta perte vient de toy, ô Israel; mais de moy,* c'est à dire de ma grace, *ton secours*, dit le Seigneur[1] : sans moy tu ne sçaurois rien faire de bon, non pas mesme avoir une seule bonne pensee. Quand donc nous pechons contre nostre vœu, nous sommes doublement punissables, parce que nous faillons par une double malice; et c'est nostre nature corrompue et depravee qui peche, Dieu n'y a nulle part, au contraire il s'esloigne du pecheur et delaisse celuy qui l'abandonne. Il n'en est pas ainsi en l'œuvre faite en grace et par le motif de la grace; toute la gloire en est deüe à Dieu qui nous a prevenus de sa benediction de douceur, qui nous a accompagnez et fortifiez quand nous l'avons faite, et qui nous a donné le vouloir et le parfaire. Or, comme il nous donne sa grace selon la mesure qui luy plaist, c'est sur ceste grace qu'il faut mesurer le loyer de la gloire essentielle : car, comme dit sainct Augustin, Dieu ne

---

[1] Osee xiii, 9.

couronne en nous que ses dons, et il est si bon que de ses presens il en fait nos merites[1]. Sainct Hugues evesque de Grenoble disoit à ce propos une notable sentence : « Mes maux (il entend ses pechez) sont vrayement maux et vrayement miens : mais mes biens ne sont ny purement biens, car je les mesle de beaucoup de deffauts et d'imperfections ; ny purement miens, car toute la louange en est deuë à la gloire de la grace de Dieu, qui met et opere en nous et par nous tout le bien qui y est et qui en sort. »

Je formay d'abondant ceste nouvelle instance. « Sainct Thomas dit, que l'acte exterieur est un grand signe de la grace qui est interieure[2]. Ainsi on peut dire sans temerité qu'il y a grande apparence que celuy qui jeusne (pour exemple) par vœu a plus de charité, que celuy qui jeusne sans vœu. » Response. « Il y a bien de la difference entre ces deux propositions : la premiere, Il y a apparence que qui jeusne avec vœu a plus de charité et de merite, que celuy qui fait le mesme acte d'abstinence sans vœu ; et ceste deuxiesme, Quiconque jeusne avec vœu a absolument, necessairement, infailliblement, simplement, et indubitablement plus de charité, et par consequent plus de merite que celuy qui jeusne sans vœu. Car la premiere ne parle que d'une certitude conjecturale et probable, qui laisse quelque place au doute ; et la deuxiesme, qui est sans modification, exception, ou distinction, est sujette à caution, et n'est point sans quelque espece de temerité : car, comme il a esté dit cy-dessus, si nul ne sçait, de certitude de foy et infaillible, s'il a la charité, quoy qu'on en puisse avoir de puissantes conjectures, et si puissantes qu'elles ostent tout doute et toute perplexité et angoisse, comme sçaura-t-il s'il a plus ou moins de charité ? Il est donc besoin de distinguer icy le bien de l'œuvre moral, auquel correspond

---

[1] Enarrat. in Psal. 70, n. 5, et in Psal. 102, n. 7. — [2] 2ᵃ 2ᵉ, quæst. 82, art. 2.

la recompense temporelle ; et celuy de l'œuvre de grace faitte par le motif de la charité, auquel est apprestee la couronne de justice dans l'eternité. Et quoy que l'apparence soit vehemente et la conjecture forte, que celuy qui jeusne par vœu ait plus de charité que celuy qui jeusne sans vœu, il faut neantmoins suspendre son jugement et laisser à Dieu, qui seul sonde les reins, de cognoistre le secret des cœurs, sans faire de ceste apparence conjecturale une certitude infaillible ; car l'homme ne void que le dehors, et Dieu seul le dedans, auquel consiste toute la gloire de la fille du roy, c'est-à-dire de l'ame qui est en grace. »

Encore qu'il soit escrit qu'il n'y ait point de plus grande charité, c'est à dire de plus forte marque de vraye dilection, que de donner sa vie pour son amy [1], si est-ce que l'Apostre nous enseigne que l'on peut souffrir le martyre sans la charité [2] ; et si on le peut souffrir sans charité, dit le bienheureux François de Sales, à plus forte raison le peut on endurer avec une petite charité [3]. Ce qu'il dit du martyre, se peut bien plus aisement dire du vœu, lequel se peut faire et sans charité et avec une petite charité. Dire donc absolument et sans distinction qu'il y a plus de merite à jeusner avec vœu que sans vœu, et sans expliquer si c'est en charité ou sans charité, ou avec une grande ou petite charité, c'est sans doute donner dans des bancs ou des escueils où l'on court risque de faire naufrage. Car si d'un costé je voy un homme qui jeusne par vœu, vicieux d'ailleurs, et qui me donne des signes violens de n'estre pas en charité, ou d'avoir une charité fort foible, et d'autre part si je voy un homme jeusnant sans vœu, qui ait toutes les marques d'avoir une grande et ardante charité ; comme pourray-je dire que le premier ait plus de merite que celuy cy, au regard de la gloire eternelle, quelque preeminence qu'ait le jeusne votif

---

[1] Joan. xv, 13. — [2] I Cor. xiii, 3. — [3] Traité de l'Amour de Dieu, liv. 11, chap. 5.

sur le non voüé? Mais, dira-t-on, mettez esgalité de charité en l'un et en l'autre. Il y aura sans doute, respondray-je, egalité de loyer au respect de la gloire essentielle du ciel, et inesgal au regard de l'accidentelle, supposé qu'il y ait une aureole du vœu, ce qui demeure à prouver.

Suivant ceste doctrine presque toute tirée de nostre bienheureux Pere, possible que quelqu'une de nos sœurs pourroit dire en esprit de decouragement : « Si cela est ainsi, à quoy nous a servy de faire des vœux? » Et c'est icy où je l'attends de pied ferme, pour luy dire : Fille de peu de foy, Marthe empressee, est-ce ainsi qu'il faut prendre de la gauche ce qui est donné de la droitte, et faire un mauvais usage de si salutaires enseignemens? N'est-ce point faire comme saint Pierre, qui de la Transfiguration de son Maistre tira de la satisfaction pour son propre interest, ou comme ses deux compagnons qui en prindrent occasion de desirer la preeminence sur les autres, et de la faire demander à Nostre Seigneur par leur mere?

Cela me fait souvenir de ce que dirent les Apostres à Jesus-Christ, apres qu'il leur eut parlé de l'indissolubilité du lien nuptial, *S'il en va ainsi, il n'est donc point expedient de se marier;* ausquels il respondit, *tous ne comprennent pas ceste parole, mais ceux à qui il est donné d'en avoir l'intelligence*[1]. Je vous dy le mesme : l'inspiration et la grace de faire des vœux n'est pas donnee à tous; mais la grace justifiante ou la charité (car je ne distingue point l'une de l'autre) est offerte à tout le monde : tous n'ont pas les graces que les theologiens appellent gratuitement donnees, dont sainct Paul fait le denombrement[2], et sans lesquelles on peut estre sauvé; mais quiconque n'aura la charité, qui est l'huile des vierges sages et la robe nuptiale, n'aura jamais d'entree aux nopces de l'Agneau.

La continence est un don de Dieu, un don aussi que de

---

[1] Matth. xix, 10, 11. — [2] I Cor. xii.

voüer et de garder ses vœux, les conseils qui sont la propre matiere du vœu estans proposez à qui les voudra prendre, sans estre necessaires au salut, ny de necessité de precepte, ny de necessité de moyen. Quoy que tous soient obligez de les honorer, tous ne sont pas obligez de les embrasser, mais seulement ceux qui par le vœu se les sont rendus preceptes. Car, comme dit sainct Augustin, le conseil par le vœu devient commandement, et de volontaire, necessaire [1]; et ceste grace de voüer n'est pas donnee à chacun; que ceux ou celles à qui elle est donnee se souviennent de ce qu'ils ont promis à Dieu, et soient fideles à l'execution. Car la promesse inconsideree et infidele deplaist à Dieu, et une terrible attente de jugement attend ceux qui y auront manqué : comme aussi une couronne de justice est preparee à ceux qui seront fideles jusques à la mort, et qui garderont leur parole; ils entendront ceste douce semonce, *Bon et loyal serviteur, parce que tu as esté fidele sur peu, tu seras estably sur beaucoup; vien et entre en la joye de ton Seigneur* [2].

Mais vous me pressez de vous dire, à quoy donc vous servent les vœux de vostre profession claustrale, s'ils ne sont point la mesure de vostre plus abondante gloire dans le ciel. Je vous respond qu'ils vous peuvent servir à plusieurs choses. La premiere, à vous affermir en vostre vocation conventuelle, et la rendre stable et permanente. La seconde, à maintenir vos ordres et communautez par ces liens sacrez plus forts que toutes les chaisnes exterieures, parce que ces vœux sont des nœuds qui lient les consciences, et ne vous obligent pas seulement aux hommes, mais encor à Dieu. La troisiesme, sans le vœu de continence encore solemnel, et declarant les mariages nuls, les societez claustrales seroient desertees, ceux qui se marieroient se retirans en leurs mesnages ; car si les mariez doivent quitter pere et mere pour adherer à leurs parties, combien plustost abandonneroient-

---

[1] De Bono Viduitatis, capp. 9, 11, nn. 12, 14. — [2] Matth. xxv, 21, 23.

ils des communautez? Quatriesmement, que deviendroient les biens qui ne se doivent posseder qu'en commun et par indivis, sans le vœu de desapropriation? Cinquiesmement, comme pourroient subsister des compagnies, si celuy d'obeissance aux superieurs ne les tenoit en ordre? ce seroit une vraye confusion. En sixiesme lieu, ils vous peuvent servir d'aiguillons pour vous exciter à faire progrez en la perfection essentielle, qui consiste en la charité · non que la charité tire sa perfection de ces moyens, puisque c'est elle qui les perfectionne et qui leur communique ce qu'ils ont de perfection ; mais parce que avec ces moyens pratiquez en charité et par la charité nous meritons que Dieu nous donne accroissement de grace et de gloire. En septiesme lieu, ils nous peuvent servir non seulement comme de pieds, mais comme d'aisles, pour courir et pour voler en la voye de Dieu, lequel fait misericorde, c'est à dire augmente ses faveurs à ceux qui courent et qui volent. *Courez en sorte*, dit sainct Paul, *que vous puissiez arriver au but*[1], et avoir la couronne de gloire que Dieu a promise à ceux qui l'ayment.

En huictiesme lieu, comme ceux qui ont eu la grace de faire ces vœux, c'est à eux de faire profiter ces talens à la gloire de celuy qui les leur a baillez à mesnager; car beaucoup sera demandé à celuy qui a beaucoup receu, et celuy-là doit aymer d'avantage qui est redevable de plus de biens faits, comme disoit Nostre Seigneur deffendant la bien-heureuse Penitente contre les murmures du Pharisien[2]. Neufviesmement, c'est à ceux qui ont eu cette faveur à bien negocier jusques à ce que l'espoux vienne leur en faire rendre compte, et à prendre garde de n'avoir pas receu en vain la grace de Dieu, et à ne faire point cet outrage à l'esprit de grace de le suffoquer en le rendant inutile, veu mesme que n'avancer pas en la voye de Dieu c'est reculer.

---

[1] I Cor. ix, 24. — [2] Luc. vii, 43.

Dixiesmement, il se faut bien garder d'en faire un si mauvais usage, des saincts vœux, d'en former une enfleure et tumeur d'esprit, qui porte ceux qui les ont faits à mespriser ceux qui ne les ont pas faits, et à s'estimer plus parfaits qu'eux : autrement on se rangeroit dans la confrairie de celuy qui ne retourna pas justifié dans sa maison, pour avoir fait grand cas de ses bonnes œuvres, et mesprisé le pauvre Publicain qui n'avoit pas tant de mine, mais plus de jeu. Il se faut bien garder de perdre par orgueil ce qu'il faut conserver sous les fueilles et la cendre de l'humilité.

Unziesmement, il faut se souvenir que la perfection chrestienne consiste essentiellement en la charité, non en aucune autre vertu, ny morale ny mesme theologale, beaucoup moins au vœu ou en la religion, puisque la foy morte ne sert de rien pour le salut, quand mesme elle feroit des miracles, jusques à transporter les montagnes : et par consequent qu'il ne faut juger de la perfection d'aucun, que par sa charité, laquelle estant une lettre close à celuy-là mesme qui la possede, et ouverte seulement à Dieu qui cognoist ceux qui sont siens, et qui ont sa grace et en quel degré, c'est mettre la main au plat de Dieu avec temerité, que de foüiller dans cette cachette des tenebres, dans ce secret des cœurs.

Douziesmement, il faut pratiquer ce sainct conseil, de nous prevenir les uns les autres par honneur, estimans les autres plus que nous : et ainsi ceux qui ont fait des vœux penseront que ceux qui ne les ont pas faits les peuvent surpasser en charité, et par consequent en perfection essentielle; et ceux qui ne les ont pas faits estimeront ceux qui les ont faits, plus que eux, puis qu'ils ont cét avantage moral et naturel, ausquels ils peuvent adjouster une plus grande charité, s'ils en font bon usage.

Treiziesmement, si vous continuez à dire apres cela, Mais n'aurons nous point pour nos vœux plus de recompenses eternelles (car de la temporelle nous en sommes d'accord) :

vous me contraindrez de vous avertir que vous preniez garde à ne donner pas dans l'escueil de l'esprit mercenaire qui se manifeste assez clairement par ces paroles, et ceste avidité de recompense. Le pur amour (lequel je suppose et desire en vos cœurs) n'est point mercenaire, et moins il pense au salaire, plus il en merite, dit sainct Bernard apres sainct Chrysostome. Pensez bien à cecy, et vous verrez que vous gastez vostre loyer et vostre gain, en le pensant augmenter, par des pensees si peu convenables à la dilection vrayement charitable et des-interessée.

Quatorziesmement, si vous me rebattez les oreilles du mot de David, qui inclinoit son cœur à faire les commandemens de Dieu pour la retribution[1], et parce qu'un grand salaire attend ceux qui les observent ; je vous respondray ce que je vous ai respondu plusieurs fois, sçavoir que David regardoit la retribution en fin prochaine, non pas en fin derniere : or la fin prochaine, quand on ne s'en sert que comme d'une planche pour passer à la derniere, est plustost un moyen qu'une fin. Le sainct Concile de Trente nous apprend que celuy-là ne fait pas mal, qui s'addonnant aux bonnes œuvres en estat de grace premierement et principalement pour la gloire de Dieu, a par accessoire quelque esgard à la recompense eternelle, s'excitant pour ce regard moins principal à y faire progrez. Mais de faire de l'accessoire le principal, et de mettre la fin derniere dans le moyen, c'est renverser tout ordre de charité et de raison ; et mettre David dans une pensee si peu raisonnable, c'est luy ravir la qualité de juste et d'homme selon le cœur de Dieu en faisant toutes les volontez divines.

Quinziesmement, bref, pour vous oster tout à fait cette enfleure et tout esprit de presomption, souvenez vous que Jesus-Christ le prototype de toutes les vertus, l'autheur et le consommateur de nostre foy et de nostre religion, qui a

---

[1] Psal. cxviii, 112.

fait comme homme tous les actes de religion, qui l'oraison, la devotion, l'adoration, le sacrifice, l'oblation, et les autres, n'a point fait celuy de vœu; non qu'il ne l'ait peu faire, mais parce qu'il ne l'a pas jugé expedient. Nous ne lisons point non plus expressement en l'Escriture, que la saincte Vierge, ny mesme les Apostres ayent fait des vœux; non que ce ne soit une chose saincte et tres-loüable de voüer, mais parce qu'ils n'ont pas eu besoin d'en faire.

Seiziesmement, et ne faut point dire que le Sauveur n'a point eu la foy ny l'esperance, parce que ces vertus repugnoient à sa qualité de comprehenseur, et ne seront plus dans les bien-heureux qui verront ce qu'ils auront creu, et possederont ce qu'ils auront esperé. Mais la vertu de religion sera plus que jamais en usage et en exercice ardant et perpetuel aux cieux, avec ses actes d'oraison, de devotion, d'adoration, de sacrifices spirituels, d'oblations, de loüanges divines; exceptez ceux du vœu, des dixmes et premices, des sermens et abjurations, qui n'auront plus besoin d'estre exercez en la beatitude.

Au reste, mes Sœurs, je ne pretends nullement par ceste conference (et Dieu m'en est tesmoin) deroger à la preeminence morale et naturelle du vœu, que je tien pour une action de religion tres-excellente et tres-estimable : mais j'ay desiré seulement, sur la question qui m'avoit esté faite touchant le vœu de closture, separer devant vous, ainsi que l'Escriture l'ordonne, le precieux du vil[1], la grace de la nature; et rendant à chacune ce qui luy appartient, monstrer en quoy consiste le merite des œuvres simplement morales, humaines, acquises et naturelles, despourveuës de charité, à qui Dieu donne des recompenses temporelles, et celuy des œuvres surnaturelles, infuses et divines, c'est à dire animees de grace et de charité, ausquelles correspondent les salaires eternels que Dieu a preparez à ceux qui ont

---

[1] Jerem. xv. 19.

pour luy une dilection vrayement charitable et des-interessée.

Et j'ay esté bien aise de vous faire voir encor la difference que mettent les theologiens entre le salaire de la gloire essentielle dont toute la mesure se prend de la charité, et de la gloire accidentelle qui se tire de la difficulté, grandeur, dignité et excellence de l'œuvre, sur quoy l'on fonde la doctrine des trois aureoles. Que s'il y en a une quatriesme pour le vœu, et mesme une infinité pour toutes les œuvres difficiles, c'est à quoy je suis tout prest de me rendre et de donner les mains, quand on me l'aura monstré par des authoritez bonnes et recevables, et capables d'establir un article de foy; et jusques à present c'est ce que j'ignore, me sousmettant en ce poinct, et en tout au jugement de la tressaincte Eglise et de ses pasteurs et docteurs. Apres cela si quelqu'un me vouloit quereler par esprit de contention, j'en serois quitte en luy donnant le gantelet, en la maniere que m'enseigne l'Apostre[1], et en pratiquant ce vieil *dictum*, qui a plus de sens que de polisseure :

> Contra verbosos noli contendere verbis,
> Sermo datur cunctis, animi sapientia paucis.

Joint que l'oracle divin m'apprend qu'il ne faut pas estre sage par excez, mais à sobrieté[2], principalement en ces matieres chatoüilleuses et riotteuses, et qu'il faut oster l'occasion à ceux qui la cherchent.

SECTION XVIII.

De l'empressement.

La devotion n'estant autre chose qu'une saincte ferveur et promptitude, qui porte ceux qui ont ceste qualité, aux choses qui regardent le service de Dieu, avec une grande

---

[1] I Cor. xi, 16. — [2] Rom. xii, 3.

allegresse, il faut que ceste vertu, pour estre parfaitte, soit comme les autres morales, animee de la charité ; autrement elle ne servira de rien pour la vie eternelle. De plus il faut qu'elle soit accompagnee de discretion, parce que l'honneur du Roy de gloire ayme le jugement, et c'est icy le brisant où donnent la plus part des devots, je di de ceux qui ont une devotion informee de charité : et cela leur arrive par un deffaut que le bien-heureux François de Sales appelle empressement, qu'il dit estre la remore de la vraye devotion, et son plus dangereux adversaire, d'autant qu'il se pare des livrees et de l'escharpe de la devotion mesme pour tromper plus facilement les moins avisez, et leur faire prendre Lia pour Rachel, un zele sans science pour un legitime.

Qu'est-ce donc que cét empressement? C'est une ferveur et promptitude indiscrete et immoderee, qui fait que l'on quitte l'un necessaire, pour se porter dans la multiplicité; et de là on tombe en des embarras et entortillemens d'esprit, qui portent au descouragement, et à quitter tout là ; d'où l'on tombe dans le malheur prononcé dans l'Evangile à celuy qui met la main à la charrue et regarde en arriere[1] : c'est ce que le mauvais esprit pretend par ceste ferveur inconsideree en laquelle sainct Pierre nous avertit de ne cheminer pas[2].

Il n'y a rien de si seduisant que l'apparence du bien : c'est là l'origine de toute coulpe ; car la volonté ne se porteroit jamais au peché, si l'entendement ou trompé ou trompant, ne le luy faisoit voir sous le masque et la forme de bien. Cela est cause que plusieurs devots suivans les ardeurs et les boüillons de ce moust de pommes de grenade qui est dedans leur cœur, s'imaginent de ne faire jamais assez de bien, et de ne courir jamais assez viste en la voye des commandemens, des conseils et des inspirations divines; d'où il arrive qu'embrassans trop ils estreignent mal, et comme des

---

[1] Luc. IX, 62. — [2] 1 Petr. IV, 12.

enfans, pour vouloir aller trop tost, ils chopent et tresbuchent.

Nostre bien-heureux faisoit grand estat de ceste devise d'un empereur ancien, « Haste-toy lentement; » et de ceste autre, « Assez tot, si assez bien. » Il ne vouloit pas que l'on entreprist beaucoup de choses, mais que l'on fist bien le peu que l'on entreprendroit : c'estoit un de ses mots ordinaires et cheris, « Peu et bon. » Pour persuader cette conduitte, il disoit qu'il se falloit bien garder de mettre la perfection en la multitude des exercices de vertu, soit interieurs, soit exterieurs : et quand on luy disoit, Que deviendra donc cét amour insatiable dont parlent les maistres de la vie spirituelle, qui ne dit jamais, C'est assez, qui ne pense jamais estre arrivé au but, mais qui s'estend tousjours en avant, qui marche à pas de geant d'un bout du ciel à l'autre? il respondoit, « C'est par les racines qu'il faut croistre en cét amour là, plustost que par les branches ; » et s'expliquoit ainsi. « C'est croistre par les branches que de vouloir faire une grande multitude d'actions de vertu, desquelles plusieurs se trouvent non seulement defectueuses, mais bien souvent superflues, et semblables à ces pampres inutiles qui surcroissent à la vigne, et qu'il faut esbourgeonner pour faire grossir le raisin : et c'est croistre par les racines que de faire peu d'œuvres, mais avec beaucoup de perfection, c'est à dire avec un grand amour de Dieu, auquel consiste toute la perfection du chrestien. C'est à quoi nous exhorte l'Apostre quand il nous enseigne à estre enracinez et fondez en la charité si nous voulons comprendre la sureminente charité de la science de Jesus-Christ[1]. »

Mais, dira-t-on, peut on faire trop pour Dieu? ne se faut-il pas haster d'aller avant que la nuict de la mort vienne, apres quoy on ne pourra plus travailler? ne faut-il pas faire le plus de bien que l'on peut, tandis que l'on a le

---

[1] Ephes. III, 17, 18.

temps? *Que ta main opere instamment,* dit la saincte parole, *autant qu'elle pourra*[1]. *Leve toy, haste toy, ma colombe,* dit le sainct Espoux[2] : et un prophete, *Haste-toy, despesche toy, pren, ravy des despoüilles*[3] : la grace du sainct Esprit haït les paresseux, Dieu vomit les tiedes : il n'y a rien de plus recommandé en l'Escriture que la diligence ; Negotiez, tandis que l'espoux tarde à venir, il viendra plustost que vous ne pensez : la parabole des talens est un terrible reveille-matin aux lasches et faineans[4]. — Toutes ces veritez sont adorables et dignes de soigneuse remarque, mais elles ne sont point contraires à ceste sage maxime, de faire plustost peu d'actions bonnes, mais parfaites, que plusieurs, mais imparfaites. Et qu'est-ce que faire une bonne œuvre parfaittement, en estat de grace s'entend, car sans cela elle ne seroit pas seulement imparfaite, mais ne serviroit de rien pour l'eternité? C'est la faire : 1° avec beaucoup d'ardeur; 2° avec beaucoup de fermeté; 3° avec beaucoup de pureté d'intention. Une action qui a ces marques vaut mieux qu'un grand nombre d'autres faites : 1° froidement; 2° laschement; 3° et moins purement. Exemple : un acte de foy, d'humilité, d'oraison, de patience, et semblables, fait avec les trois degrez de perfection que nous avons marquez, est plus agreable à Dieu, et de plus grand prix, que plusieurs autres qui n'ont pas de si bonnes marques; c'est une pistole qui vaut mieux qu'une multitude de maravedis. Pour faire donc un serieux progrez en la perfection, il n'est pas tant question de multiplier les exercices, comme d'agrandir la ferveur, la force et la pureté du divin amour dans nos actions ordinaires. Une petite vertu morale avec une ardante, forte et pure charité, est incomparablement plus plaisante à Dieu, et luy rend bien plus de gloire, qu'une plus illustre pratiquee avec une charité lente, foible et moins espuree.

Il faut à ce propos que je vous fasse voir une tres-gra-

[1] Eccle. IX, 10. — [2] Cantic. II, 10. [3] Isai. VIII, 3. — [4] Matth. XXV.

cieuse rencontre arrivée au bien-heureux François, et qu'il raconte d'une maniere fort gentille en l'un de ses Entretiens : voicy ses mots.

« Il y a quelque temps qu'il y eut des sainctes religieuses
» qui me dirent : Monsieur, que ferons-nous cette annee?
» L'annee passee nous jeunasmes trois jours de la semaine, et
» nous faisions la discipline autant : que ferons-nous main-
» tenant le long de cette annee? Il faut bien dire quelque
» chose d'avantage, tant pour rendre graces à Dieu de
» l'annee passee, comme pour aller tousjours croissant en la
» voye de Dieu. C'est bien dit, qu'il faut tousjours s'avan-
» cer, respondis-je : mais nostre advancement ne se fait pas
» comme vous pensez, par la multitude des exercices de
» pieté : ains par la perfection avec laquelle nous les faisons,
» nous confiant tousjours plus en nostre cher Colombeau,
» et nous defiant d'avantage de nous-mesmes. L'annee passee
» vous jeusniez trois jours de la semaine, et vous faisiez la
» discipline trois fois, si vous voulez tousjours doubler vos
» exercices ceste annee, la semaine y sera entiere : mais
» l'annee qui vient comment ferez-vous ? il faudra que vous
» fassiez neuf jours en la semaine, ou bien que vous jeusniez
» deux fois le jour. Grande folie de ceux qui s'amusent à
» desirer d'estre martyrisez aux Indes, et ne s'appliquent à
» ce qu'ils ont à faire, selon leur condition ! mais grande
» tromperie aussi à ceux qui veulent plus manger qu'ils ne
» peuvent digerer! Nous n'avons pas assez de chaleur spiri-
» tuelle pour bien digerer tout ce que nous embrassons pour
» nostre perfection, et ce pendant nous ne voulons pas nous
» retrancher de ces anxietez d'esprit, que nous avons, à
» tant desirer de beaucoup faire [1] ! »

De cette grande piece vous pourrez tirer aisement la confirmation de ce que nous avons deduit auparavant, et de tout cecy vous concluerez que la vraye devotion est non seulement

---

[1] Entret. 7.

charitable, mais judicieuse, et consiste à faire ce peu que l'on fait avec beaucoup de perfection. Et l'empressement au contraire, qui naist d'une devotion inconsideree, nous fait entreprendre beaucoup, mais avec tant de deffaults et d'imperfections, que tout revient à peu, et quelquefois à rien. Si que les empressez sont comme ces mauvais mesnagers, qui sont tousjours incommodez au milieu de leurs grandes richesses : et les vrays devots sont semblables à ceux qui ont peu, mais le mesnagent si sagement, que l'huylle croist dans leurs vaisseaux, comme celuy que le prophete multiplia dans ceux de la vefve [1]. Tant est veritable ce qu'a chanté le Psalmiste, que *le juste fleurira comme la palme, et se multipliera comme les cedres du Liban* [2].

SECTION XIX.

D'un prodigue.

On luy rapporta qu'un jeune homme fort desbauché, d'une vie scandaleuse, et comme un autre Prodigue qui dissipoit tout son bien en desordres, avoit resolu de se jetter dans un cloistre. Il respondit : « Certes, il n'en prend pas le chemin; oüy bien celuy de l'hospital. » On luy dit que luy mesme s'en declaroit ouvertement, et qu'il disoit que le cloistre estoit son pis aller, apres qu'il auroit tout mangé, que cette retraitte ne luy pourroit manquer; qu'au reste il se vouloit gorger, et donner à cœur saoul, des plaisirs du monde, afin de n'y avoir plus de regret, quand il en seroit sevré, ne desniant rien à ses sens, non plus que Salomon.

« Il prend là, dit le Bien-heureux, un assez mauvais exemple, puisque Salomon, qu'il prend pour patron, nous laisse en incertitude de son salut. Possible que le cloistre luy manquera, mais pour l'hospital il en prend la droitte route. »

[1] IV Reg. IV, 1-6. — [2] Psal. XCI, 13.

Il ne fut que trop vray prophete pour ce miserable; car n'ayant plus de quoy satisfaire à ses appetits desordonnez, il se jetta comme par desespoir dans un cloistre, qui le vomit de là à peu de jours, comme la mer fait les charoignes, parce que ceux qui l'avoient receu estoient tous les jours assiegez et tourmentez des creanciers de ce prodigue, qui abboyoient sans cesse apres luy, parce qu'il les avoit malheureusement trompez.

Ce fut à son regret qu'il sortit de cet azile qu'il avoit choisi comme une cité de refuge, plustost pour se mettre à l'abry de la necessité, et de la poursuite de ceux à qui il devoit, que pour aucun mouvement qu'il eust de vraye pieté. Il fut donc, comme un Jonas, rejetté du vaisseau dedans la mer du siecle, où aussi tost il fut englouty par une grande baleine, qui fut la prison où ses creanciers le firent serrer; cloistre horrible et formidable, où le pain de douleur et l'eau d'angoisse ne luy manqua pas. De conversion, point de nouvelles; devenant au contraire, comme ces animaux carnassiers et farouches, d'autant plus enragé et malin, qu'il estoit plus estroittement enfermé et plus mal traicté.

Comme on parloit une fois de la calamité de ce mal-heureux, qui, comme Job, avoit autrefois lavé ses pieds dans le beurre, et à qui la pierre avoit coulé des ruisseaux d'huylle[1], et qui eust bien desiré lors le pain qu'il avoit donné à ses chiens, et qui regrettoit le bien qu'il avoit baillé à des personnes perdues que la pudeur deffend de nommer : « Je me doutois bien, disoit le Bien-heureux, qu'il ne prenoit pas le chemin du cloistre; il faisoit trop de caresses au monde pour luy donner un si rude coup de pied. On ne fait pas ordinairement bonne chere à un amy, avec qui on est resolu de rompre, si ce n'est par trahison : et c'estoit bien faire outrage à l'esprit de grace qui l'attiroit au cloistre, de mener une vie si salle et si peu conforme à la conventuelle qu'il

---

[1] Job XXIX, 6.

vouloit embrasser. On n'a pas accoustumé de faire des affronts et des torts à celuy de qui on recherche la faveur et l'assistance. Ce n'estoit pas l'esprit de Dieu qui le conduisoit au desert; aussi a-t-il esté, comme un Adam rebelle, chassé de ce paradis terrestre. Encore si la vexation luy pouvoit donner de l'entendement, et ce miel sauvage et amer qu'il gouste dans le cachot, luy ouvrir les yeux, comme à Jonathas, il trouveroit dans la prison la mesme grace qu'il eust rencontree dans le cloistre. »

C'estoit la consolation du bien-heureux Pierre Celestin dans celle où il avoit esté mis par les rigueurs du pape Boniface VIII, son successeur. « Pierre, disoit-il à soy mesme, tu as maintenant ce que tu as tant souhaitté, ce apres quoy tu as tant souspiré, dans les accablemens d'affaires inseparables de la chaire de sainct Pierre : tu as la solitude, le silence, la retraitte, la cellule, la closture, les cachettes, les tenebres, dedans ceste estroite mais bien-heureuse prison. Beny Dieu en tout temps, puisqu'il t'a donné les desirs de ton ame, quoy que d'une façon autre que tu ne pensois, mais plus asseuree et plus agreable à ses yeux que celle que tu projettois. Dieu veut estre servy à sa mode non à la tienne. Que veux tu au ciel et en la terre, sinon sa saincte volonté? O bonne croix long-temps souhaittée, maintenant presentee, je t'embrasse de tout mon cœur; reçoy le disciple de celuy qui pour toy a operé mon salut au milieu de la terre. »

A la fin les creanciers de ce prodigue, voyans qu'il avoit plus mangé de bien qu'il n'en avoit vaillant, et qu'ils faisoient une despense inutile à plaider et à le tenir en prison, consentirent à son elargissement; ce qui fut l'exposer à une misere honteuse. Se voyant l'opprobre du monde et le mespris du peuple, moustré au doigt et sifflé mesme des personnes infames qui l'avoient pillé et despoüillé, la douleur, la disette, et ses precedentes dissolutions le firent tomber sous l'effort d'une maladie non moins ignominieuse que douloureuse, qui le contraignit de se rendre à l'hospital, où il tomba par pieces, rongé de vermine et accablé d'ordure et de necessité. Dieu vueille que la multitude des fleaux de ce pecheur ayent amoli son cœur, et que l'adversité luy ait reconquis la grace que la prosperité luy avoit fait perdre, que ceste verge de la divine justice luy ait servy de direction et d'addresse pour le ciel, que ceste gaule et ce baston celeste, luy ait apporté la finale consolation du repos de ses peines, et qu'il n'ait pas fait comme ce roy d'Egypte dont le cœur s'endurcissoit comme une enclume sous les marteaux des playes dont Dieu l'affligeoit par Moyse.

Lors que l'on parloit au Bien-heureux de quelques jeunes gens qui avant que se jetter dans le cleistre se donnoient à cœur joye des vanitez et des voluptez du monde, auquel ils vouloient, disoient-ils, dire le dernier adieu; il avoit ces vocations là fort suspectes, et de fait il arrivoit peu souvent qu'ils perseverassent jusques à la profession : car ceux là meritent de perdre la grace de cét attrait, qui en font un si mauvais usage. Quand on disoit, qu'ils reculoient pour mieux sauter : « Ils pourroient bien tant reculer, respondoit-il, que leur secousse seroit si grande qu'ils perdroient l'haleine quand se viendroit à faire le saut. » Mais quand il en voyoit qui se disposoient de sang froid et de longue main à ceste retraite du siecle, par la penitence, l'oraison, la communion, le jeusne, et autres exercices de pieté : « Ceux-là, disoit-il, y vont tout à bon, ils ne se joüent pas; ou s'ils se joüent, c'est à bon jeu bon argent : ils ne feront pas comme la femme de Loth, qui regarda en arriere, ny comme ces Israëlites qui regretterent les oignons d'Egypte estant au desert. » Tels estoient les sentimens de nostre Bien-heureux sur de semblables resolutions : ne vous semble-t'il pas qu'en cela (pour user des termes de sainct Paul) il avait l'esprit de Dieu[1] ?

---

[1] I Cor. vii, 40.

SECTION XX.

Imitation empeschee.

Quelque personne que je cognoy bien, ayant appris de bonne part que le bien-heureux François avoit fait vœu dés sa jeunesse de reciter tous les jours son chapelet, desira l'imiter en ceste œuvre de pieté, et ne voulut pourtant pas voüer cela sans son avis. Il luy respondit : « Gardez-vous en bien. » L'autre luy repliqua : « Pourquoy desniez-vous à autruy le conseil que vous avez pris pour vous mesme dés vostre jeunesse?—Ce mot de jeunesse, reprit-il, decide l'affaire, parce qu'en ce temps là, je le fi avec moins de consideration; mais maintenant que je suis plus avancé en aage je vous dy, ne le faites pas. Je ne vous dy pas, ne le dites point; au contraire je le vous conseille autant que je puis, et vous conjure de ne passer aucun jour sans reciter cette sorte d'oraison qui est tres-agreable à Dieu, et à la saincte Vierge : mais que ce soit par un propos ferme et arresté, plustot que par vœu, afin que quand il vous arrivera de l'obmettre, soit par lassitude, soit par oubly, soit par quelque autre occasion ou occurrence, vous ne tombiez pas dans l'embarras des scrupules, et ne vous exposiez au danger d'offenser Dieu. Car ce n'est pas le tout de voüer, il faut rendre, et rendre soubs peine de peché, qui n'est pas une petite affaire. Je vous asseure que souvent cela m'a fort empesché, et que souvent j'ay esté sur les termes de m'en faire dispenser et absoudre, ou au moins de le changer en quelque autre œuvre de pareille importance, mais de moindre assujetissement.

— Mais, luy dit cette personne, ce qui est fait par vœu, n'est-il pas plus meritoire, que ce qui n'est fait que par un propos ferme et arresté? — Je me doutois bien, reprit le Bien-heureux, que nous cherchions le merite en cette benite action. — Et quoy donc, repartit l'autre? — Et ce merite, respondit le Bien-heureux, pour qui voulez vous qu'il soit? — Voila une belle demande, repartit l'autre! quoy, pour nostre voisin? Certes j'entends qu'il soit pour moy. — Voila qui va bien, releva François : quoy donc, vous voulez pour vous? — Et pour qui donc, respondit cette personne? — Il ne reste plus, continua nostre Bien-heureux, que de voüer à vous, et vous seriez un petit dieu sur une table : certes, je pensois que vous voulussiez voüer à Dieu pour Dieu, et par ce vœu meriter pour Dieu. — Certainement, dit la personne, voila un langage bien nouveau, meriter pour Dieu! vrayement Dieu a bien affaire de nos merites et de nos biens, il a bien affaire que l'on merite pour luy, comme s'il n'estoit pas le merite mesme, et une bonté et excellence infinie! »

Le Bien-heureux prenoit plaisir à voir debattre cét oyseau sur le poing, et tirer en vain contre ces longes. Pour le deschapperonner, et puis luy bailler l'essort : « Qu'est-ce, dit-il, à vostre avis, que merite, sinon une œuvre agreable à Dieu, faite en sa grace et pour son amour, à laquelle il donne augmentation de grace et la gloire pour recompense? — Je l'entens bien ainsi, repartit l'autre. — Et si vous l'entendez ainsi, repliqua le Bien-heureux, pourquoy contestez-vous contre vostre intelligence et vostre conscience? Faire une bonne œuvre en estat de grace et pour l'amour de Dieu, n'est-ce pas meriter pour Dieu? l'amour de Dieu qui ne recherche que l'interest de Dieu, c'est à dire sa gloire, ne doit-il pas estre la principale visee et la fin derniere de la bonne œuvre, la recompense n'estant que l'accessoire?

—Et dequoy sert à Dieu ce merite et cette œuvre, reprit ceste personne? — Pour vous sauver d'un mauvais pas, ou pour mieux dire d'un destroit où vous vous estes enfermé vous mesme plus heureusement que vous ne pensiez, repartit le Bien-heureux. Vous vous jettez à yeux fermez dans un precipice; pour vous en retirer, permettez que je vous tende la main secourable, et que je vous die, qu'à la verité toutes nos bonnes œuvres faites en grace et pour l'amour de Dieu ne servent de rien pour la gloire interieure et essentielle de Dieu, parce qu'estant Dieu mesme, et par consequent infinie, elle ne peut estre augmentee par nos bonnes actions, non plus que diminuee par nos pechez; et c'est en ce sens que David dit que Dieu est Dieu, et n'a que faire de nos biens [1].

» Il n'en est pas ainsi de la gloire exterieure de Dieu, qui luy est rendue par les creatures, et pour laquelle il les a tirees du neant à l'estre. Car comme elle est finie à raison de son subjet, qui est la creature, elle peut estre augmentee par nos bonnes œuvres faites en l'amour et pour l'amour de Dieu : comme aussi elle est diminuee par nos actions vicieuses, par lesquelles nous deshonorons Dieu, et desrobons sa gloire; ce qui ne se peut dire ny entendre que de l'exterieure.

» Or que nous accroissions la gloire exterieure de Dieu par nos œuvres faites en charité et par le motif de la charité, et consequemment meritoires, il est evident par le tesmoignage de l'Apostre, où il appelle *vaisseau de sanctification utile au Seigneur* (notez ce mot d'*utile*) *et preparé à toute bonne œuvre* [2], celuy qui par la grace justifiante est nettoyé de peché.

» Et c'est proprement ce qui rend l'œuvre faitte en grace, meritoire, de ce qu'elle augmente la gloire exterieure de Dieu; sa bonté s'estant engagee par sa promesse, à glorifier ceux qui le glorifieront, et à donner la couronne de justice à ceux qui combattront le bon combat, et feront ou endureront quelque chose pour la gloire de son nom. C'est pour cela que j'ay dit qu'il faut meriter pour Dieu, c'est à dire, faire en l'estat de grace des actions referees à la gloire de Dieu, par amour, si nous voulons qu'elles soient meritoires de l'eternité, Dieu ne s'estant obligé de donner la gloire qu'à ceux qui travailleront en sa grace.

» Qui si nous voulons meriter pour nous, c'est à dire, si

---

[1] Psal. xv, 2. — [2] II Tim. ii, 21.

nous mettons la derniere fin de nostre bonne œuvre en la recompense de la grace ou de la gloire que nous en esperons, sans avoir aucun soin de la rapporter premierement et principalement à la gloire de Dieu; nous ne meritons rien pour nous, puisque nous ne faisons rien pour Dieu, y ayant une telle relation entre le merite et le loyer, *meritum et merces* ayans une mesme racine en la langue romaine, que l'un ne peut estre sans l'autre, non plus qu'une montagne sans vallee, et une paternité sans filiation.

» Vous voyez maintenant comme par vostre raisonnement vous destruisez tout à fait la nature du vray merite, et donnez dans l'escueil des errans de nostre aage qui tiennent les bonnes œuvres inutiles à salut; ce qui est, je m'en asseure, autant esloigné de vostre volonté, que de vostre creance. Apprenez donc, que pour faire une œuvre en vraye charité, il ne faut point que vous y recherchiez en fin derniere vostre propre interest, mais celuy de Dieu, qui n'est autre que sa gloire exterieure : et plus vous penserez à l'interest de Dieu, plus il pensera au vostre, et moins vous aurez d'attention à la recompense, plus grand sera vostre salaire dedans le ciel; parce que le pur amour n'est point mercenaire, et ne vise qu'au bien de l'aymé, non à celuy de l'amant. C'est à quoy nous porte la saincte parole quand elle nous enseigne à chercher premierement et avant toutes choses le royaume de Dieu, c'est à dire, sa gloire, avec asseurance que tout bien nous adviendra en suitte de cette recherche.

» Quiconque ne veut meriter que pour soy, ne fait rien pour Dieu, et ne merite rien pour soy : mais quiconque fait tout pour Dieu, et pour l'honorer, merite beaucoup pour soy. A ce jeu, qui perd gaigne, et qui ne pense que gaigner pour soy se trouve engagé dans la perte, et ne fait que des œuvres vuides, et trop legeres à la balance du jugement divin. Ainsi l'on s'endort sur ces fausses richesses, et au resveil on ne trouve rien dans ses mains. On n'a travaillé que pour soy, non pour Dieu, et l'on reçoit aussi son salaire par soy-mesme, non de Dieu : et comme un papillon l'on brusle ses aisles au flambeau d'un merite imaginaire, nulle œuvre n'estant meritoire que celle qui est faite en grace et pour Dieu en fin derniere.

— Tout cela, reprit cette personne, ne me satisfait point à ce que j'ay proposé, qui est que l'œuvre faite par vœu est plus meritoire que celle qui est faite sans vœu, parce qu'à l'action de la vertu particuliere qui est voüee on adjouste encore l'acte de la vertu de religion, qui est le vœu. — Certes, respondit le Bien-heureux, au sujet dont il est question, qui est, s'il est plus meritoire de dire le chappellet par vœu, que sans vœu, c'est adjouster un acte de la vertu de religion à un autre acte de la mesme vertu ; car l'oraison n'est-ce pas le premier de tous les actes de la vertu de religion [1] ? Apres, si je prie avec devotion et ferveur, n'est-ce pas encor adjouster à la priere un autre acte de religion, qui est la devotion [2] ? Si j'offre à Dieu cette oraison comme un encens, ou sacrifice spirituel, ou comme une offrande, le sacrifice et l'oblation ne sont-ce pas encor deux actes de la vertu de religion [3] ? De plus, si par ceste oraison je veux loüer Dieu, la loüange divine n'est-ce pas encor un acte de religion [4] ? Si en priant j'adore Dieu d'adoration, n'est-ce pas encor un acte de la vertu de religion [5] ? Que si je prie avec devotion, adoration, sacrifice, oblation, loüange de Dieu, ne voila-t-il pas cinq actes de la vertu de religion que je joints au sixiesme qui est celuy de l'oraison ?

— Le vœu, dit l'autre, est plus que tout cela. » Le Bienheureux respondit : « Si vous dittes que l'acte de vœu tout seul est plus que ces six ensemble, je demanderois pour le croire une autre caution que vostre affirmation. — Je dis, reprit l'autre, que ces actes pris separement. — Ce n'est pas, releva le

[1] S. Thom. 2ᵃ 2ᵉ quæst. 83. — [2] Ibid. quæst. 84. — [3] Ibid. quæst. 85 — [4] Ibid. quæst. 91. — [5] Ibid. quæst. 84.

Bien-heureux, le jugement du Docteur Angelique, lequel entre les onze actes de la vertu de religion, ne nombre le vœu qu'au huictiesme rang, luy en preferant sept, qui sont, l'oraison, la devotion, l'adoration, le sacrifice, l'oblation, les dixmes et les premices; et ne luy en postposant que trois, la loüange de Dieu, le serment et l'abjuration. Ce n'est pas que l'acte de vœu ne soit une chose excellente; mais encor la discretion ne veut-elle pas que pour le loüer exorbitamment, on le prefere à des vertus qui le surpassent en excellence, et à d'autres actes qui le precedent en dignité et en rang. Il faut laisser chaque chose en sa place, et ne renverser pas l'ordre de la raison, non plus que celuy de la charité. Un homme qui vante trop sa noblesse, met sa genealogie à l'examen, et souvent au rabais.

— Tousjours subsiste ce que j'ay dit, reprit cette personne, que l'action bonne, faite par vœu, est plus meritoire que celle qui est faite sans vœu, la charité supposee. — Ce n'est pas assez, repartit le Bien-heureux, de supposer la charité, il la faut encore supposer plus grande en celuy qui fait l'action avec vœu que sans vœu : car si celuy qui fait une certaine oraison avec vœu, a moins de charité que celuy qui fait la mesme sans vœu, il a sans doute, et vous ne le nierez pas, moins de merite que celuy-cy; parce que le merite ne se mesure pas au vœu, mais à la charité qui l'accompagne, et sans laquelle il n'auroit ny vie ny valeur.

— Et si la charité est esgale en ceux qui feront la mesme action, l'un sans vœu, l'autre avec vœu, reprit cette personne, cettuy-cy n'aura-t-il pas plus de merite? — Il n'aura, repartit le Bien-heureux, autant de gloire essentielle, qu'autant qu'il aura de charité, et partant tous deux seront egaux au loyer essentiel [1]. Mais pour la gloire accidentelle, supposé qu'il y ait une aureole particuliere pour le vœu, qui fera la quatriesme, outre les trois dont on traitte

---

[1] S. Thom. 1ᵃ, quæst. 95, art. 4.

en l'escole, ou si vous voulez qu'il y ait autant d'aureoles speciales et de gloire accidentelles qu'il y a de sortes de vertus, ils seront inesgaux en la gloire accidentelle. Mais il faudroit prouver auparavant ceste multiplicité d'aureoles ou de gloires accidentelles, outre les trois dont parlent les scolastiques, et c'est ce que j'attends de vous, et je ne sçay si je le puis esperer.

— De quoy vous sert donc, reprit l'autre, d'avoir fait le vœu dont je vous consulte? — A me rendre, dit le Bien-heureux, plus soigneux, diligent et attentif à garder ma parole à Dieu, à me lier et obliger d'avantage à Dieu, à m'affermir en ma promesse (car je ne nie pas que le vœu n'ait quelque chose de plus ferme que le bon propos et la simple resolution), à me preserver du peché, si je venois à manquer à ce que j'ay voüé, à m'exciter à mieux faire, et à me servir de ce moyen pour faire quelque progrez au divin amour.

— Vous ne pretendez donc point par là meriter d'avantage, dit l'autre? — Je laisse à Dieu, repliqua le Bien-heureux, ce soin là, il sçait la mesure de la grace qu'il me donne, ou qu'il me veut donner, je n'en desire pas d'avantage, et n'en veux qu'autant qu'il luy plaira pour sa gloire. La charité n'est point attentive à son interest, elle en laisse la disposition au bien-aimé, qui sçaura donner la retribution à ceux qui l'aimeront d'un amour pur et des-interessé. »

Je veux clorre ce discours par deux sentimens de nostre Bien-heureux, que j'ay leus à ce propos dans ses œuvres. Le premier est tiré d'un petit recueil de ses enseignemens plus notables fait par une personne pieuse, et qui a pour titre, Les sacrees Reliques du bien-heureux François de Sales; c'est en la troisiesme partie, chapitre cinquiesme, article quatre-vingt-dix-septiesme, où sont ces mots.

« Je n'ayme point qu'on die, Il faut faire cecy ou cela;
» parce qu'il y a plus de merite à dire, Il faut tout faire
» pour la gloire de Dieu. Si nous pouvions servir Dieu sans

» merite (ce qui ne se peut), nous devrions desirer de le
» faire; il est à craindre qu'en voulant chercher et choisir
» plus de merite, nous ne donnions le change à nostre es-
» prit; ainsi que les chiens de chasse ayans le sentiment
» diverty, et remply de diverses odeurs, perdent facilement
» la mutte. »

Le deuxiesme est au septiesme de ses Entretiens, où il dit ainsi.

« Lire force livres spirituels, sur tout quand ils sont nou-
» veaux; bien parler de Dieu et de toutes les choses les plus
» spirituelles, pour nous exciter, disons-nous, à devotion,
» ouyr force predications, faire des conferences à tout propos,
» communier bien souvent, se confesser encor plus, servir
» les malades, bien parler de tout ce qui se passe en nous
» pour manifester la pretention que nous avons de nous per-
» fectionner, et au plustost qu'il se pourra; ne sont-ce pas
» là des choses fort propres pour nous perfectionner, et par-
» venir au but de nos desseins? Ouy, pourveu que tout cela
» se fasse selon qu'il est ordonné, et que ce soit tousjours
» avec dependance de la grace de Dieu; c'est à dire, que
» nous ne mettions point nostre confiance en tout cela, pour
» bon qu'il soit, ains en un seul Dieu, qui nous peut seul
» faire tirer le fruict de tous nos exercices. »

Jugez si à tout cela nous ne pouvons pas encor adjouster le vœu, qui n'est de soi qu'un des actes de la vertu morale de religion, laquelle ne merite rien sans la grace ou charité, et laquelle tire toute sa perfection de la charité, non la charité du vœu; comme vous le pouvez apprendre de ce qui a esté amplement deduit en la section dix-huictiesme qui precede, et par ceste excellente doctrine du Theotime qui y a esté couchee tout au long touchant l'obeissance; à quoy je vous renvoye pour plus ample esclaircissement de ce lieu-cy [1].

---

[1] Liv. 11, chap. 9.

SECTION XXI.

Des fondations.

Vous sçavez, mes Sœurs, combien nostre bien-heureux Pere marchoit reservé en matiere de fondations. Il alloit en cela bride en main, et comme il est escrit des Macabees, prudemment et avec ordre : *Cautè et ordinatè.* Durant les treize ans qu'il a vescu depuis qu'il eust commencé à establir vostre congregation, il ne receut que douze maisons, et en refusa trois fois autant, ayant tousjours son mot en la bouche : « Peu et bien. » Il craignoit de commettre la conduitte des monasteres à des superieures qui ne fussent pas assez capables, sçachant bien que du chef tout le bien et le mal influe au reste du corps. Quand un superieur est bon, c'est comme le parfum d'Aaron qui de sa teste se respand jusques aux extremitez de ses vestemens. Son esprit estant tout detrempé dans la douceur, ses plus ordinaires comparaisons estoient de miel et d'abeilles : sur ce propos, il en donne une fort agreable en l'un de ses Entretiens, où il compare vostre congregation à une ruche d'abeilles qui jette divers essains, pour faire du miel par tout où s'arrestent ces nouvelles colonies.

« Mais avec cette difference neantmoins, que les abeilles
» sortent pour aller se retirer en une autre ruche, et là
» commencer un mesnage nouveau : chasque essain choisit
» un roy particulier, sous lequel elles militent et font leur
» retraitte. Mais quant à vous, mes cheres ames, si bien
» vous allez dans une ruche nouvelle, c'est à dire que vous
» allez commencer une nouvelle maison de vostre Ordre;
» neantmoins vous n'avez tousjours qu'un mesme roy, qui
» est nostre Seigneur crucifié, sous l'authorité duquel vous
» vivrez en l'asseurance par tout où vous serez. Ne craignez
» pas que rien vous manque; car il sera tousjours avec vous,

« tant que vous n'en choisirez point d'autre. Ayez seulement
» un grand soin d'accroistre vostre amour, et vostre fidelité
» envers sa divine bonté, vous tenant le plus pres de luy
» qu'il vous sera possible, et tout vous succedera en bien.
» Apprenez de luy tout ce que vous aurez à faire, ne faites
» rien sans son conseil; car c'est l'amy fidelle qui vous con-
» duira et gouvernera, et aura soin de vous, ainsi que de
» tout mon cœur je l'en supplie[1]. »

Pressé de divers endroits je l'ai souvent convié d'entendre à quelques fondations que l'on proposoit : mais il avoit plus d'expedient pour les refuser, que je n'avois de raisons pour luy en persuader la reception; jusques là que ce en fut pas sans priere et sans peine que nous obtinsmes une petite colonie pour nostre ville de Belley. Il me disoit assez souvent : « Elles ne font que de naistre à la pieté, il les faut un peu laisser affermir en leur condition : ayons patience, et nous ferons assez si ce peu que nous ferons est au gré du grand maistre. Il est meilleur qu'elles croissent par les racines des vertus, que par les branches des maisons : en seront elles plus parfaittes, pour avoir grand nombre de monasteres?»

Je voy que la pluspart des Ordres se sont par là relaschez de leur observance. Il est plus mal-aisé qu'il ne semble de trouver de bonnes superieures; ce sont oyseaux plus rares que l'on ne pense; on croit en faire comme les Apostres, les disperser parmy les nations, mais sont elles confirmees en grace comme les Apostres? Souvent en voulant edifier on demolit, et au lieu de relever la gloire de Dieu on la ravale, en dispersant on dissipe. Où est la multitude, là est la confusion, et rien n'est si contraire à un ordre que le desordre. Son mot ordinaire estoit, *Multiplicasti gentem, sed non magnificasti lætitiam* : c'est à dire [2], « Vous avez multiplié ce peuple, mais vous n'avez pas agrandy sa joye. » Je sçay bien que la plus grande gloire de Dieu, et le desir d'attirer plu-

[1] Entret. 6. — [2] Isai. ix, 3.

sieurs ames au service de ceste gloire, est le plus specieux pretexte de ceste multiplication; mais je ne sçai si c'en est tousjours le vray motif, l'amour propre interessé se forme par tout, et « il faut craindre les Grecs mesme avec leurs presens[1]. »

Ce n'est pas que par là je vueille trouver à dire sur ce grand nombre de maisons qui s'est joint à ces douze premieres depuis son sainct deceds : la multiplication spirituelle n'est pas une moindre marque de la benediction de Dieu dans un Ordre, que la corporelle dans un sainct mariage ; je veux croire que ceux qui vous gouvernent, ont là dessus consulté la bouche du Seigneur, et sceu discerner le precieux du vil, ne faisans rien sans le conseil de cét amy fidele dont nostre Bien-heureux vous parloit cy dessus. C'est seulement un avis que je vous donne, conforme à l'esprit de nostre bien-heureux Pere, duquel je vous represente la judicieuse conduite, afin que vous en fassiez l'usage que vous jugerez le plus commode. C'est de l'abondance de mon cœur que ma bouche vous parle, et d'un cœur remply de tres-sinceres affections pour l'avancement et spirituel et temporel de vostre congregation, à laquelle je pense estre agregé et associé, puis que nous sommes enfans spirituels du mesme pere. Or je souhaitteray tousjours, comme luy, de vous voir plustost abonder en vertus qu'en richesses, et en observance qu'en monasteres.

SECTION XXII.

De la prudence et de la simplicité.

Quoy qu'il fust extremement prudent, et qu'il eust le don de conseil en un haut degré, il avoit pourtant accoustumé de dire, qu'il ressembloit à Jacob, lequel ne pouvoit tant affectionner Lia que Rachel, encor qu'elle fust plus fertile,

---

[1] Virgil. Æneid. II, 49.

et qu'elle l'aimast d'avantage, tesmoin ce plat de mandragore, pour lequel Rachel le quitta.

« Je ne sçay, disoit-il, ce que m'a fait cette pauvre vertu de prudence, j'ay de la peine à l'aymer; et si je l'ayme, ce n'est que par necessité, d'autant qu'elle est le sel et le flambeau de la vie. La beauté de la simplicité me ravit, et je donnerois tousjours cent serpens pour une colombe. Je scay que leur meslange est utile, et que l'Evangile nous le recommande [1]; mais pourtant il m'est avis qu'il faut faire comme en la theriaque, où pour bien peu de serpent, on met beaucoup d'autres drogues salutaires : si la doze de la colombe et du serpent estoient egales, je ne m'y voudrois pas fier; le serpent peut tuer la colombe, non la colombe le serpent. C'est la plume d'aigle qui ronge les autres, c'est la lime qui mange ce qu'elle frotte, joint qu'il y a une certaine prudence humaine et de la chair que l'Escriture appelle mort [2], d'autant qu'elle ne sert qu'à mal-faire, et à malfaire d'autant plus dangereusement que finement, et si finement que ceux-là mesme qui l'ont ne la pensent pas avoir, et trompans les autres ils sont les premiers trompez.

» On me dit que dans un siecle si ruzé que le nostre, il faut de la prudence au moins pour s'empescher d'estre surpris; je ne blasme point cette maxime, mais je croy que ceste autre est bien autant evangelique, qui nous apprend que c'est une grande sagesse selon Dieu de souffrir que l'on nous devore, qu'on nous prenne nostre bien [3], d'en endurer la rapine avec joye, sçachant qu'une meilleure et plus asseuree substance nous attend [4]. En un mot, un bon chrestien aymera tousjours mieux estre enclume que marteau, volé que voleur, meurtry que meurtrier, et martyr que tyran. Enrage le monde, creve la prudence du siecle, que la chair se desespere; il vaut mieux estre bon et simple, que fin et malicieux. »

---

[1] Matth. x, 16. — [2] Rom. viii, 6. — [3] II Cor. xi, 20. — [4] Hebr. x, 34.

PARTIE NEUFVIESME.

SECTION I.

De quatre paroles : et de la premiere.

Il y a quatre mots desquels nostre bien-heureux Pere desiroit que l'usage fust rare, principalement en la bouche du vulgaire ignorant : non qu'ils ne soient bons, recevables, catholiques, chrestiens, et des termes de tres-saine theologie ; mais parce que ceux qui ne les entendent pas bien, dont le nombre est tres-grand, les prennent à gauche, et d'un biais qui leur est plus nuisible que profitable. Ce sont les mots de merite, satisfaction, supererogation et perfection.

Quant au premier, il n'y a point de doute (car il est de la foy) que les bonnes œuvres faites par l'homme justifié, et par le motif de la charité, soit elicite, soit commandé, ne soient meritoires de la vie eternelle, et d'augmentation de grâce. Mais parce que tous ne sçavent pas que la racine du merite de cette qualité, est en la grace, et est l'œuvre du sainct Esprit en nous et par nous, que cette grace est un pur don de Dieu, qui fait ceste misericorde à qui il luy plaist, et dont la bonté est telle qu'il veut que ses dons soient nos merites, à condition que toute la gloire qui luy appartient luy en soit rendue, afin que nul ne s'en fasse accroire, et que nulle chair ne se glorifie en la presence de Dieu, et que l'action meritoire n'est point l'œuvre de nostre seul franc-arbitre sans la grace : c'est pour cela que les ignorans de ces veritez si chrestiennes et si catholiques, faute d'instruction ou autrement, manient souvent de la gauche ce qui ne devroit estre touché que de la droitte, et comme des chiens de chasse mal ameutis prennent souvent le change, et se servent de ce terme en un sens illegitime, et qui attribue à la nature ce qui n'appartient qu'à la grace, sans laquelle il ne faut parler d'aucun merite qui regarde la gloire essentielle de l'eternité.

Il arrivera quelquefois de dire que la continence est une œuvre plus meritoire que le jeusne, dans la seule veuë que la chasteté continente est une vertu plus excellente de sa nature que n'est celle du jeusne, sans pensee aucune à la grace. Et cependant si la charité manque à l'une et à l'autre, toutes deux n'ont aucun merite et ne servent de rien pour le ciel. Que si on les suppose accompagnees de charité, on ne pensera point aux degrez de charité, par lesquels se doit mesurer le prix du loyer de la gloire essentielle, qui se tire de la seule charité, grande ou petite : de sorte que si quelqu'un jeusne avec plus de charité qu'un autre ne garde la continence, il aura sans doute plus de merite et plus de salaire principal au ciel, que celuy-cy. Ainsi s'entretaillent plusieurs en parlant du merite, d'une maniere non seulement inepte, mais qui choque les principes de la foy et les maximes de la religion chrestienne, et meine insensiblement dans l'erreur de Pelagius, entant que l'on a plus d'esgard à la nature qu'à la grace, et à la gloire de l'homme qu'à celle de Dieu, et à l'interest de la creature qu'à celuy du Createur.

Et comme un abysme en appelle un autre, de cest escueil on donne en celuy de l'orgueil et de la presomption, qui fait que l'on appuye son bras sur la chair, et que l'on se range du costé de celuy qui vantant ses propres merites, ne s'estimant pas si vil que les autres hommes, ne retourna pas justifié dans sa maison[1]. Ainsi ils tombent d'un gouffre en un autre, et

Dum vitant stulti vitia, in contraria currunt[2].

[1] Luc. xviii, 11-14. — [2] Horat. lib. 1, Satyr. II, 24.

Si un Seraphin, chez le prophete, ne prit un charbon ardant sur l'autel qu'avec des pincettes d'or[1], comme s'il eust eu crainte de se brusler; avec combien plus de circonspection ceux qui ne sçavent pas la theologie se doivent ils servir de ses termes, veu mesmes qu'ils sont si chatoüilleux, qu'il ne faut que changer une syllabe, ou une lettre, ou un poinct, pour faire de lourdes cheutes, et tomber en des precipices d'erreur! Vous sçavez comme il en prit à ce profane qui osa toucher l'arche, quoy qu'avec une intention pieuse, et à ces curieux Bethsamides pour avoir entrepris de regarder dedans, et mesme à ce prince qui estendit sa main à l'encensoir. Les paroles de Dieu ne sont pas mises en la bouche de tout le monde.

Mais, me dira quelqu'un, comme faudra-t-il donc parler en ce subjet, pour ne s'eschoüer au banc de quelque mes-intelligence? Je penserois, avec defference à tout meilleur jugement, que pour eviter l'enfleure que ce mot de merite pourroit laisser en des esprits moins capables de concevoir sa vraye signification, qu'il seroit à propos d'appeller une bonne action faitte en charité et par le motif de la charité une œuvre agreable à Dieu, et à laquelle par sa bonté il a promis un salaire eternel. Je fus consolé ces jours passez quand tomba soubs mes mains par un heureux rencontre un livre d'un docte Jesuite, qui a pour titre, l'Ouvrage des Saincts, ou le moyen de rendre ses œuvres agreables à Dieu. L'esprit correspondant à l'inscription manie ceste matiere des œuvres meritoires de si bonne maniere, que tout y bat à la louange de la gloire de la grace de Dieu, par laquelle nous sommes tout ce que nous sommes, dit sainct Paul[2], sans laquelle nous ne sommes rien, nous ne pouvons rien, nous ne faisons rien qui serve et qui vaille; laquelle, dit sainct Augustin, fait que nous voulons, et puis quand nous voulons, fait que nous faisons, et sans laquelle nous ne sçaurions

---

[1] Isai. VI, 6. — [2] I Cor. XV, 10.

avoir une seule bonne pensee : toute nostre suffisance depend d'elle.

Certes le mot de *meritum* correspondant à celuy de *merces*, il est malaisé qu'en une ame de qui l'intention n'est pas bien pure, ny la dilection bien des-interessee, il ne reste quelque impression de mercenaireté, quand ce mot de merite frappe ses oreilles; et le mauvais esprit comme un subtil Archimede, ne demande que ce poinct pour enlever tout le merite d'une œuvre, par la parole mesme du merite, arrestant au salaire celuy qui veut meriter, au lieu de le laisser aller jusques à la fin derniere qui est la gloire de Dieu, de la grace duquel procede tout merite. Ce mot d'œuvre agreable à Dieu, a moins d'ambiguité, et porte moins à la mercenaireté, n'ayant que l'aggreement ou le bon plaisir de Dieu pour visee; et quoy qu'elle ne manque jamais de recompense, elle y va neantmoins comme les rameurs qui ne regardent pas le lieu où ils tendent, et où ils bandent de toutes leurs forces.

Quelqu'un pourroit me demander si l'on ne peut attribuer aucune espece de merite à l'œuvre moralement bonne, qui sort des forces de nostre seul franc-arbitre, sans le mouvement de la grace. A quoy je respondrois ce que sainct Augustin m'apprend, sçavoir que Dieu estant autheur de la nature aussi bien que de la grace, et amoureux de toute sorte de vertus, ne mesprise pas tout à fait les actions humaines moralement bonnes, quoy que despourveües de sa grace, leur assignant quelque salaire temporel durant ceste vie (ce que nostre Bien-heureux traitte fort proprement au chapitre premier du livre unziesme de son livre de l'Amour de Dieu) : mais pourtant ces œuvres là ne se peuvent dire meriter qu'improprement et imparfaitement; car, apres tout, que serviroit à l'homme de gaigner tout le monde et de perdre son ame?

Les theologiens mesme nous enseignent que le merite qu'ils appellent de congruité, c'est à dire de bien-seance et de convenance, n'est pas proprement merite, et mesme que les œuvres qui precedent la justification, quoy que procedantes du franc arbitre meu par la grace excitante et prevenante, ne meritent point la premiere grace justifiante, laquelle est purement gratuite, et procedante de la seule misericorde de Dieu : à combien moindre raison porteront le nom de meritoires les œuvres simplement humaines et morales, qui, tout au plus, ne reçoivent que des salaires temporels?

Le vray merite et proprement appellé tel en l'escole de theologie, et en l'Eglise catholique, est celuy d'une œuvre faite en grace et par le mouvement de la grace, à laquelle Dieu a promis un salaire eternel, qui est ceste couronne de justice dont il est tant parlé dans les sainctes lettres. Or de ce merite tout l'honneur et toute la gloire en est deuë à Dieu seul, qui opere en nous et par nous nos bonnes actions, qui nous donne le vouloir et le parfaire, et qui recompensant en nous ses propres dons, nous couronne de ses miserations et misericordes. Le merite pris en ce sens tout sainct, tout vray, tout catholique, n'a aucune sorte de tumeur : car qu'avons nous en tout cela que nous n'ayons receu? et si nous avons tout receu, dequoy avons nous à nous glorifier, comme si nous avions en nous quelque chose dont nous ne fussions pas redevables à Dieu[a]?

SECTION II.

De la seconde.

Le deuxiesme mot est celuy de *satisfaction*, lequel de soy est tres-bon, et chrestien, et catholique, toute bonne œuvre faite en grace et par le motif de la grace estant non seulement meritoire, mais encore satisfactoire : en sorte que toute la gloire en soit rendue, ainsi qu'il est convenable, à

---

[a] Voyez cy-dessus section 21, sur la fin.

l'autheur de la grace, par laquelle et avec laquelle nous meritons et satisfaisons, et sans laquelle nous ne faisons rien qui nous puisse servir pour l'eternité.

Or ce mot de satisfaction estant amphibologique, et ayant deux significations, c'est soubs ceste ambiguité que se cache le brisant où plusieurs font naufrage du bon et droit usage de ceste saine parole. Satisfaire ou donner satisfaction à quelqu'un est faire quelque chose qui luy plaise, qui luy agree, qui le contente; et en ce sens, nul ne nie, non pas mesme ceux qui se portent pour partie contre le merite des bonnes œuvres, que le mot de satisfaction ne soit fort recevable, et qu'une bonne œuvre faitte en la grace de Dieu et par sa grace, ne luy plaise, ne luy soit agreable, ne le contente, et ne luy donne de la satisfaction.

Il y a une autre signification, par laquelle nous entendons la troisiesme partie du sacrement de Penitence, qui suit la contrition et la confession, et qui ne regarde que le rachapt de la peine temporelle deuë au peché desja remis, quant à la coulpe et à la peine eternelle, par le seul merite et la seule satisfaction de Jesus-Christ. Et c'est ce sens auquel les Catholiques sont injustement contrariez par ceux qui se sont separez de leur communion soubs le nom de Protestans, les accusans de faire tort aux satisfactions et aux merites infinis de Jesus-Christ, auxquels ils pensent adjouster par leurs satisfactions et merites, et les reprenans comme de battologie et de langage inepte, quand ils disent que les bonnes œuvres faites en grace ne sont meritoires et satisfactoires que par les merites et satisfactions de Jesus-Christ, d'où elles tirent tout leur merite et toute leur satisfaction; tout ainsi qu'un fer embrasé tire toute sa chaleur du feu qui l'allume, et l'esponge toute son humidité de l'eau qui la penetre.

Au contraire, ce sont les Protestans qui restreignent les merites et les satisfactions de Jesus-Christ, et qui mettent des bornes à leur infinité, niant qu'ils ayent le pouvoir de rendre les bonnes œuvres faites en grace meritoires et satisfactoires. C'est eux qui esteignent et suffoquent, et qui font outrage à l'esprit de grace, nians qu'il puisse operer en nous et par nous des œuvres meritoires et satisfactoires; et que la grace, qui est un don surnaturel, un present parfait et tres-bon du Pere des lumieres, n'ait aucun rapport ny proportion avec la gloire, qui n'est autre chose qu'un achevement et consommation de grace, comme la grace est un commencement et une semence de gloire. Nous voyons tous les jours que l'ayman qui a frotté un fer, luy communique sa proprieté, qui est d'attirer un autre fer; et nous desnierons aux merites et aux satisfactions de Jesus-Christ, qui est une pierre et pierre d'ayman et d'amour, et pierre fondamentale de nostre salut, la vertu de communiquer aux œuvres de grace, que son esprit fait en nous et par nous, les qualitez de meritoires et de satisfactoires! n'est-ce pas luy couper les bras et diminuer sa puissance infinie à laquelle rien n'est impossible?

Il est vray que les souffrances passageres de ce siecle regardees en leur materiel, c'est à dire en leur simple nature, n'ont rien de comparable, ny aucune proportion avec la gloire du ciel; mais considerees par la forme qui les anime, qui est la grace, et estimees comme l'ouvrage du sainct Esprit, nous sommes obligez de dire avec l'Apostre que ces legers momens de tribulation operent en nous le poids d'une gloire excellemment excellente [1]. Par là il est aisé à juger avec combien d'injustice les separez querellent les Catholiques sur ce mot de satisfaction, parlans des œuvres faites en grace et par le mouvement de la grace.

Mais où est donc le banc de sable caché sous ce mot? Le voicy : c'est que les œuvres que l'on appelle satisfactoires ayans pour visee premiere et principale la gloire de Dieu, et pour accessoire et seconde le rachapt des peines temporelles deuës au peché desja remis, quant à la coulpe et la peine

---

[1] II Cor. iv, 17.

eternelle, en vertu des seuls merites et satisfactions de Jesus-Christ qui nous sont appliquez par la penitence, le mal est que les esprits, ou mal instruicts, ou interessez, perdent de veuë la belle ourse, c'est à dire le regard de la fin derniere et souveraine qui est la divine gloire, et ne s'arrestent qu'à la consideration du rachapt de la peine temporelle deuë à leurs pechez, comme si c'estoit pour cela seul qu'il fallust faire des œuvres satisfactoires; et ainsi ils changent la gloire de Dieu, qui devroit estre leur principale attention et intention, en l'idole de leur propre interest, preferant ou esgalant le rachapt de cette peine qui est leur interest, à celuy de la gloire de Dieu, et souvent oublians tout à fait celuy-cy, pour ne penser qu'à ce qui les concerne. Et c'est en ce sens que le mot de satisfaction leur sert de nuage, qui les empesche de voir le jour de la derniere fin, et donne nourriture au feu de leur propre amour, duquel on peut dire, *Supercecidit ignis et non viderunt solem* [1] : sans considerer que ne faisans leurs bonnes œuvres, en fin derniere, que pour ce rachapt de peine temporelle, ils ne font rien ny pour Dieu, ny pour eux, et ne satisfont pas en voulant seulement satisfaire. Non pour Dieu, car ils ne pensent ny ne visent nullement à sa gloire : non pour eux, parce que Dieu ne reçoit pour meritoires et pour satisfactoires, que les œuvres faites en sa grace et par son amour, c'est-à-dire, rapportees à son honneur en derniere instance.

C'est la doctrine du bien-heureux François de Sales, qu'il declare par cette belle sentence couchee au livre inscript de ses sacrees Reliques, en ces mots : « Nous satisfaisons assez à Dieu pour nos pechez, quand nous faisons toutes nos œuvres pour plaire à Dieu, et cela est fort parfait [2]. »

De quel terme, me dira quelqu'un, est il donc plus à propos d'user, en la place de celuy-cy?—Certes ce n'est pas à moi de reformer un langage si sainct, si juste, si legitime;

---

[1] Psal. LVII, 9. — [2] Part. 3, chap. 5, art. 22.

c'est bien assez que j'avertisse que l'on s'en serve en bon sens, et selon la saine et veritable intelligence. Car bien que l'Evangile nous conseille de couper le pied, et arracher l'œil qui nous scandalise [1], et que l'Apostre proteste de se priver de l'usage des viandes, si l'esprit de son frere en estoit heurté [2]; je ne penserois pas qu'il fallust arracher les vignes à raison de ceux qui abusent de leur suc en yvrongneries, ny se sevrer de l'usage des bonnes paroles à cause que quelques ignorans en peuvent faire un mauvais usage, comme faisoient ceux dont parle sainct Pierre, qui abusoient de la lecture des Epistres de sainct Paul à leur ruine et à leur perte [3] : neantmoins, parce qu'il ne faut pas que le frere infirme, pour qui Jesus-Christ est mort, perisse pour la science d'un plus docte [4], il n'y auroit point de danger quand on exprimeroit ce terme de satisfaction par ceux de contenter Dieu, de luy plaire, de luy presenter des hosties vives plaisantes à ses yeux, un service raisonnable [5], et semblables formes de parler qui ne donnassent aucune prise à l'amour propre, à l'esprit mercenaire et interessé, ny aucun avantage à la nature au prejudice de la grace, laquelle n'a pour visee que la gloire de Dieu, car la charité ne cherche point son interest.

SECTION III.

De la troisiesme.

C'est le mot de supererogation, par lequel les theologiens entendent les œuvres de conseil, lesquelles sont si clairement distinguees de celles de precepte, par l'Apostre [6], que c'est merveille comme ceux qui se vantent tant non seulement d'adherer à l'Escriture, mais n'adherer qu'à l'Escriture, osent contredire ceste distinction, et se despartir de la doctrine du Vaisseau d'elite.

[1] Matth. xviii, 8, 9. — [2] I Cor. viii, 13. — [3] II Petr. iii, 16.— [4] I Cor. viii, 11. — [5] Rom. xii, 1. — [6] I Cor. vii, 25.

Par les œuvres de conseil l'on entend celles qui ne sont pas commandees, mais seulement recommandees en l'Escriture; et en ce sens le mot de supererogation, qui se trouve aussi dans l'Escriture [1], est tres-propre et de fort bon alloy. Neantmoins comme il y a des animaux venimeux qui tournent en mauvais suc les fleurs et les herbes les plus salutaires, et des estomachs debiles qui tournent en cacochime les plus saines viandes : il y a de mesme des esprits ou foibles, ou mal informez qui s'imaginent faire plus qu'ils ne doivent, et que Dieu leur en doit de reste quand ils font de ces œuvres de conseil que l'on appelle communement de surerogation. Quoy que leur foiblesse soit plus digne de pitié, que de la lessive d'une reprehension bien forte, il seroit neantmoins plus à propos de se servir du mot de conseil, qui est si auctorisé par l'Escriture sacree, que de celuy de surerogation, qui n'y est que une fois, encor en un subjet qui ne regarde point œuvres de conseil.

Je sçay par plusieurs experiences que les errans font de grandes huees, et, comme dit David, parlent indiscrettement et hochent la teste [2] quand ce terme en leur presence sort de la bouche de quelque catholique, blasphemans ce qu'ils ignorent, ou se corrompans en ce qu'ils sçavent : mais il importe peu, pour user des mots de l'Apostre, des sentimens de ceux qui sont de dehors [3] ; l'importance plus grande est que quelques catholiques mal informez, hurlent avec ces loups, et se rient de ce terme, qui neantmoins est catholique et de bonne theologie, s'imaginant que par les actions ainsi appellees, on pense mettre Dieu en debit, et le rendre reliquataire. On guerira ces esprits bourrus et blessez, quand on se servira des termes d'œuvres de conseil, qui ne peuvent estre rejettez sans se mocquer de Dieu et de sa parole, dequoy on ne se rit pas impunement. C'est ainsi que le bienheurenx François de Sales desiroit que l'on parlast, pour oster la pierre d'achopement de devant les pieds de l'aveugle.

[1] Luc. x, 35. — [2] Psal. xxi, 8. — [3] I Cor. v, 12.

SECTION IV.

De la quatriesme.

C'est le mot de perfection, lequel de soy mesme est parfaittement bon, propre, significatif, chrestien et orthodoxe, duquel l'Escriture se sert en une infinité d'endroits : mais comme il n'y a rien de si net qui ne puisse estre soüillé par un esprit impur, rien de si sacré qui ne trouve son sacrilegue ; aussi n'y-a-t'il si belle rose qu'une araignee ou une cantharide ne puisse changer en venin. Voyez comme ces errans abusent de l'Escriture sacree, et le mauvais usage que les impies font des Sacremens, et des choses les plus sainctes.

Cette parole de perfection, signifie proprement une chose accomplie, achevee et conduite à sa vraye fin. La deffinition ordinaire de la perfection chez les philosophes, et mesme chez les theologiens, c'est une chose à laquelle rien ne manque selon sa nature, ou en laquelle il n'y a rien à desirer pour son accomplissement. Sa distinction est en naturelle et surnaturelle. La naturelle est ce que l'on nomme autrement la bonté de l'estre : *bonitas entis*. Elle peut estre commodement sous-divisee en quatre branches : en bonté ou perfection, 1° corporelle, 2° spirituelle, 3° morale, 4° artificielle.

La corporelle est celle d'un corps accomply selon sa nature, comme le ciel est appellé parfait, la lune parfaitte, les elemens parfaits, un diamant parfait qui est sans tache et sans maille, de l'or parfait qui est espuré et sans escume, un arbre, un animal parfait.

La spirituelle est celle de la nature des substances separees de la matiere, comme les Anges, dont la perfection consiste en la raison, et en l'integrité des facultez qui l'exercent.

La morale est celle des bonnes habitudes morales, c'est à dire, des vertus.

L'artificielle, est celle qui fait un ouvrage où sont observees toutes les regles de l'art, comme un parfait tableau, une maison parfaite, une parfaite broderie, un jardin parfait, une parfaite harmonie.

La perfection surnaturelle est au dessus des forces humaines, et est infuse de Dieu dans les creatures raisonnables, les Anges et les hommes. Elle est de deux sortes; de grace, et de gloire : celle-là est le commencement de celle-cy ; celle-cy est la consommation de l'autre. Toutes deux neantmoins accomplies en leur espece : car les œuvres de Dieu sont parfaittes, et ses voyes judicieuses ; ses dons sont sans repentance, c'est à dire sans defaut.

La perfection de la gloire est de l'autre vie, et consiste en l'estat permanent que chaque bien-heureux a dans le ciel, où il voit, aime et sert Dieu par cognoissance et par amour, selon le degré de beatitude qui luy est assigné : car il y a plusieurs demeures en la maison du Pere celeste ; et comme une estoile est differente d'une autre en clarté, ainsi sont les esleus differens en clarté. C'est une perfection que jamais œil mortel n'a veuë, ny aureille entenduë, ny cœur d'homme pe... : comme pourroit tomber soubs la langue, et dans la loy du discours humain, dit sainct Augustin, ce qui surpasse la capacité de nostre nature mortelle ?

La perfection de grace est la propre perfection de ceste vie, et la vraye perfection du chrestien. Elle consiste en la foy et esperance vives, c'est à dire accompagnees et animees de charité. J'ay dit foy et esperance vives, parce que la foy morte, encore qu'elle soit vraye foy, est neantmoins imparfaite; tout ainsi que le corps d'un homme mort est un vray corps, mais n'est pas un homme accomply et entier, d'autant qu'il est privé de son âme, qui est la forme, et d'où procede sa vie : le mesme se doit dire de l'esperance. La foy donc et l'esperance, mais mortes, peuvent estre sans la charité : mais la charité ne peut resider en une ame sans la foy et l'esperance, qui luy en preparent la demeure, et sans tout le reste des vertus morales, qui ne la quittent point, et que elle ennoblit par sa presence ; de telle sorte que d'humaines et acquises que elles sont de leur estat, elle les rend infuses, divines et surnaturelles. Si bien qu'à parler proprement, la perfection essentielle du Christianisme consiste en la charité, et qui la cherche autre part, erre dés les ventre, c'est à dire dans le principe, et quoy qu'il apprenne et subtilize, il n'arrivera jamais à la science de la verité, ny n'atteindra le blanc de la vraye perfection.

De ces distinctions si claires, et si necessaires à sçavoir en ceste matiere, vous pouvez apprendre combien ou ignoramment, ou peu judicieusement parlent ceux qui disent à tout propos, Il y a plus de perfection à cecy, à cela ; estat de perfection, instrument de perfection, perfection accidentelle ou instrumentelle ; confondant et peslemeslant la perfection naturelle avec la surnaturelle : pareils à ceux qui cheminent en tenebres, et ne sçavent où ils vont, aveugles conducteurs d'aveugles, et s'ils tirent au but qui ne l'atteignent qu'au hasard sans cognoistre s'ils l'ont touché ou non.

S'ils parlent des vertus morales, ils diront, Il y a plus de perfection en ceste vertu qu'en celle-là : par exemple, La patience est plus parfaitte que la modestie ; comme si la modestie n'estoit pas une vertu parfaitte en son espece, aussi bien que la patience en la sienne : au lieu de dire que la patience est une vertu morale plus grande, plus excellente, ou plus considerable que celle de la modestie ; car toutes les vertus morales sont egalement vertus quant au nom et à la qualité, mais ne sont pas egales vertus, car les unes sont plus notables et plus exquises que les autres. La vertu morale parfaitte est celle à qui rien ne manque selon sa nature et son espece : et quoy que la patience soit par exemple plus estimee que la modestie, si est-ce que la modestie à qui rien ne manque selon sa nature, ne laisse pas d'estre parfaitte, aussi bien que la patience, à qui aussi rien ne deffaut selon la sienne.

D'autres, comparans une mesme vertu morale en deux

diverses personnes, diront que celuy-là a une patience plus parfaite que celuy-cy, au lieu de dire plus grande ou plus forte : car celuy qui l'a moindre ne laisse pas de l'avoir parfaite, aussi bien que celuy qui l'a plus grande, la perfection estant en la qualité, non en la quantité. L'eau d'un puits est de l'eau aussi bien que celle d'un fleuve, et peut estre aussi claire, et aussi bonne en qualité; bien qu'il n'y ait nulle proportion en la quantité, celle du fleuve estant incomparablement plus estendue que celle d'un puits.

Mais ces deffauts de langages sont legers et de peu de consideration, à comparaison de ceux qui suivent. Il y en a de si peu judicieux, qu'ils confondent la perfection naturelle avec la surnaturelle, ce qui est mesler la terre avec le ciel, et parlent de perfection essentielle, instrumentelle, substantielle, accidentelle, sans entendre ce qu'ils disent.

Exemple. Ils diront qu'il y a plus de merite pour le ciel, à garder la continence, qu'au jeusne, sans parler ny mesme penser à la charité, dans la seule veuë de la preeminence naturelle qu'a la chasteté continente sur le jeusne; en quoy ils confondent manifestement la nature avec la grace, et la perfection naturelle avec la surnaturelle. S'ils disoient que la continence a plus de perfection morale et naturelle que le jeusne, ils parleroient comme il faut, et auroient un sentiment raisonnable : mais parlant comme ils font, leur sentiment et leur propos, non seulement n'est pas chrestien, mais choque le fondement du Christianisme, qui ne recognoit point de merite pour le ciel s'il n'est fondé sur la charité, en laquelle est la perfection essentielle de la religion chrestienne.

Ils diront simplement, sans aucune distinction, et sans faire aucune mention de grace ny de charité, et mesme sans en avoir aucune pensee (s'ils veulent parler sincerement et selon leur conscience), qu'il y a plus de perfection à jeusner par vœu que sans vœu. Certes ils disent vray s'ils l'entendent de la perfection morale et naturelle, puis qu'à la perfection naturelle du jeusne se joint la perfection naturelle du vœu, qui est un acte de la vertu de religion : mais s'ils l'entendent de la perfection surnaturelle, ceste proposition ainsi qu'elle est enoncee peut estre fausse, puis que l'on peut jeusner mesme par vœu sans avoir la charité, et jeusner sans vœu avec et par le motif de la charité; et de ceste sorte il y aura plus de perfection surnaturelle à jeusner sans vœu qu'avec vœu, et plus de la naturelle jeusnant avec vœu que sans vœu.

S'ils disent, pour se sauver, qu'ils supposent la charité, quand ils parlent de la sorte, ils retombent dans une autre inadvertance qui n'est gueres moindre que la premiere, parce que obmettans à penser et à dire si la charité est plus grande ou plus petite, ils monstrent bien que c'est par le vœu qu'ils pretendent mesurer la perfection du jeusne, non par la charité; puis qu'il est certain, et de certitude de foy, que celuy qui jeusne sans vœu avec plus de charité, que celuy qui jeusne avec vœu, jeusne avec plus de perfection essentielle et surnaturelle : et ainsi ils retombent dans la fosse qu'ils avoient creusee, et se prennent au piege qu'ils avoient tendu, leur iniquité leur fermant la bouche, ou mentant à elle mesme.

D'autres ne s'enferrent pas avec moins d'inconsideration qui parlent de l'estat de perfection essentielle et accidentelle, substantielle et instrumentelle, interieure et exterieure, sans faire aucune mention de naturelle ou surnaturelle, d'acquise ou infuse, d'humaine ou divine, de morale ou theologale. Ils recognoissent bien que la perfection essentielle, substantielle et interieure du Christianisme est en la charité, qui est le lien de perfection; et que l'accidentelle, instrumentelle et exterieure consiste aux autres vertus commandees et vivifiees par la charité; ils sçavent bien que le vray estat de perfection auquel tout chrestien, de quelque condition qu'il soit, est appellé, c'est l'estat de grace et de charité : neantmoins ils veulent faire passer pour estat de perfection, et de perfection chrestienne, un estat de perfection accidentelle, instrumentelle, exterieure, lequel ils disent pouvoir estre et subsister sans la charité, c'est à dire sans la perfection essentielle, substantielle et interieure du Christianisme; lequel estat estant depourveu de charité ne peut estre tout au plus que de perfection naturelle, acquise, humaine, morale, non surnaturelle, infuse, divine, ny theologale. Cependant quand on parle d'estat de perfection entre Chrestiens, principalement entre ecclesiastiques, l'on entend sans doute la perfection essentielle du Christianisme, qui ne peut estre separee de la charité, puis qu'elle est la charité mesme : et neantmoins on parle d'un estat de perfection qui peut estre sans perfection, comme si un homme sans santé pouvoit estre en estat de santé, et sans richesse en estat de richesse. Embarrassement qui seroit developé si l'on distinguoit clairement, et comme il faut, la perfection surnaturelle de la naturelle, et que l'on dit, que comme l'une peut subsister avec l'autre, aussi peuvent elles estre separees; et ainsi un homme peut estre en la perfection, et mesme en l'estat de perfection naturelle, qui ne sera ny en la perfection ny en l'estat de perfection surnaturelle. Mais de dire qu'un chrestien peut estre en l'estat de perfection sans estre en la perfection, et en la perfection sans estre en l'estat de perfection, c'est un langage qui ne peut servir qu'à embroüiller les esprits ignorans de ces subtilitez si minces, que, comme des toiles d'araignee, elles se dissipent à souffler dessus.

Nous pouvons faire encore icy une autre animadversion : c'est que la perfection estant ce à qui rien ne manque selon sa nature, rien ne manque à la charité pour establir la vraye et essentielle perfection du Christianisme; d'autant que c'est une vertu generale, qui non seulement enclost en soy toutes les autres, mais qui vivifie les infuses de foy et d'esperance, et rend infuses et vives toutes les morales.

Mais pour establir la perfection morale il faut supposer

toutes les vertus morales en une ame; car s'il en manque une, cét assemblage ne pourra estre parfait, puis qu'à la perfection rien ne doit manquer de ce qui est requis à son accomplissement; car, selon la maxime, le bien (or la bonté et la perfection sont une mesme chose) procede d'une cause entiere, l'imperfection vient du moindre deffaut. Ce qui me fait d'autant plus admirer cét estat de perfection qu'on appelle instrumentelle, accidentelle et exterieure, lequel on fait consister en trois ou quatre, je ne diray pas vertus speciales (car toutes les vertus sont de precepte), mais actes de vertu, qui ne sont tout au plus que de conseil, puis qu'ils servent de matiere de vœu; comme si toutes les vertus morales estoient comprises sous les trois vœux ausquels on attache l'estat de perfection exterieure, naturelle ou morale. Je ne dy pas que le vœu ne soit un fort excellent acte de la vertu de religion; mais pourtant il n'est que de conseil, non de precepte, et je n'ay point encore appris que ce fust une vertu morale speciale, qui ait un object ou une fin differente de l'object et de la fin de la vertu de religion. La continence de mesme est un acte de la vertu speciale de chasteté, et acte de conseil non de precepte, ainsi que parle l'Apostre[1]. La des-appropriation de mesme est un acte de la vertu de temperance, qui n'est que de conseil, non une vertu speciale qui ait un object et une fin particuliere, autre que celuy de la vertu dont elle est l'acte. Le mesme se doit dire de l'obeissance voüee; car bien que l'obeissance commandee en l'Escriture soit une vertu speciale et de precepte, celle qui se voüe n'est pas de ceste nature; autrement il ne seroit pas libre de la voüer ou de ne la voüer pas. Or qu'en ces trois ou quatre actes qui ne sont point des vertus speciales, toutes les vertus morales speciales soient comprises, c'est ce que mon esprit ne peut comprendre, soit par manquement de lecture ou d'instruction, soit par sa grossiereté, de laquelle

---

[1] I Cor. vii, 25.

il est prest de se despoüiller par un meilleur enseignement.

Au demeurant la perfection de cét estat là ne peut, à mon avis, porter le nom de chrestienne, si elle n'embrasse les vertus divinement infuses de foy, d'esperance et de charité, qui sont surnaturelles, et autant esloignees des morales simples, que le ciel est escarté de la terre, et la grace eslevee au dessus de la nature : et comme les pourroit elle embrasser si l'on ne vouloit mettre la substance dans l'accident, enfermer le ciel dans la terre, et renverser tout ordre et de grace et de nature?

D'autres se lavent de leur encre, qui disent que cest estat de perfection exterieure et instrumentale, n'embrasse que des instrumens de perfection, non tous, mais quatre des plus excellens : celuy du vœu, qui est un instrument de la vertu de religion; celuy de continence, qui en est un de la vertu de chasteté; celuy de des-appropriation, qui en est un de la vertu de temperance; et celuy de sousmission, qui en est un de la vertu d'obeyssance.

Si cela est, il faudra appeller cét estat, estat des instrumens de la perfection de quatre vertus morales, non pas simplement estat de perfection : car ce mot de perfection en general, comprend et la perfection surnaturelle, et la naturelle; et soubs la naturelle encerne, non quatre vertus particulieres, mais toutes les morales. Encores ces quatre instrumens des quatre vertus que nous avons marquees, ne sont pas tous les instrumens avec lesquels on peut arriver à la perfection naturelle et acquise de ces quatre vertus. Par exemple, il y a onze actes de la vertu de religion, selon sainct Thomas[1], dont le vœu n'est que le huictiesme, et par consequent sept, qui le precedent en rang, dignité, excellence; ce n'est donc ny l'unique ny le plus sublime instrument pour atteindre à la perfection de ceste vertu. Le mesme peut-on inferer des autres. Et encores que ce soient les plus

---

[1] 2ª 2ᵉ. quæst. 81.

dignes moyens et instrumens dont on se puisse servir pour joindre à la perfection de ces quatre vertus, qui nous prouvera maintenant que ces quatre vertus soient les plus excellentes entre les morales? Non seulement les philosophes, mais aussi les theologiens[1] donnent le premier rang à la prudence et aux vertus qui luy sont annexees : le deuxiesme, à la justice; le troisiesme, à la force; le quatriesme, à la temperance. Que ces quatre appellees cardinales, c'est à dire principales, ne soient superieures, au moins en estenduë, à celles qui leur sont sous-ordonnees, nul ne le rappelle en doute.

Il est vray que la religion tient le premier rang entre celles qui se rapportent à la justice; mais le vœu n'est pas toute la religion, ce n'est d'unze actes qui luy sont propres, que son huictiesme. Celuy d'obeyssance est l'acte d'une vertu que sainct Thomas met au cinquiesme rang entre celles qui sont sousmises à la justice[2]. Celuy de continence est un acte de la vertu de chasteté que le mesme range au cinquiesme lieu entre les subordonnees à la temperance, qui est la derniere des quatre cardinales. Quant à la pauvreté ou des-appropriation, je ne voy pas qu'il luy donne aucun rang entre les vertus. Voila les grands instrumens de perfection dont on compose l'estat de la perfection exterieure, qui se cognoist par quelque acte solemnel qui s'en fait en l'Eglise. Car de la perfection interieure qui consiste en la charité, il n'y a que Dieu seul qui en puisse juger, estant lettre close pour les hommes, comme l'a remarqué le mesme prince des scholastiques[3].

Par le rang que sainct Thomas mesme donne à ces instrumens de perfection exterieure, il est aisé à juger si ce sont les premiers et plus excellens, puis que tant d'autres les devancent; et le mesme docteur en d'autres lieux semble donner la preeminence, entre les vertus morales, aux vertus

---

[1] 1ᵃ 2ᵃᵉ, quæst. 66. — [2] 2ᵃ 2ᵃᵉ, quæst. 104. — [3] 2ᵃ 2ᵃᵉ, quæst. 184, art.

d'humilité et d'obeyssance¹ : et quand je dy obeyssance, je dy non celle qui est voüee, et qui n'est que de surerogation, mais celle qui est commandee et de droit divin, et partant une vertu speciale. Et concedé que ce fussent les plus excellens instrumens de la perfection naturelle, morale et exterieure, ce ne pourroit estre tout au plus que l'estat de la perfection de ces quatre vertus, mais non pas de toutes les vertus morales : de sorte qu'appeller cét estat, estat de perfection en general, c'est prendre une bien petite partie pour le tout, et reduire toute la perfection morale à la pratique de quatre actes qui ne sont que des actes de vertu, non des vertus speciales.

Tout le mal-entendu de ceste affaire et qui apporte, comme à la tour de Nembroth, cette confusion de langage, c'est que l'on prend l'estat de perfection pour la perfection d'un certain estat, c'est à dire d'une certaine vacation, par un renversement non de mots seulement, mais de pensees. Car comme tous les estats ou vacations qui sont en la republique chrestienne ont de certains instrumens propres et particuliers, qui servent à perfectionner ces conditions là (par exemple, l'estat militaire se perfectionne par la valeur, la fidelité, la magnanimité : celuy de magistrature, par la justice, la clemence, l'attrempance : celuy de prelature ou pastoral, par la continence, l'obeyssance, le zele des ames, le soin, la vigilance, l'administration des Sacremens et de la parole de Dieu, la vie exemplaire, la saine doctrine : celuy des marchands, par la loyauté, la diligence, la sincerité : celuy des artisans, par l'humilité, le travail, la patience, et ainsi des autres) : aussi l'estat cœnobitic et votif se perfectionne par l'observance des vœux faits à la face de l'Eglise, dans les parvis de la mystique Jerusalem. Se servir comme il faut des instrumens propres à perfectionner chaque estat ou condition, c'est ce que l'on appelle la perfection de l'estat

---

¹ 1ª 2ᵃᵉ, quæst. 161, art. 5, et quæst. 104, art. 1.

de chacun; et c'est à quoy vise sainct Paul quand il exhorte les fideles à demeurer en la vocation en laquelle chacun d'eux est appellé, et tasche dy rendre à Dieu un service raisonnable. Et voila la perfection naturelle et exterieure de chaque estat, laquelle se peut rendre surnaturelle et interieure par le moyen de la charité, lors qu'elle anime tous ces instrumens particuliers, et les fait exercer par son motif : car alors d'instrumens de perfection morale et naturelle qu'ils sont d'eux-mesmes, en la main de la charité ils deviennent instrumens de perfection surnaturelle et vrayement chrestienne.

Mais quand on parle de l'estat de perfection, si l'on entend parler de la perfection morale, il faut necessairement que cét estat disc l'assemblage de toutes les vertus morales et de tous leurs actes : que s'il en manque une seule, ce ne peut estre perfection, puisque la perfection dit exclusion de tout manquement ou deffaut. Si l'on parle de l'estat de la perfection chrestienne et surnaturelle, on suppose necessairement la charité, en laquelle consiste la vraye justice du chrestien exclusive de tout peché, et qui enclost en soy toute vertu : car elle est ceste vraye sagesse d'en haut et infuse, avec laquelle nous recevons tous les biens de grace, dispositifs et preparatifs à la gloire.

Pour raddresser donc ceux qui parlent de l'estat de perfection sans sçavoir ce qu'ils disent, et servir d'œil et de guide à ces aveugles, il leur faut demander de quelle perfection ils parlent, de la morale et acquise, ou de la surnaturelle et infuse. Si de celle-là, son estat consiste non en la pratique de trois ou quatre vertus morales, mais en l'assemblage de toutes sans exception d'aucune. Si de celle-cy, son estat n'est autre que celuy de grace, par lequel la charité est respandué en nos cœurs par le sainct Esprit. S'ils disent qu'ils parlent d'un estat qui a des instrumens de perfection exterieure, il leur faut remonstrer que toute vacation legitime a ses instrumens particuliers de perfection exterieure, et que cela n'est point particulier à la condition cœnobitique : laquelle si elle a les siens, aussi ont les autres ; si ceux qui la professent sont enfans d'Abraham et Israëlites, aussi sont les autres chrestiens.

S'ils repliquent que ces instrumens de perfection exterieure et morale, sont plus excellens que ceux des autres conditions; à une simple affirmative sans preuve, on peut avec la mesme facilité rendre une negative. Si l'on en vient à la preuve, ceste affirmation se trouvera de bas alloy, par la seule confrontation des instrumens particuliers aux vacations diverses, ainsi que nous avons fait voir cy dessus par eschantillon.

Et quand par excez de courtoisie, et pour contenter la grande humilité que ceste contention de primauté et d'excellence fait assez paroistre, on auroit concedé que ceste vacation auroit, pour perfectionner son estat, les plus dignes et exquis instrumens de perfection morale, que feroit cela pour l'estat de la perfection morale, qui suppose, comme nous avons dit, l'universalité des vertus acquises, sans le manquement d'aucune?

Que si nous allons plus avant, et nous eslevons vers la perfection chrestienne, infuse, surnaturelle, interieure, qui consiste en la charité; quel avantage peut on tirer de ces plus excellens instrumens de perfection exterieure et morale? puis qu'il est certain, et mesme selon la doctrine de sainct Thomas[1], que la charité ne se respand pas en une ame selon la capacité des vaisseaux des vertus naturelles et morales : autrement l'esprit de Dieu ne souffleroit pas où il veut, et comme il luy plaist, la grace ne seroit pas gratuite, et seroit assujettie à la nature, qui sont des absurditez insupportables en ceste matiere. Qui dit estat de perfection naturelle et morale, dit la possession de toutes les vertus morales : qui dit estat de la perfection surnaturelle, dit la possession de la charité, et en suitte de toutes vertus acquises et infuses qui l'accompagnent necessairement. Voyent ceux

[1] 2ᵃ 2ᵃᵉ, quæst. 24, art. 3.

qui parlent de l'estat de perfection exterieure, s'ils pensent avoir en cét estat toutes les vertus morales sans qu'il en manque une : ils ne l'oseroient dire ; car ceste presomption fondee sur une vanité trop expresse seroit trop ridicule. S'ils parlent de l'estat de la perfection interieure, qui consiste en la charité, il n'y a que Dieu qui sçache s'ils y sont; car nul ne sçait de certitude de foy s'il est digne d'amour ou de haine : asseurer le contraire est une des temeritez des errans de nostre aage.

J'entends bien, on dira que par l'estat de perfection exterieure on veut parler d'un estat tendant à la perfection. Icy faut il tousjours distinguer de quelle perfection l'on parle, naturelle et exterieure, ou surnaturelle et interieure. Si de celle-là, il est inepte d'appeller estat de perfection un estat qui y tend; autrement il faudra appeller l'estat d'escolier, qui n'est qu'un estat d'apprentissage, un estat de science, parce qu'il tend à la science : au contraire c'est plustost un estat d'ignorance duquel on pretend sortir pour entrer en celuy de la science; ainsi l'estat tendant à la perfection est un vray estat d'imperfection, duquel on desire se faire quitte pour arriver à celuy de la perfection. Si l'on veut parler d'un estat tendant par des instrumens de perfection exterieure à la perfection interieure qui consiste en la charité, il n'y a aucun estat n'y condition chrestienne qui n'ait des instrumens propres pour y tendre; je di plus qui n'y puisse, mais qui n'y doive tendre, puis que sans la saincteté, c'est à dire sans la charité, laquelle nous justifie et sanctifie, nul ne verra Dieu.

Il faut neantmoins prendre garde icy à un escueil, c'est que toutes les vertus morales pratiquees mesme par le mouvement de la grace excitante, par un homme qui est en peché, ne peuvent meriter (du merite que l'on appelle de condignité) la premiere grace justifiante; mais ayant la grace habituelle et agissant par son motif, il merite, par ses actions de vertu, augmentation de grace et de perfection : de sorte que cét estat tendant à la perfection interieure ne se doit pas entendre de la premiere grace, mais de l'augmentation seulement, que l'on appelle en theologie seconde justification. Dire donc que l'on tend à la perfection surnaturelle par des instrumens de vertu morales et acquises, c'est imiter les bastisseurs de la tour de Nembroth, qui pensoient se guinder au ciel par l'ouvrage de leurs bras : et dire que l'on tend à l'accroissement de la perfection, c'est tendre au but où l'on est desja, car on n'accroist pas une chose que l'on n'a point. Il faudroit donc dire que c'est un estat, non qui tend à la perfection desjà infuse, mais qui s'estend en la perfection, en meritant son augmentation par l'exercice des bonnes œuvres faites en grace et par le motif de la grace. Ainsi en tout sens ce langage d'estat de perfection a quantité de destours et d'amphibologies, dans lesquelles s'enferment ceux qui s'en servent, comme le ver à soye dans son ouvrage, et fait comme cét oyseau qui fait la glue avec laquelle on le prend, ce que l'Escriture appelle surprendre les prudens en leur astuce [1].

Il faut, puis que je suis sur ce train, que je vous descouvre encore un autre entretaillement de ceux qui parlent des instrumens de perfection, sans user de distinction, et sans entendre ce qu'ils debitent. Il est vray que tous les actes des vertus morales sont des instrumens de perfection, mais de quelle perfection, sinon morale et naturelle? Il est vray aussi que les actes de ces mesmes vertus entez en la charité meritent que Dieu augmente sa grace en celuy qui les exerce par le motif de la charité; et ainsi en la main de la charité sont vrais instrumens de perfection, et de perfection surnaturelle : mais il ne s'ensuit pas de là que l'on puisse donner à un instrument de perfection le nom de perfection instrumentelle, soit naturelle, soit surnaturelle. Exemple. Une espee c'est un instrument propre à un soldat, mais qui seroit

Job v, 13.

l'impertinent lequel, monstrant une espee, diroit, Voila un soldat instrumentel ? le mesme se peut dire de tous les outils des artisans ; ce sont des instrumens de leurs arts, mais ce ne sont ny des artisans, ny des arts instrumentels. D'avantage pourquoy appellera-t-on un acte, par exemple d'humilité fait sans charité, une perfection instrumentelle, puisque c'est un acte de vraye et essentielle perfection naturelle ? Le mesme acte fait en charité, et par le motif de la charité, est l'acte d'une vertu infuse et surnaturelle, et partant une vraye et essentielle perfection surnaturelle ; pourquoy donc l'appeller perfection instrumentelle et accidentelle ?

Autre ineptie, d'appeller absolument et sans restriction, instrumens de perfection, soit naturelle, soit surnaturelle, les actes des vertus morales, veu que l'on s'en peut servir à mal, et qu'en la main de l'hypocrisie ce sont des instrumens d'imperfection : ce qui est evident en tant de reprehensions que fait nostre Seigneur des jeusnes, longues oraisons, et aumosnes bruyantes que faisoient les Scribes et Pharisiens pour acquerir reputation et gloire devant les hommes. Possible dira-t-on que ces actes n'avoient que le materiel, non le formel de la vertu, à raison dequoy ils n'estoient pas vrais instrumens de perfection, ny naturelle ny surnaturelle. Il faudra donc icy adjouster une nouvelle precaution, et dire que les actes de vertu morale, vraye materiellement et formellement, sont instrumens de perfection, naturelle seulement s'ils sont faits sans la charité, et de perfection surnaturelle pratiquez en charité et par le motif de la grace : tant il faut de precautions pour eviter les equivoques en ce terme de perfection et d'instrumens de perfection.

Certes il en est de ces actes exterieurs de vertus morales comme d'une espee ; c'est un instrument de vaillance en la main d'un vaillant homme, de brigandage en celle d'un voleur, et de bourrellerie en celle d'un bourreau ; c'est une arme deffensive en celuy qui s'en deffend, offensive en celuy qui attaque : et les autres sont instrumens d'imperfection en ceux qui en abusent, et, comme dit l'Escriture, qui sont prudens à mal faire, et de perfection en ceux qui en usent bien.

C'est pourquoi, pour couper racine à mes-intelligence, où il faudroit user sobrement du mot de perfection, ou s'en servir tousjours avec un adjectif qui tranchast toute ambiguité, ou bien nommer en sa place les mots de grace ou de charité, selon l'avis de nostre Bien-heureux, quand on parleroit de la perfection chrestienne et surnaturelle : autrement on court risque de tomber en de grands embarrassemens et labyrinthes, quand on parle de la perfection ou de son estat, et de faire souvent naufrage de la verité. Ce n'est pas que ce mot de perfection ne soit sainct, ne soit bon, ne soit fort propre et significatif, et qu'il ne soit, pour parler ainsi, canonizé dans les saintes lettres; mais c'est à cause du mauvais usage qu'en font ou les ignorans, ou les subtils qui se servent de ses divers visages et de ses differentes significations, pour faire passer comme loyales des marchandises de contrebande, et mettre la gloire des hommes en la place de celle de Dieu.

SECTION V.

D'acquerir la perfection.

Il y a encor un terme dont on abuse fort souvent faute d'intelligence, qui est celuy d'acquerir la perfection ; non qu'il ne se puisse prendre en un bon sens, mais parce que ce bon sens est fort peu entendu, y ayant deux sortes de perfection (ainsi qu'il a esté remarqué en la section qui precede), l'une naturelle, l'autre surnaturelle et de grace. Il est vray que celle-là est acquise, d'autant que les bonnes habitudes morales se forment en nous par des actes plusieurs fois reïterez. Ce qui ne se peut dire, sans ignorance ou sans outrager l'esprit de grace, de la surnaturelle; laquelle est infuse, et est operee de Dieu en nous sans nous, dit sainct Thomas :

d'autant qu'elle est respanduë en nos ames par sa pure liberalité; nulle œuvre, quelque bonne qu'elle soit, qui precede la grace justifiante ne la pouvant meriter.

Appeller donc la perfection chrestienne et surnaturelle du nom d'acquise, et parler de l'acquerir, c'est degrader la royne des vertus, qui est la charité, et de theologale la rendre morale, de divine humaine, d'infuse acquise, de surnaturelle naturelle; qui est une espece de sacrilege, et mettre la nature en la place de la grace par un pelagianisme tout evident.

Il est vray neantmoins qu'encore peut on donner un sens favorable à ce terme d'acquerir la perfection, mesme en parlant de la surnaturelle, pourveu que l'on n'entende pas parler de la premiere grace qui nous justifie, laquelle ne s'acquiert nullement par les œuvres qui la devancent, d'autant qu'elles n'ont point leur racine dans la charité. Mais parlans de l'augmentation de la grace habituelle, que nous meritons par les bonnes œuvres faites en la charité et par la charité, on peut dire, en quelque façon, que nous acquerons cét accroissement. Car bien que nous ne l'acquerions que par la grace actuelle que Dieu nous fournit, et sans laquelle nous n'opererions pas le bien, puis que c'est luy qui nous donne le vouloir et le parfaire par sa bonne volonté; neantmoins comme rien n'est mieux à nous que ce qui nous est liberalement donné, la donation estant un tres-bon titre d'acquisition, et tout don parfait et tout present tres-bon descendant d'enhaut du Pere des lumieres, dont la benignité est telle, qu'il fait de ses propres dons nos merites, en meritant qu'il fasse en nous ceste augmentation, nous pouvons dire en quelque manière que nous l'acquerons, à la façon de l'ouvrier qui est dit meriter son salaire, et acquerir ce qu'il gaigner pa son travail. Si un prince ou un grand nous donnoit quelque notable somme d'argent de laquelle nous achetassions une terre, ne serions nous pas dits l'avoir bien acquise, quoy que ce fut des finances d'autruy qui nous auroient esté donnees? Ainsi acquerons nous l'augmentation de la charité, et la gloire, avec la grace que Dieu nous donne ; d'autant qu'il prend plaisir à couronner ses dons en nous, et à nous establir sur beaucoup, quand nous avons fidelement mesnagé le talent qu'il nous avoit commis pour le faire valoir à sa gloire. Et c'est en ce sens icy que nous devons prendre ce terme d'acquerir la perfection, que l'on rencontre quelquefois dans les livres spirituels composez par des personnages pieux et doctes; et non pas en l'autre, comme si la charité qui est la vraye perfection chrestienne et surnaturelle estoit une vertu acquise et morale, ce qui ne peut estre dit que par des esprits extremement grossiers, et mal instruits en ce subjet.

Mais parce qu'on en entend souvent quelques-uns parlans de l'estat de perfection acquise et de perfection à acquerir; mettans les evesques en celuy-là, et ceux qui font profession d'une condition votive et sequestree, en l'autre ; j'ay esté curieux de rechercher si je trouverois dans sainct Thomas ceste belle distinction, qui passe si souvent par les langues de plusieurs qui ne l'entendent pas. Quelque diligente recherche que j'en aye faite et dans sa Somme [1], et dans ses Opuscules [2], où il traitte expressement de ce sujet, je ne l'y ay point rencontree, et ne puis deviner comme il est arrivé qu'elle se soit rendue si commune, qu'on la prendroit pour une maxime de l'escole. J'ay tousjours estimé que le docteur Angelique estoit le premier autheur qui avoit avancé ceste doctrine de l'estat de perfection, de laquelle je n'ay trouvé gueres vestiges dans l'antiquité, et bien que son authorité soit assez grande et venerable pour l'appuyer, je ne pense pas pourtant que l'Eglise ait ordonné qu'elle passe pour article de creance, et que les Scotistes, qui se donnent la liberté de contredire les dogmes de ce sainct docteur en plus de huict cens opinions, n'eussent chocqué encore cettuy-cy

[1] 2ᵃ 2ᵉ, quest. 183, sqq. — [2] Opusc. 17-19.

s'ils n'eussent esté interessez à le deffendre ; bien que je ne voye pas que sainct Bonaventure en ait parlé en ses Opuscules, quoy que contemporain de sainct Thomas, et engagé au soustien d'une mesme cause.

Ce n'est pas que je n'honore et n'approuve ceste doctrine, veu que je l'étends à toutes sortes de conditions : estant certain qu'il n'y a homme raisonnable qui ne soit en estat d'acquerir, s'il veut y travailler, la perfection exterieure, morale et naturelle, qui est exposee aux forces de nostre francarbitre; ny chrestien qui par la grace de Dieu, de quelque condition qu'il soit, ne puisse arriver à la surnaturelle, qui consiste en la charité, et y faire progrez en l'ayant, pourveu qu'il soit assisté de la grace actuelle. Pour cela il ne faut estre ny evesque, ny du nombre des sequestrez : beaucoup moins pour estre en estat de perfection interieure et essentielle, qui n'est autre que l'estat de grace auquel tout chrestien est obligé d'estre durant sa vie, et principalement à l'heure de la mort, soubs peine de faire naufrage de son salut.

C'est un plaisir d'ouir parler certaines personnes de cét estat de perfection acquise ou à acquerir, comme des gens qui se perdent dans un labyrinthe de jardin, ou comme les Apostres qui travaillerent toute la nuict à la pesche sans rien prendre. Car si vous leur demandez de quelle perfection ils entendent parler, de la naturelle ou surnaturelle; s'ils disent de celle-cy, ils errent, car elle ne s'acquiert pas, estant infuse : s'ils disent qu'ils parlent de la naturelle, certes ils font un grand honneur aux evesques, de dire que leur estat n'est fondé que sur des vertus morales, acquises et humaines, qui sont communes aux fideles et aux infideles, aux Catholiques et aux heretiques, aux justes et aux pecheurs ! Ils en font un bien plus grand aux sequestrez, de dire que leur estat ne vise qu'à acquérir la perfection naturelle et morale, avec laquelle si elle n'est animee de la charité, on se damne à la perfection, et l'on va avec Platon et Aristote qui sont bruslez où ils sont, et louez où ils ne sont pas!

S'ils disent qu'ils supposent la charité, ils font comme ces enfans qui bastissent des petits chasteaux de briques et de bouë, et puis les abbatent avec des pierres, destruisans sans y penser ce qu'ils veulent edifier. Car qui a la charité a toutes les vertus morales, non seulement comme acquises, mais comme infuses et surnaturalizees. Dire donc que l'evesque qui a la charité est en estat de perfection acquise, c'est dire qu'il a acquis la charité; ce qui est faux, car c'est une vertu infuse, non acquise : ou c'est dire qu'il n'a que la perfection acquise, ce qui est encore faux, puisqu'il a l'infuse : ou c'est dire qu'il a toutes les vertus acquises avec les infuses, ce qui n'est rien dire de particulier pour l'evesque, ny qui rehausse d'avantage son estat, puisque tout chrestien, de quelque condition qu'il soit, qui a la charité, est en estat de grace, en estat de perfection, et de perfection surnaturelle et infuse, laquelle embrasse la naturelle et acquise, comme le firmament enclost tous les cieux qui sont au dessous de luy. Dire aussi que le sequestré est en estat de perfection à acquerir, la charité supposee, c'est avancer une proposition tres-ridicule; car c'est dire qu'il a la perfection interieure, non l'exterieure, la substantielle non l'accidentelle, c'est dire qu'il a la charité, et non les vertus morales : ce qui est tellement inepte, que le reciter est le refuter, parce que ceste impertinence est plus digne de pitié que de response, et de brouillons que de raisons.

Dire que l'on suppose l'evesque avoir acquis toutes les vertus morales, avant qu'estre establi en son estat de perfection, ce n'est rien dire; car si outre cela il n'a les infuses, au moins de foy et d'esperance, il est indigne d'estre evesque; et s'il n'a la charité, comme aura-t-il le zele des ames, l'amour du prochain, et toutes les autres qualitez que sainct Paul requiert en l'evesque, lesquelles ne se separent point de la charité? Dire qu'on ne les suppose pas au sequestré, puis qu'il n'est qu'en l'estat d'acquerir la perfection qui se peut acquerir, c'est le mettre en l'estat de la plus horrible imperfection qui se puisse imaginer : car s'il n'est qu'en train d'acquerir des vertus morales, c'est signe qu'elles luy manquent, comme c'est signe que les richesses manquent à celuy qui travaille pour en acquerir, et que la santé deffaut à celuy qui s'efforce de se guerir; et si elles luy manquent, comment aura-t-il les infuses, principalement la charité, qui n'est jamais en une ame que toutes les autres vertus ne luy tiennent compagnie? Supposer maintenant qu'il ait la charité, adieu mon estat de perfection à acquerir, si ce n'est qu'il vueille acquerir ce qu'il a desja, et payer deux fois une mesme possession.

De sorte que, de quelque costé que l'on tourne et retourne cét estat de perfection acquise ou à acquerir, on ny trouvera que des absurditez de langage et de mes-intelligence; si ce n'est que pour desveloper toutes ces fusees, et trancher tous ces nœuds d'un revers, on dit, que ces deux estats ou conditions, des evesques et des sequestrez, sont appellez de perfection, parce que (la charité supposee aux uns et aux autres) ils tendent au progrez en la perfection ou charité, par des moyens excellens rendus surnaturels par la charité qui les accompagne et anime. Alors il ne les faudroit plus appeller estats de perfection acquise ou à acquerir, mais estats à faire progrez en la perfection par des instrumens de vertus morales maniez par la charité. Or quel avantage peuvent avoir ces deux conditions (d'elles mesmes fort venerables et recommandables) par dessus les autres vacations des Chrestiens, puis que tout chrestien en sa vacation a des moyens et des instrumens propres avec lesquels, en la main de la charité, il peut faire de grands progrez en la grace et perfection surnaturelle du Christianisme? Or tout chrestien n'est pas seulement obligé d'avoir la charité sous peine de damnation, mais encore de faire profiter le talent de la grace qui luy est commis, s'il ne veut en estre privé, voir son chandelier osté de son lieu, sa couronne transferee à un autre, et son talent baillé à quelqu'un qui en fasse plus de fruict. Le commandement d'estre saincts et parfaits, comme le Pere celeste est sainct et parfait[1], n'est-il pas publié à tous les Chrestiens de toutes vacations? N'est-il pas dit à tous qu'ils ne pechent point[2], que toute ame qui pechera mourra[3], que le fruict de la venuë du Messie est que le peché soit osté, et la justice ramenee[4]? Dieu ne veut il pas que tous soient sauvez[5]? sa volonté, n'est elle pas que tous soient sanctifiez[6]? Pourquoy Jesus-Christ est-il venu apporter le feu de son amour en terre, sinon afin qu'il embrase tous les cœurs[7]? C'est donc hors de propos de restreindre l'estat de perfection à acquerir ou acquise à deux conditions que nous avons nommees, puisque les Chrestiens de toutes conditions, sont appellez à l'une et à l'autre perfection morale et infuse, et à faire progrez en l'une et en l'autre.

Il est vray que quelques scolastiques modernes distinguent ces deux estats, des evesques et des sequestrez, en ce que ceux-là sont obligez par leur estat pastoral de monstrer aux autres, et aux oüailles qui leur sont commises, les voyes de perfection chrestienne, tant par doctrine que par exemple, se rendans en cela la forme et le modele de leurs troupeaux; et les sequestrez ne sont qu'en estat de disciples et d'apprentissage, qui les oblige à apprendre des prelats, les voyes de la justice chrestienne et de perfection : en sorte que les uns soient en l'estat enseignant la perfection, les autres en l'estat qui l'apprend; ou, pour mieux dire les uns et les autres en l'estat de l'apprendre et d'y avancer. Les evesques l'apprennent et la suivent en l'enseignant aux autres, et en l'enseignant s'y font tous les jours plus doctes, la meilleure façon d'apprendre estant d'enseigner, comme dit sainct Ambroise : et les autres y profitent de jour en jour à mesure qu'ils l'apprennent, imitant Israël qui batailloit d'une main et bastissoit le temple du Seigneur de l'autre. Mais ce n'est

---

[1] Matth. v, 48. — [2] Psal. iv, 5. — [3] Ezech. xviii, 4, 20. — [4] Dan. ix, 24. — [5] I Tim. ii, 4. — [6] I Thess. iv, 3. — [7] Luc. xii, 49.

pas une petite merveille de voir que les sequestrez qui disputent avec tant d'ardeur pour cét estat de perfection à acquerir ou apprendre, pour se maintenir en sa possession, portent, comme Urie, le paquet de leur condamnation dans leur sein, et y renoncent si solemnellement par l'ardeur qu'ils ont à maintenir leurs privileges, qui les exemptent de la jurisdiction et direction des evesques. En voicy les preuves.

Toute la hierarchie de l'Eglise militante en terre estant formee sur l'exemplaire de celle qui triomphe au ciel, selon les enseignemens du grand apostre de nostre France, sainct Denys, et celle du ciel estant rangee en trois ordres, de purgeans, illuminans et perfectionnans, nul ne nie que la hierarchie militante ne consiste aux diacres, prestres et evesques, comme l'a mesme deffiny le dernier concile tenu à Trente; et que les diacres ne soient purgeans, les prestres illuminans, et les evesques perfectionnans : les trois rangs de hierarques, exerçans leurs actes hierarchiques sur ceux qui sont à purger, illuminer et perfectionner, qui sont les trois rangs du peuple chrestien ; les diacres exerçans d'office leurs fonctions purgatives sur les catechumenes, penitens et energumenes, purgeans ceux-là de leurs ignorances, les autres de leurs vices, et ceux-cy des esprits malings ; les prestres illuminans le sainct peuple par l'administration des divins mysteres ; et les evesques ayans pour leur partage d'enseigner les voyes de perfection aux sequestrez, c'est à dire, aux saincts moines, selon la doctrine de sainct Denys. Ce qui a fait dire à sainct Thomas[1], qu'en l'estat de perfection, les evesques sont comme perfectionnans ou enseignans la perfection, et les conventuels sont ceux qui l'apprennent, et qui sont à perfectionner. Si donc ceux-cy se separent des evesques, et se retirent par leurs privileges, tant de leur jurisdiction que de leur direction, qui les perfectionnera ? *Si sal evanuerit, in quo salietur*[2] ?

---

[1] 2ᵃ 2ᵃᵉ, quæst. 184, art. 7. — [2] Matth. v, 13.

s'ils rejettent le sel de la sapience et de la perfection, avec quoy seront ils salez? Ils renoncent donc à cét estat de perfection pour lequel ils combattent comme pour leurs autels et leurs foyers, en se sequestrans et se soustrayans de la discipline et conduitte de ceux qui par droit hierarchique la leur doivent enseigner, et de la bouche desquels ils doivent prendre la loy et l'enseignement.

De dire qu'ils l'apprennent de leurs superieurs, qui leur tiennent lieu d'evesques, c'est se jetter dans un precipice pour acquerir la gloire de bien sauter, et frizer de bien pres l'erreur d'Arrius qui egaloit le prestre à l'evesque; le droit de perfectionner estant annexé à l'ordre hierarchique de l'evesque, comme d'illuminer à celuy de prestre, de purger à celuy de diacre. Non que l'evesque ne puisse aussi illuminer comme le prestre et le diacre, et le prestre purger aussi bien que le diacre; l'ordre inferieur estant compris dans le superieur, et l'evesque, comme principal hierarque, les comprenans tous : mais parce que c'est le propre office de l'evesque de perfectionner les ames qui soubs sa conduite aspirent à la perfection. De sorte que ceux dont je parle se retirans de la conduitte des evesques, qui sont ceux qui par droit hierarchique les peuvent et doivent perfectionner, pour se ranger soubs la conduite des prestres, tels que sont leurs superieurs, ils rentrent necessairement dans l'ordre du simple peuple, c'est à dire de ceux qui sont, non à perfectionner, mais à illuminer, puis qu'ils se mettent soubs la direction de ceux qui n'ont que le droit d'illuminer en l'ordre de la hierarchie de l'Eglise.

Dire que le Pape donne à leurs superieurs l'authorité episcopale sur eux, cela est bon pour la jurisdiction; mais ce n'est pas l'exemption de la jurisdiction qui les met en l'estat de perfection à acquerir et à apprendre, où ils se rangent. C'est par la direction spirituelle et les enseignemens que les evesques sont perfectionnans les autres, et que ceux qu'ils conduisent, et à qui ils enseignent la perfection sont mis en l'estat qui l'apprend : et ceste faculté de perfectionner les autres par les fonctions hierarchiques est annexee à l'ordre et au caractere episcopal, qui n'est pas donné par les privileges avancez du sainct Siege aux superieurs des cenobites. Reste donc qu'ils soient perfectionnez par ceux qui ne sont pas evesques, mais simples prestres; ce qui est contre le droit et l'ordre hierarchique : ou qu'ils ne le soient point du tout : ou que leurs superieurs n'estans que prestres, ils ne soient qu'illuminez non perfectionnez par eux, et ainsi au rang du simple peuple laïque, qu'ils ne mettent pas en l'estat de perfection à acquérir, ny de ceux qui sont à perfectionner.

S'ils disent que le grand Pontife donne à leurs superieurs le droit de les perfectionner, attaché à l'ordre et au caractere episcopal, sans les faire evesques, c'est ce qu'il faut monstrer dans leurs privileges, lesquels ne valent qu'autant qu'ils sonnent, et je suis bien trompé si cela s'y trouve.

Si pour dernier refuge ils disent que le Pape est leur unique evesque, et duquel ils tirent toute leur perfection, la question ne sera plus du droit, mais du fait seulement. Car nul vray catholique ne doute que le souverain Pontife, vicaire de Jesus-Christ, successeur de sainct Pierre et evesque des evesques, ne puisse perfectionner les ames qu'il luy plaira conduire, puisque c'est un acte hierarchique attaché à l'ordre et au caractere episcopal qu'il porte. Mais le fait monstre fort evidemment qu'il luy seroit impossible de perfectionner immediatement par soy mesme tant de miliers de cenobites espars par tout le rond de la terre : ce qui ne seroit pas si difficile à un evesque de perfectionner tous les cenobites de son diocese par ses enseignemens, reglemens, et visites pastorales et paternelles; comme il est clair qu'il perfectionne les prestres et autres ecclesiastiques du clergé qui sont soubs sa jurisdiction et conduitte, par ses fonctions hierarchiques, et ceux là encore du sainct peuple qui veulent soubs sa speciale et particuliere direction, aspirer à la vie devote et à la perfection chrestienne.

Ainsi ceux qui magnifient tant l'estat de perfection à acquerir ou à apprendre, s'en retirent, se separans de la conduitte de ceux à qui par estat et ordre hierarchique il appartient d'enseigner la perfection à ceux qui y aspirent, et se trouvent devolus aux prestres et ecclesiastiques du clergé qui sont soubs la jurisdiction et direction des evesques ; et encor à ceux du peuple qui se rangent sous la particuliere et speciale conduite de leur evesque aux choses qui regardent la perfection du Christianisme.

Il resteroit de sçavoir si, comme l'evesque peut commettre les fonctions qui sont de sa jurisdiction à des prestres simples, mais non pas celles de son caractere, comme le pouvoir de confirmer et donner les ordres, il peut aussi commettre ou non la faculté hierarchique qu'il a de perfectionner à des prestres, comme si un ange de la premiere hierarchie communiquoit à un de la seconde, la faculté qu'il a de perfectionner : mais par ce que je n'ay leu ny Pere, ny theologien scolastique, qui traitte ceste question, et que je ne me sens pas assez adroict pour traicter une matiere si rare et si delicate, j'ayme mieux suspendre mon jugement en cela, et me rapporter entierement à celuy de l'Eglise, et du sainct Siege apostolique.

Je vous avertiray seulement icy, que la pluspart des sentimens que je viens de deduire, touchant ce mot d'acquerir la perfection, ne sont pas tant de moy comme du bien-heureux François de Sales, comme vous le pourrez pressentir du commencement de son septiesme Entretien. Et pour le regard de l'estat de perfection acquise ou à acquerir j'en ay appris plusieurs de sa propre bouche, d'autres que j'ay recueillis de ses escrits. Qu'ainsi soit, en voicy un eschantillon tiré de la preface de sa Philothee.

« Mais moy, mon cher lecteur, je te dis avec le grand
» sainct Denis, qu'il appartient principalement aux evesques
» de perfectionner les ames ; d'autant que leur ordre est le
» supreme entre les hommes, comme celuy des Seraphins

» entre les Anges; si que leur loisir ne peut estre mieux des-
» tiné qu'à cela. Les anciens evesques et peres de l'Eglise
» estoient pour le moins autant affectionnez à leurs charges
» que nous, et ne laissoient pourtant pas d'avoir soin de la
» conduite particuliere de plusieurs ames qui recouroient à
» leur assistance, comme il appert par leurs epistres, imi-
» tans en cela les Apostres, qui emmy la moisson generale
» de l'univers, recueilloient neantmoins certains espics plus
» remarquables avec une speciale et particuliere affection.
» Qui ne sçait que Timothee, Tite, Philemon, Onesime,
» saincte Thecle et Appia estoient les chers enfans du grand
» sainct Paul, comme sainct Marc et saincte Petronille de
» sainct Pierre? saincte Petronille, dis-je, laquelle, comme
» prouvent doctement Baronius et Galonius, ne fut pas fille
» charnelle, mais seulement spirituelle de sainct Pierre. Et
» sainct Jean n'escrit-il pas une de ses epistres canoniques à
» la devote dame Electa? »

Or qui peut douter que ceux qui estoient ainsi conduits en particulier par les Apostres, dans les voyes de perfection, ne fussent et perfectionnez par eux, et par consequent en l'estat d'acquerir, ou pour mieux dire d'apprendre la perfection? Cependant ils estoient de toutes sortes de vacations et conditions. A vray dire, c'est chose digne, diray-je d'admiration ou de pitié? que ceux qui font profession de servir de miroirs de perfection aux autres chrestiens, non seulement se retirent de la conduitte de ceux qui par estat et ordre hierarchique, les peuvent et doivent perfectionner, mais se veulent conserver la qualité d'escoliers de la perfection, fermans les oreilles à leurs maistres; et ne puissent souffrir que ceux-la soient dits tendans à l'apprentissage de la perfection, qui se sousmettent à la jurisdiction et conduitte immediate de ceux que Dieu a establis en son Eglise pour la gouverner, et pour enseigner les voyes de perfection aux autres. Qu'est ce que cela, sinon imiter le chien du jardinier, qui ne mange point d'herbes, et jappe contre ceux qui en veulent cueillir? Icy le mot de nostre Seigneur, *Vous ne sçavez de quel esprit vous estes*[1] : toutefois il n'est pas malaisé de deviner de quel esprit part un zele si amer et si injuste.

SECTION VI.

Porter la croix.

Il faisoit une grande difference entre porter la croix de nostre Seigneur et la nostre. « Nostre Seigneur, disoit-il, ne » veut pas que nous portions la croix; sinon par le bout, » comme fit Simon le Cyrenien. Il veut estre honoré comme » les grandes dames, lesquelles font porter la queue de leurs » robes [2]. » Que veut dire cela, sinon qu'il se contente que nous ayons compassion de sa Passion, que nous ayons pitié de ses souffrances? car si nous ne compatissons, nous ne regnerons point avec luy. Et il se plaint de ce manquement de compatissans, comme de la plus sensible de toutes ses souffrances. Voila comme le juste patit, et nul n'y pense; de tant de gens nul ne m'accompagne, tous mes amis m'ont delaissé, mes familiers m'ont abandonné, j'ay esté mis en oubly, comme un mort; j'ay foulé au pressoir tout seul, nul n'a voulu prendre part à mon calice, il n'est pas jusques au Cyreneen qui ne portast le bout de sa croix par contrainte.

« Il veut pourtant, adjouste-t-il, que nous portions la » croix qu'il nous met sur les espaules, qui est la nostre » mesme [3]. » Mais d'où vient qu'il l'appelle son joug, et joug suave, et leger fardeau? C'est parce que si nous la portons pour son amour, et si nous la recevons avec douceur et respect comme venante de sa main, il se met avec nous en la tribulation, il nous en delivre, et nous glorifie. Avez-vous pris garde à un joug? deux taureaux le portent comme

---

[1] Luc. ix, 55. — [2] Entret. 7. — [3] Ibid.

un faix commun, et le travail de l'un soulage celuy de l'autre : mais quand nostre Seigneur se joint à nostre joug, non seulement il le porte avec nous, mais il nous porte encor avec le joug, et ce joug se pourrit par l'huille de sa douceur et de sa misericorde [1]. O que bien heureux sont ceux qui souffrent pour la justice et qui endurent pour Dieu et avec Dieu, c'est à dire, en charité et par charité! car à eux appartient le royaume celeste; ils ont grand sujet de se resjouir, car un merveilleux salaire les attend dans le ciel.

Qui souffre pour Jesus-Christ, Jesus-Christ souffre avec luy; ainsi qu'il disoit à Saul, *Pour quoy me persecutes tu*[2]? prenant pour siens les outrages faits à ses fideles : il porte de ses souffrances une partie qui fait le tout. Son amour fait trouver la douceur dans la douleur, en la maniere qu'il se rencontre des sources d'eau douce au milieu de la mer, et comme les trois enfans de Babylone receurent des rosees dans la fournaise. Quand on ayme on n'endure point, ou si l'on endure on ayme à endurer; les martyrs nous fournissent de ceste verité des milliers d'exemples.

Nostre Seigneur n'est jamais si proche de nous que quand nous souffrons avec patience et pour son amour les afflictions qu'il permet nous arriver. Il semble en nos maladies qu'il prenne la peine de faire nostre lict pour nous y faire reposer plus à nostre aise. *Universum stratum ejus versasti in infirmitate ejus*[3]. Il veille sur nous quand nous reposons en paix sur son sein, et enfin il nous fait tirer avantage de nostre tribulation, ne permettant pas que la gaule du pecheur demeure long-temps sur le col du juste, de peur qu'il n'estende sa main au mal par impatience. O Dieu des vertus, que bien-heureux est l'homme qui met toute son esperance en vous!

---

[1] Isai. x, 27. — [2] Act. ix, 4. — [3] Psal. xl, 4.

SECTION VII.

De l'amour du prochain.

On me demande à quoy nous pourrons cognoistre si nous aymons nostre prochain comme nous mesme. Je respond : si nous sommes aussi aises de son bon-heur temporel ou spirituel, comme du nostre propre; et si nous sommes aussi faschez de le voir pecher ou tomber en desastre, que si c'estoit nous-mesme.

Mais, replique-t-on, devons nous estre aussi aises qu'il fasse quelque bien, par exemple, un acte de vertu, que si nous mesme l'avions fait. Je respond, conformement à l'esprit de nostre bien-heureux Pere, que s'il est de nostre choix de faire un tel bien ou de le laisser faire à un autre, nous devons choisir de le faire, parce que l'ordre de la charité porte que nous nous aymions avant le prochain, puis que nostre amour est la regle de celuy que nous luy devons porter. Mais s'il n'est pas de nostre election, et qu'il nous previenne en ce devoir, nous devons estre aussi contens de voir Dieu servy et honoré par luy que par nous en ceste action. Que si nous sçavions asseurement que Dieu deust tirer plus de gloire de son action que de la nostre, nous devrions luy ceder en cela, parce que comme nostre interest doit passer devant celuy du prochain, celuy de Dieu doit estre incomparablement preferé au nostre; et puis que la gloire de Dieu est où doit estre nostre unique pretension, pourveu qu'il soit glorifié, nous ne devons pas nous mettre en peine par qui : ce fut le peché de Cain qui se fascha de voir les sacrifices de son frere plus agreables à Dieu que les siens, comme aussi de Saül se voyant preferer David, et des freres de Joseph le voyant caressé et aymé de leur pere.

Le mesme faut il dire au regard du mal. Quand nous avons des entrailles de misericorde sur l'infortune de nostre prochain, et que nous taschons de le consoler et soulager en la mesme façon que nous le voudrions estre si nous estions tombez en pareille disgrace, c'est signe que nous l'aymons comme nous mesme, et que nous le regardons comme nostre propre chair, nostre sang et nostre frere. Mais principalement au regard de la grace et du salut, quand nous bruslons de zele lors que nous le voyons offenser Dieu du peché qui est à la mort, ne cessant de crier, de prier, de reprendre, de conjurer, de supplier, de lamenter en toute patience et doctrine, jusques à ce que nous l'ayons fait retirer de sa mauvaise vie, et arraché du lac de ceste misere, de l'ordure de ceste bourbe, et des portes de l'eternelle mort.

SECTION VIII.

Ce que c'est qu'aymer en Dieu.

L'amour veritablement charitable du prochain est une chose plus rare qu'il ne semble : il en est comme de ces grains d'or que l'on trouve aux rives du Tage parmy beaucoup de sable. Pour bien entendre ce que c'est que la vraye charité envers le prochain, il faut se souvenir qu'il y a deux sortes d'amours legitimes, laissans à part le vicieux et injuste qui n'est que trop cogneu, et dont nous n'avons pas à traitter icy. Ces deux amours sont l'un naturel, l'autre surnaturel, et tous deux se sousdivisent en amour de convoitise et en amour d'amitié. L'amour n'estant autre chose que vouloir le bien ; si nous voulons pour nous ce bien que l'amour regarde, cela s'appelle amour de convoitise, d'autant que nous le convoitons pour nous ; si nous le voulons à autruy, cela s'appelle amour d'amitié. Le Philosophe en ses Rhetoriques a cognu cela quand il a deffiny l'amour d'amitié, « n'estre autre chose que vouloir du bien à quelqu'un non pour nous, c'est à dire, pour nostre interest, mais pour le sien[1]. »

Or l'amour surnaturel de la charité que le sainct Esprit respand en nos cœurs, nous fait aymer Dieu pour l'amour de luy d'amour d'amitié, et le prochain aussi d'amour d'amitié, avec rapport à Dieu, qui veut que nous l'aymions ainsi, parce que cela luy plaist, et qu'il est glorifié par ceste sorte d'amour qui luy est referé. Il y a un autre amour honneste, legitime et surnaturel, par lequel nous aymons Dieu d'amour de convoitise, mais de convoitise juste et bien reglee, qui est l'amour d'esperance par lequel nous le regardons, et aspirons à luy comme à nostre souverain bien : c'est de cét amour que traitte si doctement nostre bien-heureux Pere au dix-septiesme chapitre du second livre de l'Amour de Dieu.

La difference qui est entre ces deux amours surnaturels et infus est que celuy d'esperance est interessé, nullement celuy de charité ; laquelle a ceste proprieté qui la distingue de toutes les autres vertus, de ne chercher point son interest.

Tout amour qui est interessé n'est ny amour d'amitié, ny amour de charité. Quand donc nous aymons Dieu d'une vraye et non feinte charité, nous ne voulons en cet amour, que le seul bien de Dieu, qui est sa gloire, sans pretendre qu'il nous en revienne aucun avantage[2] : et quand nous aymons le prochain du mesme amour de charité, nous ne pretendons que le bien du prochain rapporté à Dieu en fin derniere. Et cela s'appelle proprement aymer en Dieu et pour Dieu, aymer le prochain du vray amour de charité et des-interessé, en ne cherchant pas son avantage, mais celuy des autres encor avec rapport à Dieu. Par là vous pouvez juger combien c'est chose rare d'aymer en Dieu et, combien la vraye charité envers le prochain est peu cogneuë, et encore moins pratiquee en la terre. Presque tous cherchent

---

[1] Cicer. de Invent. rhetor. lib. 2, cap. 55. — [2] S. Thom. 2ᵃ 2ᵃᵉ, quæst. 23, art. 6.

leurs interests, non ceux de Jesus-Christ, ny de leur prochain : et l'amitié du siecle, vrayement ennemie de Dieu, est une espece de trafic, et l'on n'ayme ses amis que comme les moutons quand ils sont bien gras, et quand ils ont la laine bien grande; en un mot, pour le profit qu'on en espere.

Que si nous les aymons d'amour d'amitié et des-interessé, ce sera, pour l'ordinaire, d'amour naturel, lequel, quoy qu'honneste et juste, ne peut porter le nom de charité, s'il ne se rapporte à Dieu, et ne se termine à luy, non en l'amy. Car quand il s'arreste au prochain, sans aucun regard de Dieu, il ne peut porter le tiltre de charité du prochain, ny rendre ceste dilection agreable à Dieu, ny meritoire de la vie eternelle : car Dieu ne promet la gloire qu'à celuy qui le glorifiera.

Oyez sur ce sujet le sentiment du bien-heureux François de Sales, au huictiesme de ses Entretiens spirituels, où il discourt ainsi.

« Il y a certains amours qui semblent extremement grands
» et parfaits aux yeux des creatures, qui devant Dieu se
» trouveront petits et de nulle valeur : parce que ces amitiez
» ne sont point fondees en la vraye charité, qui est Dieu;
» ains seulement en certaines alliances et inclinations natu-
» relles, et sur quelques considerations humainement loüa-
» bles et agreables. Au contraire, il y en a d'autres qui
» semblent extremement minces et vuides aux yeux du
» monde, qui devant Dieu se trouveront pleines et fort ex-
» cellentes; parce qu'elles se font seulement en Dieu, et
» pour Dieu, sans meslange de nostre propre interest. Or les
» actes de charité qui se font autour de ceux que nous ay-
» mons de ceste sorte, sont mille fois plus parfaits, d'autant
» que tout tend purement à Dieu : mais les services, et au-
» tres assistances que nous faisons à ceux que nous aymons
» par inclinations, sont beaucoup moindres en merite, à
» cause de la grande complaisance et satisfaction que nous

« avons à les faire, et que, pour l'ordinaire, nous les faisons
« plus par ce mouvement que par l'amour de Dieu. »

Voyez comme cét amour d'amitié qui n'est qu'humain est de bas alloy, comparé à l'amour d'amitié qui se rapporte à Dieu par la vraye charité, qui est ce pur or que sainct Jean nous conseille d'amasser[1], si nous voulons devenir riches des veritables richesses spirituelles et amasser des tresors de grace. Il y a neantmoins des personnes si vaines et si amoureuses d'elles mesmes, qu'elles veulent estre aymees pour l'amour d'elles et pour leur propre merite, ne pensans pas estre aymees à leur gré quand on les ayme en Dieu et pour Dieu, preferant ainsi leur interest et leur gloire à celle de Dieu, qui est une injustice prodigieuse.

Il m'est arrivé une fois de faire rencontre d'un de ces esprits inesgaux, auquel ayant dit que la derniere fin de toutes les choses que Dieu produit hors de soy estant sa gloire, selon ce qui est escrit, qu'*il a fait toutes choses pour soy*[2]; et adjoustant, par exemple, que Jesus-Christ ne s'estoit incarné, et n'avoit souffert la mort, en fin derniere, que pour la gloire de son Pere (selon ce qu'il dit luy mesme, *Je cherche la gloire du Pere qui m'a envoyé*[3]), et en fin prochaine seulement pour nostre salut : osa bien me dire que cela estant il penseroit avoir peu d'obligation au Fils de Dieu, s'il ne s'estoit incarné et s'il n'estoit mort principalement pour luy, alleguant pour sa deffense ce qui est couché au Symbole, que pour nous autres hommes et pour nostre salut Jesus-Christ estoit descendu des cieux, et avoit aussi esté crucifié pour nous.

Et quand je luy eu remonstré que son sentiment seroit impie, et que l'intelligence qu'il donnoit à cét article de foy seroit blasphematoire, s'il vouloit que la fin derniere de l'incarnation et de la passion du Redempteur fust ... la gloire de Dieu, mais le seul salut de l'homme; d'... ...

---

[1] Apoc. III, 18. — [2] Prov. XVI, 4. — [3] Joan. V, 30, et VIII, 50.

ce seroit preferer l'interest de la creature à celuy du Createur, par un attentat plus sacrilegue que celuy de cét ange revolté, qui ne vouloit mettre son siege qu'au costé gauche aux flancs de l'aquilon, et se rendre semblable, non superieur au tres-haut : a peine pouvoit il gouster ceste raison, si je n'eusse adjousté : « N'estes-vous pas obligé par la loy chrestienne, qui est une loy d'amour et de charité, d'aymer Dieu souverainement et par dessus toutes choses? doncques plus que vous mesme, qui estes quelqu'une de toutes ces choses ausquelles Dieu doit estre preferé; doncques vous estes obligé de preferer son interest au vostre, et sa gloire à la vostre : veu mesme que Jesus-Christ ne vous en ayme pas moins, ny n'opere pas moins vostre salut, pour aymer son Pere plus que vous, et luy rapporter la gloire de vostre salut; car ainsi il vous ayme d'un amour de vraye et d'extrême charité, qui n'a point d'autre interest que celuy de la divine gloire. Aprenez de là, poursuivy-je, que l'on n'en ayme pas moins le prochain pour l'aymer en Dieu, et pour rapporter à Dieu l'amour qu'on luy porte, que si on ne l'aymoit que pour luy mesme. Au contraire, ce rapport rend l'amitié de naturelle surnaturelle, d'humaine divine, et de temporelle elle luy donne droit de passer dans l'eternité, et d'y posseder une couronne de gloire qui ne peut jamais flestrir. »

« Il y a encor une autre raison, dit le bien-heureux Fran-
» çois au mesme lieu, qui rend ces premieres amitiez, dont
» nous avons parlé, moindres que les secondes : c'est qu'elles
» ne sont pas de duree, parce que la cause en estant fresle,
» dés qu'il arrive quelque traverse, elles se refroidissent et
» alterent; ce qui n'arrive pas à celles qui sont fondees en
» Dieu, parce que la cause en est solide et permanente [1]. »

Il parle des amitiez naturelles, lesquelles estant fondees sur des qualitez qui peuvent changer dans le sujet aymé,

[1] Entret. 8.

lequel de vertueux peut devenir vicieux, et en un mot perdre la condition pour laquelle nous l'aymions ; de sorte que le bastiment, assis sur des fondemens si debiles et ruineux, ne peut pas estre bien asseuré. Mais qui ayme en Dieu, et qui n'ayme qu'en Dieu ne peut craindre de changement, parce que Dieu estant tousjours luy-mesme, une cause si ferme ne peut produire des effects muables. Par exemple, celuy que nous aymions devient nostre ennemy, et nous fait du tort et des outrages, nous ne laisserons pas de l'aymer en Dieu, et de luy jetter des charbons ardans, ou plustost des roses au visage, en luy rendant bien pour mal, et benediction pour malediction : pourquoy? Parce que le mesme Dieu qui nous commande d'aymer nostre prochain, nous ordonne aussi d'aymer nos ennemis, de vaincre leur ingratitude par nos bienfaits, et de prier pour ceux qui nous persecutent. Ce qui a fait dire à nostre Bien-heureux, en sa Philothee, ce beau mot parlant des amitiez, « que tous les autres liens qui » attachent les cœurs sont de verre et de jayet; mais celuy » de la tres-saincte charité, d'or et de diamant : » et c'est cette amitié qui a Dieu pour son fondement, laquelle ne peut jamais defaillir quand elle a une fois esté veritable, parce que la charité ne defaut jamais.

L'amicitia che può finire non fù maï vera.

L'enfant qui n'ayme son pere que d'amour naturel, quoy qu'il soit d'amitié et des-interessé, c'est à dire, qu'il n'en attende aucun bien ny avantage, pourra perdre cét amour si le pere luy devient rude et fascheux, et le traitte en tyran. Mais s'il l'ayme d'amour de charité, c'est à dire, en Dieu et pour Dieu, parce que Dieu le veut et l'ordonne en sa loy, parce que cela plaist à Dieu ; que le pere soit pauvre ou riche, doux ou rude, fascheux ou favorable, il l'aymera et honorera tousjours egalement dans l'inegalité de ses traittemens et de ses humeurs, d'autant que la cause pour laquelle il l'ayme, qui est Dieu, est tousjours egale à elle mesme. Le mesme se peut dire de la femme envers le mary, du fidele serviteur envers son maistre, du sujet envers son prince.

« A ce propos saincte Catherine de Sienne fait une belle
» comparaison. Si vous prenez, dit-elle, un verre, et que vous
» l'emplissiez dans une fontaine, et que vous beuviez dans ce
» verre, sans le sortir de la fontaine, encore que vous beuviez
» tant que vous voudrez, le verre ne se vuidera point : mais
» si vous le tirez hors de la fontaine, quand vous aurez beu,
» le verre sera vuide. Ainsi en est-il des amitiez ; quand
» l'on ne les tire point de leur source, elles ne tarissent
» jamais[1]. »

Cette similitude est extremement propre, et represente fort naïvement ce que c'est que d'aymer en Dieu. O certes, une once de cét amour sacré et ferme, vaut une infinité de livres de l'amour naturel, je dis de l'amour mesme d'amitié, le plus pur et des-interessé. A comparaison de ce magnifique amour de charité, que Dieu de sa propre main respand en nos ames, il semble que le naturel ne soit pas amour ; ou s'il est amour, l'autre est extremement plus qu'amour. C'est la gaule de Moyse qui devore les autres des mages, c'est l'estoile et la gerbe de Joseph, devant qui les autres s'inclinent. Aymer le prochain en Dieu, c'est l'aymer en la maniere que Dieu l'ayme et nous ayme, c'est l'aymer divinement, et ainsi tres-parfaittement, c'est accomplir ceste loy, precepte de Jesus-Christ, que nous nous aymions les uns les autres, *comme il nous a aymez*[2] : et comme nous a-t-il aymez, sinon en son Pere et pour l'amour de son Pere? et comme nous ayme le Pere, sinon en son Fils bien-aymé, et pour l'amour de cét Unique plein de grace et de verité? « Certes tout autre amour que celuy-là, ou n'est pas amour, ou ne merite pas le nom d'amour, ou celuy-là est infiniment plus qu'amour. » Ce sont des termes de nostre bien-heureux Pere.

[1] Entret. 8. — [2] Joan. xiii, 34.

SECTION IX.

Simplicité qui paroist duplicité.

Il y a des duplicitez et dissimulations si bien contrefaittes, qu'on les prendroit pour des simplicitez accomplies ; comme il y a des lapidaires qui sçavent si proprement mettre en œuvre des doublets, que les plus experts les prendroient pour de fines pierreries. Il y a aussi des simplicitez qui semblent estre des duplicitez à ceux-là mesme qui les pratiquent, et neantmoins ne le sont nullement : telle est celle dont on me fait la demande, sçavoir si les temoignages de bien-vueillance, que nous nous forçons de faire contre nostre propre sentiment, à ceux pour qui nous avons des aversions naturelles, ne sont point des trahisons et des duplicitez, d'autant que nous leur faisons paroistre toute autre chose que ce que nous avons dans le cœur.

La response en est aisee, si nous voulons distinguer la partie sensitive de l'ame, de la raisonnable. Car ceste aversion n'estant que dans celle-là, ce n'est nullement une duplicité de les caresser selon celle-cy, qui est la principale et superieure, et comme la Sara, dont l'autre n'est que l'Agar : et tant s'en faut que ce soit duplicité et finesse, que ces signes de bien-vueillance sont d'autant meilleurs et plus excellens qu'ils sont plus forcez ; d'autant qu'ils temoignent l'empire de la raison sur les sens, selon ce qui est escrit, *Ton appetit sera sous toy, et tu le domineras*[1]. C'est là cette saincte violence qui ravit les cieux, et qui est si agreable à Dieu ; à qui toute duplicité est si odieuse, qu'il denonce malheur à ceux qui sont doubles de cœur, et dont les lèvres trompeuses parlent en un cœur et en un cœur double[2].

Mais si ceux à qui nous faisons ces caresses, sçavoient ce combat des deux parties de nostre ame, inferieure et supe-

[1] Gen. iv, 7. — [2] Eccli. ii, 14, et Psal. xi, 3.

rieure, que pourroient-ils penser de nous? Il ne se faut pas tant soucier du jugement des hommes que de celuy de Dieu : s'ils jugent selon la chair, ils doivent avoir pitié de nostre misere, et de ceste rebellion qui revolte la partie sensitive contre la raisonnable ; mais s'ils forment leur jugement selon celuy des personnes qui ayment Dieu, il ne pourra que nous estre favorable, puis qu'il sera conforme à celuy de Dieu mesme, qui est Dieu de vérité, et qui cognoist nos plus secrettes pensees. Une once de cét amour fort et raisonnable vaut mieux que cent livres du tendre et sensitif qui nous est commun avec les animaux, et qui souvent trahit nostre raison et luy fait prendre le change. Ce que nous faisons pour Dieu avec plus de repugnance de la part de la nature, fait cognoistre la surabondance de la grace et la plus grande perfection de l'œuvre, d'autant que la source de son origine, qui est la grace, est plus eslevee.

Ce que nous faisons pour Dieu avecque plaisir nous doit estre suspect, ou au moins nous doit faire tenir sur nos gardes, de peur que nous ne prenions le change ; principalement en l'amour du prochain, où il y a tant d'embusches cachees, et tant de sujets qui nous destournent du pur amour de Dieu. La sympathie, la complaisance, l'interest honorable, utile ou delectable, sont autant de brigands qui destroussent l'amour de Dieu sur le chemin, et qui font finir par la chair et le sang ce qui aura commencé par l'esprit. Le sens est comme une Dalila qui endort Samson pour le tondre, et qui surprend la raison lors qu'elle sommeille; une Jaël qui tue Sisara apres luy avoir baillé du laict à boire; il a la voix de Jacob, mais ses mains sont d'Esaü. Ce n'est pas mal fait d'aymer en Dieu un prochain qui nous est agreable, pourveu qu'en effect nous l'aymions plus à cause de Dieu, que parce qu'il nous agree ; mais comme il est malaisé, que je ne die impossible, de regarder la glace d'un miroir sans s'y voir, et s'y voir sans s'y considerer, et s'y considerer sans complaisance ! complaisance qui insensiblement nous fait oublier le miroir pour penser à nostre image qu'il nous represente, et de nostre image à nous mesme.

Aymer la volonté de Dieu dans la prosperité est une chose douce, car qui n'aymeroit une chose si aymable, comme est ceste saincte volonté en un subjet de soy si desirable? mais qui aymeroit ceste prosperité autant et plus que ceste divine et adorable volonté, commettroit une injustice manifeste. Aymer la prosperité avec ceste divine volonté est chose supportable, pourveu qu'en verité on ayme d'avantage ceste volonté celeste que la prosperité, et est plus loüable de rapporter toute ceste prosperité à la gloire de cette volonté : mais qui ne voit combien il est difficile de n'aymer purement que ceste volonté dans la prosperité, sans prendre quelque goust particulier en celle-cy, distingué de la douceur que nous devons savourer en l'autre? De cette difficulté procede ce change si ordinaire qui nous fait aymer, non pas la prosperité dans la volonté de Dieu, mais la volonté de Dieu dans la prosperité, mettans Dieu dans nostre interest, et non pas nostre interest en Dieu. Et de fait la privation de la prosperité est la pierre de touche qui nous fait cognoistre combien nostre amour estoit de bas alloy : car la volonté de Dieu estant egalement dans l'adversité qu'en la prosperité, ce que nous aymions celle-cy, plus que nous n'aymons celle-la, ne procede pas de Dieu qui est tousjours egal à luy mesme, mais de ce que nous aymons avec Dieu quelque chose qui n'est pas luy.

Si Jacob n'eust recherché que l'alliance de Laban, il ne se fust pas attristé de la substitution de Lia, puis qu'elle estoit aussi bien fille de Laban que Rachel, et fille aisnee, et fille bien ree, et bien aymee de son pere, et bonne et douce et fertile : mais parce qu'il aymoit la beauté de Rachel outre l'honneur de l'alliance de Laban, pour cela il se plaignit de la tromperie qu'on luy avoit faite, dont il ne peut estre satisfait que par la promesse d'avoir encore l'autre, apres quelques annees de service

Si nous n'aymions que Dieu, en toutes choses, et toutes choses qu'en luy, la prosperité et l'adversité, comme à Job, nous seroient indifferentes; et voyans plus de marques de l'amour de Dieu en l'adversité, puis que c'est le partage ordinaire de ses esleus, possible l'aymerions nous d'avantage, que le beau et riant visage de la prosperité. Mais parce que nous nous aymons nous mesme avec Dieu, non autant, ny plus; car ce seroit un crime; mais tousjours avec luy, quoyque moins et apres luy; de là vient que nous choisissons plustost la prosperité, et nous plaignons quand il envoye quelque fleau dans nostre tabernacle.

Fuir la conversation d'un prochain dont l'humeur nous est desagreable et à charge, et rechercher avec joye celle d'une personne qui nous plaist, soit par sympathie, soit pour quelqu'autre regard interessé; qui ne voit qu'encor qu'on les ayme en Dieu et pour Dieu tous deux, ce n'est pourtant Dieu seul qu'on y ayme, puisque Dieu est egalement en l'un et en l'autre, mais qu'il y a je ne sçay quoy outre Dieu que l'on ayme en eux avec Dieu?

Mais n'aymer que Dieu dans l'adversité est une chose plus facile, d'autant que l'adversité n'a rien d'aymable en soy, sinon ceste beniste et divine main qui l'envoye. Elle est comme la verge de Moyse, gaule miraculeuse, et de direction en la terre de promesse en la main de ce legislateur, et un serpent quand il la jettoit en terre. L'adversité en la main de Dieu, est une verge de direction au royaume du ciel; c'est une gaule et un baston de consolation; hors de là c'est un serpent qui nous picque et nous mord.

Mais souvent il nous arrive de faire comme ces enfans à qui on donne des confitures sur du pain, qui mangent les confitures et laissent le pain : quand Dieu nous donne son amour dans la prosperité, nous prenons la douceur confite de la prosperité, et quittons le pain solide de son pur amour. Cette doctrine que je vous viens d'avancer, est tout à fait conforme à l'esprit du bien-heureux François de Sales, comme vous le pourrez remarquer, si vous consultez le huictiesme de ses Entretiens spirituels.

SECTION X.

Aymer d'estre hay, et hayr d'estre aymé.

Cette maxime du bien-heureux François semble estrange, et tout à fait contraire à son humeur qui estoit toute confite dans l'amour. Mais à la considerer de pres, on trouvera qu'elle est composee du plus pur et du plus fin amour de Dieu. Il disoit donc qu'il falloit aymer d'estre hay, et hayr d'estre aymé. Ne vous imaginez pas qu'il entendist cela autrement qu'en Dieu et pour Dieu.

Il vouloit donc qu'on aymast d'estre hay pour Dieu, selon ce mot de l'Evangile : *Vous serez bien-heureux quand les hommes vous hayront, et diront de vous toute sorte de mal à cause de moy; resjoüissez-vous, car vostre loyer est grand au ciel.* A raison de quoy sa favorite entre les beatitudes estoit celle-cy : *Bien-heureux ceux qui endurent persecution pour la justice*[1]. Et certes *il ne se faut pas estonner*, dit Jesus-Christ à ses disciples, *si le monde vous hayt, car il m'a hay le premier*[2], et il m'a hay parce que *mon royaume n'est pas de ce monde*[3] : *et vous autres aussi n'estes pas de ce monde*[4], l'amitié duquel *est ennemie de Dieu*[5]; *si vous estiez de ce monde, il vous aymeroit, car vous seriez des siens*[6]. C'est ainsi qu'il faut aymer d'estre hay.

Et il faut aussi hayr d'estre aymé autrement qu'en Dieu et pour Dieu; à cause du grand danger qu'il y a que l'amitié humaine, quelque honneste et legitime qu'elle soit en son origine, ne degenere en quelque chose de mauvais, principalement quand elle se contracte entre des sexes differens, parce que souvent

Desinit in piscem (ou picem) mulier formosa superne[7].

[1] Matth. v, 11, 10. — [2] Joan. xv, 18. — [3] Id. xviii, 36.— [4] Ibid. 19. — [5] Jacobi iv, 4. — [6] Joan. xv, 19. — [7] Horat. De art. poet. 4.

D'avantage, vouloir estre aymé autrement qu'en Dieu est quelque espece de larcin, parce que c'est desrober à Dieu quelque portion du cœur du prochain, qui n'en a pas à beaucoup pres assez pour aymer Dieu, qui est infiniment plus grand que nos cœurs. Troisiesmement, c'est allumer la jalousie de Dieu qui ne veut point de rival ny de compagnon en la couche de nostre cœur : il faut que son amour soit tout ou nul, ou roy ou rien. Quatriesmement, c'est une vanité trop expresse de penser avoir quelque merite par lequel on puisse acquerir l'amour de quelqu'un.

« O que bien-heureux sont ceux, dit nostre bien-heureux » François, qui n'ont rien d'aimable! car ils sont asseurez » que l'amour qu'on leur porte est excellent, puis qu'il est » tout en Dieu[1] ! » et comme ils cognoissent bien que c'est pour Dieu seul qu'on les ayme, ils en rendent aussi toute l'action de grace et toute la gloire à Dieu, qui les benit de ceste benediction, et qui les couronne de ceste misericorde.

J'ay cognu une fort vertueuse femme, mais fort laide, que son mary aymoit esperdument, parce qu'elle luy disoit sans cesse qu'elle estoit indigne de son amour et de son alliance, et qu'elle eust esté trop honoree de servir celle qu'il eust espousee, et qui eust esté plus digne de ses regards et de ses affections; tant l'humilité et la vertu ont de plus puissans charmes que la fresle beauté : et Dieu tira de ceste Lia les plus beaux enfants qu'il estoit possible de contempler.

Que s'il faut hayr d'estre aymé autrement qu'en Dieu, il faut beaucoup plus haïr et se garder d'aymer autrement qu'en Dieu et pour Dieu : car aussi tost que nous perdons de veuë ceste belle estoille du regard de Dieu, nous courons risque de donner dans des brisans et de faire un triste naufrage. Que sainct Augustin disoit excellemment à ce propos : « Seigneur, celuy là vous ayme moins qu'il ne doit, lequel » ayme quelque chose avec vous, qu'il n'ayme pas pour l'a- » mour de vous! »

[1] Entret. 8.

Aymer quelque creature avec Dieu sans rapporter cét amour à Dieu, quoy qu'on ne l'ayme pas contre la loy de Dieu, c'est diminuer d'autant l'amour que nous devons à Dieu, lequel veut estre aymé de tout nostre cœur, de tout nostre esprit, de toute nostre ame, etc. O Dieu, ou ostez nous du monde, ou ostez le monde de nous; ou arrachez nostre cœur du monde, ou arrachez le monde de nostre cœur. Tout ce qui n'est point Dieu n'est rien. Que voulons nous en la terre et au ciel, sinon Dieu; c'est à dire, qu'il soit glorifié, et sa volonté accomplie en la terre, comme au ciel? Devant ceste magnifique gloire de Dieu qui est le comble et le but de son amour, tout n'est que bouë et que dommage. Quand pourrons nous dire avec l'Apostre, *Non je ne vis plus moy, c'est Jesus-Christ qui vit en moy*[1]? il est à moy, je suis à luy, et il est tourné vers moy, et je suis tout retourné à luy, en toutes choses, et sur toutes choses, et sans toutes choses. Vive Jesus, lequel est Dieu beny par tous les siecles. Amen.

SECTION XI.

De l'ordre de la charité.

Il en est de l'amour comme de l'honneur, il se diversifie selon la varieté des objects. Ce que je dy pour respondre à la demande qui me vient d'estre faite, sçavoir si nous sommes obligez d'aymer tousjours d'avantage les meilleurs, c'est à dire, ceux que nous estimons les plus vertueux et les plus agreables à Dieu, sans considerer s'ils sont nos peres, nos superieurs, nos proches. Il faut icy de la discretion; car le zele sans science est un broüillon qui gaste tout, et qui est le pis en pensant bien faire; et se souvenir que la charité ayme tellement le bon ordre (comme il est escrit au Cantique[2]) que sans cela elle perit.

Cét ordre se trouve dans les divers respects qui rendent les personnes aymables et considerables, de telle sorte que l'un

---

[1] Galat. II, 20. — [2] Cantic. II, 4.

n'empesche point l'autre, autrement il y auroit de la confusion. Or c'est la verité que là où il y a plus de grace, qui est une participation de la nature divine, il faut aussi donner plus d'amour; d'autant que Dieu estant le principal et souverain object de la charité, où il y a d'avantage de Dieu, c'est à dire de sa communication, c'est là que la charité s'estend. Ainsi nous devons aymer d'avantage ceux que nous sçavons estre plus parfaits que nos parens et superieurs, pour ce regard de leur perfection. Mais d'autre costé nous devons aymer nos parens et superieurs en ceste qualité aussi plus que ceux qui sont plus vertueux et plus parfaits qu'eux, à raison que Dieu veut que nous honorions en eux l'image de sa paternité, de sa superiorité, de sa justice, et de sa puissance; car c'est deux qu'il a dit, *Qui vous honore me revere, et qui vous dedaigne me mesprise* [1].

Ainsi tenons nos affections en bon ordre, et mettant chaque dilection en son rang nous accomplirons la loy de Dieu, et sa justice, qui n'est autre que la loy d'amour et de parfaitte charité. Je ne vous fay pas ceste response de ma teste, elle est du crû de nostre bien-heureux Pere, comme vous le pourrez voir au huictiesme de ses Entretiens.

SECTION XII.

De la charge pastorale.

Me plaignant à luy des traverses et des difficultez que je rencontrois en l'exercice de ma charge pastorale, il me respondoit, qu'arrivant au service de Dieu il falloit se preparer à la tentation, nul ne pouvant aller apres Jesus-Christ ny estre du nombre de ses vrais disciples qu'en portant sa croix, ny avoir acces au ciel que par le chemin et la porte des souffrances. « Representez-vous que nostre premier pere, mesme en l'estat d'innocence, fut mis au paradis terrestre pour

[1] Luc. x, 16.

operer et le garder : estimez vous qu'il en fut banny apres son peché pour ne rien faire ? pensez comme Dieu le condamne luy et toute sa posterité à travailler, et à labourer une terre ingrate qui ne luy devoit produire que des ronces et des espines. Il y a bien plus de peine à deffricher des esprits que de la terre, pour rude, pierreuse et sterile qu'elle soit. L'art des arts, c'est la conduite des ames : il ne faut s'y pas commettre si on ne se resout à mille travaux et traverses. Le Fils de Dieu estant un signe de contradiction, se faut-il estonner si son ouvrage y est exposé ? et s'il a tant peiné pour gaigner des ames, ses coadjuteurs et cooperateurs, qui ne sont que ses disciples, auront-ils meilleur marché que leur maistre ?

Sainct Paul disoit au jeune evesque Timothee : *Presse en temps, hors de temps, repren, tance, prie, en toute patience et doctrine*[1]. Notez qu'il met la patience devant la raison, d'autant que l'on n'a raison des discoles que par la patience. Par cette vertu nous ne possedons pas seulement nos ames, mais encore les autres : l'homme patient est meilleur que le vaillant en cela, et incomparablement plus que le violent. Le mesme Apostre apprend au mesme evesque à estre vigilant, laborieux à accomplir son ministere avec sobrieté[2] ; et luy-mesme se donne pour exemple aux travaux, aux abstinences, à la pauvreté, au froid, à la nudité, à la faim, et à la soif, aux souffrances à droitte et à gauche, c'est à dire, de tous costez[3]. »

Mais de peur que tant de difficultez ne m'abbatissent le courage, il le relevoit aussi tost par l'exemple du Prince des pasteurs et evesque de nos ames, l'autheur et consommateur de nostre foy, lequel avoit preferé l'opprobre et le labeur à la joye, pour avancer l'œuvre de nostre salut. Il y adjoustoit ceux des Apostres et autres pasteurs de l'Eglise, desquels si l'on tient à honneur d'heriter la succession, il faut aussi

---

[1] II Tim. IV, 2. — [2] Ibid. 5. — [3] II Cor. XI, 23-33.

prendre l'heritage avec ses charges, non soubs benefice d'inventaire : autrement ce seroit imiter le parent de Ruth, qui vouloit bien l'heritage du mary, mais non pas espouser sa relaissee, et luy susciter un heritier.

Son succre ordinaire pour adoucir toutes ces amertumes c'estoit l'amour, et il me le proposoit avec ces beaux mots de sainct Augustin : « Où l'on ayme, il n'y a point de travail ; » ou s'il y en a, on ayme le travail mesme ; car qui travaille » en aymant, ayme à travailler pour la chose aymee. » Que ne fit Jacob, pour posseder la fresle beauté de Rachel ? que ne souffrit Sichem pour espouser Dina ? Qui endure pour bien aymer, se plaist à bien endurer, et c'est un tesmoignage de peu d'amour de se plaindre de la peine. Ce sont les menus flambeaux qui s'esteignent par le vent, les gros s'y embrasent. La femme a bien de la douleur à enfanter, mais ayant mis un enfant au monde, sa joye efface incontinent le souvenir de ses tranchees. Apres tout, les souffrances passageres du siecle present ne sont pas dignes d'estre comparees à la gloire future qui nous sera descouverte au ciel, où Dieu essuyera nos larmes, où il n'y aura plus ny plainte, ny travaux, ny douleurs, parce que ces choses seront passees : notez, seront passees, d'autant qu'il faut passer par le feu et l'eau de plusieurs tribulations et espreuves, avant qu'entrer au repos eternel, où chacun sera loüé de Dieu, et recevra selon ses œuvres.

SECTION XIII.

Parole de Thaulere.

Je l'ay ouy souvent faire grande estime d'un traict de Thaulere, qu'il ne se pouvoit rassasier d'inculquer à ses disciples, et aux ames qu'il vouloit ou presser d'entrer en la devotion, ou, si elles y estoient entrees, qu'elles y fissent progrez.

On demandoit à ce sainct personnage qui a si dignement

escrit de la theologie mystique, et qui estoit si grand contemplatif, où il avoit trouvé Dieu, avec lequel on voyoit qu'il avoit des communications si estroittes et si familieres, et il respondoit, « Où je me suis trouvé moy-mesme : » et quand on luy demandoit où il s'estoit trouvé luy-mesme, il repliquoit, « Là où je me suis oublié en Dieu. »

« Il se faut, disoit-il, perdre soy-mesme pour se trouver en Dieu, selon ce qui est escrit : *Qui perdra son ame en ce monde, la conservera pour la vie eternelle : et qui la voudra garder, la perdra*[1]. *Nul ne peut servir à deux maistres, à Dieu et à Mamone*, à Dieu et à son ventre : *pour suivre l'un, il faut necessairement quitter l'autre*[2]. *Il n'y a point d'accord entre la lumiere et les tenebres, Christ et Belial*[3]. Les deux amans qui ont basty les deux citez, de Hierusalem et de Babylone, dont parle sainct Augustin, sont incompatibles ; c'est le combat d'Esau et de Jacob, dans les flancs d'un mesme cœur. »

Tout l'Evangile ne nous presche que le renoncement de nous mesme, si nous voulons suivre Jesus-Christ : si nous ne mourons à nous et en nous, nous ne pouvons vivre à luy et en luy. La vie de nostre propre interest est la mort de celuy de Dieu en nostre ame ; et la vie de celuy de Dieu, est la mort de la destruction de nostre propre amour. Nous ne trouverons Dieu que là ou nous nous quitterons nous mesmes ; et là où nous nous rechercherons, il ne faut pas que nous fassions estat de trouver Dieu. *Il ne se rencontre pas*, dit Job, *en la terre de ceux qui vivent suavement*[4], c'est à dire, dans les cœurs remplis de l'amour d'eux-mesmes. L'espouse le cherche en vain dans le lict de ses delices, et dans la nuict de ses ordures, elle ne le trouve qu'avec peine et travail, jusques à tomber à cœur failly, à pasmer et à languir d'amour[5].

---

[1] Joan. xii, 25. — [2] Matth. vi, 24. — [3] II Cor. vi, 14, 15. — [4] Job xxviii, 13. — [5] Cantic. ii, iii.

La vraye charité est l'unique moyen pour trouver Dieu; qui l'a, demeure en Dieu, et Dieu en luy. Or la charité ne cherche point son interest, mais celuy de Dieu. Concluez de là, combien est veritable le mot de Thaulere, et combien juste l'estime que nostre bien-heureux Pere en faisoit.

SECTION XIV.

Où trouver Dieu.

Ou donc trouverons nous Dieu, me demande-t-on? Je le viens de dire, et on ne l'a pas aperceu. Vous avez fait comme ces Juifs qui cherchoient le Messie, et sainct Jean leur dit qu'il estoit au milieu d'eux, et qu'ils ne le sçavoient pas : le Fils de Dieu est venu au monde, et le monde ne l'a pas cognu ; il est venu en personne, et les siens ne l'ont pas receu[1]. La vefve du prophete n'eut de l'huile qu'autant qu'elle luy apporta de vaisseaux vuides : nous ne serons remplis de Dieu, qu'autant que nous serons vuides de nostre nous-mesmes ; nous ne serons proche de luy, qu'autant que nous serons esloignez de nous mesme. Le Prodigue ne fut admis en la maison de son pere qu'apres qu'il eut quitté la region lointaine et de dissimilitude, où il s'estoit escarté et esgaré : le salut est esloigné des pecheurs ; car ils n'ont pas recherché les justifications de Dieu, c'est à dire, ses volontez.

Nous sçavons bien, me direz vous, qu'il faut quitter le peché pour trouver la grace de Dieu : car c'est un Dieu qui ne veut point l'iniquité, qui haït l'impie et son impieté. Mais on nous parle d'un autre avoisinement de Dieu qui est secret et mystique, et particulier aux ames qui disent avec le Psalmiste : *En paix en luy je dormiray et me reposeray, car il m'a estably en la singuliere esperance de sa misericorde*[2].

Je vous entend bien : or sus, il faut que je vous paye de bonne monnoye, et battuë au coing de nostre bien-heureux

[1] Joan. I, 26, 10, 11. — [2] Psal. IV, 9, 10.

Pere, car autrement je ne recevrois pas ma quittance. Escoutez donc ce qu'il dit au douziesme de ses Entretiens spirituels. « Le pur amour de Dieu, dit-il, ne se trouve jamais si » bien qu'en la mortification de nous-mesme, et à mesure que » la mortification croist, nous nous approchons d'autant » plus du lieu où nous devons trouver son divin amour. »

Or par cette mortification ne vous imaginez pas celle qui est à feu et à sang, et qui ne regarde que le corps, et comme la demolition de ceste habitation terrestre, qui est la demeure passagere de nostre ame : car bien que elle soit fort bonne, et que l'Escriture nous y exhorte en cent endroits, elle n'est pourtant pas ny l'unique ny la meilleure; la circoncision du cœur estant beaucoup plus excellente que celle de la chair, et le brisement du cœur plus recevable et estimable que le dechirement des habits, dit Dieu mesme par son prophete [1]. Il entend donc la mortification du propre jugement, du propre amour, de la propre volonté : ostez celle-cy, dit sainct Bernard, et il n'y aura plus d'enfer, parce que la cause cessant, l'effect cesse aussi. Ce que sainct Paul dit de l'exercitation du corps qui sert à peu, et la pieté à tout [2], se peut fort justement appliquer à la mortification corporelle et spirituelle; celle-là sert fort peu sans celle-cy, mais celle-cy peut beaucoup servir sans celle-là. *Je haïs vos jeusnes*, dit le Seigneur aux Israëlites, *parce qu'aux jours de vostre abstinence, je vous voy remplis et gorgez de vostre propre volonté*[3]. Le jeusne que Dieu ayme d'avantage c'est de s'abstenir de la recherche de son propre interest pour ne pretendre qu'à la gloire de Dieu, qui doit estre ou l'unique ou le souverain but de toutes nos intentions, et c'est là où nous trouverons Dieu dans le midy de son ardant et pur amour, sans l'ombre de nostre interest propre.

---

[1] Joel II, 12. — [2] I Tim. IV, 8. — [3] Isai. LVIII, 3.

SECTION XV.

Pur amour du prochain.

Que ce Bien-heureux aymoit dignement, purement et hautement le prochain! escoutez, je vous prie, sa façon de l'aymer, et comme il l'exprime au douziesme de ses Entretiens.

« Il faut, dit-il, voir le prochain dans la poictrine du
» Sauveur. Helas! qui regarde le prochain hors de là, il
» court fortune de ne l'aymer, ny purement, ny constam-
» ment, ny egalement : mais là, qui ne l'aymeroit? qui ne
» le supporteroit? qui ne souffriroit ses imperfections? qui
» le treuveroit de mauvaise grace? qui le treuveroit en-
» nuyeux? Or il est ce prochain, mes tres cheres filles, dans
» la poictrine du Sauveur, il est là comme tres aymé, et tant
» aymable que l'amant meurt d'amour pour luy. »

Le grand prestre de la loy avoit sur son rational attaché à sa poictrine douze pierres precieuses, sur lesquelles estoient gravez les noms des douze tribus d'Israël, qui comprenoient tout le peuple de Dieu. Le sainct Evesque regardoit ainsi tous ses prochains gravez sur la poictrine du Prince des pasteurs et Evesque de nos ames, Jesus-Christ : ô combien luy paroissoient ils beaux et aimables en ce lieu-là! On dit qu'il y a un fleuve en la Boëtie dans les eaux duquel les poissons paroissent avoir des escailles d'or; hors de là elles sont comme les autres poissons. Ses prochains, quoy qu'imparfaits, luy sembloient tout d'or dans les ondes sacrees qui couloient du flanc ouvert du grand Sauveur, dont la charité couvroit la multitude de tous leurs deffauts. J'ay autrefois veu une piece de cristal taillee d'un façon concave, dans un cabinet de curiositez à Paris, au travers duquel tout ce que l'on regardoit paroissoit si beau qu'il sembloit que les ordures fussent des pierres precieuses, et les visages les plus difformes sembloient specieux. Qui regarde le prochain en

Jesus-Christ et au travers de Jesus-Christ n'y voit rien que d'exquis et digne d'amour; hors de là on n'apperçoit que miseres humaines. C'est la main de Moyse nette dans son sein, lepreuse dehors; c'est le fleuve du Jourdain où Naaman quitte sa lepre pour y prendre une peau blanche et delicate comme d'un petit enfant.

Si nous aymions ainsi nos prochains, et que Jesus-Christ fust toutes choses en tous, nous commencerions dés la terre à les aymer de la sorte que nous les aymerons eternellement au ciel, où Dieu sera toutes choses à tous et en tous. A celuy à qui, par qui, de qui, pour qui sont toutes choses soit gloire et honneur par toute l'estendue de l'eternité. Amen, amen.

SECTION XVI.

Des esprits reflechissans.

Il n'aymoit nullement les esprits trop reflechissans, et qui faisoient cent considerations sur des choses de neant. Il appelloit cela avec le Toscan, *Favellar in punta di forchetta;* ou avec le Psalmiste, tisrer des toiles d'araignee[1]. « Les esprits de ceste sorte, disoit-il, ressemblent au ver à soye qui s'emprisonne et s'embarrasse dans son travail. »

Ces reflexions continuelles sur soy et sur ses actions emportent beaucoup de temps qui seroit mieux employé à agir, qu'à tant regarder ce que l'on fait. Souvent à force de considerer si l'on fait bien, l'on fait mal. *Seigneur*, dit le Psalmiste, *ils ont dissipé vostre loy au temps mesme qu'il estoit question de l'accomplir*[2]. On demandoit au grand sainct Anthoine, à quoy l'on pouvoit cognoistre si l'on prioit bien : « A cela mesme, respondit-il, de ne le cognoistre pas; et celuy-là prie bien qui est si occupé avec Dieu, qu'il ne s'a-

---

[1] Psal. LXXXIX, 10. — [2] Psal. CXVIII, 126.

vise pas qu'il prie. » Celuy qui ne marcheroit qu'en contant chacun de ses pas, et prenant garde exactement à son assiette, ne feroit pas beaucoup de chemin en un jour. Escoutons à ce propos un enseignement de nostre bien-heureux Pere en l'un de ses Entretiens : c'est au douziesme.

« Qui est, dit-il, bien attentif à plaire amoureusement à
» l'amour celeste, n'a ny le cœur, ny le loisir de retourner sur
» soy-mesme. Son esprit tendant continuellement du costé où
» l'amour le porte, il ne permet point à son ame de faire des
» retours sur elle-mesme pour voir ce qu'elle fait, ou si elle
» est satisfaite. Helas! nos satisfactions et consolations ne sa-
» tisfont pas les yeux de Dieu : ains elles contentent seu-
» lement ce miserable amour et soin que nous avons de nous
» mesme hors de Dieu et de sa consideration. »

Mais, me demande-t-on, ne faut-il pas que nous prenions garde à ce que nous faisons, principalement quand nous pratiquons quelque action qui regarde le service de Dieu, et que nous cheminons en sa presence? — Certes toute l'Escriture, vous dis-je, auctorise ce juste soin, et nous recommande en plusieurs endroicts de penser à nos voyes, pour retourner nos pieds, c'est à dire nos affections, vers les tesmoignages de Dieu[1] : que nous ayons attention sur nous[2] : que estans assis à la table du prince, nous mettions soubs nostre gorge la pointe du cousteau de la circonspection[3]. *J'ay dit,* chante le Psalmiste, *J'observeray mes routes, afin que je ne faille point par ma langue ; je veux pour cela mettre une garde à ma bouche*[4]. *Marche devant moy, et sois parfait,* dit Dieu à Abraham[5]. *Je craignois en toutes mes œuvres,* disoit Job[6], sçachant que Dieu prend garde aux moindres deffauts, qu'il nombre nos pas et nos paroles. *Avant ta priere,* dit le Sage, *prepare ton ame, de peur que tu ne sois semblable à celuy qui tente Dieu*[7]. Et Dieu mesme se

---

[1] Psal. cxviii, 59. — [2] Galat. vi, 1. — [3] Prov. xxiii, 1, 2. — [4] Psal. xxxviii, 2. — [5] Gen. xvii, 1. — [6] Job ix, 28. — [7] Eccli. xviii, 23.

plaint de ce que *nul ne repense en son cœur*[1], c'est à dire, ne fait point de reflexion sur soy-mesme.

Il ne faut que distinguer les temps, et il sera facile d'accorder toutes ces Escritures. On ne dit pas qu'il ne faille point faire de reflexion sur soy mesme, ny sur ses deportemens; ce seroit vivre en beste, et ne faire aucun usage de sa raison. Mais *chaque chose a son temps*, dit le Sage[2] : il y a temps d'agir, et temps de reflechir sur son action. Le peintre ne se retire pas à chasque traict de pinceau, pour juger de son ouvrage, il ne fait cela que par intervalles; il n'interrompt pas si souvent sa besongne, il luy faudroit un trop long espace pour l'amener à sa fin. Les frequens examens de conscience sont fort bons : le soir et le matin tout chrestien affectionné à l'œuvre de son salut, doit avoir soin de remonter l'horloge de son cœur; et mesme durant le jour il est bon de temps en temps de prendre garde en quelle assiette il est. Mais de n'avoir autre occupation que de considerer ce que l'on fait, ce n'est pas pour avancer beaucoup la gloire du Pere celeste, et c'est une attention qui à la fin chagrine l'esprit, et pour l'ordinaire qui se termine dans nostre interest propre. Le sel et le succre sont deux bonnes choses, mais il en faut user avec moderation et mediocrité.

SECTION XVII.

D'un superieur ignorant.

Quelques uns se plaignoient au Bien-heureux qu'on leur avoit donné un superieur ignorant, et parce que celuy qu'on leur avoit ostez les traittoit trop rudement, dont ils avoient fait au mesme Bien-heureux diverses plaintes. « Que vous fera-t-on, leur dit-il? vous me faites souvenir des grenoüilles à qui Jupiter ne pouvoit donner un roy qui fust à leur

---

[1] Jerem. XII, 11. — [2] Eccle. III, 1.

224 L'ESPRIT DU B. FRANÇOIS DE SALES,

gré; il faut desirer de bons et capables superieurs, mais pourtant tels qu'ils sont il les faut souffrir. »

Quelqu'un de ces complaignans fut si peu discret de dire qu'on leur avoit changé leur cheval borgne en un aveugle. Le Bien-heureux souffrit ce brocard en fronçant le sourcil, ce qui fut cause que son modeste silence donna la licence à un autre de dire qu'on leur avoit donné un asne pour un cheval. Alors il prit la parole, et reprenant ce dernier trait, il remonstra doucement que le premier, quoy que peu respectueux, estoit plus supportable, parce que c'estoit un proverbe qui vouloit dire, qu'on leur avoit donné un superieur moins capable que l'autre, et cela en termes figurez, qui pouvoient estre pris en bon sens, comme quand David se compare à un cheval, et Dieu à un escuyer qui le manie à toutes mains [1]. « Mais ce second sarcasme, adjousta-t-il, n'a rien de figuré, il est tout à fait et grossierement injurieux; il ne faut jamais parler si licencieusement des superieurs, pour miserables qu'ils soient, veu que Dieu veut que l'on obeisse mesmes aux vicieux et dyscols [2] : car qui resiste à la puissance, se revolte contre l'ordonnance de Dieu [3]. »

Et puis prenant en main la deffense de ce superieur qui avoit esté qualifié d'un si pauvre tiltre : « Pensez-vous, dit-il, qu'il ne soit pas au pouvoir de Dieu de rendre, en un instant, honnorable un pauvre d'esprit, en luy departant celuy d'intelligence? Dieu n'est il pas le Dieu de la science? n'est-ce pas luy qui l'enseigne aux hommes? tous les fideles ne sont-ils pas enseignez de Dieu? La science des saincts c'est la science du salut; science qui est souvent plustost communiquee à ceux qui sont privez de la science qui enfle, qu'à ceux qui sont pourveus de celle qui enfle. Quand Dieu esleva Saül sur le trosne d'Israël, en quel estat pensez-vous qu'il fust? Il gardoit lors dans les pasturages les asnes de son pere. Sur quoy triomphe Jesus-Christ au jour des Palmes, sinon sur une asnesse? »

[1] Psal. LXXII, 23, 24. — [2] I Petr. II, 18. — [3] Rom. XIII, 2.

» Que si Balaam fut bien instruict par une asnesse, à plus
» forte raison devez-vous croire que Dieu, qui vous a donné
» ce superieur, fera qu'il vous enseignera selon sa volonté,
» bien que peut estre ne sera-ce pas selon la vostre. »

Ce sont ses propres termes en son Entretien unze avec lesquels j'ay bien voulu rapporter ce dernier exemple.

A la fin il adjousta qu'il falloit qu'ils prissent garde à n'imiter l'onagre ou asne sauvage, lequel ayant tetté sa mere fait à coups de pieds contre elle, la payant ainsi d'ingratitude. « J'entends que ce bon personnage est fort doux, et que s'il n'en sçait pas beaucoup, il n'en fait pas moins bien, et que son exemple supplee au deffaut de sa doctrine. Il vaut mieux avoir un superieur qui fasse le bien qu'il ne dit pas, qu'un autre qui dise assez le bien qu'il faut faire, mais qui ne le pratique pas. »

SECTION XVIII.

Du merite.

Voila qu'on vient de lire ces paroles du dixiesme des Entretiens de nostre bien-heureux Pere.

« Il arrive souvent qu'une personne petite et foible de
» corps et d'esprit, qui ne s'exercera qu'en des choses petites,
» les fera avec tant de charité, qu'elles surpasseront beau-
» coup le merite des actions grandes et relevees : car pour
» l'ordinaire ces actions relevees se font avec moins de cha-
» rité, à cause de l'attention, et de diverses considerations
» qui se font autour d'elles. Si neantmoins une grande œuvre
» est faite avec autant de charité que la petite, sans doute
» celuy qui la fait a beaucoup plus de merite et de recom-
» pense. »

Et de ces paroles on en forme une objection contre ce que je vous disois l'autre jour que tout le merite d'une bonne œuvre faitte en grace et par le motif de la grace se tiroit de la charité, au regard de la gloire essentielle; qui est la pure doctrine de sainct Thomas [1], laquelle j'alleguay : et l'on veut tirer de ces mots icy de nostre bien-heureux Pere, qu'il faut encore donner quelque chose à la grandeur de l'œuvre. Mais l'on a oublié ce que j'avois dit au regard du loyer accidentel, que quelques theologiens attribuent à la grandeur ou difficulté de l'œuvre : sur quoy je disois qu'estoit fondee la doctrine des trois aureoles, et adjoustoit que si l'on estendoit ce prix accidentel à toutes les difficultez et diverses grandeurs des œuvres, il faudroit multiplier les aureoles ou gloires accidentelles à l'infiny, ce que je ne voy pas estre enseigné par la theologie; laquelle ne sçachant pas tout je m'en rapporte à ce que l'Eglise en croit, et à ce que l'escole en determine.

Mais je supplie en charité, la dilection de la personne qui vient de faire ceste lecture de lire les paroles immediatement suivantes, et elle descouvrira le pot aux roses qu'elle a ingenieusement et industrieusement bouché pour donner poids à son objection. Donnez-moy le livre, et je vous y feray voir le sentiment de nostre Bien-heureux : voicy ses mots.

« Enfin la charité donne le prix et la valeur à toutes nos
» œuvres, de maniere que tout le bien que nous ferons, il le
» faut faire pour l'amour de Dieu : et le mal que nous evite-
» rons, il le faut eviter pour l'amour de Dieu. Les actions
» bonnes que nous ferons, qui ne nous sont pas particuliere-
» ment commandees, et qui ne peuvent tirer leur merite de
» l'obeissance, il le leur faut donner par la charité, encor
» que nous les pouvons toutes faire par obeissance. Bref, il
» faut avoir bon courage, et ne despendre que de Dieu; car
» le caractere des filles de la Visitation, est de regarder en
» toutes choses la volonté de Dieu, et de la suivre. »

[1] 1ª, quæst. 95, art. 4.

SECTION XIX.

De l'avancement en la perfection.

Bien que la question qui m'est faite soit curieuse, elle est neantmoins fort louable, parce qu'elle part d'une curiosité saincte qui part du desir de la perfection, et par consequent de plaire à Dieu en toutes nos voyes; car c'est en cela proprement que nous sommes parfaits, comme nostre Pere celeste est parfait, dont toutes les voyes sont justice et verité. On me demande à quoy l'on pourra cognoistre si l'on avance en la perfection.

A quoy je respondrois volontiers : En cela mesme de ne se mettre point en peine si on y fait progrez, parce que j'estime cette attention non seulement inutile, mais dangereuse. Inutile, puis que si nul ne sçait, de certitude infaillible, s'il est digne d'amour ou de haine, comme sçaura-t-il s'il avance ou recule en une chose qu'il ne cognoist pas ? joint que Dieu nous cache souvent ce progrez pour nous faire profiter en humilité, et pour nostre plus grand bien, de peur que nous ne soyons retardez en nostre course sur l'opinion que nous aurions d'estre arrivez au but. Si l'Apostre disoit qu'il ne pensoit pas l'avoir attaint, mais qu'il couroit pour essayer de l'atteindre, et qu'oubliant ce qui estoit en arriere, il s'estendoit vers ce qui estoit devant luy [1], comme s'il eust dit avec cét autre,

... Magnum pelagi mihi littus arandum [2] :

J'ay encor un grand traict à passer : que devons nous penser de nous autres qui sommes si esloignez de sa ferveur et de son zele?

Helas! nous ne pouvons appercevoir la croissance de nos cheveux et de nos ongles; non pas mesme le progrez de l'ai-

---

[1] Philipp. III, 13. — [2] Virgil. Æneid. II, 780, et IV, 212.

guille d'une horloge, tant il est insensible; ny mesme le marcher du soleil, quoy qu'il galope dans les vastes espaces du ciel d'une vistesse incroyable ; et comme pourrions nous remarquer le progrez de la grace dans nos cœurs, chose d'autant plus imperceptible qu'elle est esloignee de tout sentiment, et mesme de toute intelligence? Tel pense reculer qui avance beaucoup, et tel pense avancer qui recule ; tant les pensees des hommes sont vaines et pleines d'incertitude, tant sont mal asseurees les balances du jugement humain. L'œil qui void tout ne se void pas luy-mesme, si ce n'est par l'entremise d'un miroir; et les medecins en leurs propres maladies consultent leurs compagnons et cedent à leurs advis. Il vaut mieux laisser ce jugement aux guides de nos ames, que Dieu a mis par leur vocation sur des sieges pour juger la maison d'Israël, et pour estre arbitres des consciences. Mais pour vous resoudre plus nettement en ce subjet, permettez que je consulte nostre oracle, et que je vous responde par ses propres termes : les voicy tirez du huictiesme de ses Entretiens.

« Nous ne cognoistrons jamais nostre propre perfection ;
» car il nous arrive comme à ceux qui navigent sur mer : ils
» ne sçavent pas s'ils avancent; mais le maistre pilote qui
» sçait l'air où ils navigent, le cognoist. Ainsi nous ne pouvons
» pas juger de nostre avancement, mais ouy bien de celuy
» d'autruy : car nous n'osons pas nous asseurer, quand nous
» faisons une bonne action, que nous l'ayons faite avec per-
» fection, d'autant que l'humilité nous le defend. Or encor
» que nous puissions juger de la vertu d'autruy, si ne faut-il
» pourtant jamais determiner qu'une personne soit meilleure
» qu'une autre, parce que les apparences sont trompeuses ; et
» tel qui paroist fort vertueux à l'exterieur, et aux yeux des
» creatures, devant Dieu le sera moins qu'un autre, qui pa-
» roist beaucoup plus imparfait. »

Certes, comme nostre perfection chrestienne (c'est de celle-là dont on fait la question) est tout à fait surnaturelle, et despend entierement de la grace que le sainct Esprit respand dans nos ames; il n'y a que Dieu seul qui en sçache la grandeur et la petitesse : car ce n'est point celuy qui plante, ny celuy qui arrose, mais Dieu seul qui en donne l'accroissement ; ce qu'il ne fera point cognoistre evidemment qu'en la grande journee en laquelle il loüera un chacun selon son merite, c'est à dire, selon le degré de grace qu'il aura mis en luy, et luy rendra selon ses œuvres. Alors seront manifestees les cachettes des tenebres, et mis en evidence les conseils des cœurs : alors il n'y aura rien de secret qui ne soit sceu, rien de si voilé qui ne soit descouvert, et presché sur les toits ce qui sera fait dans les obscuritez. Lors paroistront en leur jour les perfections et imperfections de tout le monde : lors la honte sera revelee sur la face des meschans, et les bonnes actions des justes mises sur le chandelier pour luire à tous ceux de la maison de Dieu, où n'entrent que des œuvres de lumiere, et non de tenebres.

SECTION XX.

Chemin racourcy à la perfection.

Je luy ay assez souvent ouy dire, que la multitude des moyens pour avancer à la perfection, retardoit beaucoup de gens d'y faire progrez. Tout ainsi qu'un voyageur qui va à l'incertain, est retardé quand il trouve quantité de chemins fourchus, et qu'il s'amuse à s'enquester çà et là, lequel il faut prendre pour aller où il pretend.

Son conseil estoit que l'on s'attachast ou à un exercice spirituel, ou à quelque vertu speciale exercee en grace, ou à quelque livre de pieté bien choisi ; sans s'addonner à la pratique de tant d'exercices et de vertus, et à la lecture de tant de divers livres de devotion. Par exemple, il vouloit que l'on s'appliquast à l'exercice de la presence de Dieu, qui est son cher exercice ; ou à celuy de sa volonté, qu'il avoit aussi en grande recommandation ; ou à celuy de la pureté d'intention, dont il faisoit beaucoup d'estime ; ou à quelque autre semblable, dont il y a tant de beaux livres qui en donnent les enseignemens. Entre les livres il recommandoit principalement le Combat spirituel, qui estoit son precieux meuble, comme l'Homere à Alexandre. Il prisoit aussi beaucoup l'Imitation de Jesus-Christ, la Methode de servir Dieu, Grenade, Blosius et semblables. Entre les vertus, ses cheres œuvres estoient la douceur et l'humilité, qu'il appelloit les filles de la premiere leçon de Jesus-Christ, ses escolieres et fideles servantes : il supposoit avec elles la charité, comme leur ame et leur vie ; car sans celle-cy rien ne sert pour le ciel.

Mais quand je vous dy qu'il conseilloit un exercice, un livre, une vertu, ne vous imaginez pas que je die toutes ces trois choses ; il n'en demandoit qu'une, mais fidelement pratiquee, et souvent exercee : promettant qu'avec ceste seule aide, animee de grace et de charité, on feroit un grand progrez à la perfection. Une personne qui n'a qu'une chose à faire la faict bien mieux que quand elle dissipe son attention à plusieurs, car il en prend à l'esprit, comme à ce grand fleuve que Xerxes tarit en le divisant en plusieurs ruisseaux, sa force s'esvanoüit quand elle est partagée ; au contraire, il se renforce par son recueillement. Pour atteindre à un but il faut fermer un œil, et ramasser en un poinct les rayons visuels de l'autre : si l'on ouvre les deux yeux, on ne sçauroit mirer avec justesse ; à raison de cela l'Espoux dit dans le Cantique à son espouse qu'elle l'a frappé droit au cœur par un seul de ses regards et un seul de ses cheveux [1].

Là dessus nouvelle enqueste : Mais seroit-il mauvais de prendre un exercice, une vertu et un livre ? Non pas certes de prendre tous les exercices, toutes les vertus, et tous les bons livres ; car de bien, il n'y en a jamais trop, principale-

---

[1]. Cantic. iv, 9.

ment de celuy qui regarde le service de la divine gloire. — Mais je vous dy pourtant, apres nostre Pere, que qui trop embrasse, embrasse ordinairement fort mal. Je ne dy pas que par diverses voyes on ne puisse attaindre un mesme blanc, et par divers chemins arriver à Rome ; mais qui voudroit en mesme temps aller par plusieurs routes, voudroit ce qui ne se peut. Escoutons une belle similitude de nostre bien-heureux Pere : elle est au neufviesme de ses Entretiens.

« Ceux qui estans au festin vont picquotant chasque mets, » et en mangent de tous un peu, se detraquent fort l'esto- » mach ; dans lequel il se fait une si grande indigestion, que » cela les empesche de dormir toute la nuict, ne pouvant » faire autre chose que cracher. Ces ames qui veulent gous- » ter de toutes les methodes, et de tous les moyens qui nous » conduisent ou peuvent conduire à la perfection, en font de » mesme : car l'estomach de leur volonté, n'ayant pas assez » de chaleur pour digerer et mettre en pratique tant de » moyens, il se fait une certaine crudité et indigestion, qui » leur oste la paix et tranquillité d'esprit aupres de nostre » Seigneur, qui est cét un necessaire que Marie a choisi, et ne » luy sera point osté. »

Autre enqueste non moins curieuse que la premiere : Mais vous, me dit-on, quel exercice, quelle vertu, quel livre estimez-vous d'avantage, et conseilleriez-vous de choisir? — Mais qui suis-je moy, qu'il faille consulter apres mon maistre, mon Appollon, mon oracle? Vous me pressez, et, pour parler avec sainct Paul, vous me contraignez [1] de vous dire mon sentiment particulier, contrainte neantmoins si gracieuse que c'est sa douceur qui me violente encore d'avantage : je suis pressé de deux costez (ce sont encor des termes de l'Apostre [2]), et de la verité de la charité que j'ay pour vostre consolation, et de la charité que j'ay pour la verité, laquelle ayant ap-

---

[1] II Cor. xii, 11. — [2] Philipp. i, 23.

prise sans feinte, je la communique volontiers sans emulation.

Icy il est permis d'abonder en son sens, et en un grand parterre on choisit des fleurs à son gré pour faire un bouquet, et en un banquet on estend sa main aux viandes qui reviennent à nostre goust. A dire le vray, entre les exercices spirituels celuy de la pureté d'intention a tousjours eu mes plus particulieres affections. Entre les vertus, la seule charité a gaigné toutes mes inclinations, son universalité devorant toute ma sagesse; elle est le bien de perfection : qui l'a, a toutes les autres; sans elle toutes les autres ou ne sont pas vrayes vertus, ou sont des vertus imparfaites, dit sainct Thomas[1]. Et quand je parle de la charité, je parle de ses actes elicites, et qui luy sont speciaux et particuliers, comme la dilection de Dieu, pour Dieu mesme, de nous et du prochain pour Dieu, c'est à dire, avec rapport à Dieu : car quant aux commandez, ils sont en aussi grand nombre qu'il y a de vertus qui luy sont inferieures, c'est à dire toutes. Regardez si j'ay mauvais appetit, et si je sçay choisir le pire morceau dans le plat des vertus.

Quant aux livres de devotion, la Philothee pour les commençans, et le Theotime de nostre bien-heureux Pere pour les profitans et les avancez, ont en mon jugement une preference notable. Mais entre les trois que nous avons marquez, qui estoient en l'estime de nostre bien-heureux Pere, le Combat spirituel, l'Imitation de Jesus-Christ, et la Methode de servir Dieu; ce dernier a je ne sçay quel ascendant sur mes inclinations, parce qu'il enseigne à mon gré fort parfaitement l'exercice de la pure et parfaitte intention. Ce n'est pas que je n'aye en haute estime les deux autres, et que je ne recognoisse les avantages qu'ils ont sur cestuy-cy; mais quoy? en un festin nous ne choisissons pas tousjours les meilleures viandes, mais celles qui reviennent le plus à

---

[1] 2ᵃ 2ᵃᵉ, quæst. 23, art. 7.

nostre goust. Vous m'avez obligé de vous ouvrir ainsi mes pensees, que je vous manifeste ainsi à la bonne foy ; sans vous donner mes sentences pour des arrests, ny mes opinions pour des jugemens auxquels vous ayez à acquiescer qu'autant qu'il vous plaira.

SECTION XXI.

Autre demande sur le mesme abbregé.

La curiosité n'a point de bornes ; elle volette tousjours de branche en branche, et comme une masse d'argent vif elle s'esparpille, plus on la pense reserver. Vous voulez encore sçavoir lequel est le meilleur de choisir, d'un exercice, d'un livre, ou d'une vertu. Cela c'est pousser une question jusques au bout. Je vous diray là dessus ce qui m'en semble, mais par voye de conseil, non d'ordonnance ; non pour vous tendre un licol ou un piege (pour me servir des termes de l'Apostre [1]), mais pour vous laisser en la pleine liberté de vostre election : car où est l'esprit de Dieu, là est la parfaite liberté.

Il m'est donc avis que selon divers respects, l'une de ces trois choses surpasse l'autre, et en ceste qualité peut estre choisie et preferee aux deux autres; mais toutes trois aboutissantes à une mesme fin qui est le service de la divine gloire, il est fait indifference laquelle on choisisse. Mais, dira-t-on, je choisiray donc celle qui me plaira le plus et qui conviendra d'avantage à mon inclination ? Certes, si le principe de nostre choix est dans ce mien plaisir, ceste mienne inclination, cela est fort suspect d'amour propre, et par consequent de proceder d'une racine vicieuse : mais si, me retirant d'un pas en arriere, je choisi selon mon inclination, non parce que je veux choisir selon mon inclination, mais parce que Dieu veut bien que je choisisse selon mon

[1] I Cor. vii, 35.

inclination; alors mon choix ne sera plus fondé dans mon inclination propre, mais il tirera sa racine de la volonté de Dieu, laquelle en ces choses indifferentes ne m'estant point signifiee, il est clair que Dieu veut que je choisisse, non parce que je veux choisir sans avoir esgard à luy, mais parce qu'il veut que je choisisse, puisqu'il laisse ces choses à mon choix.

Cela supposé, je dy que l'exercice particulier a plus d'estenduë qu'une vertu speciale, et regle d'avantage toutes nos actions. Par exemple, l'estat de grace supposé, marcher tousjours en la veuë de la divine presence, c'est aller à grand pas vers la perfection en toutes ses œuvres, selon ce que dit le Psalmiste, *J'avois tousjours le Seigneur devant mes yeux, et il estoit à ma droitte pour me garder de cheute et d'eviction*[1]; et ce que Dieu a dit à Abraham, *Chemine devant moy, et sois parfait*[2]. Avoir pour niveau de toutes ses actions la tres-saincte volonté de Dieu, n'est-ce pas estre en quelque façon deïforme, ou conforme à l'image de Dieu, puisque Dieu ne fait rien que par sa volonté, se voulant soy-mesme, et toutes choses pour soy, l'accomplissement de sa volonté estant le plus haut point de sa gloire? Voilà ou nous porte l'exercice de la volonté de Dieu, et à quoy nous tendons tous les jours, quand nous disons en l'oraison dominicale, *Vostre volonté soit faite en la terre comme au ciel*[3], où elle est si parfaittement accomplie par les Anges et les saincts, qu'elle est le comble de leur beatitude. Quant à l'exercice de la pureté d'intention, comme ceste pureté est le faiste de la charité, laquelle ne cherche point nostre interest, mais celuy de Dieu; puisque la charité est la mesme perfection, on peut appeller la pureté d'intention exercee en charité et par charité, la perfection de la perfection mesme. Je vous ay desja dit que c'estoit cettuy-cy qui me revenoit le plus, quoy que j'estime extremement les autres. Et à dire le vray, ils

[1] Psal. xv, 8. — [2] Gen. xvii, 1. — [3] Matth. vi, 10.

ont tous trois une telle correspondance à l'oraison, qu'ils sont comme ces roües du chariot du prophete, enclavees les unes dans les autres [1], et le feu de la charité sort du milieu de ces roües, qui est ce feu que le Sauveur est venu apporter en terre, pour en embraser tous les cœurs [2].

Pour le regard des vertus speciales, comme elles ont toutes des graces particulieres et des advantages singuliers qui les rendent recommandables, et en outre des attraits puissans pour allecher nos inclinations, selon la convenance qu'elles peuvent avoir avec nos humeurs; aussi ont elles cela par dessus les exercices, que ce sont des habitudes que la charité rend infuses et surnaturelles, et partant dont les actes faits avec une excellente charité, nous meinent à de hauts degrez de perfection : elles ont donc ceste preeminence par dessus les exercices.

Aussi d'autre part un des livres que nous avons nommez nous sert de claire guide, nous apprenant à suivre le chemin de la vie spirituelle, et nous donnant des addresses, et dans les exercices que nous avons marquez, et dans la pratique des vertus speciales, plus asseurees que celle que nous prendrions de nous mesmes. C'est là l'amy fidele, duquel il est escrit, que *quiconque l'a trouvé, a rencontré un tresor et un medicament d'immortalité* [3]. C'est là le Raphaël qui nous conduira seurement en Rages, et nous y procurera spirituellement une aussi bonne fortune, que cet ange au jeune Tobie. C'est le miroir dans lequel nous pouvons nous considerer et corriger nos imperfections. Nous le pouvons consulter en tout lieu et à toute heure; il ne se lasse point de nos importunitez, et il est tousjours prest de nous secourir : c'est là le vray directeur des-interessé.

Je vous ay desja dit quel livre je cherissois, quelle vertu m'estoit en plus haute estime, sans qu'il soit besoin de le repeter. Mais je sçay bien que vous direz que je ne touche

---

[1] Ezech. I, 15-21. — [2] Luc. XII, 49. — [3] Eccli. VI, 14-16.

pas au point, et ne decide pas rondement et nettement la question, qui est, lequel est le meilleur choix, celuy d'un exercice, d'une vertu, ou d'un livre : ce que je fay certes sans finesse et sans artifice, mais non pas certes sans quelque sorte de prudence, parce que je voy vos esprits tellement disposez à recevoir les instructions que l'on vous donne, ou, comme la cire molle, si susceptibles d'impressions, que vous prenez aussi tost des simples responses pour des maximes, et les moindres enseignemens, comme des oracles ; ce qui suffocque en vous la saincte liberté d'esprit, de laquelle nostre bien-heureux Pere estoit si partial deffenseur, comme il paroist en tous ses escrits.

Si je vous avois preferé un exercice ou une vertu, à un livre, aussi tost tout iroit là, on ne voudroit ouyr parler d'autre chose, et ainsi on esteindroit et l'esprit et le choix, et on ne marcheroit que dans des entraves. Car tous conseils et toutes pratiques ne sont pas convenables à tous : *Il y a divisions de graces*, dit sainct Paul, *les uns en reçoivent ainsi, d'autres ainsi*[1]. C'est pourquoy je marche icy bride en main et resserré, suivant comme je puis les traces de nostre bien-heureux Pere, qui ne parloit pas à la volee, et duquel nous avons ceste agreable sentence : « Je voudrois,
» disoit il, avoir une boutonniere aux deux lévres afin que
» je fusse contrainct de la desboutonner à chaque fois qu'il
» me faudroit parler : car par ce moyen j'aurois plus de
» temps pour considerer et peser mes paroles. »

Si neantmoins vous me contraignez de vous donner quelque avis là dessus, afin de ne vous tenir point dans les incertitudes et irresolutions, je penserois qu'il seroit bon d'user d'un temperament en cecy : et au lieu de prendre un exercice, ou une vertu, ou un livre à pratiquer toute sa vie, comme vous sçavez que nostre bien-heureux Pere n'a eu pour exercice special que celuy de la presence de Dieu,

---

[1] I Cor. XII et VII.

pour vertu favorite que la douceur charitable, et pour livre que le Combat spirituel : apres vous avoir recommandé autant que je puis son imitation, comme si nous l'entendions, nous criant du haut du ciel avec sainct Paul, *Soyez mes imitateurs comme je l'ay esté de Jesus-Christ*[1] ; je vous diray, puisque vous m'y contraignez, que ce temperament que je vous conseille seroit que vous choisissiez quelque guide prudente en la parole mystique, pour une annee, un des trois exercices, par exemple, celuy de la presence de Dieu, ou de sa volonté, ou de la pureté d'intention; pour la suivante, l'une des trois vertus theologales, et la suivante, l'un des trois livres marquez, sçavoir, ou le Combat spirituel, ou l'Imitation de Jesus-Christ, ou la Methode de servir Dieu. Ainsi vous aurez pour neuf annees d'employ, apres lesquelles si vous ne voulez recommencer ces pratiques, il sera aisé de vous fournir de nouveaux exercices, de nouvelles vertus, et de nouveaux livres.

Mais quels, me demande-t-on? — Certes je pense que l'on veut pousser ceste question à l'infiny, et joüer à me faire perdre l'haleine : on est pourtant assez loing du compte, si l'on a cette imagination, car il y a icy de l'employ pour plusieurs vies comme les nostres. Exemple, voulez vous une autre neuvaine? voicy trois exercices : le premier, celuy du renoncement de soy-mesme ou abnegation interieure; le second, celuy de la desappropriation, ou du combat contre l'amour propre; le troisiesme, celuy de l'abandon de soy-mesme entre les mains de Dieu. En voulez-vous trois autres? premierement, celuy de l'aneantissement interieur ; secondement, celuy de la gloire de Dieu; en troisiesme lieu, celuy du pur amour. Bref, les maistres de la vie spirituelle vous en fourniront tant qu'il vous plaira.

Quant aux vertus morales infuses, c'est à dire, animees de charité, il y en a un nombre sans nombre; à un an sur

---

[1] I Cor. iv, 16.

chacune, il faudroit que Dieu vous baillast bonne et longue vie pour aller jusques au bout de ceste pratique.

Pour les livres devots et spirituels, il y en a sans fin; mais vous voulez que je vous en nomme quelques-uns : vous avez premierement la Philothee de nostre bien-heureux Pere; secondement, son Theotime; troisiesmement, Grenade; quatriesmement, Du Pont; cinquiesmement, Arian; sixiesmement, Emanuel Rodriguez; septiesmement, la bienheureuse Therese; et quoy? cent et cent autres. Il y a de quoy vous en fournir pour cent ans, et c'est assez de biscuit pour vostre navigation.

Maintenant vous me pressez sur la preference. — Et qui suis-je moy, pour donner mon jugement sur tant de belles choses? suis-je un Paris? ay-je la pomme d'or à distribuer? Je vous diray le rebours de ce que respondit un ancien philosophe à quelqu'un qui le consultoit s'il se devoit marier, ou non, « Lequel que tu choisisse, tu t'en repentiras : » je vous asseure que de quelque part que vous portiez vostre election, sur les exercices, les vertus et les livres que je vous ay mis devant les yeux, vous ne vous repentirez point de vous y arrester, et vous y trouverez tout ce qui est necessaire pour faire surgir vostre barque à bon port. Essayez seulement, et vous cognoistrez que je vous dy la verité, et que je ne ments point.

SECTION XXII.

Il poursuit.

Je crain seulement de vous en avoir trop dit, et que ceste abondance de mots ne vous donne de la disette, et ne vous trouble dans le choix, et ne vous rende semblables à ceux qui en un grand festin perdent l'appetit à la veuë de l'appareil de tant de viandes. Car comme les lampes s'esteignent quand on y met trop d'huille, et les menuës plantes se noyent quand on les arrose trop abondamment ; ainsi l'esprit se suffoque dans une foule d'enseignemens, et ne sçait quelle voye tenir quand il rencontre tant de diverses routes.

> Animum nunc huc, nunc dirigit illuc,
> In partesque rapit varias, perque omnia versat [1].

Quand le printemps a le plus de fleurs, c'est lorsque les abeilles font moins de miel, parce qu'elles s'amusent trop long-temps à choisir, et prennent trop de plaisir à s'esgayer sur une si fertile recolte.

Nostre perfection consiste en l'amour de Dieu, comme faut-il faire pour y avancer? Il faut aymer ; en cecy comme en tout autre exercice on devient habile en travaillant. On devient bon peintre, comment? En s'exerçant soigneusement à la peinture. « Tout cede, dit ce poëte, à un labeur assidu et opiniastre. » Escoutez à ce propos une belle leçon de nostre bien-heureux Pere : c'est au neufviesme de ses Entretiens.

« Si vous me demandez, comment pourray-je faire pour
» acquerir l'amour de Dieu? je vous diray, En le voulant
» aymer ; et au lieu de vous appliquer à penser et demander
» comment vous pourrez faire pour unir vostre esprit à
» Dieu, que vous vous mettiez en la practique, par une con-
» tinuelle application de vostre esprit à Dieu, et je vous as-
» seure que vous parviendrez bien plustost à vostre preten-
» tion par ce moyen-là, que non pas par aucune autre
» voye: car à mesure que nous nous dissipons, nous sommes
» moins recueillis, et partant moins capables de nous unir
» et joindre avec la divine majesté qui nous veut tous sans
» reserve. »

Un excellent secret pour ceste application, c'est de n'avoir qu'un exercice, une vertu, ou un livre à pratiquer ; reduisant toutes ses actions à un niveau, comme vous voyez que un architecte ajuste toutes les pierres d'un bastiment,

---

[1] Virgil. Æneid. IV, 285, 286.

avec une seule regle. Quand on est une fois sur un bon cheval, il faut tirer pays tant qu'on peut sans s'amuser à relayer tant de fois; on gagne peu souvent au change. Quand on est embarqué dans un bon vaisseau, il faut voguer à pleines voiles sans toucher à terre si souvent, ce qui ne fait que retarder. Nostre bien-heureux Pere poursuivit ainsi :

« Il y a certes des ames qui s'occupent tant à penser
» comment elles feront, qu'elles n'ont pas le temps de faire :
» et toutesfois en ce qui regarde nostre perfection, qui con-
» siste en l'union de nostre ame avec la divine bonté, il
» n'est question que de peu sçavoir, et de beaucoup faire. »

Pressez bien ce dernier mot, « peu sçavoir, et beaucoup faire. » Hé, il y en a tant qui sçavent beaucoup et font fort peu ! que font-ils, sinon s'entasser des tresors de colere au jour de la vengeance, puisqu'ils ont sceu la volonté du maistre et ne l'ont pas executee? Il n'est pas temps de nettoyer ses armes quand il faut aller au combat : ceste vie est une guerre continuelle sur la terre, c'est le temps d'agir, plustost que de penser si nous agirons, et comme nous agirons. Il y en a qui ont tant de circonspection soit pour se marier, soit pour choisir quelque vacation qu'ils passent toute leur vie à deliberer; pareils à ces navires peintes qui ont les voiles enflees, et ne bougent d'une place : à force de regarder en arriere et de faire des reflexions, ils deviennent des statues de sel, ou, pour mieux dire, des buzes. Voici une response facetieuse de notre Bien-heureux, couchee au mesme Entretien.

« Il me semble que ceux ausquels on demande le chemin
» du ciel, ont grande raison de dire comme ceux qui disent
» que pour aller à un tel lieu, il faut tousjours aller mettant
» l'un des pieds devant l'autre, et que par ce moyen on par-
» viendra où l'on desire : allez tousjours, dit-on à ces ames
» desireuses de leur perfection, allez en la voye de vostre
» vocation, en simplicité, vous amusant plus à faire qu'à de-
» sirer; c'est le plus court chemin. »

Quand un vaisseau vogue à pleines voiles sur la mer, et a le vent en pouppe, il avance incomparablement plus que la poste la plus prompte ne fait sur la terre : mais pourtant si le petit poisson appellé remora s'y attache, vous le verrez arrester tout court, et demeurer comme une montagne immobile au milieu des flots. *Vous couriez si bien*, disoit sainct Paul aux Galates, *qui est-ce qui vous empesche d'avancer* [1] ? Certes il arrive assez souvent, que le trop grand desir de faire progrez, empesche ce progrez mesme, et que l'on recule par la curiosité trop empressee que l'on a de voir et de sçavoir si l'on tire pays. Qui chemine simplement, va non seulement avec plus de confiance, mais encor avec plus de promptitude et de ferveur : la vivacité se rallentit quand on la considere avec trop d'attention. « Il n'y a point de plus
» grand secret, dit nostre Bien-heureux, que de faire et tra-
» vailler fidelement en l'exercice du divin amour, si nous
» pretendons de nous unir au bien-aymé [2], » en quoy consiste le comble de nostre perfection.

SECTION XXIII.

De la lecture spirituelle.

La lecture spirituelle est à mon avis l'huile de lampe des vierges sages ; et quelle est cette lampe, sinon l'oraison ? Qui puise tousjours de son propre esprit ses sujets de prieres ne met gueres de temps à l'espuiser : c'est pour cela, mes Sœurs, que vous avez ceste louable coustume, avant l'oraison mentale que vous faittes toutes ensemble au chœur, de faire la lecture du point qui doit estre medité ; et de plus vostre regle ordonne que la superieure vous distribue à chacune quelque livre spirituel, à la lecture duquel vous devez vacquer durant un certain espace qui est destiné à cela ; et vos consti-

---

[1] Galat. v, 7. — [2] Entret. 9.

tutions vous ordonnent, quand vous estes assemblees à l'ouvroir, que celle qui y preside ait le soin de demander aux sœurs, par maniere de conversation et d'entretien, ce qu'elles peuvent avoir retenu de leur lecture : exercice non seulement agreable, mais que l'experience a fait cognoistre fort utile, et de merveilleuse instruction.

Mais on demande si outre ce livre de la lecture reglee (car comme vous le lisez à certaine heure, vous observez aussi de le lire tout de suitte, c'est à dire, depuis le commencement jusques à la fin, et de n'en demander point d'autre que vous n'ayez achevé de le lire), vous ne pourriez point encor en tenir un autre en vostre cellule, par la permission s'entend de la superieure, lequel vous servist de divertissement aux espaces qui sont donnez pour relascher l'esprit.

Certes je ne pense pas qu'il faille tenir la bride si haute, que l'on denie ceste consolation à celles qui la desirent avec sousmission et simplicité. Mais pour dire tout naïfvement ce qui m'en semble, mais plustost ce que j'ay appris autrefois sur ce subjet de nostre bien-heureux Pere, il seroit de plus grande perfection, et possible de plus grand profit, de se tenir à un seul livre, parce que cela tient l'esprit plus recueilly et attentif, et le dissipe moins ; bref, à lire autant dans celuy-là seul qu'on en liroit en deux.

Et certes on a raison d'appeller lecture de divertissement celle de ce second livre : mais c'est une autre question de sçavoir si ce divertissement est bon et à desirer. Pour moy je craindrois que cet accessoire n'emportast le principal, que ce second ne nous degoutast du premier, et nous fist venir l'appetit d'un troisiesme, et ainsi à l'infini, jusques à ce que nostre esprit foulé de la multitude se lasse de cét exercice de la lecture, si suave, si salubre, si necessaire, que sans ceste lumiere il est mal-aisé de ne s'esgarer pas.

Il est vray qu'un livre c'est peu, ce peu neantmoins suffit à qui est pauvre d'esprit, car le pauvre est celuy qui n'a justement que les choses necessaires, et mesme qui en souffre quelque fois disette. Nostre bien-heureux Pere a remarqué cét exemple fort notable, d'un conventuel qui demanda un jour à sainct Thomas d'Aquin ce qu'il feroit pour devenir bien sçavant, et il eut pour response : « En ne lisant qu'un livre à la fois. » Je vous dy donc qu'un est peu, mais que ce peu est assez quand il est bien mesnagé. *Mieux vaut*, dit le Sage, *une bouchee de pain avec paix, qu'une maison pleine de richesses avec trouble*[1]. Il y a des personnes qui mangent beaucoup, et sont tousjours maigres ; d'autres qui prennent fort peu de nourriture, mais la digerent si bien, qu'elles sont grasses et en bon point. Les devoreurs de livres ne sont pas tousjours les plus sçavans : ils ont assez de lettres, mais elles sont mal arrangees ; ils courent assez, mais n'arrivent pas au but, toujours apprenans sans attaindre la vraye science. A sçavoir la mediocrité n'est pas moins necessaire qu'aux autres choses.

Mais qui ne peut se passer de ce peu, il faut faire à ces esprits actifs, comme aux estomacs fameliques, il leur faut engrossir ou doubler la pitance : qu'on leur donne deux livres, deux c'est beaucoup et plus que suffisamment ; mais trois à mon advis ce seroit trop, car cela feroit venir le desir du quatriesme et du cinquiesme, et puis enfin il faudroit mettre une librairie dans sa cellule, ou transporter son lit dans la librairie.

S'il faut estre sobrement sage, quoy que la sagesse soit une chose si excellente et si recommandable, combien est-il plus à propos de lire à sobrieté ? car la gourmandise spirituelle de la lecture n'est gueres sans curiosité, et ceste curiosité sans quelque detraquement d'esprit, et ce detraquement est la porte du desordre et de l'inobservance.

[1] Prov. xvii, 1.

SECTION XXIV.

De la purgation de l'ame.

A quoy cognoist on si l'on est arrivé à la voye illuminative, et si l'on a passé l'unitive? Je renvoyerois volontiers la decision de ceste question en l'autre monde, lorsque nous verrons la lumiere de la divinité par la lumiere de gloire : ou bien je ferois comme ces Areopages qui renvoyerent à cent ans de là le jugement d'une affaire fort difficile, sçachans qu'; lors nul d'eux ne serait en vie; ou comme celuy qui promit au grand seigneur de faire parler un elephant, mais prit un terme si long qu'il fallait necessairement que l'un des trois mourust, auquel cas il estoit desgagé de sa promesse.

Je ne sçay point de meilleure response à ceste demande, que celle que fit fort gracieusement nostre bien-heureux Pere à une qui estoit par avanture pareille : « La feste de la Purification, dit-il, n'a point d'octave, elle doit durer toute nostre vie : » et penser avoir passé la voye purgative, c'est s'imaginer d'être arrivé au port estant encor en pleine mer. Cette vie est un combat continuel sur la terre; et contre quoi ce combat, sinon contre l'armee de nos imperfections, lesquelles terrassees d'un costé se relevent de l'autre, comme le geant et l'hydre de la fable? Ne nous lassons pas; il n'a pas fait qui commence, icy c'est tousjours à commencer et à recommencer. *J'ay dit,* chante le Psalmiste, *J'ai commencé maintenant*[1]. Nous ressemblons à ces vieilles maisons où il y a tousjours à reparer et à refaire. Qui pense avoir passé la purgative a besoin d'une bonne purgation de cerveau. *Nul n'est exempt de soüilleure, non pas mesme l'enfant d'un jour,* dit la saincte parole[2]. *Nous pechons tous,*

---

[1] Psal. LXXVI, 11. — [2] Job XIV, 4, sec. LXX.

dit sainct Jean, *et avons besoin de la gloire de Dieu*[1]. *Le plus juste tombe sept fois par jour*[2].

« Il faut, dit nostre bien-heureux Pere, que nous ayons
» deux egales resolutions : l'une, de voir croistre des mau-
» vaises herbes en nostre jardin; et l'autre, d'avoir le cou-
» rage de les voir arracher, et les arracher nous-mesme.
» Car nostre amour propre ne mourra point, pendant que
» nous vivrons, lequel est celuy qui fait ces impertinentes
» productions[3]. »

Cet amour propre est ce Philistin qui brave insolemment nos resolutions, et que Dieu laisse en nous pour l'exercice de nostre humilité et de nostre courage. « La vertu, dit un Stoïque languit sans adversaire; » la tentation luy sert de pierre aiguisoire. Nous le tondons quelquefois, mais ses cheveux repoussent comme ceux de Samson. Il peut estre terrassé, non tué tout à fait, debilité, non estouffé, abbatu, non exterminé : tout ce que nous pouvons faire, c'est de veiller et prier de peur que nous ne soyons accueillis de la tentation, et de posseder nos ames par la patience. Nostre cœur est comme un vaisseau de mer, à la pompe duquel il faut battre de temps en temps pour en vuider la sentine; ce qui se fait par les frequens examens de conscience.

D'où vient donc, recharge-t-on, que les livres spirituels nous parlent tant de ces trois voyes, purgative, illuminative, unitive, si nous devons demeurer toute nostre vie dans la premiere? — Dès le premier jour de nostre conversion à Dieu, je veux dire dès l'instant que nous recevons la premiere grace justifiante, nous sommes purgez de tout peché mortel, lequel est incompatible avec la charité : mais nous ne le sommes pas des pechez veniels et imperfections, et c'est contre ces deux dernieres sortes de deffauts et contre les tentations, que s'exerce cette voye que l'on appelle pur-

---

[1] Rom. III, 23. — [2] Prov. XXIV, 16. — [3] Entret. 9.

gative. Or, comme nous ne pouvons durant ceste vie estre sans cela, d'autant que ce sont des accidens comme inseparables de nostre nature corrompue, et une source miserable qui ne se peut espuiser, c'est pour cela que nostre bien-heureux Pere a dit le gentil mot, que la feste de la Purification se doit celebrer durant tout le cours de nostre vie.

Mais parce que ceste purgation de l'ame touchant les pechez veniels et les imperfections, qui sont des surprises de nostre naturel pervers, s'avance petit à petit, et se parfait de jour en jour, cela n'empesche pas qu'ayant la charité et la grace justifiante (laquelle n'est pas incompatible avec les pechez veniels et les imperfections) nous ne nous exercions dans l'illuminative, qui n'est autre chose que la pratique des vertus, faites en charité et par le motif de la charité : tellement que toute personne qui est en grace, outre qu'elle est dans la purgative et y sera toute sa vie au regard des pechez veniels et imperfections, est aussi en l'illuminative au regard de l'exercice des vertus chrestiennes et infuses, ausquelles comme une belle aube elle va tousjours croissant, jusques à ce qu'elle soit arrivee au plein jour de la perfection dans l'eternité.

Quant à l'unitive, elle consiste proprement en l'exercice des actes propres et particuliers de la vertu de charité, que l'on appelle elicites en l'escole, par lesquels nous faisons un grand progrez dans nostre union avec Dieu, en laquelle consiste nostre perfection, et la fin de nostre consommation. Elle consiste aux actes des autres vertus morales infuses, lorsqu'ils sont exercez par le seul et unique motif de la charité; car alors ils passent presque pour actes elicites, d'autant que c'est la charité qui les produit elle mesme sans les commander aux autres vertus. Par exemple, celuy qui jeusne ou qui prie par le seul et unique motif de l'amour de Dieu et de sa gloire, fait plustost un acte d'amour que de jeusne ou de priere, puisque c'est par pur amour qu'il jeusne ou prie; bien que l'action tire sa denomination de la vertu dont l'acte exterieur est propre, et qui tombe d'avantage sous la cognoissance des sens.

Ainsi quiconque est en estat de grace justifiante, et a la charité respandue en son cœur par le sainct Esprit, est en mesme temps dans les trois voyes, purgative des pechez veniels, illuminative de l'exercice des vertus en charité, et unitive par la pratique des actes de la charité mesme ou des autres vertus par le seul motif de la charité; et selon qu'il est plus avancé en l'une ou en l'autre, et qu'il s'exerce d'avantage en celle-cy qu'en celle-là, il est dit estre plus ou moins dans l'illuminative que dans la purgative, et dans l'unitive que dans l'illuminative.

Exemple. Quelque commençant a plus besoin de s'exercer en la purgation de ses fautes venielles et de ses imperfections, et de combattre les tentations des pechez mortels, que d'exercer les vertus, parce qu'il faut courir premierement à la plus grande necessité; et voila là classe des commençans. Un autre qui a moins d'imperfections et de tentations à vaincre, a plus de loisir et d'attrait à la pratique des vertus vraiment chrestiennes et parfaites, qui sont les infuses et animees de charité : celuy-là est dans la voye illuminative plus que dans la purgative, quoy qu'il ait besoin assez souvent, et mesme tous les jours, en l'examen de sa conscience, de descendre dans la purgative, et de revoir le jardin de son interieur pour en sarcler les mauvaises herbes qu'y pousse sans cesse le terroir espineux de nostre nature depravee. C'est icy à proprement parler la classe des profitans, qui vont de vertu en vertu, comme par les degrez de l'eschelle de Jacob, s'eslevans vers le Dieu des dieux en Syon. Et celuy-là met ses pas dans la voye unitive qui s'exerce d'avantage dans les actes elicites de la charité, ou qui pratique plus souvent les vertus par le seul et unique motif de la charité, que dans les actes commandez, qui ne font qu'unir le motif de la charité à celuy des autres vertus. Celuy qui agit plus souvent de cette sorte, peut avoir accez à la classe des avancez, d'autant que comme un geant spirituel, il court alaigrement et à grands pas dans la voye de la perfection.

C'est donc selon le plus et le moins d'exercice que l'on est dit estre en l'une de ces trois voyes et classes, de la purgative des commençans, de l'illuminative des profitans, et de l'unitive des avancez. Car tous ceux qui sont justifiez et sanctifiez, c'est à dire, en estat de grace ou regenerez, participent plus ou moins de ces trois classes, selon la frequence de leurs exercices. D'autant qu'il ne repugne pas que ceux qui ne font que commencer, qui sont les plus occupez à se purger de leurs pechez veniels et imperfections, ne fassent assez souvent des actions de vertu commandees par la charité, qui sont des actes qui appartiennent proprement à l'illuminative, et au rang des profitans. Et il repugne aussi peu qu'ils fassent quelquefois (quoy que plus rarement) des actes de pur amour qui appartiennent à la voye unitive et à la classe des avancez. Comme il arrive d'autre part que les plus avancez tombent quelquefois en de grands pechez veniels, et en de notables imperfections, et sont assaillis de tentations violentes qui les contraignent de s'humilier et de descendre en la basse classe de la purgative et des commençans, pour y prendre les remedes convenables à leurs cheutes, et les armes necessaires pour resister aux assauts du demon du midy. Et tousjours n'exerçans pas les actes de vertu par le motif du pur amour, totalement des-interessé; qui ne void qu'alors ils ne marchent que dans l'illuminative, et ne sont que dans le rang des profitans?

Donc, que celuy qui est debout avise de ne tomber pas: que celuy qui est avancé prenne garde de ne deschoir pas, car en la voye de Dieu n'avancer pas, c'est reculer : et que celuy qui n'est que commençant ou profitant ait bon courage, qu'il attende Dieu, qu'il se comporte genereusement, qu'il supporte Dieu, car en venant il viendra et ne tardera point; et comme sans luy nous ne pouvons rien, avec luy nous pouvons tout, puisqu'il est le tout puissant, à qui nulle parole est impossible, puis qu'il fait tout ce qu'il veut au ciel et en la terre.

L'ESPRIT

DU BIEN-HEUREUX

FRANÇOIS DE SALES,

EVESQUE DE GENEVE.

TOME QUATRIESME.

AU LECTEUR.

Les faits et dicts memorables du bien-heureux François de Sales evesque et prince de Geneve, sont une veine fertile qui ne peut tarir. Ce sont deux mammelles meilleures que le vin, car du vin qui est dans des vaisseaux, quelques grands qu'ils soient, plus on en oste, moins il y en a; pour peu que l'on en tire, on le diminue d'autant, et à la fin l'on en voit le bout et la derniere goutte : mais en ces mammelles fecondes il revient autant de laict que l'on en succe, parce que ce sont de vrayes sources de vie. L'auteur de ces remarques y ayant esté attaché l'espace de quatorze ans, et s'étant nourry à souhait dans la poictrine de ce bien-heureux pere et conducteur de son ame, il ne se faut pas estonner si sa bouche parle de l'abondance de son cœur, et si ses sermons, conferences, propos familiers, lettres, livres, escrits, memoires, sont tous remplis du nom, des actions et des enseignemens notables de ce bien-heureux et apostolique Prelat dont il a esté le Tite et le Timothee.

Le quatriesme tome de cét Esprit sortant de ceste plenitude, vient icy entre tes mains, Lecteur, où je m'asseure que tu ne trouveras rien qui ne corresponde aux trois qui le precedent; ou mesme, selon le jugement de quelques uns à qui je l'ay communiqué, qui ne precede les autres, lesquels ne l'ont devancé qu'en temps, non en la dignité et solidité des matieres. Il en prend en ce sujet comme aux mines d'or, ausquelles plus on foüille, et plus l'or s'y trouve pur : et comme aux fontaines et aux puits d'eaux vives, où l'eau se clarifie et purifie, plus elle est puisee ; et plus elle est puisee, moins est elle espuisee. Lecteur, ne sois pas du nombre de quelques Philistins, qui taschent de jeter des pailles et des ordures dans ces puits d'Abraham : sur tout garde-toy de verser le vif argent d'un jugement traversé et temeraire dedans ces sources, car tu sçais que cela les fait ou tarir ou couler ailleurs. Malheur à quiconque, par sa médisance, priveroit le public de si beaux monumens.

L'ESPRIT

DU BIEN-HEUREUX

FRANÇOIS DE SALES.

PARTIE DIXIESME.

SECTION I.

De la mortification.

C'est une parole dorée de nostre bien-heureux Pere et que l'on a rangée parmy ses sentences, je l'ay quelquefois ouye de sa bouche, c'est pourquoy je la vous redi volontiers, mes cheres Sœurs : « Que celuy qui mortifie davantage ses in- » clinations naturelles, attire davantage les inspirations sur- » naturelles. »

Tant que la bonne vefve apporta des vaisseaux au prophete, l'huile se multiplia, et cessa de se multiplier quand les vaisseaux deffaillirent. Les choses spirituelles, comme les corporelles, abhorrent le vuide ; autant que nous nous vuidons de nostre propre amour, autant Dieu nous remplit-il du sien : mais remplit d'une mesure comblée, et respanchante de toutes parts, parce que Dieu est riche en misericorde, faisant surabonder sa grace, là mesme où les deffauts ont abondé, et faisant de sacrez deluges, qui inondent toute nostre nature.

Je ne dy pas pourtant que la grace se répande tousjours selon la capacité des vaisseaux naturels [1] : ô non certes, car je la ferois dépendre de la nature, ce qui seroit un desordre estrange, Dieu faisant misericorde à qui il luy plaist, et autant qu'il luy plaist, son esprit de plaine liberté soufflant où il veut, et exerçant sa liberalité selon son bon plaisir ; mais comme ses misericordes sont au dessus de toutes ses œuvres, je dy que son infinie abondance prend plaisir à surcombler nostre indigence, selon ce qu'il dit en sa parole : *Ouvre ta bouche, et je la rempliray* [2] ; *ouvre moy la porte de ton cœur, et j'entreray chez toy pour y prendre mon repas et mon repos* [3].

Certes la mortification exterieure et interieure est un grand moyen d'attirer sur nos corps et en nos ames les faveurs du ciel, pourveu qu'elle soit pratiquée en charité et par charité ; car c'est cette vertu qui met le cachet du divin amour sur nostre cœur et sur nostre bras. Ceux qui portent la mortification de Jesus-Christ en leur corps, crucifians leur chair avec leur convoitise, sont semblables à cette hostie du prophete, sur laquelle descendit le feu du ciel [4]. Mais elle attire beaucoup plus ce feu sacré, la boüe [5] de l'humiliation et de la mortification interieure, qui est ce filet de fumée composé de toutes les poudres du parfumeur, principalement de celles de la myrrhe et de l'encens, qui s'eslevent devant le throsne de Dieu : car il est escrit, *Deschirez vos cœurs, et non pas vos vestemens* [6]. Pour enter l'amour de Dieu en nos cœurs, il faut étester le sauvageon de l'amour propre, ou bien greffer l'amour legitime de nous-mesmes sur le pied de l'amour de Dieu. Et en cela consiste la vraye agriculture

---

[1] S. Thom. 2ᵃ 2ᵐ, quæst. 24, art. 3. — [2] Psal. LXXX, 11. — [3] Apoc. III, 20. — [4] III Reg. XVIII, 38. — [5] II Mach. I, 19-22. — [6] Joel II, 12.

de Dieu, la vraye mortification de l'esprit, et ce retranchement de la vigne et de ses pampres superflus dont il est parlé au Cantique ¹. C'est ainsi que se pratique le dépouillement du vieil homme, et le revestement du nouveau.

Certes, comme la manne celeste ne fut communiquée à Israël au desert, qu'aprez qu'il eut consumé toutes les farines qu'il avoit apportées de l'Egypte : aussi les faveurs du ciel sont elles rarement departies à ceux dont le ventre, c'est à dire le sens, est attaché à la terre. *Mon esprit*, dit le Seigneur, *ne demeurera point avec l'homme, car il est chair* ². *La sagesse divine ne fera point son sejour en une ame maligne, ny en un corps assujetty au peché* ³. *Le corps qui se corrompt par le vice, appesantit l'ame, et abbat l'esprit, retourne ses yeux vers la terre, et y attache ses regards* ⁴. « Le vaisseau de la nature, dit sainct Gregoire, est-il froissé » par la mortification, les espaces de la charité sont plus » estendus. » C'est ce que disoit le Psalmiste : *O Seigneur, vous avez deschiré le sac de mon corps, et vous m'avez environné de liesse* ⁵ : *vous m'avez rendu la joye de vostre Salutaire, et confirmé de vostre esprit principal* ⁶.

SECTION II.

Paradoxe touchant la volonté de Dieu.

C'est une proposition qui d'abord vous semblera paradoxique, et neantmoins quand je vous en auray découvert le secret vous la trouverez tres-veritable : Qu'il est plus malaisé de ne connoistre et aymer que la volonté de Dieu dans les sujets agreables de leur nature, que dans les desagreables.

Le mot de Que développe tout le nœud de l'affaire. Car je ne dy pas qu'il soit plus aisé de connoistre et d'avoir la

---

¹ Cantic. II, 12. — ² Gen. VI, 3. — ³ Sap. I, 4. — ⁴ Id. IX, 15. — ⁵ Psal. XXIX, 12. — ⁶ Psal. L, 14.

volonté de Dieu dans les sujets desagreables d'eux-mesmes ; par exemple, dans la maladie, que dans la santé qui est une chose si delectable, que sans elle on ne gouste aucun plaisir de la vie. Mais je dy qu'il est bien plus difficile de n'aymer rien du tout en la santé, que la seule volonté de Dieu qui nous la donne, qu'en la maladie, laquelle de soy ne peut rien avoir de recommandable, que la seule volonté de Dieu qui l'envoye, et sans laquelle nous ne pourrions trouver la paix en cette amertume tres-amere. L'adversité est comme le van qui separe la paille du grain, et le precieux du vil. Si Abraham eust veu l'ordre de sacrifier son fils, dont il aymoit plus la vie que la sienne propre, hors de la volonté, de Dieu, il n'eust jamais pû se résoudre à cette action. Mais parce que sa grande charité n'a autre visée que d'obeyr à Dieu, que son fils vive, ou meure de sa main, il n'importe point à ce grand courage, pourveu que la saincte volonté de son Dieu soit accomplie.

Certes il est facile dans les choses adverses de n'aymer que la volonté de Dieu, qui les envoye, parce que d'elles-mêmes elles ne sont ny desirables ny aymables : c'est pourquoy il est escrit que le cœur de l'homme y est purifié comme l'or en la fournaise [1], d'autant que l'amour de Dieu y est bien plus pur que dans la prosperité ; parce que celle-cy ayant des attraits particuliers, et des delectations naturelles qui peuvent ou occuper, ou amuser, ou arrester l'esprit, il n'est pas si aisé que l'on pense de separer l'interest de la creature de celuy du Createur, et de n'aymer en elle que la seule volonté de Dieu qui la donne.

C'est au printemps que les chiens de chasse tombent plus souvent en deffaut, ou que les mieux ameutis prennent le change, à cause de la force des herbes, qui exhale diverses senteurs, qui leur fait perdre les passées des bestes sauvages qu'ils poursuivent, et qu'ils ont relancées. La prosperité a

[1] Sap. III, 6.

des charmes si puissans, qu'au lieu de ne regarder que le donateur dans ses presens, on s'amuse à la suavité de ses dons, et on s'abuse en la poursuitte de sa gloire, prenant le change de son interest pour le nostre; et au lieu d'aymer le Dieu qui nous fait ce present, on ayme ce present de Dieu : imitant celuy qui regarde la glace d'un miroir, et qui voyant son image là dedans, ne se souvient plus de cette glace, ny du miroir, tant il est occupé à considerer la figure de son visage, l'amour de luy-mesme luy faisant prendre ce change imperceptiblement et par surprise.

Ainsi deux tribus et demy des douze d'Israël, oublierent de passer le Jourdain, et de se loger dans la terre de promesse, amorcez par la douceur de l'air, et la fertilité du territoire qu'ils rencontrerent au deça. Et ceux-là mesme qui traverserent ce fleuve, dont le cours s'ouvrit miraculeusement à leur passage, furent retardez en leur conqueste de cette terre desirable par la beauté des filles Moabites, qui leur donna dans les yeux, et ausquelles ils s'allierent par mariage, contre l'ordonnance de Dieu. Certes si tost que le feu du propre interest tombe sur nos yeux, il est malaisé de voir le soleil de l'interest de Dieu : et il y tombe bien plus aisément par la prosperité, que par l'adversité. Celle-là est cette ordure qui aveugla Tobie; celle-cy est ce fiel qui luy redonna la veüe.

Mais on me demande si l'amour propre ne se peut pas aussi glisser dans les adversitez et les souffrances. Certes j'estimerois qu'il seroit besoin de distinction, et de dire que celles qui nous arrivent purement de la main de Dieu, sans nostre choix, sont ordinairement fort exemptes d'amour propre, quand on les reçoit en patience, pour la consideration de la main qui les envoye, estant cette couppe de vin meslé, de la lie duquel Dieu fait boire aux pecheurs de la terre, et mesme quelquefois à ses favoris. Il n'en est pas ainsi de celles que nous entreprenons par nostre election, parce que l'interest, si non delectable, au moins utile, ou honorable s'y peut couler ; tesmoins les jeusnes et autres mortifications volontaires que nostre Seigneur reprend avec tant de zele aux Pharisiens, d'autant que par là ils cherchoient la vaine reputation, et plutost la gloire des hommes, que celle de Dieu.

Et pour finir comme nous avons commencé, par une sentence fort notable de nostre bien-heureux Pere : « Aymer autant la volonté de Dieu aux sujets qui d'eux-mesmes sont desagreables, comme en ceux qui d'eux-mesmes sont agreables, c'est le signe d'une haute vertu, et d'une sublime indifference, et la vraye pierre de touche pour discerner si avec la volonté de Dieu on ayme quelque autre chose qu'elle mesme. »

SECTION III.

Tout par amour, rien par force.

Sur ce mot qui estoit si fréquent en la bouche de nostre bien-heureux Pere, « Il faut tout faire par amour et rien par force ; » on me fait cette demande : Si ce n'est pas bien fait de quitter un mal et de faire un bien, auquel on nous contraint par force et contre nostre gré. — Je responds, que quitter le mal et faire le bien de cette sorte, n'est ny laisser l'un ny faire l'autre, sinon exterieurement, et comme l'on dit en l'eschole, materiellement, non formellement. Ainsi plusieurs Israëlites quitterent l'Egypte à regret, de corps et non de cœur, souspirans aprez les marmites des Egyptiens et murmurans contre la manne. C'est imiter le miserable forçat qui voudroit avoir mangé le cœur du comite, auquel il obeyt par contrainte.

D'où vient donc, replique-t-on, que sainct Augustin appelle cette necessité heureuse, qui nous retire du mal et nous oblige à bien faire ? — Certes ce sainct suppose que l'on fait alors de necessité vertu, et que l'on rend volontaire en suitte ce qui a esté necessaire et violenté au commencement. Quel bon-heur au Cyreneen Simon, d'avoir esté contraint de porter une partie de la croix du Sauveur, puis que cette contrainte fut la source de son bonheur! *Quand tu seras vieil,* dit nostre Seigneur à sainct Pierre, *un autre te ceindra et garrotera, et te menera où tu ne voudrois pas* [1]; c'est à dire, à la mort, laquelle pourtant on ne peut douter que ce sainct apostre n'ait soufferte tres-volontairement et tres-amoureusement pour son Maistre.

J'ay conneu une excellente sanctimoniale et d'eminente vertu, qui ayant esté mise au cloistre par ses parens, avec des contraintes et des violences extrémes, gousta enfin tellement le joug suave de nostre Seigneur, quand le jour de sa visite fut arrivé, qu'elle renouvela volontairement et de son plein gré sa profession : et ses parens, pour des considerations humaines, l'ayans voulu retirer de là, et luy faire obtenir dispense du sainct Siege fondée sur la violence qu'ils luy avoient apportée, et les protestations qu'elle en avoit faites, elle leur resista en face, et protesta qu'elle avoit juré et resolu de garder inviolablement les vœux qu'elle avoit franchement faits à Dieu, par un sacrifice volontaire. Certes c'estoit à elle de dire que Dieu avoit changé ses chaisnes de fer en or, ses pleurs en joye, et qu'elle estoit perduë si elle n'eust esté perduë. Ainsi le monde fut crucifié à celle qui avoit auparavant esté crucifiée au monde; Dieu ayant enfin reduit à son obeyssance sa volonté rebelle, et l'ayant attirée à son service, premierement par les liens d'Adam, puis par ceux de la charité, et enfin l'attirant de plus en plus au progrez de son amour, en l'odeur de ses parfums, dont toute la force est en leur suavité.

---

[1] Joan. xxi, 18.

SECTION IV.

Retraitte projettée.

S'il eust encore vescu quelque peu de temps, il estoit resolu de remettre entierement les fonctions episcopales, et toute la charge du diocese à monseigneur son frere Jean François de Sales, qui avoit esté fait son coadjuteur sous le tiltre d'evesque de Calcedoine. Il avoit projetté sa retraitte, non point en une des terres ou seigneuries de sa maison, ce qu'il pouvoit faire justement et raisonnablement en estant l'aisné; et à l'imitation du grand sainct Gregoire de Nazianze, lequel aprez avoir tenu consecutivement deux eveschez et un patriarchat, se confina pour le reste de ses jours en une metairie de son patrimoine appellée Arianze. A ce dessein il se servit du prieur de Valoire, monastere de Benedictins, voisin d'Annessi environ de deux lieux françoises, auquel il avoit introduit la reforme : et luy ayant fourny sous main dequoy batir quelques cellules, auprez d'une chappelle de devotion, esloignée du couvent environ un quart de lieuë, sur une montagne assez eslevée, qui a son aspect sur le lac d'Annessi ; il avoit fait election de ce lieu pour y achever sa vie en tranquilité d'esprit, dans les exercices de la contemplative Marie, aprez avoir consommé la vigueur de ses ans dans les fonctions de Marthe, pour le service de nostre Seigneur et de son Eglise.

Certes son ame hostesse d'un corps qu'il sentoit appesanty d'infirmitez, souspiroit aprez la douceur de cette solitude, comme les bons Israëlites aprez la manne du desert en la delivrance de la servitude de l'Egypte. Son desir s'exhaloit quelquefois par ces mots de David, *Voila, je me suis esloigné en fuyant, et ay demeuré en la solitude* [1] : et par ces autres, *J'ay esté fait semblable au pellican du desert, au passe-*

[1] Psal. LIV, 8.

reau solitaire, et au hybou qui se cache dans la mazure[1] : et par ceux-cy, *Qui me donnera des aisles comme à une colombe, et je voleray en lieu où je puisse me reposer*[2]? et encore, quand diray-je, *Mon ame, entre en ton repos*[3]? quand le Seigneur me fera-t-il ce grand bien? Certes il languissoit aprez cela, comme le cerf mal mené de la meutte et qui n'a plus ny vent ny jambes aspire apres le rafraichissement des fontaines. Il goustoit par fois ce mot de Salomon : *Entre toutes les bonnes choses, j'ay trouvé que le repos et de corps et d'esprit estoit de merveilleux prix.*

Il se picquoit à cela par l'exemple du sainct auprez des venerables reliques duquel il desiroit faire son domicile, et y dire aprez Job : *Je mourray dans mon petit nid, et comme la palme je multiplieray mes jours*[4]. Il s'appelloit sainct Germain, et avoit esté conventuel dans le monastere de Valoire, où aprez avoir mené une vie fort exemplaire, et fait plusieurs laborieux et penibles pelerinages, tant en la Terre saincte, qu'en divers autres lieux de pieté dans l'Europe, il vint enfin choisir son repos en ce devot hermitage, où il acheva ses jours en telle odeur de saincteté, que sa memoire est en benediction à toute la contrée, et son tombeau est frequenté de la visite de plusieurs pelerins.

C'est là où nostre Bienheureux faisoit estat, c'estoit son mot, de servir Dieu avec son breviaire, son chappelet, et sa plume, cette derniere luy servant de langue, pour tracer sur le papier ce que sa langue avoit par tant d'années tracé sur les cœurs de ceux qui avoient eu le bon-heur de recevoir la parole de Dieu de sa bouche. Nous n'oserions icy faire les plaintes de cette perte, et du dommage que sa trop prompte mort a fait au public, en luy ravissant ces thresors de pieté qui fussent coulez de sa plume, sans controller la providence eternelle de celuy qui a devant soy le nombre de nos jours, et qui conte tous nos pas. Il vaut mieux dire avec David :

[1] Psal. ci, 7, 8. — [2] Psal. liv, 7. — [3] Psal. cxiv, 7. — [4] Job xxix, 18.

Je me suis teu, et n'ay pas ouvert la bouche, car c'est vous, ô Seigneur, qui avez fait ce coup-là [1]. C'est à nous d'adorer vos decrets et vos dispositions, sans nous enquerir de la raison, sçachans que vostre volonté est la mesme raison, et toutes vos voyes sont la mesme equité, et la mesme justice.

SECTION V.

Son sentiment sur la predication des controverses.

Ce n'estoit nullement son avis que l'on traittast des controverses dans les predications. « La chaire evangelique, disoit-il, est faite pour edifier les bonnes mœurs, non pour contester; pour instruire les fideles en la verité de leur creance, plutost que pour convaincre les erreurs de ceux qui sont separez de l'Eglise. Une experience de trente années en cét office d'evangeliser nous fait parler ainsi. Nous avons eu quelque employ dans la reduction du Chablaix à la religion catholique romaine; mais il ne m'a jamais reussi, quand j'ay voulu traitter des poincts controversez en la chaire, par forme de dispute. Cela effarouche plutost les esprits des separez, qu'il ne les apprivoise : quand ils voyent qu'on les attaque, ils se mettent en garde; et quand on leur porte la lampe trop prez des yeux, ils se rendent rebelles à la lumiere. Je n'ay pas mesme reconnu que ce procedé reussist à ceux qui m'estoient associez en cét œuvre du Seigneur, quand ils se portoient avec ardeur à cette sorte d'escrime, en un lieu où ils chantoient et respondoient tout ensemble, où ils disoient ce qu'ils vouloient, sans que personne leur fist teste : c'est proprement ce que sainct Paul appelle combattre en l'air [2]. Ce n'est pas qu'il ne faille soustenir les veritez catholiques, et abbatre les erreurs contraires; car les armes de la milice spirituelle et de la parole de Dieu

---

[1] Psal. xxxviii, 10. — [2] I Cor. ix, 26.

sont puissantes pour destruire la fausseté qui s'esleve contre la verité, et pour vaincre la desobeyssance : mais il les faut manier avec la mesme dexterité dont se servent, non les escrimeurs à outrance, mais les chirurgiens, qui usent de leurs rasoirs, de leurs lancettes, et de leurs sondes avec toute l'addresse qui leur est possible, pour blesser les patiens le moins qu'ils peuvent. »

Et de fait il avoit des methodes si agreables pour traitter cette sorte de theologie, qui est toute espineuse et herissée de pointes, qu'il la rendoit toute couverte de fleurs et de roses. Il sçavoit cacher le stile sous le coton musqué ou huilé, et assaisonnoit de tant de sucre l'amertume naturelle de la drogue, qu'il changeoit les medicaments en confitures delicieuses, frappant egalement les volontez que les entendemens, par la lumiere et la douce chaleur de ses raisons et de ses preuves. Ainsi, au lieu que les autres par un zele immoderé changent assez souvent le jugement en absynthe[1], luy au contraire, à la façon d'un sage enchanteur, changeoit l'absynthe en jugement, et faisoit aboutir les foudres et les orages en douces pluyes. Il n'y a rien de si amer que la noix encore verte; neantmoins quand elle est confite, il n'y a rien de plus suave, ny de plus stomacal. Cette sorte de theologie qui a tant d'amertume (comme ce livre dont il est parlé dans l'Apocalypse[2]) quand elle est dite cruëment, estant assaisonnée dans la douceur, devient non seulement salutaire, mais encore friande : c'est une rubarbe qui n'est plus aspre et rubarbative, mais agreable et qui passe dans le delectable.

Il confessoit que la predication de la morale accompagnée et animée de mouvemens de devotion, estoit bien plus propre à la conversion, non seulement des pecheurs, mais encore des errans, que toutes les pointes et les aigreurs de la controverse. Le vinaigre chasse les mousches, que le miel et le

---

[1] Amos v, 7. — [2] Apoc. x, 9, 10.

sucre attirent à monceaux. *La douceur est-elle survenüe,* disoit le Psalmiste? *nous voila corrigez*[1]. De cela il fournissoit quantité d'exemples qui luy estoient arrivez : mais je n'en trouve point de plus remarquable, que celuy de cette dame protestante, qui l'oyant à Paris l'an 1619, par curiosité plus que par aucun desir de faire bon usage de son sermon, estant tenuë pour un des plus fermes pilliers de son Eglise pretenduë, fut tellement touchée, luy entendant parler du jugement dernier, qu'elle y receut les premiers attraits de sa conversion, à laquelle ce Bien-heureux donna le dernier trait par plusieurs conferences, qui non seulement l'amenerent au sein de l'Eglise, mais encore toute sa noble famille, de laquelle sont sortis depuis de celebres docteurs et predicateurs, arrivez par leurs merites à de hautes dignitez et prelatures. Mais cecy est assez amplement deduit et clairement marqué par ceux qui ont escrit sa vie, sans que je m'arreste d'avantage à vous le representer.

SECTION VI.

Du don de convertir les errans.

Je pense qu'on le peut ranger, comme celuy de prophetie et les autres dont parle sainct Paul[2], parmy les graces que les theologiens appellent gratuitement données : et quoy qu'elles puissent estre sans la justifiante, et tomber entre les mains des pecheurs, tesmoins Saül, Balaam et Caïphe, qui ont esté de meschans hommes, et neantmoins vrays prophetes, et quantité de reprouvez qui ont fait des miracles; neantmoins en des personnes dont la vertu est heroïque et eminente, ce sont des tesmoignages de sainteté.

Or nostre Bien-heureux a eu une grace tres-particuliere du ciel, pour la conversion des pecheurs au dedans de l'E-

---

[1] Psal. lxxxix, 10. — [2] I Cor. xii.

glise, et pour celle des errans, pour les ramener dans le sein de cette mere, hors duquel nous ne sçaurions avoir Dieu pour pere. Au regard de ceux-cy, outre qu'en la reduction de Chablaix au giron de l'Eglise romaine, il a cooperé à la conversion de plus de quarante mille ames, il en a ramené pour sa part plus de quinze à seize mille ; ce que nous avons appris estans sur les lieux, où tout ce peuple generalement le proclame son apostre.

Ce don special qu'il avoit de les reduire, fit dire un jour au grand cardinal du Perron, l'honneur des lettres, et une vraye bibliotheque animee, que s'il n'estoit question que de confondre les heretiques, il pensoit en avoir trouvé le secret ; mais pour les convertir, qu'il les falloit envoyer à monsieur l'evesque de Geneve. Cét éloge, et d'une telle bouche, n'est pas de petite consideration : estre loué par une personne loüable, n'est pas un foible tesmoignage de merite.

Principibus placuisse viris, non ultima laus est [1].

SECTION VII.

Des reformes.

On l'a plusieurs fois employé dans les entreprises des reformes conventuelles ; mais sa methode estoit d'aller doucement en besogne et à pas de plomb, pratiquant cette devise qu'il estimoit beaucoup, de se haster tout bellement. Il vouloit qu'en toutes choses on fist peu et bien ; et quoy que la grace n'ayme pas les retardemens et les delais, si ne vouloit-il pas que l'on marchast dans une ferveur peu judicieuse, qui donne tousjours dans les extremitez, et ne fait pas le bien pour le vouloir tout à coup trop bien faire. Son grand mot estoit, *Pedetentim*. Il desiroit que l'on gaignast

---

[1] Horat. lib. 1, Epist. xvii, 35.

terre pied à pied; repetant assez souvent cette parole du Sage, qu'il m'a fort inculquée, que *la route du juste est pareille à l'aube, qui s'accroist et s'avance peu à peu, jusques à ce qu'elle ait amené le jour parfait*[1]. « Le vray progrez, disoit-il, se fait du moins au plus : Dieu mesme qui n'a que faire de temps pour amener les choses à la perfection, quoy qu'il arrive fortement à la fin qu'il se propose, c'est neantmoins avec des dispositions si suaves, qu'elles sont presque imperceptibles. »

La methode du Bien-heureux estoit bien differente de ceux qui commencent la reformation par l'exterieur, pour parvenir, disent-ils, à l'interieur, et sont si long temps à l'escorce, qu'ils en oublient la moëlle. Ceux-là imitent l'art de peinture ou de sculpture, qui ne represente que le dehors, et est plustost un fard et une illusion des sens, que quelque chose de veritable. Quand la nature forme l'animal, elle commence par le cœur et les entrailles, et l'acheve par la peau. Il imitoit la nature en l'insinuation de la grace, il attaquoit d'abord le dongeon du cœur, et ce chasteau rendu, le reste de la ville estoit de facile composition. Il a luy-mesme fort proprement descrit sa maniere de proceder en sa Philothée, par ces mots.

« Pour moi, Philothee, je n'ay jamais peu approuver la
» methode de ceux qui pour reformer l'homme commencent
» par l'exterieur, par les contenances, par les habits, et par
» les cheveux. Il me semble au contraire, qu'il faut commencer par l'interieur. *Convertissez-vous à moy*, dit Dieu,
» *de tout vostre cœur*[2] : *Mon enfant, donne moy ton cœur*[3].
» Car aussi le cœur estant la source des actions, elles sont
» telles qu'il est. L'espoux divin, invitant l'ame : *Mets-moy*,
» dit-il, *comme un cachet sur ton cœur, comme un cachet*
» *sur ton bras*[4]. Ouy vrayement, quiconque a Jesus-Christ
» en son cœur, il l'a bien-tost aprez en toutes ses actions

---

[1] Prov. IV, 18. — [2] Joel II, 12. — [3] Prov. XXIII, 26. — [4] Cantic. VIII, 6.

» exterieures. C'est pourquoy, chere Philothée, j'ay voulu
» avant toutes choses graver et inscrire sur vostre cœur ce
» mot sainct et sacré, Vive Jesus ; asseuré que je suis, qu'a-
» prez cela vostre vie, laquelle vient de vostre cœur, comme
» un amandier de son noyau, produira toutes ses actions,
» qui sont ses fruicts, escrites et gravées du mesme mot de
» salut : et que comme ce doux Jesus vivra dedans vostre
» cœur, il vivra aussi en tous vos deportemens, et paroistra
» en vos yeux, en vostre bouche, en vos mains, voire mesme
» en vos cheveux ; et pourrez sainctement dire à l'imitation
» de sainct Paul, *Je vis, mais non plus moy, ains Jesus-*
» *Christ vit en moy* [1]. Bref, qui a gaigné le cœur de l'homme,
» a gaigné tout l'homme [2]. »

C'est ainsi qu'il procedoit quand il vouloit tirer quelque ame pecheresse du lac de misere, et du bourbier d'iniquité. Mais quand il vouloit introduire la reformation en quelque cloistre, soit d'hommes, soit de filles, il ne demandoit en celuy des hommes que deux choses : l'exercice de l'oraison mentale, et de sa compagne inseparable, la lecture spirituelle ; et la frequ tation des deux sacrements, de Penitence et d'Eucharistie. « Avec cela, disoit-il, tout se fait sans bruit, sans effort, sans contradiction, doucement et insensiblement. » Au regard des moniales, il ne desiroit que deux choses ; l'une pour le corps, l'autre pour l'ame. 1° Pour le corps, la closture telle qu'elle est ordonnée par decret au Concile de Trente ; sans cela il ne pensoit pas qu'elles pussent vivre avec reputation, ny avec seureté de leur honneur : 2° l'oraison mentale deux fois le jour, une demie heure à chaque fois. « Avec cela, disoit-il, on peut aisement reduire des filles à leur devoir, et à leur vraye observance. » D'austeritez et de mortifications corporelles, il n'en parloit point, ne recommandant autres jeusnes que ceux de l'Eglise ; non la nudité des pieds, non l'abstinence de la viande, non la

---

[1] Galat. II, 20. — [2] Part. 3, chap. 23.

privation du linge, non les veilles de la nuict, non tant d'autres inventions, sainctes à la verité, mais qui ne regardent d'elles-mesmes que l'exterieur.

Et par ce qu'en ces matieres quelques uns se pourroient imaginer que je parlerois à credit, et luy en ferois accroire, il vaut mieux que je donne caution suffisante pour cela, et caution bourgeoise, au moins de la bourgeoisie du cloistre, et qui soit sans exception, ny recusation. Si vous avez là ce qu'a escrit de la vie de nostre Bien-heureux le reverend Jean de la Riviere de l'Ordre des Minimes de sainct François de Paule, je vous liray ce qu'il a dit sur ce sujet : voicy ses propres mots.

« Or il convient remarquer qu'à ceux et à celles qui se
» reformoient par sa sollicitation, il ne conseilloit pas de
» s'embarquer en des rudes et poignantes austeritez corpo-
» relles, d'autant qu'ordinairement telles extremitez estant
» violentes ne sont de longue durée : et de faict, les Ordres
» qui sont assujettis à des aiguës et pressantes rigueurs, se
» relaschent facilement, et destendent de temps en temps ;
» si que de septante en septante ans, ou peu s'en faut, ils
» ont besoin de nouveaux instituteurs ou reparateurs, pour
» les remonter au haut degré de leur anciennne perfection.
» Qu'y feroit-on ? la fragilité humaine est aucunement excu-
» sable, principalement en ces regions froides et septen-
» trionnales. Il y a deux ou trois ans, que quelque honneste
» religieux le fut consulter, sur la nudité des pieds qu'on
» vouloit introduire en sa religion. Hé, dit-il, que ne laisse-
» on là les pieds chaussez ! il faut reformer la teste, et non
» les pieds. A la verité comme ceux qui ayant professé telles
» cuisantes penitences, en les observant meritent loüange et
» veneration ; aussi ceux qui ne les ont accoustumées, sont
» dignes de quelque compassion, quand ils s'essayent mo-
» destement de s'en exempter. Donc sa premiere visée ten-
» doit à reformer l'interieur, et extirper les mauvaises habi-
» tudes, à donner le goust de la sincere charité, à faire

» pratiquer l'estude de la sacrée oraison, et des livres qui en
» traittent : et puis consecutivement il persuadoit de vivre
» en communauté, de retrancher du vestement ce qui ressent
» la superfluité, la vanité et mondanité, de moderer le par-
» ler, de jeusner quelquefois discretement, d'aymer la re-
» traitte, et de composer decemment l'exterieur. Voila la
» methode de laquelle il se servoit pour regler les desregle-
» mens des compagnies regulieres¹. »

Si j'avois parlé de la sorte, possible que mon discours seroit suspect, et sembleroit que je voulusse indirectement bailler par le flanc aux aspretez exterieures; mais un personnage de cette condition en escrivant de la sorte, ses propos peuvent fermer la bouche à ceux qui voudroient juger sinistrement de mes intentions : aussi les ay-je rapportez, *ut destruatur os loquentium iniqua*². Si vous voulez voir la pratique de tout cecy, vous la verrez dans le premier reglement qu'il donna en l'introduction de la reforme dans le monastere, rapporté au long par le mesme autheur³.

SECTION VIII.

De la conduite des moniales.

Le mesme escrivain de sa Vie, dit ces paroles : « Ce tres-
» sage Prelat a voulu que les monasteres de ses religieuses
» de la Visitation fussent sujets aux evesques des dioceses où
» ils sont establis, et n'a jamais peu gouster qu'il y eust en
» cét Ordre autre chef general, que le general de tous les
» chefs, Jesus-Christ, et son vicaire. La principale raison
» qui l'a induit à cela, est que les reverendissimes evesques,
» estans les superieurs des couvents qui seront dans leurs
» dioceses, rarement il arrivera que ceste religion deschée
» entierement de son observance; d'autant que, si bien il se
» pourra faire que deux ou trois soient negligens de tenir

Liv. 3, chap. 14. — ² Psal. LXII, 12. — ³ Liv. 3, chap. 17.

« la main à ce que la regularité soit observée aux maisons
« de leur jurisdiction, il y en aura aussi plusieurs autres
« grandement pieux et zelez, qui empescheront le desordre
« en celle de leur authorité. Partant un evesque manquant
« à son devoir, ne sçauroit prejudicier qu'à peu de couvents,
« là où un general de mauvaise conscience les ruineroit tous
« universellement : et puis un evesque vigilant qui succe-
« dera à un nonchalant, remettra bien plus aisément sur
« pied un petit nombre de maisons detraquées, se servant
« mesme à cét effect des autres qui n'auront point forligné,
« comme de modele, que s'il luy en falloit reformer une
« centaine¹. »

Lisant cecy, je formay ces reflexions, sur ce que m'avoit autrefois dit ce Bien-heureux sur le subjet de l'estat de perfection, que les personnes conventuelles s'attribuent avec tant d'ardeur : « Je ne sçay pas, disoit-il, pourquoy ils s'empressent si fort, pour une qualité à laquelle ils semblent renoncer par leurs privileges et leurs exemptions de la jurisdiction des Ordinaires, qui sont les evesques et pasteurs diocesains. »

Car 1° si, selon sainct Thomas², en matiere d'estat de perfection les evesques sont les perfectionnans, c'est à dire, en l'estat qui les oblige d'office de perfectionner, ou d'enseigner la perfection aux autres chrestiens; et si les conventuels sont en l'estat de ceux qui sont à perfectionner, c'est à dire, qui font profession d'apprendre la perfection, d'y tendre, et d'y pretendre : de qui la peuvent-ils apprendre, s'ils se separent et se soustrayent de ceux qui doivent estre leurs maistres, et de qui ils doivent estre les disciples, selon la doctrine du mesme Docteur Angelique³? N'est-ce pas vouloir apprendre sans guide un chemin, lequel, mesme avec des conducteurs bien experts, est fort difficile à tenir? 2° Dire qu'ils ont leurs superieurs qui le leur enseignent? Mais ils

---

¹ Liv. 3, chap. 27. — ² 2ᵃ 2ᵃᵉ, quæst. 184, art. 7. — ³ Ibid. art. 5.

ne sont pas evesques, et ne sont eux-mesmes qu'au rang des disciples, puis qu'ils ne sont que conventuels. 3° Dire qu'ils ont sur eux par privilege la jurisdiction episcopale ? Ce n'est pas repartir à propos; car il n'est pas icy question de jurisdiction, les evesques pouvans faire exercer la leur par des prestres ou clercs, et le faisant en effect par des officiaux et autres officiers. 4° Qu'ils ont le Pape pour evesque? Cela seroit bon si immediatement et par soy-mesme il leur pouvoit enseigner la perfection, comme les evesques le pourroient en faisant leurs visites, et prenans un soin particulier des conventuels, comme ils l'ont des ecclesiastiques de leurs dioceses : mais l'experience monstre que cela n'est pas, et qu'il seroit impossible au Pape d'enseigner la perfection aux conventuels et privilegiez espars sur toute la terre. 5° Une des raisons pour lesquelles l'administration du sacrement de Confirmation est reservée aux evesques, est qu'il est appellé par les anciens Peres, le sacrement de Perfection, et qu'il appartient aux evesques, par leur estat, de perfectionner les fideles. 6° Si les superieurs des conventuels, qui ont sur eux par privilege la jurisdiction episcopale, ont encore par les mesmes privileges le droit de perfectionner, ils seront tout à fait en l'estat episcopal, et n'y aura presque plus de difference entre eux et les evesques; ce qui est, ou peut s'en faut, ressusciter l'opinion d'Arrius. 7° S'ils disent qu'eux-mesmes se perfectionnent, adieu la difference non seulement entre l'evesque et le prestre, mais entre l'evesque, le prestre, et le laïque. Il ne restera plus que la faculté de se baptiser, confirmer, absoudre, et ordonner soy-mesme : desordre prodigieux! 8° Pour combler la mesure, il ne resteroit plus qu'à dire qu'ils sont tous theodidactes et enseignez de Dieu; et voila les maistres et les disciples de mesme classe.

Pour eviter ces inconveniens, et laisser les choses dans l'ordre vrayement hierarchique, apostolique et ancien, le Bien-heureux a voulu que les sanctimoniales de la congregation de la Visitation, dont il a esté l'instituteur et fondateur, demeurassent dans la conduite spirituelle et soubs la jurisdiction des evesques, sçachant bien qu'il estoit ainsi dès le commencement, mais commencement si long, qu'il fait les trois quarts de la durée de l'Eglise chrestienne. Car avant le siecle douziesme, qui est celuy auquel furent instituez les Ordres des freres Prescheurs et Mineurs, on ne sçavoit ce que c'estoit que provinciaux, ny generaux dans les Ordres conventuels; chaque couvent faisant son corps, et n'ayant rapport qu'à l'evesque, dans le diocese duquel il estoit situé. Que s'il y a eu avant ce temps-là quelque congregation, comme de Clugny, Cisteaux, Premonstré, et semblables, chacun sçait que leur societé n'estoit que de charité, et de conformité d'esprit et de regles, sans jurisdiction ny liaison d'authorité; d'autant que les exemptions de la visite, conduitte et justice des Ordinaires n'estoient pas encore obtenuës : ce que l'on peut voir dans le grand Bullaire, et le verifier par les dattes des bulles des exemptions.

On pourra adjouster ces raisons à celles de l'escrivain dont j'ay rapporté les paroles, qui sont encore d'autres raisons du Bien-heureux, lesquelles je suis bien aise de voir tracées par une autre plume que la mienne : car si j'en avois autant dit, possible y trouveroit-on à gloser. Que ceux de ceste condition remarquent bien ce que leur dit leur confrere, predicateur celebre et de consideration parmy eux, et qu'ils jugent si les exemptions (lesquelles je tiens fort justes, puis qu'elles sont emanées d'un Siege qui a l'infaillibilité) sont une porte à l'observance ou à la relaxation. Et ce que nous avons remarqué de luy-mesme en la section qui precede, touchant la reforme de septante ans qu'il dit estre necessaire dans ces Ordres austeres, me fait dire icy, qu'il eust de beaucoup raccourcy ce terme-là, s'il eust remarqué dans les Croniques Minoritaines, que cét Ordre là eut plus de vingt reformes depuis son establissement, qui n'est que de quatre cens et tant d'années.

SECTION IX.

De la fausse douceur.

Les paroles affectées de douceur estoient suspectes à nostre Bien-heureux. « L'affectation, disoit-il, et l'affetterie sont souvent germaines et comme gemelles, rarement l'une est elle sans l'autre; et l'affetterie n'est jamais sans quelque sorte de duplicité. *Les levres trompeuses,* dit le Psalmiste, *parleront en un cœur et en un cœur* [1]; et souvent ceux qui parlent tant de paix à leur prochain, ruminent quelque dessein dans leur poitrine, qui n'est pas conforme à leurs propos [2]. Ce sont ces douces benedictions, dont l'Apostre avertit qu'on se donne de garde [3]. L'Esprit sainct, disoit-il, avoit le laict et le miel sous la langue [4]; notez, sous : il ne dit pas, sur la langue, sa douceur n'estant que sur le bord des levres; mais dessous, pour monstrer qu'elle estoit pectorale et cordiale, la bouche parlant de l'abondance du cœur. Les paroles de la vraye douceur sont rondes, franches, naïves, sinceres, et ne laissent pourtant d'estre tendres et amiables; mais celles de la fausse sont douïllettes, mignardes, jusques à l'excez, et sous ces fueilles est caché le serpent de la sinistre intention. *Ses discours,* dit le Psalmiste parlant de celuy qui contrefait le doucet, *sont mollets comme l'huile, mais garde le trait du javelot* [5] : si vous n'y avisez, il vous mordra en riant.

» Le miel que les abeilles recueillent sur l'aconit, a un surcroist de douceur plus que celuy qu'elles tirent du thim, qui est une herbe amere; mais cettuy-cy est aussi salutaire que l'autre est dangereux et venimeux. Quand le traistre disciple voulut vendre nostre Seigneur, il le baisa, en luy disant, *Bonjour, Maistre* [6]. Et Joab tua Amasa en l'embras-

---

[1] Psal. xi, 3. — [2] Psal. xxvii, 3. — [3] Rom. xvi, 18. — [4] Cantic. iv, 11. — [5] Psal. liv, 22. — [6] Matth. xxvi, 49.

sant, et luy faisant des complimens d'amy. La mauvaise femme et desloyale caresse son mary d'autant plus qu'elle luy est infidele, pour luy oster tout ombrage de jalousie par ces fausses demonstrations d'amitié. Ce mot du Sage est un excellent oracle : *Les blesseures de l'amy sont meilleures et plus desirables, que les trompeurs et traistres baisers du flatteur* [1]. Et celuy du Psalmiste pareillement : *Le juste me reprendra, me lancera, et je le tiendray à misericorde : mais je ne veux point que l'huile du pecheur me vienne graisser la teste* [2]; c'est à dire, que les paroles flatteuses se glissent par mes oreilles dans mon cœur, pour l'empoisonner de vanité et de presomption. »

SECTION X.

Il excite par ses larmes un impenitent à componction.

Un jour se presenta à luy pour confesser ses fautes un personnage qui les racontoit avec tant de hardiesse, pour ne dire d'effronterie, et avec si peu de ressentiment et desplaisir, qu'il sembloit qu'il racontast une histoire, jusques à s'escouter soy-mesme, et avoir de la complaisance en son discours. Le Bien-heureux connoissant à ce ton l'indisposition interieure de cette ame, qui des trois parties integrantes, c'est à dire, qui composent l'integrité du sacrement de Penitence, n'en avoit qu'une, qui estoit la confession, encore fort imparfaite, estant despourveüe de cette pudeur et honneste honte qui la doit accompagner, comme une ombre inseparable; sans l'interrompre en son narré, se mit à pleurer, à souspirer, à sanglotter. Ceste personne luy demande ce qu'il avoit et s'il se trouvoit mal. « Helas, mon frere, luy dit il, je me porte bien, graces à Dieu, mais vous vous portez plus mal que moy. » L'autre luy replique hardiment qu'il se portoit fort bien aussi. « Or sus, dit le Bien-heureux,

[1] Prov. XXVII, 6. — [2] Psal. CXL, 5.

continuez. » Il poursuivit avec la mesme liberté, et disoit sans aucun sentiment de douleur de terribles choses. Le Bien-heureux de pleurer chaudement et abondamment. Ceste personne luy demande ce qu'il avoit à pleurer : « Helas! dit le Bien-heureux, c'est de ce que vous ne pleurez pas. »

Celuy qui avoit esté insensible au premier coup d'esperon, l'heure de sa visitation, comme il est à croire, estant venuë, le fut à ce second, et de telle sorte, que ce rocher picqué de cette gaule donna soudain des eaux, et s'escria : « O moy miserable, qui n'ay point de regret de mes enormes pechez, et ils arrachent des larmes à celuy qui en est innocent! » Cela le toucha si puissamment, qu'il en pensa tomber à cœur failly, si le Bien-heureux ne l'eust consolé : et luy enseignant l'acte de contrition, qu'il fit avec une componction miraculeuse, il le remit en l'assiette necessaire pour recevoir la grace du Sacrement, et dés ce temps devint fort devot et affectionné au bien-heureux Prelat. Luy-mesme a descouvert cecy, s'en ouvrant à un de ses intimes, qui sans le nommer en a fait le rapport, et adjoustoit ce trait qui est d'assez bonne grace. « Les autres confesseurs, disoit-il, font quelquefois pleurer leurs penitens, mais moy je fis pleurer le mien. Il est vray qu'il me rendit bien mon changé, et Dieu vueille pour le salut de ma pauvre ame, que j'en sois bien changé, et que je ne perde jamais, ou au moins que je puisse ressusciter à la grace qui me fut lors conferée par la benediction de ses mains. »

O qu'il est bon de manifester les œuvres de Dieu, qu'il opere par ses sainctz! il est avantageux pour sa gloire, qu'on les annonce, et que l'on fasse connoistre aux peuples les inventions dont se sert, pour communiquer ses bontez, celuy qui est si riche en misericordes sur tous ceux qui l'invoquent. Venez, et voyez les prodiges et les merveilles que sa puissance fait sur la terre, que sa grace fait dans les cœurs.

SECTION XI.

Consolation à un penitent.

Quelqu'un de sa connoissance fit un extresme effort sur soy-mesme pour luy faire une confession generale. Cet homme ayant esté bien fort du monde, luy fit un assez ample chapitre, *de delictis juventutis*. Le Bien-heureux trouvant cette confession fort à son gré, et la disposition de cette ame luy plaisant, luy en tesmoigna beaucoup de contentement et de satisfaction. « C'est, luy dit le penitent, pour me consoler ce que vous en faites; mais en vostre ame, pouvez-vous estimer un si grand pecheur?

—Aprez vostre absolution, reprit le Bien-heureux je serois un vray Pharisien, si je vous regardois comme tel, vous me paroissez plus blanc que la neige, et semblable à Naaman sortant du Jourdain. Au demeurant je suis obligé de vous en aymer au double, voyant la dilection et la confiance que Dieu vous a donnée pour moy. Je vous regarde comme mon fils que je viens d'engendrer en Jesus-Christ; ou plutost, dans le cœur duquel Jesus-Christ vient d'estre formé par mon ministere. Quant à l'estime elle redouble à la mesure de mon amour, de vaisseau d'ignominie vous voyant changé en vaisseau d'honneur et de sanctification, par un changement de la droitte du Tres-hault. Nostre Seigneur ne changea pas le dessein qu'il avoit d'establir sainct Pierre sur toute son Eglise, ayant plus d'egard à ses larmes qu'à sa cheute, à sa repentance qu'à son peché. Au demeurant je serois trop insensible, si je ne prenois ma part de la joye qui est maintenant dans les cieux parmy les Anges de Dieu, sur le changement et la purification de vostre cher cœur. Croyez-moy, quelque larme que j'ay veu couler de vos yeux, eust fait en mon ame ce que fait l'eau des forgerons, qui embrasse plutost qu'elle n'esteint le feu de leurs fourneaux. O Dieu, que j'ayme vostre cœur, qui ayme maintenant Dieu tout de bon ! »

Ce penitent s'en alla si satisfait du tribunal de la Penitence, que depuis, à ce qu'il declara à un de ses confidens, il n'avoit point de delices plus agreables, que de se confesser, jusques à importuner ses confesseurs, de ses trop frequentes confessions. Son cher mot estoit celuy de David : *Amplius lava me ab iniquitate mea*[1], etc. et appelloit le bien-heureux François, l'ange de la piscine probatique.

SECTION XII.

Marcher en l'esprit de la foi.

On me demande que j'esclaircisse ce mot de nostre bien-heureux Pere, qu'il faut cheminer devant Dieu selon l'esprit de la foy, et non selon le sens humain. Dieu me face la grace de le vous expliquer selon le sens de ce Bien-heureux; ou, pour mieux dire, selon l'esprit de Dieu qui estoit en luy.

La foy, mes Sœurs, est une vertu ou lumiere surnaturelle que Dieu respand dans nos entendemens par sa pure grace, afin de les rendre capables d'acquiescer aux veritez celestes qui surpassent nostre portée et nostre intelligence, lesquelles il daigne nous reveler par sa parole. Marcher en suivant cette lumiere, c'est cheminer en l'esprit de la foy, et dire avec le Prophete roy : *Seigneur, vostre parole est une lampe à mes pieds, et une lampe à mes voyes*[2]. Voilà la colomne de nuée et de feu clairement ombrageuse, et tenebreusement lumineuse, qui conduit les vrays Israëlites parmy les obscuritez de l'Egypte de ce monde. Car la foy ne nous faisant voir les objects qu'elle nous propose que par miroir et par enigme, elle n'est point si evidente qu'elle n'ait quelque chose de sombre, veu qu'elle est des choses qui n'apparoissent point. Aussi n'est-elle pas si obscure qu'elle ne surpasse en evidence,

[1] Psal. L., 4. — [2] Psal. CXVIII, 105.

en rectitude, en verité, toutes les demonstrations des sciences humaines et naturelles. Elle est cette belle claire-brune du Cantique[1], dont les graces et les attraits surpassent toutes les beautez des veritez que nous concevons par la simple lumiere de sa nature.

Marcher selon la foy, c'est se conduire non selon les maximes qui nous sont suggerées par la chair et le sang, ou par la raison humaine, mais selon celles qui nous sont revelées par le Pere celeste. C'est rechercher Jesus-Christ, à la façon des Mages, à la clarté d'une estoile, et selon qu'il est escrit : *Les nations chemineront en vostre lumiere, et les roys en la splendeur de vostre Orient*[2]. Mais marcher en foy vive, ce n'est pas seulement cheminer en la lumiere de la foy, mais encore en la chaleur de la saincte charité, qui est l'ame, la forme et la vie de la foy, comme de toute autre vertu parfaitte. C'est marcher, comme Abraham, en la ferveur du jour; c'est rejetter les œuvres de tenebres, c'est à dire de peché, et se revestir des œuvres de lumiere, pour marcher honnestement au jour de la foy operante par charité. Ce n'est pas seulement croire, mais faire; ce n'est pas seulement embrasser toutes les veritez que Dieu nous revele par sa parole, mais accomplir toutes ses volontez, qui nous sont signifiées par ces veritez. C'est la foy des saincts de la terre, *ausquelles*, dit le Psalmiste, *le Seigneur magnifie toutes ses volontés*[3].

Ceux au contraire qui ne suivent que le flambeau de la prudence de la chair et de la raison humaine, ressemblent à ceux qui durant une nuict obscure ne marchent qu'à la lueur de ces ardans infortunez, qui peu à peu les conduisent en des precipices.

Exemple. La lumiere de la prudence de la chair dicte qu'il faut haïr ses ennemis; celle de la foy vive nous enseigne à les aymer[4]. Celle-là dit, Vange toy : celle-cy, Pardonne les

---

[1] Cantic. I, 4. — [2] Isai. LX, 3. — [3] Psal. XV, 3. — [4] Matth. V, 44.

offenses qui te sont faites, comme tu veux que Dieu te pardonne celles que tu as commises contre luy [1]. Celle-là dit qu'il faut se vestir et survestir, qu'il faut amasser des biens, que les riches sont heureux, qu'il ne faut pas se despoüiller devant que s'aller coucher : prenne qui pourra : et semblables maximes. Celle-cy dit non bien-heureux le peuple qui a des richesses; mais, *Bien-heureux celuy de qui le Seigneur est Dieu* [2]. *Bien-heureux les pauvres d'esprit* [3]. *Va, vends tout ce que tu as, et le donne aux pauvres* [4]. *Si vous avez des richesses, n'y appliquez point vostre cœur* [5]. *La convoitise des biens est la racine de tous maux* [6]. *A qui te prend ton manteau, donne encore le saye* [7]. Recevez avec joye le ravissement de vos biens, sçachant qu'une meilleure substance vous attend [8]. Celle-là dit que c'est un affront insupportable que recevoir un soufflet : celle-cy nous suggere de tendre l'autre joüe [9]; et fait sa gloire, comme l'Apostre, de souffrir des soufflets [10]. En un mot, le jour n'est point plus opposé à la nuict, et la lumiere aux tenebres, que les maximes de la foy à celle de la prudence mondaine.

Avisons donc de qui nous voulons estre suivans, du monde, ou de Jesus-Christ : car il n'y a point d'accord entre luy et Belial, entre l'obscurité et la clarté, entre Jerusalem et Babylone. Nul ne peut servir à deux maistres si opposez et si contraires. Il faut choisir les unes ou les autres maximes pour la conduite de nostre vie, et les separer, comme Abraham et Loth, leurs pastures : car il est impossible qu'elles puissent faire leur demeure ensemble dans un mesme cœur. Les unes sont de la sagesse d'en haut; les autres, de celle qui est terrestre, appellée animale et diabolique. L'amitié du monde est ennemie de Dieu : qui voudra se joindre au monde, se retirera du Royaume de Jesus-Christ, qui n'en est pas, comme luy-mesme nous en as-

---

[1] Matth. vi, 12. — [2] Psal. cxliii, 15. — [3] Matth. v, 3. — [4] Id. xix, 21. — [5] Psal. lxi, 11. — [6] I Tim. vi, 10. — [7] Matth. v, 40. — [8] Hebr. x, 34. — [9] Matth. v, 39. — [10] I Cor. iv, 11.

seure[1]. Somme, les enfans du siecle sont appellez les enfans de tenebres, ausquels est reservé le tourbillon des obscuritez : et ceux de lumiere sont ceux qui cheminent selon l'esprit de la foy, qui destruit les desirs de la chair, et qui la crucifie avec toutes ses convoitises.

SECTION XIII.

Encore de l'esprit de la foi.

Pour faire un grand progrez dans l'esprit de la foy vive, qui est celuy de la perfection chrestienne, il ne se contentoit pas que l'on acquiesçast à toutes les veritez divinement revelées, et que l'on se sousmist à toutes les volontez de Dieu enseignées par ces veritez : mais il souhaittoit que l'on n'agist que par ce seul esprit, autant que l'on pourroit, pour arriver à ce faiste de parfaitte charité que l'Apostre appelle la plus excellente voye[2], et de laquelle il dit, que *qui adhere à Dieu est fait un esprit*[3] ; c'est à dire, n'est porté en ses actions et deportemens, que par l'esprit de Dieu, qui est celuy du pur amour, et de l'unique dilection du bien-aymé des bien-aymez. Et afin que l'on ne s'imaginast pas qu'il desirast en un homme mortel une charité qui n'appartient qu'aux Seraphins et aux bien-heureux, qui sont dans un continuel et non jamais interrompu amour actuel de la divinité, unique object de toutes leurs pensées ; il vouloit que l'on se souvint de ce que nostre Seigneur nous enseigne en l'oraison que l'on appelle dominicale, par ce qu'il nous l'a dictée, où nous le prions tous les jours que nous puissions faire sa volonté en la terre comme elle est accomplie au ciel par les esleus[4] ; et de ce qui est escrit au Cantique à la saincte amante, qui est l'ame fidele et juste, qu'elle blesse le cœur de l'Espoux avec un seul de ses yeux et un seul des

---

[1] Joan. xviii, 36. — [2] I Cor. xii, 31. — [3] Id. vi, 17. — [4] Matth. vi, 10.

cheveux de son col¹, c'est à dire, par ses actions vertueuses, faites par cette unique intention de plaire à Dieu et de luy donner gloire. Sur quoy il dit ces paroles admirables dans son Theotime.

« Le souverain motif de nos actions, qui est celuy du ce-
» leste amour, a ceste souveraine proprieté qu'estant plus
» pur, il rend l'action qui en provient plus pure : si que
» les Anges et les saincts de paradis n'ayment chose aucune,
» pour autre fin quelconque, que pour celle de l'amour de
» la divine bonté, et par le motif de luy vouloir plaire. Ils
» s'entr'ayment voirement tous tres-ardemment, ils nous
» ayment aussi, ils ayment les vertus, mais tout cela pour
» plaire à Dieu seulement. Ils suivent et pratiquent les ver-
» tus, non entant qu'elles sont belles et aymables, mais en-
» tant qu'elles sont agreables à Dieu : ils ayment leur feli-
» cité, non entant qu'elle est à eux, mais entant qu'elle
» plaist à Dieu : ouy-mesme, ils ayment l'amour duquel ils
» ayment Dieu, non parce qu'il est en eux, mais parce qu'il
» tend à Dieu ; non parce qu'il leur est doux, mais parce
» qu'il plaist à Dieu ; non parce qu'ils l'ont et le possedent,
» mais parce que Dieu le donne, et qu'il y prend son bon
» plaisir ². »

Et c'est cela proprement qu'il appelloit cheminer en foy vive et parfaite, en laquelle Abraham (dont la foy est tant loüée en l'Escriture) marchoit devant Dieu, aprez qu'il luy eut dit : *Chemine en ma presence, et sois parfait* ³. O mon Pere, mon Pere, qui nous donnera vostre double esprit, afin que nous puissions suivre, comme vous avez fait, le chariot d'Israël, et son conducteur, qui est l'esprit de la vive foy duquel le juste tire sa veritable vie.

¹ Cantic. iv, 9. — ² Liv. 11, chap. 13. — ³ Gen. xvii, 1.

SECTION XIV.

D'une congregation.

Quelqu'un luy parlant un jour de vostre congregation, mes Sœurs, luy disoit : « Mais que voulez-vous faire de cette congregation de femmes et de filles? dequoy serviront-elles à l'Eglise de Dieu? n'y en a-t-il pas desja assez d'autres, ausquelles se pourroient ranger celles qui se presenteront à celle-cy? Ne feriez-vous pas mieux d'en eriger une d'ecclesiastiques, ou d'employer à la dresser et instruire, le temps que vous donnez à l'institution de ces filles, ausquelles il faut repeter cent fois une chose avant qu'elles la retiennent? Et puis aprez, c'est un thresor enfouy, une lampe sous un boisseau : n'est-ce pas là peindre sur les eaux, et semer sur le sable? »

A cela nostre Bien-heureux sousriant gracieusement, respondit avec une serenité et suavité nompareille : « Il ne m'appartient pas de travailler en des matieres si relevées : c'est aux orfevres à manier l'or et l'argent, et aux potiers la terre. Croyez-moy, Dieu est un grand ouvrier; avec de pauvres outils il sçait faire de grands ouvrages. Il choisit ordinairement les choses infirmes pour confondre les fortes; l'ignorance, pour confondre la science; et ce qui n'est rien, pour destruire ce qui semble estre quelque chose. Que n'a-t-il fait avec une baguette en la main de Moyse, avec une maschoire d'asne en celle de Samson? par qui a-t-il vaincu Holoferne, que par la main d'une femme? Quand il a voulu creer tout le monde, où en a-t-il pris la matiere, que dans le neant? Croyez-moy, de grands embrasemens peuvent naistre de petites estincelles. Où fut trouvé le feu sacré au retour de la captivité d'entre les Medes, sinon dans un peu de boüe?

» Ce sexe infirme est digne de grande compassion; c'est

pourquoy il en faut avoir plus de soin, que du fort. La charge des ames n'est pas tant des fortes que des foibles, dit sainct Bernard. Nostre Seigneur ne lui a pas dénié son assistance ; il estoit ordinairement suivy de plusieurs, et elles ne le quitterent point en la croix, où il fut abandonné de tous ses disciples, excepté de son bien-aymé Jean. L'Eglise qui donne à ce sexe le nom de devot, ne l'a pas en si basse estime.

» Au demeurant, pour combien contez-vous le bon exemple qu'elles peuvent respandre par tout où Dieu les appellera? n'est-ce rien à vostre avis, que d'estre une bonne odeur en Jesus-Christ, et odeur de vie à la vie? Des deux qualitez desirées aux pasteurs, la parole et l'exemple, laquelle pensez-vous la plus estimable? Pour moy j'estime plus une once de cettuy-cy, que cent livres de l'autre. Sans la bonne vie, la doctrine se tourne en scandale ; c'est une cloche qui sonne, mais qui ne va jamais à l'office : de là le reproche, Medecin, gueris toy. Quand elles ne serviroient à l'Eglise que de cassollettes et de pastilles, encore ne seroient-elles pas tout à fait inutiles ; on se sert bien d'encens dans les ceremonies.

» Il est vray qu'il y a quantité d'autres congregations en l'Eglise, ausquelles se pourroient ranger quelques unes de celles qui s'enroollent en celle-cy : mais aussi plusieurs se rangent en celle-cy qui ne pourroient pas s'enrooller en celles-là, à cause de leur âge ou de leurs infirmitez et debilitez, incapables de soustenir les austeritez corporelles des autres Ordres. Que si l'on en reçoit en celle-cy de fortes et robustes, c'est pour servir les infirmes et malades, pour lesquelles principalement ceste congregation est instituée, et pour mettre en prattique cette parole sacrée : *Portez les fardeaux les uns des autres, et ainsi vous accomplirez la loy de Jesus-Christ* [1].

» Pour l'exhortation que vous me faites de penser à quelque

---

[1] Galat. vi, 2.

congregation d'ecclesiastiques, ne voyez-vous pas que la voila toute dressée, par ce grand et fidele serviteur de Dieu, monsieur de Berulle, qui a bien plus de capacité pour cela, et beaucoup plus de loisir que moy, qui suis chargé d'un diocese si pesant, et où est la source des erreurs qui troublent toute l'Eglise? Au reste nous laissons aux grands ouvriers les grands desseins; Dieu fera ce qu'il luy plaira de cette petite source de mon discours.

> In tenui labor, at tenuis non gloria, si nos
> Numina magna juvant, auditque vocatus Jesus [1]. »

SECTION XV.

Mépris de l'estime.

Ce n'est pas qu'il prist plaisir que l'on mist les chiens dans la despense, ny les chevres dans les vignes, en faisant litiere de la reputation : il vouloit que l'on en eust soin, mais plus pour le service de Dieu, que pour son propre honneur; et plus pour eviter le scandale, que pour en augmenter sa propre gloire.

Il comparoit la reputation au tabac, qui peut servir estant pris rarement et moderement, mais qui nuit et noircit le cerveau quand on en use trop souvent et avec intemperance : et à la mandragore qui conforte les esprits quand on la sent de loin, et qui assoupit quand on l'odore de trop prez.

Il a fait un chapitre exprez en sa Philothée pour enseigner a conserver la renommée en pratiquant l'humilité [2]. Mais ce qu'il a enseigné de parole, il l'a souvent pratiqué par effect; car il n'estoit pas de ceux qui disent et ne font pas : au contraire, il eust pu dire avec sainct Paul, « J'aurois honte de dire, et que Jesus-Christ ne feroit pas en moy et par moy. »

Des esprits bannis et interessez prirent d'un si mauvais

---

[1] Virgil. Georg. IV, 6, 7. Imit. — [2] Part. 3, chap. 7.

mais un conseil fort sainct et de conscience qu'il avoit donné à Paris à quelques personnes de rare vertu, qu'ils en tirerent sujet de le timpaniser, et de dire de luy des calomnies que l'enfer seul leur pouvoit suggerer. Il m'escrivit sur ce sujet, et me disoit ces mots : « On me mande de Paris, que
» l'on m'y rase la barbe à bon escient; mais j'espere que Dieu
» la fera recroistre plus peuplée que jamais, si cela est ne-
» cessaire pour son service. Certes je ne veux de reputation,
» qu'autant qu'il en faut pour cela ; car pourveu que Dieu
» soit servy, qu'importe que ce soit par bonne ou mauvaise
» renommée, par l'esclat ou le décry de nostre reputation? »

« Mon Dieu, me disoit-il un jour, mais qu'est-ce que reputation, que tant de gens se sacrifient à ceste idole? Aprez tout c'est un songe, une ombre, une opinion, une fumée, une loüange dont la memoire perit avec le son ; une estime qui est souvent si fausse, que plusieurs admirent de se voir loüez de vertus dont ils sçavent bien qu'ils ont les vices, et blasmez de deffauts qui ne sont nullement en eux. Ceux qui se plaignent des mesdisances sont bien delicats ; c'est une petite croix de paroles que l'air emporte. Ce mot, Il m'a picqué, pour dire, Il m'a dit une injure, me desplait; car il y a bien de la difference entre le bourdonnement d'une abeille et sa picqueure : il faut avoir l'oreille et la peau bien tendres, si celle-là ne peut souffrir le bruit d'une mousche, et si celle-cy est picquée de ce sifflement.

» Ceux-là estoient bien avant dans la prudence de la chair, qui ont fabriqué ce proverbe, Bonne renommée vaut mieux que ceinture dorée; preferans la reputation aux richesses, c'est à dire, la vanité à l'avarice. O Dieu, que cela est esloigné de l'esprit de la foi! Y eut-il jamais reputation deschirée comme celle de Jesus-Christ? de quelles injures n'a-t-il esté attaqué? de quelles calomnies n'a-t-il esté chargé? Cependant le Pere luy a donné un nom par dessus tout nom, et l'a exalté d'autant plus qu'il a esté abbaissé. Et les Apostres ne sortoient-ils pas joyeux des assemblées où ils avoient receu des affronts pour le nom de Jesus ?

» O mais c'est gloire que de souffrir pour un si digne subjet! Je l'entens bien, nous ne voulons que des persecutions illustres, afin que nostre lumiere esclatte au milieu des tenebres, et que nostre vanité brille parmy nos souffrances; nous voudrions estre crucifiez glorieusement. A vostre avis, quand les martyrs ont souffert tant de cruels supplices, estoient-ils loüez des spectateurs de leurs tourments? au contraire, n'en estoient-ils pas maudits et tenus en execration? Eh, qu'il y a peu de gens qui veuillent faire littiere de leur reputation, pour en avancer la gloire de celuy qui est mort si ignominieusement en la croix, pour nous porter à une gloire qui n'aura point de fin! »

SECTION XVI.

De la pureté du divin amour.

Toutes les actions, intentions et pretentions de ce sainct Prelat n'avoient autre visée, que d'aspirer à la pureté du divin amour. Aussi est-ce là le faiste de toute la perfection du chrestien, et en cette vie et en l'autre; et qui la cherche autre part se trompe. Vous me demandez quelle preuve j'ay que ce fust là l'unique but de nostre bien-heureux Pere. Certes je vous respondray, que comme l'on connoist par le dehors d'une maison qu'il y a du feu dans une cheminée, quand il en sort de la fumée ou des estincelles; aussi aux élans de son cœur, il estoit aisé à discerner de quel feu il brusloit : « La parole, dit le texte sainct, manifeste l'homme, et l'abondance du cœur fait mouvoir la langue.

Voicy deux traits qui meritent d'estre recueillis comme deux perles d'Orient. « Plaise, dit-il en une de ses lettres,
» à l'immense bonté de Dieu, que son amour soit nostre
» grand amour. Hélas! mais quand sera-ce qu'il nous con-
» sumera, et quand consumera-il nostre vie, pour nous

» faire entierement mourir à nous-mesmes, et entierement
» vivre à luy? O qu'à luy seul soit à jamais honneur, gloire
» et benediction. »

Peut-on descrire plus naïvement la pureté du sainct amour, qui est la fin de toute consommation, et la consommation de toute fin ; je veux dire la consommation ou aneantissement de toute fin prochaine, de tout interest de la creature, pour n'agir que par l'unique fin de l'interest de Dieu, qui n'est autre que sa gloire? C'est là ce grand amour qu'il souhaite, lequel face aux autres amours qui luy sont inferieurs, le mesme effet que le soleil fait tous les matins aux nouveaux feux que son absence durant la nuict avoit allumez dans le ciel, les engloutissant dans la grandeur de sa lumiere ; le mesme effect de la gaule de Moyse changée en serpent, qui devora celles des mages. Ou pour le moins, que les autres moindres amours luy rendent hommage, comme les gerbes et les estoiles, à la gerbe et à l'estoile de Joseph. C'est ce qu'il appelle mourir à soy-mesme et à ses propres interests, pour ne vivre que pour Dieu, et pour l'interest de sa gloire. Car la vraye charité ne cherche point ses avantages, mais ceux de Dieu seulement : pourveu qu'il soit servy et honoré, tout le reste luy semble bouë, ordure et dommage. C'est ce qu'il monstre assez clairement par sa conclusion, « O qu'à luy seul, etc. »

Le second traict, c'est celuy qu'il dist un jour en l'excez de son esprit de ferveur et de pieté, à une ame confidente, ainsi que nous le sçavons tres-asseurement, et l'avons appris de la mesme personne. « Certes, disoit-il, si je cognois-
» sois un seul filet d'affection en mon ame qui ne fust de
» Dieu, en Dieu, ou pour Dieu, je m'en deferois aussi tost ;
» et j'aymerois mieux n'estre point du tout, que de n'estre
» point tout à Dieu et sans reserve. Si je sçavois la moindre
» partie en moy qui ne fust point gravée de la marque de
» Jesus-Christ, je m'en dessaisirois incontinent, et la re-
» jetterois en la maniere que l'Escriture nous enseigne,

» qu'il faut arracher l'œil, et couper la main ou le pied qui
» nous scandalisent. »

La vraye mesure de nostre pur amour envers Dieu se doit prendre de la hayne que nous avons de nostre propre amour. Quand nous aymons ardemment quelqu'un, nous avons en aversion tous ceux qui luy sont contraires : or nous sçavons que l'amour propre de nous-mesmes, est ce tyran qui bastit cette Babylone dans ses murailles, s'estendant jusques à la hayne de Dieu; c'est pourquoy nous ne sçaurions servir à ces deux maistres si opposez, à Dieu et à Mammone. Tout ce qui n'estoit point Dieu, à Dieu, en Dieu, pour Dieu et selon Dieu, non seulement n'estoit rien à nostre Bien-heureux, mais luy estoit en horreur; car il avoit devant les yeux ce mot du grand Maistre, du Dieu jaloux : *Qui n'est pour moy, est contre moy*[1]. De là cette maxime qu'il avoit assez ordinairement en la bouche, que pour augmenter l'amour de Dieu, il falloit en accroistre le desir; et que pour accroistre ce desir, il falloit diminuer les autres desirs. Voyez ce qu'il enseigne sur ce sujet, en son traité de l'Amour de Dieu[2].

SECTION XVII.

De quelques degrez d'humilité.

Cette vertu estoit merveilleusement en ses bonnes graces. Il l'appelloit le fondement des vertus morales, et jointe à la charité, la baze solide de la vraye pieté. Il disoit d'elle, qu'entre les morales il n'en trouvoit point de plus chrestienne, pour ce qu'elle avoit esté comme inconnuë aux anciens Gentils, et mesme aux philosophes, dont toutes les vertus estoient bouffies d'orgueil, et de l'amour d'euxmesmes. Mais pourtant toute humilité ne luy plaisoit pas, il

---

[1] Luc. xi, 23. — [2] Liv. 12, chap. 2 et 3.

y vouloit bien des couppelles, des touches et des espreuves, avant que la recevoir pour bon et franc alloy.

1. Celle de l'entendement, par laquelle nous reconnoissons que nous venons de rien, que nous ne sommes rien, que nous ne pouvons rien, que nous ne valons rien, que nous sommes de vrays neans et faineans, c'est à dire des serviteurs inutiles, et incapables d'avoir de nous, comme de nous, seulement une bonne pensée. Ceste sorte d'humilité, quoy que moralement recevable, luy estoit suspecte, et disoit qu'elle ne servoit qu'à rendre plus coulpables ceux qui la possedoient, s'ils ne s'en servoient pour devenir meilleurs ; joint que la vertu morale estant en la volonté, et ceste connoissance n'estant qu'en l'entendement, ne pouvoit passer pour une veritable vertu.

2. Il avoit mesme pour suspecte celle qui estoit en la volonté, parce, disoit-il, que l'on en pourroit encore abuser, et faire vanité de l'humilité mesme; tesmoins ceux qui appellez en un festin se mettent au bas bout, et en un rang qu'ils sçavent estre inferieur à leur dignité, afin de passer plus haut avec esclat, applaudissement et avantage : il appelloit cela aller à la vanité par une fausse porte. « Le vray humble, disoit-il, ne veut pas paroistre tel, mais seulement vil et abject, et ayme à estre tenu pour tel, et pour tel mesprisé et rebutté. »

3. Encore cette vertu morale ne le contentoit pas, il vouloit qu'elle fust chrestienne, c'est à dire infuse, et animée de charité; autrement il n'en faisoit pas grand estime, ne voulant pas qu'entre chrestiens on prattiquast les vertus à la payenne. Mais qu'est-ce que l'humilité infuse et surnaturelle? C'est aymer son abjection et y prendre plaisir, pour donner par là gloire à Dieu, qui aggrée l'humilité de ses serviteurs, escartant les superbes de l'esprit de son cœur.

4. Il desiroit que l'on aymast de cette sorte, c'est à dire, pour plaire à Dieu, par des humiliations où il y auroit moins de nostre choix; disant que les croix que nous nous

taillons sont tousjours plus delicates que les autres ; et il prisoit plus une once de souffrance, que plusieurs livres d'action, quoy que bonne, procedante de nostre propre volonté.

5. La souffrance des opprobres, abaissemens, abjections, estoit, à son jugement, la vraye pierre de touche de l'humilité ; par ce que l'on estoit en cela plus conforme à Jesus-Christ, prototype de toute solide vertu, lequel s'estoit aneanty et humilié soy-mesme, se rendant obeyssant jusques à la mort, et la mort ignominieuse de la croix.

6. Il mettoit au sixiesme rang la recherche volontaire des humiliations et abjections, quand elles ne nous venoient pas de dehors : mais il vouloit en cela beaucoup de discretion, par ce que l'amour propre se peut subtilement et imperceptiblement glisser dans cette recherche.

7. Mais il tenoit à un haut, ou pour mieux dire, à un profond degré d'humilité, de se plaire et delecter dans les humiliations et abjections, comme dans les plus grands honneurs, et se desplaire dans les honneurs, comme les esprits vains ont de coustume de se fascher des mépris et des contumelies. Il alleguoit sur ce subjet les exemples de Moyse, qui avoit preferé l'opprobre d'Israel à la gloire de la royauté, que luy proposoit la fille de Pharaon : d'Esther, qui avoit en detestation la pompe des ornemens dont on la paroit pour plaire aux yeux d'Assuere : des Apostres, qui tenoient à grande joye de souffrir des hontes et des moequeries pour le nom de Jesus : et de David, qui sauta et dansa devant l'Arche parmy les baladins, se resjouyssant de paroistre vil aux yeux de sa propre femme Micol.

8. Il appelloit l'humilité charitable, une charité qui s'abbaisse ; et la charité humble, une humilité qui s'esleve. Celle-là il la comparoit aux sources qui viennent de haut et coulent dans les vallons : celle-cy, au filet de fumée, dont il est parlé au Cantique, qui s'esleve vers le ciel, estant composé de toutes les drogues du parfumeur [1].

[1] Cantic. III, 6.

9. C'est icy un rare enseignement qu'il donnoit touchant la mesure de la vraye humilité : il vouloit qu'on la tirast de l'obeyssance, et se fondoit sur ce mot de sainct Paul, que nostre Seigneur s'estoit humilié se rendant obeyssant[1]. Voyez-vous, disoit-il, à quoy il faut mesurer l'humilité ? C'est à l'obeyssance. Si vous obeyssez promptement, franchement, allaigrement, sans murmure, sans retour, sans replique, vous estes vrayement humbles; et sans l'humilité, il est malaisé d'estre vrayement obeyssant : car l'obeyssance veut soumission, et le vray humble se rend inferieur et subjet à toute creature pour l'amour de Jesus-Christ; il prend tous ses prochains pour ses superieurs, se tenant pour l'opprobre des hommes, le rebut et la balieure du monde. Ainsi ces deux vertus, comme deux fers qui s'entrefrottent, s'esclaircissent l'une l'autre. Nous ne sommes obeyssans, qu'autant que nous sommes humbles; et ne sommes humbles, qu'autant que nous sommes obeyssans : et aprez tout, nous ne sommes agreables à Dieu, qu'autant que nous avons de charité. »

10. Il recommandoit que l'on essayast de detremper toutes ses actions en l'esprit d'humilité, comme le cygne trempe dans l'humidité tous les morceaux qu'il avale. Et qu'est-ce que cela, si non cacher aux yeux des hommes autant que l'on peut ses bonnes œuvres, et souhaitter qu'elles ne soient veuës que des yeux de celuy à qui tout est à descouvert, et rien ne peut estre caché ? Et luy-mesme en cét esprit disoit qu'il eust souhaitté que, s'il y eust eu en luy quelque justice, elle eust esté cachée à luy-mesme, et encore à tous les hommes, au jour du jugement, auquel seront manifestez les secrets des cœurs et la cachette des tenebres revelée, et conneuë à Dieu seul. A cette saincte cachette l'Evangile nous exhorte, quand il nous avertit de servir Dieu à couvert, et voiler nos jeusnes, nos oraisons, nos aumosnes, et de ser-

[1] Philipp. II, 8.

vir ainsi le Dieu caché. Il appliquoit à cela de fort bonne grace l'exemple des cerfs, qui cachent leur bois quand ils mettent bas; la civette, son parfum; et le phœnix, le buscher où il se renouvelle, et dont les cendres sont extrêmement odorantes.

11. Il ne vouloit pas pourtant que l'on se gesnast et contraignist jusques à ce poinct, de ne rien faire de bien aux yeux d'autruy. Il aymoit une humilité noble, illustre, remplie de courage, non lasche, timide et poltronne. Il ne vouloit pas que l'on fist rien pour une si vaine fin que la loüange; mais aussi ne vouloit-il pas que l'on cessast de faire un peu, de peur d'en recevoir de l'estime et de l'applaudissement. « C'est à faire, disoit-il, à de foibles testes, de prendre la migraine à la senteur des roses. »

12. Sur tout il recommandoit que l'on ne parlast jamais de soy, ny en bien ny en mal, que par pure necessité, encore avec grande sobrieté : et c'estoit son avis (conforme à celuy d'Aristote) que se louer et se blasmer soy-mesme procedoit de mesme racine de vanité et d'impertinence. Pour la vanterie, elle est si ridicule qu'elle est sifflée mesme des plus grossiers, et elle n'est agreable qu'en la bouche du capitan de la comedie. Et quand aux paroles de mépris de soy, si elles ne sortent d'une grande cordialité, et d'un esprit extremement persuadé de la verité de sa propre misere; elles sont un vray sublimé d'orgueil, et la fleur de la plus fine de toutes les vanitez. Car il arrive rarement que celuy qui les profere ou les croye luy-mesme, ou desire effectivement que ceux à qui il les dit y prestent leur creance; il souhaitte plutost par là estre tenu pour humble, et par consequent pour vertueux, et que son propre blasme luy tourne en honneur; ce qui est une ruzée espece de vanterie, semblable aux rameurs qui tournent les espaules au lieu où ils bandent de toute la force de leurs bras.

Ces sentimens de ce Bien-heureux touchant l'humilité sont fort notables : mais ce qui est de plus remarquable, c'est qu'il en estoit si exact observateur, que ses actions en estoient autant de leçons exemplaires, et de preceptes vivans et animez. O Dieu, que le sacrifice de son humilité a esté agreable à vos yeux, lesquels regardent de prez les humbles, et de loin les hautains!

SECTION XVIII.

De la prudence et de la simplicité.

Quoy que le vertueux ayme toutes les vertus, et que toutes les vrayes et parfaites vertus ne puissent estre les unes sans les autres, comme le monstre clairement et par chapitres exprez nostre bien-heureux Pere en son Theotime[1] : si est-ce que comme les vertus ne sont pas toutes égales, mais ont des degrez d'excellence les unes sur les autres; aussi les plus saincts personnages ont des inclinations et des affections plus tendres pour certaines vertus; la charité tousjours supposée, comme leur ame, leur reyne et leur princesse.

Quoy que nostre Bien-heureux excellast en jugement, et par consequent en prudence, si est-ce qu'il cherissoit incomparablement plus la simplicité, douceur et humilité. Voicy comme il s'en explique en quelqu'un de ses Entretiens. « Je ne chery la prudence, dit-il, qu'autant qu'elle est ne» cessaire : mais pour la simplicité, je l'ayme de toute mon » affection. Et à dire le vray les pauvres petites colombes » sont bien plus agreables que les serpens. Pour moy je ne » voudrois nullement donner la simplicité de la colombe à » la prudence du serpent; car il ne laisseroit pour cela d'estre » serpent : mais bien voudroi-je donner la prudence du ser» pent à la colombe, car elle ne laisseroit pourtant d'estre » colombe. Vive la saincte simplicité sœur de l'innocence, et » fille de la charité. »

Ceste leçon, si vous y prenez garde, est merveilleusement

---

[1] Liv. 11, chap. 7.

excellente, de donner le serpent à la colombe, et non pas la colombe au serpent; c'est à dire, de faire que la simplicité surabonde la prudence : car quand la prudence surpasse, c'est la plume de l'aigle qui ronge les autres, et principalement celles des timides colombes. Aussi la colombe tout à fait sans serpent, est du nombre de ces colombes seduites qui n'ont point de cœur, dont le prophete parle [1]. La simplicité destituée de prudence, degenere en fatuité, niaiserie et sottise. A raison dequoy l'Apostre nous avertit d'estre prudens à faire le bien, et simples au mal [2], c'est à dire, sans malice; comme des enfans nouvellement nais, qui sont sans finesse et tromperie. Sur tout il nous avertit d'eviter la prudence de la chair, qu'il appelle mort [3] : et l'Evangile mettant la pauvreté d'esprit entre les beatitudes [4], nous fait assez connoistre l'estat que Dieu, qui est un estre tres-simple, fait de la simplicité. Il faut en nos mœurs imiter ceux qui composent la theriaque, et y mettent fort peu de serpent parmy beaucoup d'ingrediens qui en corrigent la malignité. C'est le Bacchus de la fable, eslevé par plusieurs Nymphes, pour monstrer qu'il faut corriger la fureur du vin par beaucoup d'eau; et la subtilité naturelle à la prudence doit estre temperée et attrempée de plusieurs desirs de simplicité.

Mais voicy bien d'autres nouvelles : on me demande ce que c'est proprement que la simplicité chrestienne. A quoy je responds avec nostre bien-heureux Pere, « que c'est proprement de n'avoir en toutes ses actions autre intention, que de plaire à Dieu, et le glorifier. » Ce qui nous apprend que la simplicité et la pureté d'intention sont une mesme chose : et que c'est cét œil simple, dont il est parlé en l'Evangile, qui rend tout nostre corps resplendissant [5], c'est à dire, qui fait que toutes nos actions sont des œuvres de lumiere.

Un autre fois à quelqu'un qui luy demandoit en quoy con-

---

[1] Osee vii, 11. — [2] Rom. xvi, 19. — [3] Id. viii, 6. — [4] Matth. v, 3 — [5] Id. vi, 22.

sistoit proprement la pureté d'intention, il respondit : « A n'en avoir qu'une seule, qui ne regarde que Dieu ; » c'est à dire son interest, qui n'est autre que sa gloire. C'est là le haut poinct de la vraye charité, laquelle ne peut estre un miel sans cire, c'est à dire sincere, si elle n'est tout à fait desinteressée : c'est celle-là qui fait que nous ne pensons qu'aux choses qui appartiennent à Dieu, et qui nous rendent saincts de corps et d'esprit.

SECTION XIX.

Discernement interieur.

Il avoit des yeux de linx au discernement des mouvemens de l'interieur, il penetroit jusques à la division de l'ame et de l'esprit : et tel eust estimé une action estre fort droitte, en laquelle il trouvoit des tortuositez imperceptibles à tout autre, tant il estoit esclairé dans les voyes de Dieu. Je vous veux rapporter une de ses speculations, laquelle m'estonna d'abord, mais depuis, l'ayant serieusement ruminée, j'ay trouvé dequoy m'y appuyer, comme sur un solide fondement.

Il ne blasmoit point l'opinion de ceux qui tiennent, que toutes les œuvres de l'homme juste, mesme les indifferentes, sont agreables à Dieu, comme boire et manger ; par ce que estant enfant de Dieu adopté par la grace, appartenant à Dieu, par consequent toutes ses actions luy appartenoient : il loüe cette pensée en son traitté de l'Amour de Dieu[1], et l'appuye de l'authorité du grand sainct Thomas, l'oracle de l'eschole. Neantmoins il panchoit beaucoup plus vers l'opinion du docte Bellarmin[2], qui ne se contente pas que l'homme soit juste, c'est à dire, ait l'habitude de la charité, si son action ne sort de cette habitude soit elicitement, comme on parle en l'eschole, soit par commandement. Exemple. il tient qu'il ne suffit pas qu'un homme jeusne

---

[1] Liv. 12, chap. 8. — [2] Lib. de Justific.

ayant la charité, s'il ne jeusne aussi par le motif de la charité, ou elicite, ou commandé; c'est à dire, par le motif seul de la charité, ou au moins par le motif de la charité (qui est celuy de l'honneur et de la gloire de Dieu) conjoint à celuy de la temperance et d'abstinence, qui est le propre et naturel motif du jeusne : encore faut-il que le motif de a charité prévale, et soit le premier et principal.

Or quoy que la premiere opinion soit fort probable et digne de grand respect, si est-ce pourtant qu'elle n'est pas si probable ny si asseurée que la seconde; d'autant qu'elle n'est pas de la foy, mais la seconde est certaine et de la foy : car nul catholique ne peut nier que la bonne œuvre faite en charité et par le motif de la charité ne soit meritoire, et par consequent agreable à Dieu. C'est pourquoy il desiroit que l'on s'attachast à cette maxime, comme à la plus certaine et indubitable; et en matiere de salut il faut tousjours joüer au plus seur, et ne s'appuyer pas sur des bâtons de roseau, qui ont belle apparence, mais qui sont creux, vuides, sans force et sans solidité. Pour cela il vouloit que l'on fust tousjours alerte et au guet, et que l'on eût bon pied et bon œil en toutes ses actions, selon que disoit le Psalmiste, *J'ay pensé à toutes mes voyes, pour retourner mes pieds et mes pas vers les tesmoignages de Dieu*[1] : et Job, *Je craignois en toutes mes œuvres*[2], sçachant que Dieu apperçoit et chastie les moindres défauts. Il vouloit neantmoins que ceste attention fust sans chagrin, sans contrainte, sans perplexité, et sur tout sans empressement, pour ce que toute precipitation, de sa nature, est aveugle, et nul ne tresbuche si tost que celuy qui veut alier trop tost. Pour bien discerner les choses il faut aller paisiblement et posément : on ne void pas au fonds d'une eau trouble et esmeuë, mais de celle qui est claire et reposée.

Il y a bien de la difference entre ce que l'on veut par la

[1] Psal. cxviii, 69. — [2] Job ix, 28.

seule propension du sens, et par une election raisonnable et judicieuse; et mesme entre ce que l'on fait par la conduitte de la seule raison naturelle, et ce que l'on opere par le motif desinteressé de la charité, qui est surnaturel. Il y a bien de la difference entre ce qui se fait de bien pour le plaisir et l'honnesteté naturelle qui est en la vertu, laquelle est à soy-mesme un salaire assez ample, disoit ce poëte ancien; et ce qui se fait pour le plaisir que Dieu prend en la vertu, et la gloire qu'il retire de celle qui est pratiquée pour son pur amour. La vraye pierre de touche pour discerner le bon ou faux alloy d'une bonne œuvre, c'est l'interest : si nous avons le nostre pour fin et pour derniere visée, sans doute que cette action procede de la nature; si nous avons celuy de Dieu pour dernier but, sans doute que ce motif est de la grace.

On me demande icy assez brusquement, si en faisant une bonne œuvre en estat de grace, on n'oseroit y regarder son propre interest. — Le mot de *propre* qui est eschappé par promptitude ou par surprise, decide fort proprement toute l'affaire : car il y a une notable difference entre interest propre et interest nostre, et faute de la sçavoir, ou si on la sçait, faute d'y prendre garde on s'esgare en de grands labyrinthes. Vous voulez que je vous en raffraichisse la memoire; car je vous l'ay desja dit plus d'une fois : mais il n'importe, je suis debiteur aux mauvaises et aux bonnes memoires, et puis c'est une remarque si utile, et de si frequent et necessaire usage, qu'elle ne peut estre assez repetée.

L'interest propre est celuy qui non seulement n'est pas rapporté à Dieu, mais qui ne luy peut estre rapporté, par ce qu'il est vicieux : et comment vicieux? En ce qu'il est propre; par ce que la proprieté n'est autre chose qu'un arrest volontaire dans le bien de la creature en fin derniere, sans le rapporter ny vouloir rapporter au Createur.

L'interest nostre est bien different : car comme le propre est vicieux et deffendu, cestuy-cy est commandé, et commandé dans la loy de Dieu mesme. Car quand il nous est ordonné d'aymer nostre prochain comme nous-mesmes, cela ne nous signifie-t-il pas qu'il y a un amour de nous-mesmes qui nous est commandé; puisque c'est sur son modele que nous devons former celuy du prochain, qui nous est aussi commandé? Comme donc nous devons souhaitter à nostre prochain toutes sortes de biens de nature, de grace et de gloire, et mesme les luy procurer autant qu'il nous est possible; nous devons faire le mesme pour nous, selon l'ordre de toute bonne charité.

C'est donc cét interest nostre là qu'il n'est pas deffendu de regarder en faisant quelque bonne œuvre en charité et par le motif de la charité, puis qu'il n'est pas (comme est l'interest proprietaire) incompatible avec la charité : au contraire il peut estre reduit à la gloire de Dieu, par le motif de la charité. Le sainct Concile de Trente declare cela fort nettement, quand il dit qu'en faisant quelque bonne œuvre en estat de grace, premierement et principalement pour la gloire de Dieu (notez, car ce sont ses mots), on peut encore avoir esgard à la retribution pour s'exciter à la faire avec promptitude et allegresse[1] : car Dieu ayme celuy qui donne joyeusement. Mais quand on rapporte encore cét accessoire au principal, disans que mesme on ne veut cette retribution que pour en glorifier davantage le donateur, qui est Dieu; alors nostre interest n'est pas seulement conjoint, lié et attaché à celuy de Dieu, comme Jacob l'estoit à Esau en naissant et le tenant par le pied, mais il est fondu, englouty et comme abysmé en celuy de Dieu mesme, comme les fleuves qui s'engouffrent dans la mer, et comme les estoiles enfoncent leur lumiere dans celle du soleil, quand il remonte le matin sur nostre horizon.

Aprez avoir satisfait à cette question qui m'a esté faite à la traverse par maniere d'assault, je reviens à ce que j'ay

---

[1] De Justificat. cap. 11.

avancé touchant la pierre de touche de nostre interest et celuy de Dieu. Je disois donc que quand en nostre œuvre nous n'avions que nostre interest (je ne disois pas propre, car la proprieté est tousjours vicieuse, en la maniere que je viens d'expliquer) et non celuy de Dieu pour visée et pour fin derniere; ceste œuvre n'estoit que morale et naturelle, et ne pouvant plaire à Dieu qu'en cette qualité, ny esperer de luy que des recompenses proportionnées à cette qualité-là, c'est à dire, temporelles. Mais quand elle est faite en grace, et de plus par le motif de la charité, qui ne regarde que l'interest de Dieu; alors elle luy est tellement agreable, qu'il a pour elle des salaires eternels; et, comme dit le Psalmiste, il a en sa droite toutes prestes des delectations qui n'ont point de fin [1].

On me questionne encore icy dessus, et on me demande si l'estat de grace et de charité ne porte pas implicitement cette intention, que quelques uns appellent habituelle. — Si l'on me vouloit nommer ces quelques uns, on me tireroit d'une grande peine; car au moins je ne combattrois point en l'air, ny contre des phantosmes, ou des autheurs masquez : car, à dire le vray, j'ay de la peine de m'imaginer qu'il y en ait de si peu pertinens d'user de ce terme, intention habituelle. Je lis bien dans tous les bons escrivains, intention virtuelle, intention actuelle, mais non pas ceste intention habituelle, si ce n'est par avanture ce que quelques uns appellent intention interpretative, c'est à dire, que l'on descouvre, en faisant expliquer à celuy qui fait une bonne œuvre, le motif qui l'y a induit. Il y a pourtant bien de la difference. Car qui dit interpretation, dit action; qui dit intention actuelle, dit une action presente; qui, virtuelle, une action passée, mais dont la vertu, c'est à dire la vigueur et la force dure encore : mais qui dit habitude, dit une qualité oisive, qui a ceste habitude et propension à l'action, mais qui n'est pas

[1] Psal. xv, 11.

action. De maniere que dire une intention habituelle, c'est un langage contradictoire, et dire une action qui n'est pas action, une operation oisive, une oisiveté operante; jargon plus digne de pitié que de response.

Quand il est question de salaire on n'a pas esgard aux habitudes, mais aux actes : on ne paye pas un peintre et un menuisier, pour ce qu'il a l'habitude de peindre ou de menuiser, mais pour ce qu'il a fait quelque ouvrage tiré de cette habitude qui est digne de loyer. Ce ne sont pas les sçavans ou ceux qui ont l'habitude de la science qui reluiront comme des estoiles dans le firmament de l'eternité, mais ceux qui actuellement auront enseigné aux autres les voyes de justice. Ce n'est pas à l'habitude seule et oysive de la misericorde, mais à l'acte de l'aumosne qu'il sera dit : *Venez, les benits de mon Pere*[1], etc. Ce n'est ny le riche, ny le pauvre qui sera recompensé, c'est le bon usage que l'un et l'autre aura fait des richesses et de la pauvreté. Tant s'en faut que nous soyons recompensez du bien que nous aurons peu faire, sans l'avoir fait, qu'au contraire, nous en serons punis, comme ayant enfoüy le talent; quoy que nous soyons loüez de n'avoir pas fait, pour le respect de Dieu, les maux que nous avons peu faire, et observé la loy que nous pouvions violer, par ce que c'est une partie de vertu, que de fuïr le vice.

> Virtus est vitium fugere, et sapientia prima
> Stultitia caruisse [2].

Mais, dira-t-on, n'y a-t-il pas de certains cas où la volonté est prise pour le faict, tant au mal qu'au bien? — Je responds, qu'alors la puissance manque à l'acte exterieur, mais non pas à l'interieur, qui est celuy de la volonté; et c'est celuy que Dieu punit, lequel voit les pensées, et sonde les reins et les cœurs.

On fait nouvelle instance en disant : Si l'on donne l'aumosne, par exemple, par le seul motif naturel de la com-

---

[1] Matth. xxv, 34. — [2] Horat. lib. 1, Epist. I, 41, 42.

passion de la misere d'autruy, qui est le propre mouvement de la vertu de misericorde, sans penser en aucune façon, ny virtuellement ny actuellement, à l'amour de Dieu, qui est le motif de la charité, dont on a l'habitude en l'ame ; ceste action ne sera-t-elle point surnaturelle, et par consequent meritoire d'un salut eternel ? — La response est affirmative, selon la premiere opinion que nous avons loüée avec nostre Bien-heureux et que nous tenons pour probable. Mais elle est negative, selon la seconde ; par ce qu'elle ne sort que du motif d'une habitude naturelle, qui n'est point accompagnée du motif surnaturel de la charité.

Mais, recharge-t-on, l'habitude naturelle de la vertu de misericorde est accompagnée de l'habitude surnaturelle de la charité. — On respond qu'il n'y a que l'habitude de la misericorde qui fournisse de motif à l'action, et non l'habitude de la charité, qui, au cas proposé, demeure oysive en l'ame, et y est sans operer : et selon la seconde opinion, la plus certaine et la plus seure, il ne suffit pas que l'habitude de la charité soit auprez de celle de la misericorde, si encore son motif n'est joint à celuy-cy, et ne luy commande de produire son action pour l'amour de Dieu.

On dit que si on passe un sep de vigne au travers d'un olivier, le raisin qui en sortira deviendra tellement gras, et le vin qui en sera espreint tellement onctueux, qu'il sera capable de nourrir une lampe, comme si c'estoit de l'huile. — Mais il ne suffit pas, pour produire cét effect, que la vigne soit plantée auprez de l'olivier, mais qu'elle soit comme incorporée avec luy. Le mesme se peut dire de la charité, qui est comme l'olive specieuse de la maison de Dieu, et la bonne olive, en laquelle, dit sainct Paul, nous devons estre entez, si nous voulons porter du fruict pour l'eternité[1] : ce n'est pas assez que l'habitude de la misericorde, ou de quelque autre vertu morale, soit plantée auprez d'elle dans le terroir

[1] Rom. xi, 17-24.

de nostre cœur, pour produire un fruict qui nourrisse la flamme de l'amour de Dieu, si son motif surnaturel n'est meslé avec le motif naturel de la vertu morale, et ne le surnage en la maniere que l'huile surnage les autres liqueurs. Et, à dire le vray, comme il ne suffit pas qu'un sauvageon soit planté auprez d'un arbre franc pour porter du fruict qui ne soit pas sauvage; mais il faut que celuy-cy soit enté et greffé sur celuy-là, et que leurs seves soient meslées pour en faire sortir un fruict qui soit franc : aussi n'est-ce pas assez que l'habitude d'une vertu morale, qui de sa nature n'est qu'un sauvageon, soit auprez de celle de la charité dans un mesme cœur, si celle-cy n'influë en celle-là, et ne luy communique son motif, qui est comme son suc et sa seve pour la production d'un fruict qui soit bon, et qui soit une viande qui ne perit point, mais qui demeure pour l'eternité.

On revient au combat par cette nouvelle instance· Les vertus morales et requises ne sont-elles pas renduës infuses et surnaturelles, quand la charité est respanduë en un cœur par le sainct Esprit? — On respond que si cela est, la nature est donc abolie et toute changée en grace, et que les vertus morales n'auront donc plus de motifs naturels, et l'homme justifié sera tout à fait surnaturel, ne differant du bien-heureux qu'en ce qu'il ne seroit pas confirmé en grace et en gloire, ny impeccable, pouvant déchoir de cét estat par le peché à la mort. Ainsi toutes les actions naturelles d'un enfant qui par le Baptesme a receu les habitudes des vertus surnaturelles de foy, d'esperance et de charité, comme sont celles de boire, manger, dormir, marcher, et semblables, seroient toutes surnaturelles et meritoires de la vie eternelle; ce qui suit necessairement de la premiere opinion. Mais selon la seconde il est vray que par la charité respanduë en une ame, toutes les habitudes des vertus morales peuvent produire des actions surnaturelles, mais pourveu que ces actes soient commandez par le motif de la charité, comme par un gouverneur d'armée, et que la dignité de la grace releve la bassesse de la nature. Que si cela manque, et que l'on n'agisse que par le seul motif naturel de la vertu morale, sans le motif surnaturel de la charité, qui ne veut qu'attribuer à ces actions le merite du ciel, c'est donner aux productions de la nature ce qui n'est destiné que pour celles de la grace, et saluër de fort prez l'erreur de Pelagius.

Un homme qui ne jeusneroit que par diette et pour sa santé, sans intention actuelle ou virtuelle de l'amour de Dieu, quoy qu'il eust l'habitude de la charité, à vostre avis cette action sortiroit-elle de l'habitude de la charité, et non de celle de la temperance, ou de la prudence, ou de l'obeyssance au medecin? en un mot, ne seroit-ce pas pour l'amour de luy-mesme qu'il jeusneroit (amour legitime neantmoins et moralement honneste et juste), et non pour celuy de Dieu? Et s'il ne fait rien pour Dieu, quel salaire voulez-vous que Dieu luy donne d'une action qu'il n'a pas faite pour luy ny pour sa gloire, mais pour la seule conservation de sa santé, sans rapporter cette conservation à la volonté ou à l'honneur de Dieu. Si nostre Seigneur reprenoit ce peuple qui l'honoroit des levres en ses prieres, mais dont le cœur estoit esloigné de luy[1]; si faute de respect et d'attention cette oraison se tournoit en peché, et cet encens en rebut : que dira-t-on d'une action qui ne sera faite que pour l'amour de nous, et non pour celuy de Dieu, de laquelle neantmoins on attendroit salaire de Dieu? qu'en peut-on attendre, sinon ce mot de renvoy, Allez, vous avez receu vostre salaire, vous vous estes payé par vos mains; que celuy pour qui vous avez travaillé vous contente?

Selon la premiere opinion, qui donne à l'habitude ce que la seconde n'attribuë qu'au motif, il en seroit de la charité comme de la pierre des spagyriques, qui change en or le cuivre qu'elle touche; mais la difficulté est de sçavoir si c'est par le motif ou par l'habitude, que se doit faire ce change-

---

[1] Matth. xv, 8.

ment. Certes, concedé que toutes les actions de l'homme juste sortent de l'habitude de la charité qu'il a dans l'ame, selon la premiere opinion, et qu'elle ait passé en soy toutes les autres habitudes qui luy sont inferieures, comme le feu change en sa substance toutes les choses combustibles ausquelles il s'attache, qui est le resultat de la premiere opinion; il n'y a point de doute que toutes les actions de l'homme juste sont meritoires du ciel, procedantes d'une si excellente habitude : mais si les habitudes naturelles ne sont pas destruites, ny destruits les motifs naturels des vertus morales, et s'ils sont vrayement differents de l'habitude et du motif de la charité; qui ne void que, selon la seconde opinion, c'est de l'union de ces motifs, aussi bien que de ces habitudes, que resulte le merite qui est salarié dans l'eternité?

Mais pour ne faire point icy des decisions, où l'Eglise colomne et appuy de verité n'en a point fait, et n'estre point sages outre mesure, nous nous contenterons de sonner la retraitte sur cette difficulté qui n'est pas petite, en disant que nous honorons la premiere opinion comme probable, venerable, recevable : mais que nous donnons les mains à la seconde, non seulement comme probable et recevable, mais comme certaine et asseurée; puis que la foy catholique nous enseigne que l'œuvre bonne faite en grace, et par le motif actuel ou virtuel de la charité, est meritoire de la vie eternelle. Ce sont icy pour nous les colomnes d'Hercule.

Hic murus ahæneus esto [1].

SECTION XX.

Du soin de l'evesque.

Que celuy qui est en prelature, dit l'Apostre, soit en solicitude [2], et non pas sans soucy : et vous sçavez la difference

---

[1] Horat. lib. 1, Epist. 1, 60. — [2] Rom. xii, 8.

que met nostre bien-heureux Pere entre ces deux choses dans sa Philothée[1], où il monstre qu'il faut traitter les affaires avec soin, vigilance et diligence, mais sans empressement ny soucy : « par ce, disoit-il, que le soin, la vigilance et la diligence sont des vertus qui se peuvent prattiquer avec charité, paix, douceur, et tranquilité d'esprit ; mais l'empressement et soucy sont tousjours accompagnez de chagrin, de trouble et d'inquietude. »

Je m'accusois un jour à luy en devis particuliers, du peu d'attention que j'avois au temporel de mon evesché, duquel je me remettois entierement à la fidelité de mes œconomes ; et je craignois que cette negligence ne me tournast à peché, parce que c'estoit un bien dont il me faudroit rendre compte à Dieu ; et cependant je n'y connoissois rien du tout, je n'y entendois rien. « Et moy, me respondit-il, je vous asseure que je ne fis jamais rendre de compte à celuy qui manie mon revenu : et j'ay bien raison de m'en fier mieux à luy qu'à moy ; car outre que sa fidelité m'est assez conneuë, il entend bien mieux l'œconomie que moy, qui gasterois tout mon mesnage, si je m'en meslois.

— Mais, luy dis-je, il n'en est pas de ce bien icy comme des patrimoines, dont on fait ce que l'on veut ; on le laisse perdre, on le donne, bref on en taille et coupe à son gré : mais laisser deperir cestuy-cy, quoy ? certes s'il falloit plaider, cela me donneroit bien de la peine, pour le temporel j'entends, car pour le spirituel qui regarde plus purement le service de Dieu, je n'en rabbatrois pas un poinct. » Il se prit à sousrire fort gracieusement : « A vostre avis, le bien patrimonial est-il moins bien de Dieu, que celuy de vostre benefice ? avez-vous oublié vostre *Domini est terra*[2] ? Et pensez-vous qu'il soit permis de dilapider son patrimoine, et qu'on n'ait point à en rendre compte à Dieu ? Certes vous me faites souvenir d'un grand seigneur, lequel, quoy que

[1] Part. 3, chap. 10. — [2] Psal. XXIII, 1.

fort riche, estoit si attaché à ses biens, que chacun l'accusoit d'avarice, et le blasmoit-on d'autant plus, qu'il n'avoit point d'enfans, ny apparence d'en avoir. Il avoit un frere archevesque qui estoit d'humeur toute contraire ; car il estoit dans la prodigalité et la despense si avant, qu'il estoit assez endetté, et quelquefois sa marmitte renversée : il avoit aussi un cadet que regardoit cet heritage de l'aisné, qui estoit à la cour, où il paroissoit extremement, quoy qu'il eust fort peu de revenu. Un jour un cavalier representant à ce grand seigneur, que l'archevesque son frere tenoit un train de prince, et jettoit tout par les fenestres : « Je le pense bien, repartit-il, il n'a ses benefices que pour sa vie. » Le cavalier luy repliqua brusquement : « Et vous, Monsieur, pour combien de vies avez-vous vos marquizats et vos comtez ? » Ce bon seigneur n'estoit pas de vostre humeur, qui pensoit que le bien d'Eglise se deust manier à la fourche, et le patrimoine estre conservé comme une chose sacrée. Il faut avoir l'esprit esgal, et regarder l'un et l'autre bien comme estant à Dieu, qui nous en a rendus dispensateurs, non dissipateurs ; l'importance est de luy estre fidele en l'un et en l'autre.

— Laissons-là le patrimoine, luy dis-je, parlons de celuy de l'Eglise ; c'est celuy qui me pese le plus. Plaideriez-vous si l'on vous troubloit dans le revenu de vostre evesché ? — N'en doutez point, me dit-il, et je vendrois la patene pour defendre le calice. — Mais quoy, vous solliciteriez vous-mesme ? — Oüy, dit-il, si c'estoit une pure necessité : mais comme j'en manie le revenu par procureur, je pourrois bien aussi plaider par solliciteur ; mais de ma part, j'escrirois et remuerois toute pierre pour deffendre le bien de ma crosse. — Et que deviendra, luy dis-je, nostre maxime evangelique, *A qui t'ôte le manteau, donne encore le saye*[1] ? » Il repart : « Voyez-vous pas qu'il parle de nostre manteau ; mais ce bien de benefice, je parle du fonds, est-il à vous

[1] Matth. v, 40.

en proprieté ou à l'Eglise ? Certes pour le revenu, je ne m'en mettrois pas beaucoup en peine; il en est comme de la barbe, plus on la raze, plus touffuë elle revient; comme la source qui s'esclaircit plus on la puise; mais quand on jette des pierres dans un puits, comme firent les Philistins dans ceux d'Abraham[1], c'est lors qu'il se faut deffendre; je dis, quand on attaque le fonds, et que l'on sappe les fondemens de la maison, que nous promettons de conserver et deffendre. »

A la fin il me dit une notable sentence de sainct Bernard, dont il m'est tousjours souvenu depuis. « Les bons evesques, dit-il, gouvernent leur temporel par des œconomes; mais leur spirituel, par eux-mesmes : les mauvais au contraire, conduisent par leurs propres mains leur temporel, se font rendre un conte exact par leurs fermiers et negociateurs; mais du spirituel ils s'en rapportent à leurs vicaires, officiaux, archidiacres, sans les enquerir beaucoup de leurs charges. » Certes si les evesques ont les curez soubs eux qui les deschargent d'une partie du soin spirituel de leurs trouppeaux, estans appellez en la part du soin de la sollicitude pastorale; combien plus raisonnablement se peuvent-ils reposer sur de fideles administrateurs et negotiateurs de la conduitte de leur temporel, tandis qu'ils s'employent à l'estude, à la priere, à l'administration de la parole de Dieu et des Sacremens, et autres fonctions episcopales? Pourquoy ne diront-ils pas ce que ce roy disoit à Abraham : *Donnez-moy les ames, et prenez le reste pour vous*[2]? Certes l'ame est plus que la viande, et le corps plus que le vestement.

[1] Gen. xxvi, 18. — [2] Id. xiv, 21.

SECTION XXI.

De l'empressement.

Il en estoit ennemy juré, et l'appelloit ordinairement la peste de la devotion : car la devotion est une ferveur douce, tranquille, judicieuse ; et l'autre est un bouillonnement indiscret, tempestatif, turbulent, lequel demolit en pensant edifier, arrache au lieu de planter.

Sur tous les empressemens il blamoit celuy qui vouloit faire plusieurs choses à la fois : il appelloit cela, de bonne grace, penser enfiler plusieurs aiguilles en mesme temps. Son mot chery estoit cettuy-cy : « A chaque jour suffit son travail. Qui entreprend deux besongnes en mesme moment, ne reussit en aucune. *Les pensées dissipées tourmentent le cœur*, disoit Job[1]. Une femme enceinte de deux enfans, expireroit de douleur, si elle les vouloit enfanter en mesme temps. »

Quand il faisoit quelque chose, ou traittoit de quelque affaire, il y appliquoit tout son esprit, comme n'ayant que cela à traitter, et comme si c'eust esté la derniere chose qu'il eust deu manier en ce monde. Quelquesfois quand on luy voyoit consumer de bonnes heures avec de petites gens qui l'entretenoient de plaintes fort legeres, et qui se pouvoient guerir, comme les petites blesseures des enfans, à souffler dessus, il respondoit : « Elles leur paroissent grandes, et desirent estre consolez, comme si elles estoient telles. Dieu sçait bien que je n'ay pas besoin de plus grand employ. Toute occupation m'est indifferente, pourveu qu'elle regarde son service. Tandis que je fais ces petits ouvrages, je ne suis pas obligé d'en faire d'autres. N'est-ce pas faire un assez grand ouvrage que de faire la volonté de Dieu? C'est rendre les petites actions fort grandes, que les prattiquer

[1] Job xvii, 11.

avec un grand desir de plaire à Dieu, lequel mesure nos services, non par l'excellence de l'œuvre, mais par l'amour qui l'accompagne, et cét amour par sa pureté, et cette pureté par l'unité de son intention. »

SECTION XXII.

Des consolations interieures.

Je pense, mes Sœurs, que vous me prenez pour le truchement de nostre bien-heureux Pere, comme si ses escrits n'estoient pas assez clairs, sans qu'ils ayent besoin d'un si foible interprete. Mais las! où est la condescendance qu'il nous recommande tant? Or sus, on me demande comme s'entend ce qu'il nous dit, que « nos satisfactions et conso-
» lations ne satisfont pas aux yeux de Dieu, mais qu'elles
» contentent seulement ce miserable amour que nous
» avons de nous-mesmes, hors de Dieu et de sa consi-
» deration. »

Ne voyez-vous pas qu'il parle du mauvais usage que l'on peut faire des consolations interieures et spirituelles, soit qu'elles procedent de nostre nature, ou de la grace? ce qui arrive lors que l'on en fait proprieté. Mais comment en fait-on proprieté? C'est lors que l'on s'amuse tellement aux consolations que l'on oublie le consolateur, et que l'on s'arreste volontairement et deliberement au bienfait, sans se souvenir du bienfaicteur. Alors certes cela contriste le sainct Esprit, qui voit que l'on souïlle sa grace, ne la renvoyant pas à sa source par une humble et fidele reconnoissance; et c'est ce qu'il entend par ces mots si doux, « elles ne satisfont pas aux yeux de Dieu. » Et par ce miserable amour de nous-mesmes hors de Dieu, ne reconnoissez-vous pas qu'il entend l'amour propre qui est tousjours vicieux, et ne peut estre rapporté à Dieu; et non l'amour nostre, ou de nous-mesmes, lequel, quoy que par surprise ou par oubly ne soit pas referé à Dieu, ne laisse pourtant de luy estre rapportable, quand il est sans proprieté.

Au fait proposé, il n'y a point de doute que nos consolations interieures receües de la main de Dieu, nos actions de graces tendantes à sa gloire, ne soient agreables aux yeux de Dieu, parce que nous en faisons le vray usage pour lequel il nous les a envoyées. Mais lors que nous nous y arrestons par complaisance, sans en rendre aucun tribut d'honneur à celuy qui nous les donne avec tant d'amour et de liberalité ; certes cette ingratitude desplaist aux yeux de Dieu, attire son indignation sur nous, et fait souvent que nous en sommes privez, et que ces faveurs sont transferées à quelque autre qui en sera meilleur mesnager, et qui en augmentera par sa reconnoissance la divine gloire. Et c'est ainsi que *les mousches mourantes*, comme parle le Sage, *gastent la suavité du parfum*[1] ; ce qu'elles ne feroient pas, si elles ne faisoient que voltiger dessus, sans y demeurer prises, et l'infecter de leur pourriture. Passer legerement sur les consolations interieures, et les rapporter au Dieu de toute consolation, d'où elles tiennent leur origine, c'est les traitter innocemment : mais s'y arrester en dernier ressort, c'est abuser du don de Dieu, et traitter ingratement sa liberalité.

SECTION XXIII.

Des vertus acquises et infuses.

Cela ne luy plaisoit pas quand il entendoit des personnes ecclesiastiques, et qui faisoient profession de theologie, confondans quelquesfois en leurs discours la nature avec la grace, et les vertus acquises avec les infuses ; tant il estoit juste en ses paroles, comme en ses pensées, et exact à separer le precieux d'avec le chetif.

[1] Eccle. x, 1.

Je luy ay quelquesfois veu froncer le sourcil, quand il oyoit parler d'acquerir la perfection, à des personnes à qui l'ignorance de ce langage n'estoit pas excusable. « Car la perfection chrestienne, disoit-il, consistant en la charité, quelle honte d'entendre dire que la charité, qui est une vertu respanduë dans nos cœurs par le sainct Esprit, vertu divine, theologale, infuse, vertu la reyne, la forme, la vie et l'ame de toutes les autres, soit une vertu morale, naturelle et acquise! N'est-ce pas degrader une princesse, luy arracher sa couronne, et la mettre au rang des villageoises? N'est-ce pas donner aux forces de la grace ce qui n'appartient qu'à la nature? » Tout ce que nous pouvons faire, c'est de ne la rejetter pas quand Dieu nous la represente; c'est de ne nous rendre pas rebelles à sa lumiere, de ne resister pas au sainct Esprit, de ne le contrister pas, en luy disant qu'il se retire de nous, et que nous ne voulons point la science de ses voyes. Encore faut-il que nous reconnoissions que nous devons à la grace la reception mesme de la charité, et que sans une grace particuliere, actuelle et prevenante, ny nous ne pourrions recevoir l'habituelle et justifiante, ny nous en servir l'ayant receuë, pour bien operér, si nous n'y sommes poussez par une grace actuelle excitante; tant nous sommes dependans de la grace pour produire, jusques à une bonne pensée.

Que faut-il donc faire, me demande-t-on? faut-il demeurer les bras croisez et attendre les vertus infuses, comme les nacres attendent la rosée du ciel pour produire les unions?— Certes quand nous ferions ainsi, et que nous ouvririons la bouche par la priere, et le cœur par le desir, pour attirer d'enhaut l'Esprit de Dieu, nous ne perdrions pas nostre temps : car Dieu a dit, *Ouvre ta bouche, et je la rempliray*[1]; ouvre moy ton cœur, et je feray en toy ma demeure[2] ; c'est moy qui exauce le desir des pauvres, et de ceux qui me reclament[3]. *Demeurez là,* disoit nostre Seigneur à ses disci-

---

[1] Psal. LXXX, 11. — [2] Apoc. III, 20. — [3] Psal. X, 17.

ples en allant au ciel, *jusques à ce que vous soyez revestus de la vertu d'enhaut*[1]. Sur quoy disoit nostre bien-heureux Pere : « O que bien-heureux sont ceux qui se despoüillent mesme du desir des vertus (notez) et du soin de les acquerir, n'en voulant qu'à mesure que l'eternelle Sagesse les leur communiquera ! » Et c'est ce qu'il enseigne en son Theotime[2], à estendre l'indifference jusques aux choses qui regardent le service de Dieu, et nostre avancement aux vertus.

Ce n'est pas que cet œuvre-là porte à la nonchalance : au contraire, rien ne l'avance tant à la diligence, et à la vigilante attention pour seconder la grace, et en faire bon usage, disant à Dieu, *Tirez-nous, et nous courrons*[3]; et encore, *Je courray en la voye de vos commandemens, lors que vous aurez dilaté mon cœur*[4].

L'advertissement qu'il donnoit sur ce subjet estoit de prendre garde que dans ce mot d'acquisition de perfection, on ne mist une pierre d'achoppement devant les simples et les ignorans, qui de là se pourroient imaginer que la charité ou la perfection fust une plante de nostre jardin, c'est à dire, du territoire de la nature, et dependist de nostre acquisition par nos propres forces, comme sont les vertus morales.

Mais comme faudra-t-il donc dire, quand on parlera de tendre et de pretendre à la perfection?—Ma pensée est qu'il seroit bon de mettre tousjours la grace, non seulement de la partie, mais comme une partie qui fait le tout en cela, puis que nous n'avons rien que nous n'ayons receu : ou pour le moins que l'on se servist du terme de s'exercer en la perfection ; ce qui signifie faire profiter avec la grace le talent que nous avons receu de la main liberale de Dieu. Il importe, plus que l'on ne pense, de parler correctement en ces ma-

---

[1] Luc. xxiv, 49. — [2] Liv. 9, chap. 6 et 7. — [3] Cantic. 1, 3. — [4] Psal. cxviii, 32.

tieres, puis qu'il est malaisé d'avoir la pureté d'intention parmy l'impression que laissent dans l'esprit des paroles si impropres.

SECTION XXIV.
Du sentiment de la divine presence.

Je ne sçay comme des ames à qui nostre bien-heureux Pere a tant de fois recommandé de marcher devant Dieu en l'esprit de la foy, et foy nuë, pure et simple, peuvent s'arrester à ces difficultez, qui ne sont que des toiles d'araignée, lesquelles ne peuvent arrester que des foibles mousches. On demande ce qu'il faut faire quand Dieu nous despouille de ses consolations, et de la douceur des sentimens de sa presence. — C'est comme qui demanderoit ce que doit faire un soldat qui est dans un bon lict, ou à la table, quand on sonne l'alarme. Il faut qu'il quitte ses aises, prenne ses armes, coure au rendez-vous, et s'aille exposer aux hazards, et apprester à l'effort de l'assaut ennemy. C'est alors qu'il faut monstrer si nous suivons Jesus-Christ pour du pain, comme faisoient ces troupes affamées, qui pour cela l'accompagnerent dans le desert; ou si nous avons le cœur assez bon pour dire avec ses Apostres : *Allons nous autres et mourons avec luy* [1]. Que de gens ayment le Sauveur sur le Thabor, qui l'abandonnent quand il est question du Calvaire! Arondelles qui fuyent les froides regions de l'adversité, pour voler aux chaudes de la prosperité.

Sçavez-vous donc ce qu'il faut faire quand Dieu nous oste ce goust sensible, cette suavité et cette consolation? Il le faut remercier comme d'une faveur, ainsi qu'un brave soldat qui remercie son capitaine, quand il l'employe en des entreprises hazardeuses et difficiles, d'autant qu'il luy tesmoigne par là l'estime qu'il fait de son courage, de son affection et de sa fidelité. Le mauvais esprit l'entendoit bien lors qu'il dit

[1] Joan. xi, 16.

à Dieu : *Pensez-vous que Job vous serve pour rien?* c'est qu'il trouve son compte à vostre service ; mettez-le un peu à blanc, et vous verrez s'il vous sera loyal[1]. Le voyla à cét essay si rude, le grand Job, il demeure parmy ces vagues immobile comme un rocher, et invariable en sa droitture, c'est pour cela que tout luy fut rendu au double.

Mais ne faut-il pas plustost remercier Dieu, quand il nous envoye des consolations? — Oüy certes, et quand il nous les oste aussi ; pour dire avec David, *Je beniray le Seigneur en tout temps, sa loüange sera tousjours en ma bouche*[2] : et avec Job, *Le Seigneur m'avoit donné des biens, le Seigneur me les a ostez, son sainct nom soit beny*[3]. L'enfant revere sa mere quand elle luy donne le sucre, et pleure quand elle luy oste, par ce que cela luy engendre des vers. Pourquoy la remercie-t-il? C'est parce qu'il est friand de cette douceur. Pourquoy pleure-t-il? Parce qu'il est enfant, et ne connoist pas le bien qu'elle luy fait en le privant de cette nourriture qui luy est nuisible. Voila nostre vray crayon. O que nous ne serions pas de l'escot de ces grands saincts, dont l'un disoit parmy les consolations, « Retirez-vous de moy, Seigneur : » l'autre, « C'est assez, Seigneur, c'est assez : » l'autre, « C'est trop, c'est trop pour un mortel : » l'autre, c'est nostre bien-heureux Pere, « Retenez, Seigneur, le deluge de vos faveurs et de vos consolations, j'en suis noyé, submergé et suffoqué! » Qu'il y en a de celuy de sainct Pierre, et qui disent avec luy : *Il nous est bon d'estre icy, faisons y trois tabernacles*[4] !

Vous desirez sçavoir pourquoy j'ay dit qu'il faut rendre graces à Dieu de cette soustraction de consolations. — Certes 1° pour ce qu'il le faut benir de tout evenement : 2° en toutes choses adorer sa volonté, sa disposition, son ordre, sa providence ; 3° parce qu'il ne fait rien que pour nostre bien ; 4° mesme pour nostre mieux, pourveu que nous le

---

[1] Job 1, 9-11. — [2] Psal. xxxiii, 2. — [3] Job 1, 21. — [4] Matth. xvii, 4.

recevions de la droite d'une pure intention. 5° Pour ce que tout arrive en bien à ceux qui l'ayment et qu'il ayme. 6° Pour ce que nous sommes enfans de la croix, et nous devons resjoüyr en la participation des souffrances de Jesus-Christ. *Resjouyssez-vous, freres*, dit sainct Paul, *quand vous serez tombez en diverses afflictions, sçachant que la tribulation engendre la patience, la patience l'espoir, mais un espoir qui n'est point confondu*[1]. 7° Pour ce que dans la desolation et secheresse nous avons plus de moyen de tesmoigner nostre fidelité à Dieu. 8° Pour ce que le sucre des consolations sensibles engendre pour l'ordinaire le ver cuisant de la complaisance; et cette complaisance produit le propre amour, qui est le poison de l'ame et le corrupteur de toute bonne œuvre. 9° Pour ce que dans la consolation nous prenons aisement le change; et au lieu d'aymer le Dieu de consolation, nous nous amusons à caresser et cherir la consolation de Dieu; stratageme notable de celuy qui tente, et est l'ennemy juré de nostre salut.

Je conclus par un exquis enseignement de nostre bienheureux Pere, qui vaut incomparablement mieux que toutes les raisons que je vous viens d'apporter. Il dit ainsi : « Quand Dieu nous dépouille quelquesfois des consolations » et sentimens de sa presence, c'est afin que sa personne » mesme ne tienne plus vostre cœur, mais luy seulement et » son divin plaisir; ainsi qu'il fit à celle qui le voulant em- » brasser, et se tenir à ses pieds, fut renvoyée ailleurs. *Ne » me touche point*, luy dit-il, *mais va, di le à Simon et à » ses freres*[2]. » Certes, comme Jacob osta sans peine le poil dont sa mere avoit couvert son col et ses mains, pour ce qu'il tenoit à une peau qui n'estoit pas la sienne; mais qui eust arraché le poil qui tenoit à celle d'Esau, ce n'eust pas esté sans douleur, et sans le faire crier : aussi quand nous crions lors que Dieu soustrait les consolations sensibles,

---

[1] Rom. v, 3-5. — [2] Joan. xx, 17.

c'est signe qu'elles estoient attachées à nostre cœur, ou que nostre cœur y estoit colé; mais quand nous endurons cette privation sans plainte, c'est une marque fort evidente que Dieu seul est la part de nostre cœur, et que la creature ne partage point nostre amour avec luy. O que bien-heureuse est l'ame, de laquelle Dieu seul est le seul Seigneur!

SECTION XXV.

Vivre et mourir pour Dieu.

On desire que j'eclaircisse cette exclamation de nostre bien-heureux Pere : « Vive Jesus, qui est mort pour nostre » cœur ! qu'à jamais nostre cœur meure pour vivre eter- » nellement de l'amour de ce doux Sauveur, duquel l'amour » est en sa mort, et la mort en son amour ! »

Pleust à Dieu que j'eusse le miel de Jonathas, et le fiel de Tobie, pour vous faire voir clairement l'admirable sentiment d'amour qu'il declare par ces paroles plus douces que le rayon de miel, quoy qu'elles contiennent une amertume tres-amere. Certes c'est de vray vin myrrhé, de vray vin d'absynthe, qui conforte le cœur, et fait mourir les vers. Je vous renvoyerois volontiers au dernier chapitre de son Theotime, où vous trouverez l'explication de cét enigme: mais vous ne vous contentez pas de ce renvoy; vous voulez que je vous paye argent content, comme si ma teste estoit toute imbuë de son esprit, et qu'il n'y eust qu'à la presser comme une esponge, pour en faire sortir des eaux vives de la science de ce Sainct, et de sa salutaire sagesse. Pensez-vous, pour estre enfant spirituel de ce prophete, que je le sois aussi? Mais quoy ? il me vaut mieux begayer par obeyssance, que vous laisser aller à jeun, et vous frustrer de vostre attente.

Voicy donc ce que je pense sur ces beaux mots : « Vive Jesus, qui est mort pour nostre cœur. » Celuy qui a tiré la lumière du milieu des tenebres, et qui sçait par une puissance transcendante et extraordinaire, faire sortir le contraire du contraire, nous a donné la vie par sa mort, et comme chante l'Eglise, il a destruit nostre mort par sa mort¹, se rendant la mort de la mort, et la morsure de l'enfer. Il a fait comme Elisée dont les os redonnerent la vie à un mort. Il a, comme Samson, fait mourir nos ennemis en mourant, et tiré l'antidote de la mort, de la mort mesme. Or il est mort pour nostre cœur, c'est à dire, pour conquerir nos cœurs. Qu'est-ce à dire, nos cœurs? C'est à dire nostre amour, selon que luy-mesme dit : *Je suis venu apporter un feu en terre; que veux-je, sinon qu'il brusle et consume tous les cœurs*²? Il est le lyon de la tribu de Juda, dont les os froissez font des estincelles qui mettent le feu dans nos os et dans nos moëlles.

Qu'est-ce à dire, « Qu'à jamais nostre cœur meure, » sinon souhaitter la mort de nostre propre amour, pour faire vivre en nos cœurs celuy de Dieu, lequel est plus la vie de nos cœurs, que nos ames ne sont la vie qui informe nos corps? à raison dequoy il est escrit, *Garde ton cœur avec grand soin, car c'est de là que te procede la vie*³. O que bienheureux est le cœur qui non-seulement vit en l'amour de Dieu, c'est à dire qui a la vie de la grace et de la justice; mais qui ne vit que de cét amour, c'est à dire, qui ne respire que ce sainct amour, et n'agit que par cét amour! Quel est ce cœur-là? C'est celuy qui est vuide de tout interest propre, et qui ne recherche pour toutes ses affections que celuy de Dieu, qui n'est autre que sa gloire.

« Duquel l'amour est en sa mort. » Sans doute l'amour de Jesus-Christ est en sa mort, comme en son apogée, en son plus haut poinct, selon que luy-mesme a dit, *Quand je seray eslevé de terre* (il entend en la croix), *j'attireray toutes choses à moy*⁴ : et encore, *Il faut que le Fils de l'homme soit*

---

¹ Præfat. pasch. — ² Luc. xii, 49. — ³ Prov. iv, 23. — ⁴ Joan. xii, 32.

esleré, *comme Moyse a eslevé le serpent au desert*[1]. En cette contemplation nostre bien-heureux Pere pousse en quelque lieu cét élan d'esprit : « O Jesus, que vostre mort est aymable, puis qu'elle est le souverain effet de vostre amour! » Il est ce phœnix, duquel l'amour est en sa mort, puis que son buscher est le lict de ses nopces, où il renaist à une nouvelle vie.

« Et la mort en son amour. » Que veut dire cecy, sinon que pour arriver à son amour, il faut mourir à nous-mesmes, et à nos proprietez vicieuses; *Afin*, dit sainct Paul, *que ceux qui vivent, ne vivent plus pour eux, mais pour celuy qui a perdu la vie pour les faire vivre, et est ressuscité pour les tirer de la mort*[2]? Cela s'accomplit parfaitement, lors que l'on peut dire avec sainct Paul : *Je suis cloué avec Jesus-Christ en la croix, et je ne vis plus moy, mais c'est luy qui vit en moy*[3]. En un mot, c'est mourir à soy, en soy, et pour soy, et vivre en Jesus-Christ, de Jesus-Christ, pour Jesus-Christ, que l'aymer d'une charité pure et desinteressée, qui ne cherche point ses propres avantages, mais ceux de Jesus-Christ, ne respirant que sa gloire en toutes nos actions, intentions et pretentions.

SECTION XXVI.

De quelque malade.

Un personnage de qualité, et qui avoit de grandes richesses, dont il usoit (pour ne dire abusoit) en des somptuositez, magnificences et despenses excessives, principalement à tenir une table splendide et faire grande chere, estant tombé malade d'une violente maladie, qui le mit à deux doigts du tombeau, et que l'on estimoit luy estre arrivé de repletion, et pour d'autres excez de consequence; on le vint

---

[1] Joan. III, 14. — [2] II Cor. v, 15. — [3] Galat. II, 19, 20.

recommander aux prieres du Bien-heureux, en luy disant qu'il estoit couché au lict et griefvement tourmenté.

Il respondit froidement : « Celuy qui s'est quelquesfois mocqué du merite des bonnes œuvres, ressent maintenant l'effet du merite des mauvaises. Le mauvais arbre ne peut produire de bons fruicts. Les medecins luy ont dit souvent que par ses excez il ruinoit sa santé, Dieu vueille que la perte de la santé du corps luy face trouver la santé de l'ame, il n'auroit rien perdu au change. Dieu sçait déchirer le sac, et combler un cœur de la vraye liesse de son salutaire, et le fortifier de son esprit principal. Dittes-luy qu'il ait confiance, cette infirmité ne sera point à la mort, mais pour la gloire de Dieu : dittes luy pourtant, que si à l'avenir il ne regle mieux sa vie, pire luy arrivera. »

Cette parole de consolation rapportée au malade, le ravigoura merveilleusement; mais l'aiguillon de la menace meslé dans le rayon de miel picqua sa chair d'une si saincte crainte, qu'il rendit le Bien-heureux prophete par sa conversion. Car à sa convalescence ses mœurs furent tellement changées, que ceux qui l'avoient veu avant sa maladie, ne le connoissoient plus quand il en fut relevé. Ainsi il se convertit dans son affliction, tandis que l'espine de la douleur le traversoit, et que la visite de Dieu beuvoit son sang et ses esprits.

Estant debout, aprez avoir esté à l'eglise remercier Dieu, il fut voir le Bien-heureux pour luy rendre action de graces de ses prieres, qui luy dit fort amiablement : « Voyez-vous, souvent semblables maux nous arrivent par une justice de Dieu temperée de misericorde : afin que, ne faisans pas beaucoup de penitences volontaires pour nos pechez, nous en facions un peu de necessaires. Mais bien-heureux qui sçait prendre ces attaintes de bonne main, et changer la necessité en vertu. Dieu ne fait pas cette grace à tous, et ne leur manifeste pas ses jugemens avec tant de facilité. Remerciez le de ce que sa verge et sa houlette vous ont traitté si paternellement et pastoralement. Il vous est bon d'avoir esté un

SECTION XXVII.

Des desirs.

Il faisoit un merveilleux estat de nos desirs; et disoit que de leur bon mesnage procedoit tout l'avancement de nostre œconomie spirituelle. Sur ce subjet il a tracé deux admirables chapitres en son traitté de l'Amour de Dieu[1], que je vous prie de voir. C'est du premier, qu'est tirée cette belle sentence que vous desirez que je vous explique, et qui dit ainsi :

« L'avarice temporelle, par laquelle on desire avidement » les thresors terrestres, est la racine de tous maux : mais » l'avarice spirituelle, par laquelle on souhaitte incessam- » ment le fin or de l'amour sacré, est la racine de tous » biens. Qui bien desire la dilection, bien la cherche; qui » bien la cherche, bien la trouve; qui bien la trouve, il a » trouvé la source de la vie, de laquelle il puisera le salut » du Seigneur. »

Ce qu'il dit de l'avarice ou philargyrie, qui est l'amour desordonné de l'argent et des biens passagers de ce monde, est tiré de sainct Paul, qui nous apprend que la cupidité d'avoir, est la source de tous pechez[2], selon ce que disoit ce poëte,

. . . . . Quid non mortalia pectora cogis,
Auri sacra fames[3] ? . . . .

Et un autre la compare à l'hydropisie, qui donne une soif indesalterable.

Pour faire un grand progrez dans le divin amour, auquel consiste toute nostre perfection, il faut avoir un desir continuel d'aymer encore davantage, et ressembler à ces oyseaux du prophete, qui voloient tousjours en avant, sans rebrous-

---

[1] Liv. 12, chap. 2 et 3. — [2] I Tim. vi, 10. — [3] Virgil. Æneid. iii, 57.

ser jamais en arriere¹; et au grand Apostre qui s'estendoit tousjours à ce qui estoit au devant de luy, sans penser avoir attaint le but²: pour ce qu'aux choses spirituelles, et au fait de la dilection sacrée rien ne doit suffire, puis que la suffisance consiste principalement au desir de plus grande abondance, veu qu'en ce monde la charité peut tousjours croistre, quelque grande qu'on la puisse imaginer, son estat de subsistance et de croissance accomplie ne se trouvant que dans le ciel. O qu'il faisoit grande estime de cette sentence dorée de sainct Bernard, *Amo, quia amo; amo, ut amem*³: J'ayme Dieu, pour ce que je l'ayme; et je l'ayme, pour l'aymer encore plus ! Celuy-là certes n'ayme pas assez Dieu, qui ne desire l'aymer encore plus qu'il ne l'ayme. Un grand courage ne se contente point de l'aymer de tout son cœur ; pour ce que sçachant qu'il est plus grand que nostre cœur, il voudroit que Dieu estendist son cœur, et luy en creast un nouveau plus ample et plus dilaté pour l'aymer encore davantage.

> Quis desiderio sit pudor aut modus,
> Tam chari capitis⁴ ?...

Il est vray que comme il y a deux sortes d'amour de Dieu, l'un naturel, par lequel nous l'aymons comme autheur de la nature, par la connoissance naturelle que nous avons de luy ; l'autre surnaturel et infiny, par lequel nous l'aymons, comme autheur de la grace et de la gloire : et comme ces deux sortes d'amour se sousdivisent chacun en deux branches, en amour de convoitise ou interessé, et en amour d'amitié et des-interessé ; cettuy-cy en l'amour surnaturel estant en la charité ; et celuy-là en l'esperance : nous pouvons dire de mesme du desir, qu'il y en a un naturel et l'autre surnaturel ; celuy-là procedant de la lumiere naturelle, qui nous fait connoistre la Divinité ; cettuy-cy sortant

¹ Ezech. 1, 9, 12. — ² Philipp. III, 13. — ³ Serm. 83 in Cantica, n. 4. — ⁴ Horat. lib. 1 Od. XXIV, 1, 2.

de la clarté de la foy, soit morte, soit vive. Or le desir surnaturel de Dieu, quand nous sommes dans le peché à mort, et par consequent dans la foy morte, est un grand acheminement à la grace de la justification. C'est comme le cheveu par lequel l'ange enleva le prophete [1], et le point d'Archimede, avec lequel il se promettoit par ses machines, d'enlever la terre de son centre. Si David benissoit Dieu de ce qu'il ne luy avoit point osté sa priere ny sa misericorde, estimant que l'oraison estoit le grand moyen pour obtenir pardon de Dieu : quelles graces luy devons nous rendre quand il nous inspire de bons desirs, et qu'il nous rend, comme Daniel, hommes de desirs; veu qu'il exauce volontiers le desir des pauvres, et la preparation de leurs cœurs, veu qu'il a agreables les desirs de nos ames, et ne nous prive pas de la volonté de nos levres, c'est à dire, du fruict de nos demandes, quand elles sont fondées sur un ardant desir de luy plaire ?

Le Psalmiste exprime excellemment l'usage des saincts desirs, dans ce beau Pseaume qui commence, *Quemadmodum desiderat cervus* [2]; et nostre bien-heureux Pere s'est pleu d'en rapporter la traduction de quelques vers dans son Theotime. Ce sont ceux-cy :

> Les cerfs long temps pourchassez
> Fuyans pantois et lassez
> Si fort les eaux ne desirent,
> Que nos cœurs d'ennuis pressez,
> Seigneur, apres toy souspirent.
>   Nos ames en languissant,
> D'un desir tousjours pressant,
> Disent, Helas ! quand sera-ce,
> O Seigneur Dieu tout-puissant,
> Que nos yeux verront ta face !

[1] Dan. xiv, 35. — [2] Psal. xli.

SECTION XXVIII.

D'un faux zele.

Je me plaignois un jour à luy, de quelques torts assez manifestes qui m'estoient faits par des personnes de vertu eminente, par un faux zele; et il me respondit : « Ignorez-vous que ce sont les mousches qui font le miel, lesquelles picquent le plus vivement? Rien à la verité ne nous touche si sensiblement que les attaintes de ceux de qui nous esperons du support. David le connoissoit bien quand il disoit : *Si mon ennemy mesdisoit de moy, je le supporterois facilement; mais d'un amy, mangeant ordinairement à ma table, je ne puis souffrir une telle laschete.* Voire il s'emporte jusques à cette imprecation : *Que la mort vienne sur telles gens, et que la terre creve sous leurs pieds*[1]. »

Aprez cela il mit cette onction dans ma playe : « Pensez par qui fut trahy Jesus-Christ. Escoutez ce qu'un Prophete luy fait dire sur les playes de son corps : *J'ay receu*, dit-il, *ces blesseures dans la maison de ceux qui m'aymoient*[2]. Et aprez tout, l'esperance n'est-elle pas tousjours au fonds de la boëte de Pandore? ce sont personnes de vertu, trompées par un faux zele, il faut croire qu'aussitost que la vertu leur paroistra, ils luy donneront la bouche et les mains, et qu'ils vous aymeront plus que jamais. Il y a vingt quatre heures au jour, à chaqu'une suffit sa misere. Priez Dieu qu'il esclaire leurs yeux, et qu'il vous delivre de la calomnie des hommes. Au pis aller, n'est-ce pas le devoir du vray chrestien de benir ceux qui le maudissent, de prier pour ceux qui le persecutent, et de rendre bien pour mal, s'il veut estre enfant du Pere celeste qui fait luire son soleil et tomber des pluyes sur les mauvais comme sur les bons[3]? Enfin souspirez dou-

---

[1] Psal. LIV, 13-16. — [2] Zach. XIII, 6. — [3] Matth. V, 44, 45.

cement à Dieu, et luy dites : *Maledicent, et tu benedices; et qui te expectant, non confundentur*[1]. »

SECTION XXIX.

Suitte de la plainte.

Il me donna en suitte un fort salutaire advis, dont il faut que je vous fasse part, puis que Dieu veut que nous possedions en commun et par indivis l'heritage de l'esprit de nostre bien-heureux Pere. Il estoit ennemy de la plainte, et disoit que si elle n'estoit pas juste, et le mal grand et pressant, elle estoit tousjours blasmable, et signe d'un cœur mol et trop tendre sur soy-mesme. C'estoit son sentiment que le vray serviteur de Dieu se plaignoit rarement, et encore plus rarement desiroit estre plaint par les autres; luy estant avis que ceux qui se plaignent aux autres pour estre plaints par eux, ressemblent à ces enfans qui s'estans blessez au doigt, s'appaisent quand leur nourrisse a soufflé dessus, ou fait semblant de pleurer avec eux. Cependant le monde est tout remply de ces condoleances; et la pluspart des deuils ne sont que des tristesses estudiées, des douleurs artificieuses, et de mine : tesmoin celle qui s'enferma dans un grand deuil sur la fausse nouvelle de la mort de son mary, et ne le voulut point quitter quand on luy apporta la veritable qu'il estoit en vie, disant qu'il luy convenoit mieux qu'auparavant.

Toutes les angoisses et tribulations qui nous peuvent arriver, disparoissent comme les estoilles en la presence du soleil, quand elles sont comparées à la croix de Jesus-Christ. Quel membre oseroit se plaindre sous un chef si douloureux? C'est du faisseau de myrrhe des amertumes du Redempteur que se forme le remede de tous nos maux, et qu'ils sont changez en biens par la patience; tout ainsi que l'abeille

[1] Psal. CVIII, 28.

tourne en miel, qui est si doux, le suc du thim, qui est une herbe si amere.

Que si nous n'avons pas assez de courage et de force pour estouffer nostre douleur au dedans, et de faire ce que dit ce poëte d'une si belle maniere,

. . . . Premit altum corde dolorem [1] ;

si nous sommes trop foibles pour prattiquer le conseil du grand Apostre, qui veut que nous souffrions avec joye, l'esclavage, les soufflets, la perte et le ravissement de nos biens et de nostre honneur [2], que nous fassions gloire de nos croix et de nos infirmitez [3], de quoy est bien esloigné celuy qui s'en plaint : au moins ayons cette prudence, de ne verser nos plaintes que dans le sein, non seulement de personnes amies et confidentes, mais de personnes qui ayent l'esprit ferme et resolu; par ce qu'au lieu de nous alleger, si elles sont foibles, elles prendront part à nostre indignation, et au lieu de l'amoindrir, adoucir et soulager, elles l'aigriront et augmenteront par l'adjonction de la leur; et ainsi le remede que nous penserions appliquer à nostre playe se tourneroit en inflammation, et ce seroit vouloir amortir un feu en y jettant de l'huile, et ficher plus avant l'espine qui nous point. Le mal est que la calamité est non seulement dolente et importune en ses plaintes, mais encore elle est inconsiderée, estalant indiscrettement ses ressentimens au premier venu, lequel s'il n'y prend interest, se mocque de nostre foiblesse ; s'il se range de nostre party, il rengrege nostre mal talent, et prolonge nostre maladie, sa compassion estant comme l'eau des forgerons, qui allume la flamme au lieu de l'esteindre.

Il respondit un jour à une femme qui se plaignoit à luy, que son mary la quittoit quand il estoit sain, pour aller à la guerre; d'où revenant, ou blessé ou malade, il estoit si fascheux à servir, qu'il n'y avoit moyen de l'aborder : « A

---

[1] Virgil. Æneid. I, 209. — [2] Hebr. x, 32-34. — [3] II Cor. xII, 9.

quelle sauce, luy dit-il, vous mangera-t-on? il ne sçauroit durer auprez de vous quand il est sain, ny vous auprez de luy quand il est malade. Si vous ne vous aymiez qu'en Dieu, vous ne seriez pas subjets à ces vicissitudes; vostre amitié seroit tousjours egale, en absence et en presence, en maladie et en santé. Demandez à Dieu cette grace avec instance; autrement j'ay peu d'esperance de vostre repos. »

SECTION XXX.

D'un malade.

L'an 1619 il vint à Paris avec messieurs les princes de Savoye, qui menoient à leur suitte un grand nombre de noblesse savoysienne et piemontoise. Un seigneur de marque de ces pays-là y tomba malade, et si griefvement que les medecins ne jugeoient pas qu'il en deust rechapper. Il desira d'estre assisté de nostre bien-heureux François; et pour ce que je cognoissois ce seigneur qui estoit mon amy, je l'allois quelque fois visiter, ou en la compagnie de nostre Bien-heureux, ou bien je l'y rencontrois.

Ce malade supportoit la douleur de son corps avec assez de fermeté; mais il sembloit plus malade d'esprit, non tant de la part de la conscience, qu'il avoit, par le sacrement de la Penitence, mise en assez bonne assiette, que pour des considerations si frivoles, et qui doivent estre si peu estimées en ce passage, qu'elles nous faisoient pitié. Le Bien-heureux me disoit quelquesfois là dessus : « Que la foiblesse humaine est deplorable! cét homme est tenu pour grand homme de guerre et d'estat, et pour estre fort judicieux; cependant vous voyez à quelles bagatelles son esprit s'amuse. »

Il ne se plaignoit pas tant d'estre malade, ny de mourir, que d'estre malade et de mourir hors de son pays et de sa maison; il regrettoit les regrets de sa femme, son assistance, la presence de ses enfans pour leur donner sa benediction : tantost il souspiroit aprez son medecin ordinaire qui sçavoit sa complexion depuis tant d'années. Il recommandoit soigneusement, et avec de grandes instances, qu'on ne l'enterrast pas à Paris, que l'on reportast son corps en son pays, pour estre mis au tombeau de ses ancestres : il voulait qu'on dressast un epitaphe, qu'on le conduisist en tel appareil, qu'on fist ses funerailles de telle façon. Il se plaignoit de l'air de Paris, de l'eau, des medicamens, des medecins, des chirurgiens, des apoticaires, de ses valets, de son logement, de sa chambre, de son lict, de tout. Enfin il ne pouvoit mourir en paix, pour ce qu'il ne mouroit pas au lieu où il eust desiré de mourir.

Quelquefois on luy disoit qu'il avoit toutes les assistances desirables, tant pour le corps que pour l'ame ; que ceux dont il regrettoit l'absence, n'eussent fait par leur presence qu'augmenter son desplaisir : il avoit contre toutes les consolations qu'on luy pouvoit proposer, des reparties admirables pour esgratigner son mal et aigrir son deplaisir, tant il estoit ingenieux à se tourmenter soy-mesme. Il mourut enfin parmy toutes ces perplexitez, muny des Sacremens, et assez bien resigné à la volonté de Dieu.

Là dessus le Bien-heureux me disoit, que ce n'estoit pas assez de vouloir ce que Dieu vouloit, si encore nous ne le voulions en la maniere qu'il le vouloit, et selon toutes ses circonstances. Par exemple, qu'il falloit, en estat de maladie, vouloir bien estre malade, puis qu'ainsi il plaisoit à Dieu ; et de telle maladie, non d'une autre, et en tel lieu, en tel temps, parmy telles personnes que Dieu vouloit ; bref, qu'il falloit prendre loy en toutes choses de la tres-saincte volonté de Dieu. O que bien-heureux est celuy qui peut dire à Dieu du bon du cœur : Ouy, Seigneur, tout ce qui vous plaira, et comme il vous plaira ; je suis vostre serviteur, et le fils de vostre servante ; je suis à vous, sauvez moy, ne perdez pas mon ame avec les mauvais, et ne rebuttez pas l'ouvrage de vos mains ! Voilà la leçon que j'appris en cette occurrence.

SECTION XXXI.

Suavité d'esprit.

Ce qu'il escrit en l'une de ses Epistres à une ame pleine d'honneur et de vertu, à laquelle il avoit une grande confiance, et en ces mots : « Si vous sçaviez comme Dieu traitte » mon cœur, vous en remercieriez sa bonté, et le supplieriez » qu'il me donnast l'esprit de conseil et de force, pour bien » executer les inspirations de sapience et d'entendement qu'il » me communique : » il me l'a dit assez souvent, quoy qu'en d'autres termes. « Helas! me disoit-il quelquesfois, que le Dieu d'Israël est bon à ceux qui sont droits de cœur, puis qu'il l'est à ceux qui en ont un si miserable comme est le mien, si peu attentif à ses graces, et si recourbé vers la terre! ô que son esprit est suave aux ames qui l'ayment, et qui le recherchent de tout leur pouvoir! Certes son nom est un baume espanché, et ne faut pas s'estonner si tant de bons courages le suivent avec tant de devotion; c'est à dire courent avec tant de promptitude et d'allegresse, en l'odeur de ses parfums. O que l'onction de Dieu nous apprend de grandes choses, et avec des clartez si douces, que l'on a de la peine à discerner si la douceur est plus agreable que la clarté, ou la clarté plus aymable que la douceur! Certes les mammelles de l'Espoux sont meilleures que le vin, et plus odorantes que toutes les senteurs de l'Arabie[1].

» Mon Dieu, mais je tremble quelquefois, de peur que j'ay, que Dieu ne me donne mon paradis dés ce monde. Je ne sçay proprement ce que c'est que l'adversité : je ne vis jamais le visage de la pauvreté; les douleurs que j'ay ressenties n'ont esté que des égratigneures, qui n'ont fait qu'effleurer la peau; les calomnies sont des croix de vent, dont la memoire perit avec le son. C'est peu que la privation des

---
[1] Cantic. I, 1, 2.

maux, mais de biens et temporels et spirituels j'en suis gorgé, j'en ay par dessus les yeux, et au milieu de tout cela je demeure insensible dans mes ingratitudes. He! de grace, aydez moy quelquesfois à remercier Dieu, et à le prier que je ne mange pas mon pain blanc le premier.

» Il cognoist bien ma peine et ma foiblesse, de me traitter ainsi en enfant, et m'apposer, avec la dragée, du lait, sans viande plus solide : quand me fera-t-il la grace, aprez avoir tant respiré ses faveurs, de souspirer un peu sous sa croix ; puis que pour regner avec luy, il faut souffrir avec luy ; pour vivre avec luy, mourir ensemble avec luy? Certes il le faut, ou aymer ou mourir : ou plustost il faut mourir pour l'aymer, c'est à dire mourir à tout autre amour, pour ne vivre que du sien, et ne vivre que pour celuy qui est mort pour nous faire vivre eternellement entre les bras de sa bonté. »

Je vous avoüe, mon cher Domnio, que mon cœur, à l'imitation des disciples d'Emmaus, estoit tout embrasé, quand il me parloit de la sorte : car n'estoit-ce pas me jetter des charbons ardens au visage? Mais helas! mon cœur est vrayement comme un charbon, qui s'esteint peu à peu s'il n'est soufflé et admonesté sans cesse : quand sera-ce que nous aymerons dans le ciel invariablement et sans intermission celuy qui nous a aymez d'une charité perpetuelle, et qui nous a attirez ayant pitié de nous?

SECTION XXXII.

Son unité d'esprit.

Celuy qui adhere à Dieu est un esprit, dit sainct Paul[1]. Qu'entend-t-il à vostre avis par là ce grand Apostre, sinon que la dilection divine qui se pratique en un haut degré de charité, ne fait pas seulement une union de nostre esprit avec

[1] I Cor. vi, 17.

Dieu, mais que cette union passe dans une espece d'unité? C'est ce que les theologiens mystiques appellent deiformité; lorsque la volonté de Dieu est l'ame de la nostre, comme nostre ame est la vie et le principe du mouvement de nostre corps.

Nostre Bien-heureux en estoit arrivé là; car il ne respiroit que cette unité, ou un necessaire, qui est la tres-bonne part de Marie, qui ne luy sera jamais ostée. De là ce sien eslancement : « O que c'est une bonne chose de ne vivre » qu'en Dieu, ne travailler qu'en Dieu, ne se resjouyr qu'en » Dieu ! »

Cette saincte elevation dit de grandes choses. « Ne vivre » qu'en Dieu, » c'est non seulement vivre en la charité, en la grace de Dieu, en cette saincte habitude, qui nous rend ses enfans adoptifs, mais c'est n'agir que par cette saincte habitude et par son motif, soit elicite soit commandant. C'est icy l'un des grands secrets de la vie spirituelle. Vivre, à proprement parler, c'est agir; car la vie est le principe du mouvement : et c'est vivre en Dieu, et ne vivre qu'en luy, que n'avoir estre, mouvement et vie que par luy et pour luy. Le mot de Que est ou exclusif de tout autre motif, que de celuy de plaire à Dieu, ou inclusif de tout autre motif, c'est à dire, embrassant tous les autres pour les reduire à cét unique but. Cela s'appelle proprement ne vivre qu'en Dieu, et comme dit sainct Paul, ne se separer jamais de la charité de Jesus-Christ, ny à la mort, ny à la vie.

« Ne travailler que pour Dieu. » Tout de mesme que les abeilles qui naissent dans le miel, ne volent sur les fleurs que pour faire le miel, ne travaillent qu'à composer leur miel, ne vivent que de leur miel bien-aymé, et enfin meurent dans leur cher miel : telle est l'ame vrayement amoureuse de Dieu. C'est une abeille mystique, dont l'element et l'aliment, le tombeau, le lict nuptial et le berceau est le rayon de miel du sainct amour; qui ne pense, ne parle, n'agit et n'opere que pour cela : je n'oserois dire ne travaille, car où est l'amour il n'y a point de travail, ou s'il y en a, c'est un travail si aymé qu'il se change non seulement en facilité, mais en felicité. Ouy certes, car c'est un souverain bon-heur de travailler pour Dieu, d'operer pour Dieu, de souffrir pour Dieu, de mourir pour Dieu. Si l'amour paternel arrache du cœur et de la bouche de David ces paroles si affectueuses pour un enfant ingrat, rebelle et desnaturé, *Absalon mon fils, mon fils Absalon, qui me donnera que je meure pour toi*[1] ! que doit faire dans nostre cœur, quel ravage en nostre ame, l'amour du cher et innocent Crucifié ?

« Ne se resjouyr qu'en Dieu. » Ah ! mon cœur, toute autre joye que celle qui se tire de Dieu, et qui se termine en Dieu, est plustost un desplaisir et un chagrin, qu'une veritable joye. Au contraire, la tristesse pour Dieu, se convertit en allegresse, selon ce que dit le Psalmiste : *O Seigneur, vous avez changé mes plaintes en liesse, vous avez deschiré mon sac, et m'avez environné de contentemens*[2]. C'est cette joye au Seigneur et pour le Seigneur que l'Apostre nous recommande avec double instance[3] ; joye pleine de modestie, opposée à l'insolence que donne ordinairement la joye desordonnée que le monde donne, quand il fait que les pecheurs se glorifient de leurs meschancetez, et se resjouyssent quand ils ont mal fait. Au reste ne se resjouyr que de ce qui plaist à Dieu, et de ce qui resjouyt les Anges et les saincts, c'est proprement ne se resjouyr qu'en Dieu, puis que ce plaisir se termine en la gloire de celuy auquel c'est regner que servir. *J'ay demandé une chose au Seigneur*, dit le Psalmiste ; *c'est que je voye sa volupté*[4], c'est à dire son bon plaisir ; car son nom, c'est à dire sa gloire, est tout le desir de mon ame. *Quant à moy*, dit un prophete, *je me resjouyray au Seigneur, et m'esgayeray en Dieu mon souverain*[5]. *O qu'il m'est bon d'adherer à Dieu, et de mettre en luy toute mon esperance*[6] !

[1] II Reg. xviii, 33. — [2] Psal. xxix, 12. — [3] Philipp. iv, 4. — [4] Psal. xxvi, 4. — [5] Habac. iii, 18. — [6] Psal. lxxii, 28.

Enfin ne vivre qu'en Dieu, ne travailler qu'en Dieu, ne se resjouyr qu'en Dieu, c'est ne voir, ne considerer et n'aymer que Dieu en toutes choses, et nulle chose qu'en Dieu : ou, pour mieux dire, c'est n'aymer qu'une seule chose, qui est Dieu, c'est estre possedé de Dieu en toutes ses voyes. O que bien-heureuse est l'ame qui est en cét estat, et de laquelle le Seigneur est Dieu, et Dieu est l'absolu et unique Seigneur! c'est elle qui pratique ce grand et precieux commandement, *Tu adoreras le Seigneur ton Dieu, et à luy seul tu serviras*[1].

SECTION XXXIII.

Suitte.

Cette unité d'esprit paroistra encore plus dans nostre Bien-heureux en la sentence suivante, qui dit ainsi : « Desormais (moyennant la grace de Dieu) je ne veux plus rien estre à personne, ny que personne me soit rien, sinon en Dieu et pour Dieu seul. J'espere d'accomplir cela, apres que je me seray bravement humilié devant luy. Vive Dieu! il me semble que tout ne m'est plus rien qu'en Dieu, auquel maintenant, et pour lequel j'ayme plus tendrement les ames. »

Ces mots semblent rigoureux, « Je ne veux plus rien estre à personne, » etc. et paroissent chocquer le commandement qui nous oblige à aymer nostre prochain comme nous mesmes, et à nous rendre tous à tous, et subjets à toute creature pour l'amour de Jesus-Christ. Mais outre qu'ils ont beaucoup de conformité à ce que dit sainct Paul, que tout luy semble ordure, fange et dommage, à comparaison de Jesus-Christ[1]; et à celuy de saincte Therese, « Tout ce qui n'est point Dieu, me semble n'estre rien ; » le correctif est cousu à la suitte, « Sinon en Dieu et pour Dieu. » Car aymer

---

[1] Deut. VI, 13. — [2] Philipp. III, 8.

le prochain en Dieu, c'est l'aymer d'une maniere si parfaicte et si relevée, que tout autre amour naturel, pour honneste qu'il puisse estre, à comparaison de celuy-cy, ne semble pas estre amour; parce qu'une estincelle de cét amour divin et surnaturel qui a Dieu pour derniere fin, estaint ces fournaises du naturel et humain, qui a tousjours quelque sorte de noirceur et de fumée, à cause de la chair et du sang où il est attaché.

Cependant il y a des personnes ou si ignorantes de la nature de la vraye charité, ou si esloignées de l'esprit chrestien, que quand on leur tesmoigne de les aymer en Dieu, et de ne les aymer qu'en Dieu, elles desdaignent cette sorte de saincte amitié, sœur germaine de celle que les bien-heureux ont l'un pour l'autre dans le ciel; elles hochent la teste, et l'avilissent par leurs propos. *Insensez*, diroit icy le grand Apostre, *ne sçavez-vous pas que l'amitié de ce monde est ennemie de Dieu*[1]? et quand bien cette amitié seroit vertueuse, qu'est-ce que l'amitié humaine, qui n'est tout au plus qu'une vertu morale ou acquise, sinon un vray rien devant l'amour de charité; puis que ny la foy mesme, qui est une vertu surnaturelle et infuse, ny l'aumosne de tous ses biens, ny le martyre du feu, n'est rien sans ce grand et vivant amour celeste[2], que le sainct Esprit respand dans le cœur des fideles[3]? Ils sont tellement superbes et amoureux d'eux-mesmes, qu'ils veulent estre aymez pour leurs propres merites, non en Dieu, ny pour Dieu; et peu s'en faut qu'ils ne dient avec cét ange orgueilleux et revolté : *Je metiray mon siege aux flancs de l'aquilon, et je seray semblable au Tres-haut*[4].

Ce qui suit, « J'espere d'accomplir cela, » etc. qu'est-ce à vostre advis que s'humilier bravement devant Dieu, sinon reconnoistre franchement, courageusement, noblement, et à la gloire de celuy qui nous a creez, que nostre substance

---

[1] Jacobi ɪv, 4. — [2] 1 Cor. xɪɪɪ, 1-3. — [3] Rom. v, 5. — [4] Isai. xɪv, 13, 14.

est un vray neant devant luy, et une vanité universelle; et que nous ne pouvons avoir de nous, comme de nous, une seule bonne pensée; beaucoup moins atteindre sans sa grace à cét acte surnaturel, de n'aymer le prochain qu'en luy et pour luy seul, sans nous arrester à la propension naturelle, qui nous amuse ordinairement autour des bonnes qualitez de la creature, sans passer et les rapporter au Createur?

« He! quand sera-ce, dit ailleurs nostre Bien-heureux,
» que cét amour naturel du sang, des contenances, des
» bienseances, des correspondances, des sympathies et des
» graces, sera purifié et reduit à la parfaite obeïssance de
» l'amour tout pur du bon plaisir de Dieu! Quand sera-ce
» que cét amour propre ne desirera plus les presences, les
» tesmoignages et significations exterieures; ains demeurera
» plainement assouvy de l'invariable et immuable asseurance
» que Dieu luy donne de sa perpetuité! Que peut adjouster
» la presence à un amour que Dieu a fait, qu'il soustient et
» maintient? Quelles marques peut-on requerir de perseve-
» rance en une unité que Dieu a creée? La presence et la dis-
» tance n'apporteront jamais rien à la solidité d'un amour
» que Dieu a luy-mesme formé. »

Que ces paroles sont excellentes pour faire voir en son lustre en quoy consiste le pur amour du prochain en Dieu, pour Dieu et selon Dieu! Et qui le peut avoir, sinon l'ame charitablement humble, et qui reconnoist que ceste plante est trop exquise pour croistre dans le jardin de la nature, mais qu'il la faut chercher dans les vergers du paradis, et l'attendre du Pere des lumieres, de qui procede tout don tres-bon, tout present parfaict, et non sujet aux changemens, alterations et vicissitudes?

Ce qui suit, que cét amour sacré le rend plus tendre pour les prochains, est sans doute un sentiment de grace et tout surnaturel; puis qu'il participe à l'attendrissement des entrailles de misericorde, que Jesus-Christ a pour nous, et par lesquelles il nous a visitez de son orient d'en haut. O certes cette tendresse est plus que naturelle : aussi ne s'exprime elle que par des mammelles regorgeantes de laict de douceur et de bonté ; il se compare à ce subjet à la poule, dont l'amour est si ardant envers ses petits ; amour si tendre qu'il le represente par la prunelle de son œil, en laquelle le touche quiconque heurte ses bien-aymez. Nostre bien-heureux Pere exprime parfaitement bien cette tendresse d'amour pour le prochain, puisé de la source de la mesme misericorde, la poitrine du Redempteur. Ses mots meritent d'estre escrits sur le cedre, lequel comme il ne pourrit point, aussi ces paroles meritent de ne perir jamais : les voicy.

« Quand verrons-nous les ames de nos prochains dans la
» sacrée poitrine du Sauveur? Helas! qui regarde le prochain
» hors de là, il court fortune de ne l'aymer ny purement
» ny également : mais là, mais en ce lieu là, qui ne l'ayme-
» roit? qui ne le supporteroit? qui ne souffriroit ses imper-
» fections? qui le trouveroit de mauvaise grace? qui le
» trouveroit ennuyeux? Or il y est ce cher prochain, il y
» est, dans le sein et dans la poitrine du Sauveur; il y est,
» comme tres-aymé, et tant aymable, que l'amant meurt
» d'amour pour luy : amant duquel l'amour est en sa mort,
» et la mort en son amour. »

Il faut avoüer que ce sentiment et les termes qui l'expriment sont aussi doux que le mesme amour, et aussi amoureux que la douceur mesme. Puissions-nous en tirer un puissant aiguillon de dilection pour le prochain : il me semble certes qu'il en sort un feu capable d'allumer les charbons les plus amortis, et de rechauffer la charité la plus refroidie.

SECTION XXXIV.

Calme dans l'orage.

Cette similitude du nid de l'alcyon qu'il descrit si proprement, et applique si delicatement dans quelqu'une de ses lettres, estoit la vraye image de son cœur. Il est aisé, dit ce grand Stoique, de conduire un vaisseau durant la bonace, et quand la mer est tranquille et le vent favorable; mais parmy les tourbillons et les tempestes paroist l'addresse du nocher[1]. Les esprits vulgaires vivent bien quand tout succede à leur gré; mais parmy les tourmentes et les tribulations, c'est où se monstre et la fidelité et la loyauté de l'amour celeste.

Plus nostre Bien-heureux estoit traversé, moins estoit-il renversé; et comme la palme, plus il estoit battu des vents, plus profondes jettoit-il ses racines. Ce Samson avoit de coustume de cueillir le miel dans la gueulle des lyons : sa tranquillité naissoit de la guerre, comme ces abeilles qui firent leur miel dans un casque au lieu de ruche. Il trouvoit, comme les trois enfans, les rosées dans les fournaises, les roses dans les espines, les perles au milieu de la mer; l'huile luy couloit du rocher; il cueilloit le miel sur le chicotin; les tempestes le jettoient au port; il rencontroit la paix dans les amertumes les plus ameres; il tiroit son salut de ses ennemis, et rencontroit son asyle, comme Jonas, dans le ventre d'une baleine.

Vous auriez de la peine à vous rendre à cette verité, si vous ne l'entendiez de sa propre bouche : mais sçachant que ses propos vous sont des oracles, je n'ay qu'à les vous lire, pour gaigner vostre aquiescement. Voicy comme il s'exprime. « Depuis quelque temps, tout plein de traverses et de se-
» crettes contradictions, qui sont survenuës à ma tranquillité,
» me donnent une si douce et suave paix que rien plus, et
» me presagent le prochain establissement de mon ame en
» son Dieu : ce qui est sincerement, non seulement la grande,
» mais encore à mon ame l'unique ambition et passion de
» mon cœur. »

O bien-heureux serviteur de Jesus-Christ, que vous pratiquiez bien à la lettre ces enseignemens du bien-heureux

---

[1] Senec. De Providentia, cap. 4.

frere Helie, duquel vous faites tant d'estat en vostre Theotime! Une à un, une ame à un seul amour, un cœur à un seul Dieu. O, qu'à un seul Dieu roy des siecles, immortel et invisible, soit honneur et gloire par tous les siecles! Amen.

SECTION XXXV.

De la haïne du monde.

Il y a une haïne, comme une colere, et un desespoir qui sont peché : mais en qualité de passions de l'appetit sensitif, ces trois choses sont bonnes, et bonnes parce que Dieu les a faites, et Dieu n'a rien fait non seulement que de bon, mais de fort bon : *Valde bona*[1]. Il a bien fait toutes choses : *Bene omnia fecit*[2]. Il n'y a rien que le neant du peché qu'il n'a point fait : *Sine ipso factum est nihil*[3].

La haïne passion est une bonne chose, quand elle est employée à haïr les choses qui desplaisent à Dieu et qu'il a en abomination, comme les pechez. *J'ay hay les iniques*, dit le Psalmiste, *et aymé vostre loy*[4]. *Je les ay haïs d'une haïne parfaitte, et je les ay tenus pour mes ennemis, par ce qu'ils sont les vostres*[5]. Cette passion est aussi fort dignement employée, quand elle nous fait haïr le monde; et par le mot de monde, doit estre entenduë la compagnie des vicieux, que David appelle l'assemblée des impies, la voye des pecheurs, et le banc de pestilence[6]. C'est ce monde là qui n'a point conneu le Fils de Dieu[7], et pour qui le mesme n'a point prié[8], dans lequel il n'a point establi son royaume[9]; duquel l'amitié est ennemie de Dieu[10]. C'est de ce monde-là dont parle nostre bien-heureux Pere en cette belle exclamation : « O incomprehensible bonté! ou ostez-nous de ce monde, ou

---

[1] Gen. i, 31. — [2] Marc. vii, 37. — [3] Joan. i, 3. — [4] Psal. cxviii, 113. — [5] Psal. cxxxi, 21, 22. — [6] Psal. i, 1. — [7] Joan. i, 10. — [8] Id. xvii, 9. — [9] Id. xviii, 36. — [10] Jacobi iv, 4.

» ostez ce monde de nous; ou faites-nous mourir, ou faites-
» nous plus aymer vostre mort, que nostre propre vie. »

Vous me demanderez s'il est permis de souhaitter la mort pour n'offenser plus Dieu. — Je vous diray une pensée que j'estime avoir autrefois apprise de nostre Bien-heureux, mais je ne me souviens bien distinctement en quel rencontre ce fut : « Il est tousjours dangereux de souhaitter la mort, pour ce que ce desir ne se rencontre ordinairement que dans ceux qui sont à un haut degré de perfection, ou en des esprits bourrus et melancoliques, et non en ceux de moyenne taille, tels que nous pouvons estre. » On allegue David, sainct Paul, et quelques autres saincts, comme Elie et semblables, qui ont dit : *Quand viendray-je, et paroistray-je devant Dieu*[1]; *je ne seray content ny rassasié que par la veuë de sa gloire*[2]. *Je veux estre délié et estre avec Jesus-Christ*[3] : *pauvre moy, qui me deslivrera du corps de cette mort*[4]? *Seigneur, tirez mon ame à vous, tirez mon ame de cette mortelle prison, les saincts m'attendent en leur compagnie*[5]. Or il y auroit de la presomption de parler comme ces saincts, n'ayant pas leur saincteté; et cuider avoir leur saincteté, seroit une vanité inexcusable. Faire aussi ce souhait par tristesse, despit et ennuy de cette vie, est une autre extremité assez voisine du precipice du desespoir. Dieu ayme celuy qui s'offre gayement, non par chagrin et par necessité.

Mais, dit-on, c'est pour ne plus offenser Dieu. — Il faut que la haïne du peché soit merveilleuse dans une ame pour luy faire produire ce souhait; veu que les saincts ne l'ont fait que pour jouyr de Dieu et le glorifier davantage, et non afin de ne l'offenser plus. Et quoy que l'on die, je pense qu'il est bien malaisé de n'avoir que ce seul motif pour souhaitter la mort : il y a quelqu'autre chose qui desplaist en la vie,

---

[1] Psal. xli, 3. — [2] Psal. xvi, 15. — [3] Philipp. i, 23. — [4] Rom. vii, 24. — [5] Psal. cxli, 8.

et qui la fait trouver fascheuse. Aprez tout, ce n'est pas tant le desir de glorifier Dieu qui arrache ces paroles, sinon du cœur, au moins de la bouche, que celuy de ne le deshonorer pas, et ne diminuer point sa gloire exterieure par nos offenses.

Et puis, que pretend une personne qui dit cela? est-ce d'aller en paradis? Que ne le dit-elle donc, sans cacher son intention sous des paroles desguisées? Pour aller au ciel, ce n'est pas assez de ne pecher pas, il faut faire le bien : si on s'abstient du mal, on ne sera pas puny ; mais pour estre recompensé, et d'une telle recompense qu'elle surpasse l'œil, l'ouye et la pensée, il faut faire quelque chose qui agrée à Dieu, et à quoy il ait promis salaire. Est-ce d'aller en purgatoire ? Je m'asseure que si elles estoient sur le pas de la porte, elles se retracteroient de leur souhait, et demanderoient de revenir en la vie pour y faire une rude penitence un siecle entier, plutost que de sejourner peu de temps dans ces feux devorans, dans ces ardeurs effroyables.

Pourquoy donc, recharge-t-on, nostre bien-heureux Pere demande-t-il à Dieu qu'il nous oste de ce monde, ou qu'il oste le monde de nous?— Je vous ay desja dit, que par le monde vicieux est entenduë la compagnie des vicieux, ou le pesché mesme, dont il est dit que tout le monde n'est que malignité[1], que tout ce qui y est, n'est que convoitise des yeux et de la chair, ou orgueil de vie[2]. Or souhaitter que Dieu nous oste du peché, ou des occasions du peché, ou qu'il arrache le peché de nous, c'est un souhait tres-sainct et digne d'une ame juste, qui deteste le peché plus que la mort corporelle qui ne separe que l'ame du corps, au lieu que le peché separe Dieu de l'ame. Ce qu'il adjouste, « Ou faites nous mourir, » etc. est sur le mesme ton. Car il vaut mieux mourir que de pecher, et toute ame qui a la vraye et non feinte charité doit avoir cette fermé resolution de preferer la

---

[1] Joan. v, 19. — [2] Id. ii, 16.

gloire de Dieu à sa propre vie, et c'est pour cela que sont morts tant et tant de martyrs. Au reste, puis que la charité nous fait aymer Dieu sur toutes choses, par consequent plus que nous-mesmes, postposons tous nos interests à celuy de Dieu, qui n'est autre que sa gloire. Et c'est ainsi que j'entends cette sentence de nostre Bien-heureux.

PARTIE UNZIESME.

SECTION I.

De la patience.

Je me plaignois un jour à luy de quelque grand et signalé outrage qui m'avoit esté fait, dont je ne veux rapporter aucune circonstance, pour ne donner lieu à la conjecture. Il me respondit : « A un autre que vous, je tascherois d'apporter quelque lenitif de consolation, mais vostre condition, et le pur amour que je vous porte, me dispensera de cette civilité. Je n'ay point d'huile à verser sur vostre playe ; possible que si j'y compatissois, cela en redoubleroit l'inflammation : je n'ay que du vinaigre et du sel fort abstersif à jetter dessus, et à pratiquer les mots de l'Apostre, *Argue, increpa*[1]. A la fin de vostre plainte vous avez dit, qu'il faut une prodigieuse patience et à l'espreuve, pour souffrir de tels assauts sans dire mot. Certes la vostre n'est pas de trop forte trempe, puis que vous en reservez une si haute doleance.

— Mais, mon Pere, dites-vous, ce n'est que dans vostre sein, et à l'oreille de vostre cœur : à qui aura recours un enfant, sinon à son bon pere, quand il est traversé ? — O vray enfant, jusques à quand aymerez-vous l'enfance ? faut-il que le pere des autres, et que celuy à qui Dieu a donné rang de pere en son Eglise face l'enfant. Quand on est petit, dit sainct Paul, on peut parler comme tel, mais non quand on

[1] II Tim. iv, 2.

est grand : le begayement qui est agreable en un enfant de mammelle, est méseant à un grand garçon. Que voulez-vous? qu'au lieu de viande solide, je vous donne du laict et de la boüillie; et, comme une nourrice, je souffle sur vostre mal? N'avez-vous pas les dents assez fortes pour mascher du pain, et du pain dur, et de douleur? avez-vous oublié de manger vostre pain? vos dents sont elles agacées pour avoir tasté des grappes vertes? Il vous fait beau voir plaindre à un pere terrestre, vous qui deviez dire au celeste, avec David : *Je me suis teu, et n'ay point ouvert la bouche; car c'est vous, ô Dieu, qui avez fait ce coup*[1]! — Mais ce n'est pas Dieu, direz-vous; ce sont de mauvais hommes, c'est une assemblée de malins. — Hé! vous ne sçavez donc pas appercevoir la volonté de Dieu que l'on appelle de permission, qui se sert de la malice des hommes, ou pour vous corriger, ou pour vous exercer à la vertu! Job dit, *Dieu m'avoit donné des biens, Dieu me les a ostez*[2]; il ne dit pas, Le diable et les larrons me les ont ostez : il ne regarde que la main de Dieu, qui fait toutes ces choses par tels instrumens qu'il luy plaist. Vous n'avez garde d'estre de l'escot de celuy qui disoit, que la verge et le baston dont Dieu le frappoit, luy apportoient de la consolation[3] : et qu'il estoit comme un homme sans ayde et abandonné, libre neantmoins entre les morts[4] : qu'il estoit fait comme un sourd et muet, sans repartir aux injures qui luy estoient dites[5] : qu'il s'estoit teu et humilié, et qu'il avoit estouffé de bonnes paroles en sa bouche[6], qui eussent peu servir à sa justification, et à deffendre son innocence.

— Mais, mon Pere, me direz-vous, depuis quand estes-vous devenu si rigoureux, et avez-vous changé vostre douceur, comme dit Job à Dieu, en cruauté[7]? où sont vos compassions anciennes? — Certes elles sont aussi fraisches et

---

[1] Psal. xxxviii, 10. — [2] Job i, 21. — [3] Psal. xxii, 4. — [4] Psal. lxxxvii, 5, 6. — [5] Psal. xxxvii, 15. — [6] Psal. xxxviii, 3. — [7] Job xxx, 21.

aussi nouvelles que jamais : car Dieu sçait si je vous ayme, et si je m'ayme moi-mesme plus que vous ; et c'est le reproche que je ferois à ma propre ame si elle avoit fait une telle eschappée. Certes c'est signe que cét outrage ne vous plaist pas, puis que vous vous en plaignez : car nous ne nous plaignons pas volontiers de ce qui nous agrée ; au contraire nous nous en resjouyssons, et sommes bien aises qu'on nous en congratule, tesmoin les paraboles de la brebis et de la dragme retrouvées. — N'en doutez pas, ce me dites-vous : voulez-vous que je vous die que les œillades me châtoüillent, et que j'endure des camoufflets sans esternuer ? — O homme de peu de foy, et de petite patience. He ! donc que deviendront nos maximes evangeliques, de donner la joüe aux soufflets, la barbe à ceux qui l'arrachent ; la beatitude des persecutez ; le don du saye à qui oste le manteau ; la benediction de ceux qui nous maudissent, la priere pour ceux qui nous persecutent ; l'amour cordial et fort des ennemis ? Sont-ce là, à vostre avis, des affiquets pour mettre à un cabinet, et non ces sceaux de l'Espoux, dont il veut que nous cachettions nos cœurs et nos bras[1], nos pensées et nos œuvres ?

» Or sus, je vous pardonne par indulgence, pour user des termes de l'Apostre ; mais à la charge que vous serez plus courageux à l'avenir, et que vous serrerez dans le coffre du silence de semblables faveurs quand Dieu vous les envoyera, sans laisser prendre l'esvent à ce parfum, que vous en rendrez graces en vostre cœur au Pere celeste, qui vous daigne donner une petite parcelle de la croix de son Fils. Quoy ! vous prenez plaisir à en porter une d'or sur vostre poitrine, et vous n'en pouvez endurer une petite sur vostre cœur sans la faire sortir par la plainte ! Et puis vous criez à la patience quand elle vous eschappe, et voudriez volontiers que je vous tinsse pour patient en vous oyant plaindre, comme si le

---

[1] Cantic. VIII, 6.

grand effet de la patience estoit de ne se venger pas, et non de ne se plaindre point!

» Au demeurant vous avez, ce me semble, grand tort d'invoquer un si grand genie que celuy de la patience, sur l'outrage dont vous vous plaignez : c'est un trop grand second pour un si petit duel ; ce seroit bien assez qu'un petit de modestie et de silence vint à vostre ayde. *In silentio et spe sit præstolatio tua* [1].

Il me renvoya comme cela avec ma courte honte, mais si fortifié de mon terrassement, comme le geant de la fable, qu'il me sembloit au sortir de là que je me fusse mesuré contre un Hercule, et que tous les affronts du monde ne m'eussent pas arraché une parole de la bouche. J'ay esté consolé de rencontrer ce dernier trait de sa remonstrance touchant la modestie, dans une de ses lettres, où il dit ces mots. « Rien ne nous peut donner une plus grande tranquilité en
» ce monde, que la frequente consideration des afflictions,
» necessitez, mépris, calomnies, injures et abjections qui
» survindrent à nostre Seigneur, depuis sa naissance jusques à sa douloureuse mort. Au regard de tant d'amertumes, n'avons-nous pas tort d'appeller adversitez, peines
» et offenses, les menus accidens qui nous arrivent? n'avons» nous pas, dis-je, honte de lui demander de sa patience
» pour si peu de chose que cela ; veu qu'une seule petite
» goutte de modestie suffit à paisiblement supporter les af» fronts que nous pretendons nous estre faits? »

SECTION II.

De la mercenaireté.

On desire sçavoir s'il n'y a rien qui sente l'esprit mercenaire en cette sentence de nostre bien-heureux Pere, qui dit ainsi : « O que l'éternité du ciel est aymable, et que les mo-

---

[1] Isai. xxx, 15.

» mens de la terre sont mesprisables! aspirez continuelle-
» ment à cette eternité, et mesprisez ardemment cette cadu-
» cité. »

Vous remarquerez, s'il vous plaist, qu'il y a bien de la difference entre l'esprit mercenaire, et la mercenaireté de l'esprit. L'esprit mercenaire est celuy qui regarde la recompense moins principalement que la gloire de Dieu, et mesme qui la rapporte à cette gloire ; chose bonne et saincte, selon la doctrine du sainct concile de Trente [1]. Davantage, l'esprit mercenaire est celuy qui regarde le total de la recompense celeste, laquelle ne consiste pas seulement en la gloire que Dieu nous donnera dans le ciel, mais aussi en celle que nous y donnerons eternellement à Dieu, selon ce que dit le Psalmiste : *Bien-heureux, Seigneur, ceux qui demeurent en vostre sejour eternel ; ils vous loueront au siecle des siecles* [2] : et ainsi il conjoint son interest à celuy de Dieu, en sorte que celuy-cy soit le principal, et surnage et predomine le nostre. Mais la mercenaireté de l'esprit, c'est lorsqu'il s'arreste volontairement, deliberement et malicieusement à son interest propre, avec mespris et rebut de celuy de Dieu, ne regardant au ciel que les biens honorables, utiles et delectables qui y sont distribuez aux esleus, non le tribut de gloire et d'honneur qu'ils en rendent à Dieu.

Quand donc il y aurait du mercenaire dans cette sentence ; ce que je ne pense pas ; je suis bien asseuré qu'il n'y a rien qui ressente tant soit peu la mercenaireté, c'est-à-dire, la proprieté, de laquelle je sçay qu'estoit fort despoüillé l'esprit de ce Bien-heureux. Et de fait, voicy les paroles qui precedent immediatement cette sentence qui vient d'estre proposée. « Gardez bien, dit-il, d'entrer au festin de la
» croix, plus delicieux mille et mille fois que celuy des nopces
» seculieres, sans avoir la robe blanche, candide et nette
» de toutes autres intentions que de plaire à l'Agneau. »

---

[1] De Justificat. cap. 12. — [2] Psal. LXXXIII, 5.

Voyez comme il est desinteressé, et par consequent desapproprié, et comme sa charité est veritable et de pur or, puis qu'il souffre cette touche, qui discerne la vraye charité de la feinte, de ne chercher point son propre interest.

Il est vray que l'eternité est aymable, et cette temporalité mesprisable; mais pourquoy? C'est parce qu'au ciel on y ayme, benit et glorifie, invariablement, incessamment et sans interruption la divine bonté; ce qui ne se fait ici bas qu'à reprises, et encore avec tant de foiblesse et de caducité, que nous sommes à tous momens dans les hasards des tentations et des cheutes, et dans le danger de perdre l'amour de Dieu.

Pourquoy donc, repart-on, est-ce que l'Escriture nous parle si souvent de salaire? *Allez,* dit-elle, *et vous resjouyssez, parce que vostre loyer est grand dans les cieux*[1] : et Dieu ne dit-il pas à Abraham, qui le servoit avec tant de fidelité et un amour si pur, *Je seray ta recompense trop plus grande*[2] ? — C'est que Dieu nous amorce par nostre interest, pour nous attirer au sien, et nous invite à luy donner gloire par celle qu'il nous promet. Secondement, par ce salaire doit estre entendu le total de la gloire celeste, lequel embrasse, et celle que Dieu nous donnera, qui n'est que la moindre et accessoire, et celle que nous luy donnerons, qui est la premiere et principale, et la fin derniere pour laquelle le paradis est créé.

On repart que David au lieu mesme où il paroist le plus desinteressé, ne laisse pourtant de songer à son compte, quand il dit : *Que veux-je au ciel ou en la terre, sinon vous, le Dieu de mon cœur, et la part de mon heritage pour jamais*[3]? Vous voyez, quoy qu'il soit droit de cœur, et homme selon le cœur de Dieu, qu'il ne laisse pourtant de mettre la main à l'heritage, et de penser à la recompense. — Certes c'est avoir un sentiment bien loin de ce grand prophete,

---

[1] Matth. v, 12. — [2] Gen. xv, 1. — [3] Psal. lxxii, 25, 26.

faisant toutes les volontez de Dieu, d'estimer qu'il mist la derniere fin de ses bonnes actions dans l'utilité qui luy devoit revenir de la recompense qu'il en attendoit, selon la promesse de Dieu, sans rapporter à la gloire de celuy de qui il l'attendoit : ce seroit rendre proprietaire un homme si desnué de proprieté, qu'il dit, *Que veux-je de vous au ciel et en la terre?* tout ce qui est créé ne luy estant rien, à comparaison du Createur. Ne vous imaginez pas (cela ne se pourroit sans offense de Dieu) qu'il preferast ou égalast la recompense au Maistre, le don au Donateur, le bien-fait au Bien-facteur, le paradis de Dieu, au Dieu de paradis : ô nenny. Que si vous voulez sçavoir quelle est la part de l'heritage à laquelle vous dites de bonne grace qu'il met la main ; oyez comme luy-mesme l'explique en un autre endroit. *Ma portion, mon lot, la part de mon heritage, ô Seigneur, j'ay dit que c'est de garder vostre loy*[1] : c'est à dire, de faire vostre volonté, de vous honorer et de vous glorifier ; car tout cela est une mesme chose. En un mot, vostre interest plus que le mien, est la part que je pretends, et la gloire que je vous donneray, est plus haut dans mon estime, que celle que je recevray de vostre main liberale.

Pour appuyer cette vérité, permettez que je vous lise une piece excellente tirée d'une des Epistres de nostre bien-heureux Pere, où vous verrez comme dans le paradis mesme il sçait discerner nostre interest de celuy de Dieu; tant ses yeux estoient penetrans et purs, et semblables à cet œil simple dont il est parlé dans l'Evangile[2], qui nous remplit de clarté et de lumière aux choses spirituelles et divines. Il dit ainsi :

« Je n'ay rien sceu penser ce matin, qu'à cette eternité de
» biens qui nous attend, en laquelle neantmoins tout me
» sembloit peu ou rien, sans cét amour invariable et tous-
» jours actuel de ce grand Dieu qui y regne continuellement;

---

[1] Psal. cxviii, 57. — [2] Matth. vi, 22.

» car veritablement il m'est avis que le paradis seroit emmy
» toutes les peines d'enfer, si l'amour de Dieu y pouvoit
» estre; et si l'enfer estoit un feu d'amour, il me semble que
» ses tourmens seroient desirables. Je voy des contentemens
» celestes estre un vray rien au prix de ce regnant amour.
» Il faut certes, ou mourir, ou aymer Dieu. Je voudrois, ou
» qu'on m'arrachast le cœur, ou que s'il me demeure, ce ne
» soit plus que pour ce sainct amour. Ah! il faut meshuy
» tout de bon transporter nos cœurs auprez de ce Roy im-
» mortel, et vivre tout uniquement pour luy. Mourons à
» nous mesmes et à tout ce qui depend de nous-mesmes; il
» me semble que nous ne devons plus vivre qu'à Dieu. Mon
» cœur, mon courage fait une nouvelle saillie pour cela. Au
» reste, nostre Seigneur est nostre Seigneur, qu'avons-nous
» affaire d'autre chose[1]? »

Quand il parle de ce vivant et regnant amour, vous pouvez penser qu'il entend cette charité si pure et si parfaite, qu'elle n'a pas un tant soit peu de lie; car c'est une vendange toute destorquée, ainsi que le prophete parle[2]. Vous pouvez penser si l'amour est pur dans le ciel et desinteressé, et si l'amour propre pourroit avoir accez en ce lieu, où rien de soüillé ne peut entrer.

Voicy comme il parle de la pureté de cet amour sacré qui se pratique là haut, comme si avec sainct Paul il avoit esté ravy au ciel : c'est en son Theotime.

« Le souverain motif de nos actions, qui est celuy du ce-
» leste amour, a cette souveraine propriété, qu'estant plus
» pur, il rend l'action qui en provient plus pure : si que les
» anges et les saincts de paradis n'ayment chose aucune,
» pour autre fin quelconque que pour celle de l'amour de la
» divine bonté, et par le motif de luy vouloir plaire : ils
» s'entre-ayment voirement tous tres-ardemment, ils nous
» ayment aussi, ils ayment les vertus; mais tout cela pour

---

[1] Des sacrées Reliques, part. 2, chap. 1. — [2] Isai. xxv, 6.

» plaire à Dieu seulement. Ils suivent et pratiquent les ver-
» tus, non entant qu'elles sont belles et aymables, mais en-
» tant qu'elles sont agreables à Dieu : ils ayment leur feli-
» cité, non entant qu'elle est à eux, mais entant qu'elle plait
» à Dieu : ouy-mesme, ils ayment l'amour, duquel ils
» ayment Dieu, non parce qu'il est en eux, mais par ce qu'il
» tend à Dieu; non par ce qu'il leur est doux, mais parce
» qu'il plait à Dieu ; non par ce qu'ils l'ont et le possedent,
» mais par ce que Dieu le leur donne, et qu'il y prend son
» bon plaisir[1]. »

Jugez du lyon par ces ongles, et de ces echantillons de la piece de son amour, et s'il avoit l'esprit mercenaire, et un seul brin de mercenaireté. Dans le passage penultiesme, qu'il fait bien connoistre que comme l'Amour increé, eternel et infiny, qui est le sainct Esprit, est le terme des processions divines : aussi l'amour creé, surnaturel, et infus en nos ames par le sainct Esprit, sera dans le ciel le terme et le comble de nostre felicité! Car comme la lumiere de gloire que Dieu nous communiquera sera la mesure de nostre connoissance, nostre connoissance sera le borne de nostre amour, et cét amour le terme de nostre beatitude, laquelle consistera à aymer sans interruption le souverain bien incessamment contemplé, et en la continuelle veuë de la divinité perpetuellement aymée. C'est ce qu'il appelle amour invariable, immuable et tousjours actuel, ou actuellement continuel. Ouy, car si les bien-heureux pouvoient estre un moment sans voir et sans aymer Dieu, en ce moment-là ils seroient sans felicité ; puisque leur beatitude consiste en la perpetuelle continuité de cette veuë amoureuse de cét amour voyant.

Amour si desinteressé qu'à peine luy permet-il de discerner l'enfer du paradis, luy estant avis que sans ce pur amour le paradis seroit un enfer, et avec cette pure dilection, les

[1] Liv. 2, chap. 13.

flammes d'enfer seroient des flammes d'amour, et l'enfer deviendroit un paradis. A peine appercevoit-il les contentemens dont les bien-heureux jouyssent au ciel, enyvrez du torrent des voluptez inenarrables : devant ce magnifique amour, vous diriez que ce sont de menuës estoiles devant le soleil. « Mourir à soy pour ne vivre qu'à Dieu, » à vostre advis, cela sent-il le mercenaire?

Au demeurant, la parole qui clost ce premier passage que j'ay leu est digne de soigneuse remarque. « Nostre Seigneur est nostre Seigneur, qu'avons-nous affaire d'autre chose? » C'est une saillie de David, *Sçachez que le Seigneur est Dieu*[1] : et en un autre lieu, *Pleurons devant le Dieu qui nous a faits; car il est le Seigneur nostre Dieu*[2]. Sainct Thomas dit à ce propos, que l'un des plus excellens actes de pur amour de Dieu, est lors que nous nous resjouyssons souverainement de ce que Dieu est Dieu, de ce qu'il est ce qu'il est ; c'est à dire, si accomply et si parfaict, que rien ne peut estre adjousté à son infinie excellence, non pas mesme par souhait. O Dieu, qui vous est semblable? qui est comme nostre Dieu, lequel habite dans les cieux?

SECTION III.

Des bonnes inclinations.

On desire une addresse pour reduire en pratiques ces enseignemens que donne nostre bien-heureux Pere pour faire un sainct usage, et à la gloire de Dieu, des bonnes inclinations naturelles. Il dit donc ainsi : « Si vous avez de bonnes
» inclinations naturelles, souvenez-vous que ce sont des
» biens, du maniement desquels il vous faudra rendre conte;
» ayez donc soin de les bien employer au service de celuy
» qui vous les a donnez. Plantez sur ces sauvageons les

Psal. xcix, 3. — [2] Psal. xciv, 6, 7.

» greffes de l'eternelle dilection, que Dieu est prest de vous
» donner, si par une parfaite abnegation de vous-mesme,
» vous vous disposez à les recevoir. »

Il y a des personnes qui sont naturellement enclines et portées à certaines vertus, comme à la taciturnité, sobriété, modestie, chasteté, humilité, patience, et semblables ; ausquelles, pour peu qu'elles les cultivent, elles y font un signalé progrez. Les philosophes payens se sont rendus illustres en la pratique de plusieurs vertus morales, l'acquisition desquelles estant dans l'estenduë de nos forces naturelles, il est en nostre pouvoir de nous avancer dans ces habitudes-là, selon que nous les exerçons par des actes frequemment réiterez. Et comme à l'apprentissage de certains arts sert de beaucoup la disposition du corps : aussi pour faire progrez dans les vertus acquises et morales, donne un grand avantage, la disposition de l'esprit. Mais enfin dequoy serviroit à un chrestien l'acquisition de toutes les vertus morales, de toutes les addresses corporelles, voire de tout le monde, s'il fait perte de son ame? Si toutes ces vertus humaines ne sont renduës infuses et divines par l'infusion de la charité; tout cela, dit sainct Paul, ne sert de rien pour le salut et pour glorifier eternellement Dieu dans le ciel[1]. C'est pourquoy nostre bien-heureux Pere nous advertit de ne tenir pas ces talens enveloppez, et de ne cacher pas ces lumieres sous le boisseau de la nature, mais de les faire profiter selon le dessein de celuy qui en est l'autheur et le distributeur, et qui nous les a donnez pour en augmenter sa gloire exterieure; nous promettant salaire, si nous les mesnageons selon son intention, et nous menaçant de peines si nous sommes negligens.

Mais comme faut-il faire ce mesnage? Luy-mesme l'explique ce me semble assez clairement, quoy que fort briefvement. « Plantez, dit-il, sur ces sauvageons, etc. » 1° Il faut

---

[1] 1 Cor. xiii, 1-3.

reconnoistre que toutes les vertus morales ne sont que des fruicts sauvages, et despourveus de la moëlle de la grace ; et par consequent, comme tels, de nul merite pour le regard de l'eternité, et indignes, comme ces Israëlites qui moururent au desert, de l'entrée de la terre de promesse. 2° Il faut reconnoistre que la dilection surnaturelle de Dieu qui est en la charité, n'est point un fruict qui consiste dans le terroir de nostre puissance, mais qu'il provient de la pure et gratuite liberalité de Dieu, qui fait misericorde à qui il luy plaist, et dont il fait riches ceux qu'il veut gratifier selon son bon plaisir et son propos arresté. 3° Que cette premiere grace de justification ne se donne point par la consideration d'aucunes œuvres ny merites qui la precedent, puis qu'avant qu'elle soit repanduë en une ame, et sans elle, nulle œuvre est capable de meriter l'eternité. 4° Que mesme les dispositions qui reçoivent son infusion ne la meritent pas, quoy qu'elles soient bonnes et utiles, comme fruicts de la grace excitante, c'est à dire, non encore habitante en nous, mais nous poussant au bien. 5° Qu'aprez toutes ces dispositions, la grace qui nous justifie est purement gratuite, et deuë à la seule bonté de Dieu, qui nous fait misericorde, non aux preparations naturelles de celuy qui plante et qui arrose, c'est à dire, de celuy qui s'exerce aux vertus morales.

Qu'est-il donc question de faire, puis que ces choses ne sont point les causes d'un si noble et surnaturel effet? Nostre Bien-heureux nous insinuë, qu'en ce qui est de nostre part, ce que nous y pouvons contribuer, est de ne nous opposer pas à la reception des richesses de la bonté et liberalité de Dieu abondant en misericorde, et de ne nous rendre pas rebelles à sa lumiere : ce qui se fait en recevant à bras ouverts la parole entée, comme parle le sainct Esprit, qui peut sauver nos ames [1]. Qu'est-ce à dire la parole entée, sinon la parole de grace et de reconciliation qui nous remet

[1] Jacobi I, 21.

dans les voyes de nostre salut par le sacrement de Penitence?

Pour cela il est necessaire de renoncer à nous-mesmes, c'est à dire à nostre propre amour, nostre propre volonté, nos propres interests : renoncement et abnegation, qui est l'elixir et la quintessence de l'Evangile. Le renoncement fait en nous le mesme que l'agriculteur fait au sauvageon qu'il eteste, pour enter dessus le greffe de fruict franc. Cecy se declarera mieux par un exemple.

Celuy qui jeusne peut faire cette action par divers motifs ; je ne parle pas des mauvais, qui rendroient cette action vicieuse, comme l'hypocrisie, l'avarice, la tacquinerie; je parle des bons, mais d'une bonté naturelle et morale, comme par temperance, par prudence, par sobrieté, par moderation, par humiliation, par mortification et semblables : pour eslever ces actions à un estat surnaturel, et leur faire toucher la fin derniere, qui est la gloire de Dieu, il ne faut (l'estat de grace estant supposé) que joindre à ces motifs, celuy du sainct amour de Dieu, et de sa dilection sur toutes choses. Que si nous voulons les porter encore plus haut, nous pouvons rapporter tous ces motifs moraux et naturels à celuy du sainct amour, et faire qu'ils luy rendent hommage. Que si nous les voulons encore soulever à un estat plus sublime, nous pouvons renoncer à tous ces interests humains, pour faire place au seul motif du pur amour, lequel de cette sorte opere en nous le poids d'une gloire excellemment excellente.

SECTION IV.

De la devotion.

« Ne vous y trompez-pas, me disoit-il une fois, on peut estre fort devot et fort meschant. — Ceux-là, luy dis-je, ne sont pas devots, mais hypocrites? — Non, non, reprit-il, je parle de la vraye devotion. » Comme je ne pouvois developper cét enigme, je le suppliay de me l'expliquer : ce qu'il fit fort amiablement ; et, si j'ay quelque memoire, environ de cette sorte.

» La devotion, de soy et de sa nature, n'est qu'une vertu morale et acquise, non divine et infuse ; autrement elle seroit theologale, ce qui n'est pas. C'est donc une vertu subalterne à celle qu'on appelle religion ; et, comme disent quelques-uns, ce n'est qu'un de ses actes [1], comme la religion est une vertu subordonnée à celle des quatre cardinales que l'on appelle justice. Or vous sçavez que toutes les vertus morales, et mesme les deux theologales, de foy et d'esperance, sont compatibles avec le peché mortel, et alors elles sont toutes informes et mortes, pour ce qu'elles sont privées de la charité, qui est leur forme, leur ame, et leur vie. Que si on peut avoir la foy jusques au poinct de transporter les montagnes sans avoir la charité, et par conséquent estre injuste et meschant ; si on peut estre vray prophete et mauvais homme, comme ont esté Saül, Balaam et Caïphe ; si l'on peut faire des miracles, comme l'on tient que Judas en a fait, et estre meschant comme luy ; si l'on peut donner tous ses biens aux pauvres, et souffrir le martyre du feu sans avoir la charité : beaucoup plus aysément sera-t-on devot sans estre charitable, puisque la devotion est une vertu, de sa nature moins estimée que celles que nous venons de marquer. Vous ne devez donc point trouver estrange, si je vous ay dit que l'on peut estre devot et mauvais, puisque l'on peut avoir la foy, la misericorde, la patience, et la constance jusques aux degrez que j'ay notez, et estre avec cela entaché de plusieurs vices capitaux, comme d'orgueil, d'envie, de hayne, d'intemperance et semblables.

— Quel est donc le vray devot, luy dis-je ? » Il reprit : « Je vous di, qu'avec ces vices, on peut estre vray devot, et avoir la vraye devotion morale, quoy que morte, mais non pas la vive et infuse. » Je repartis : « Mais cette devotion

---

[1] S. Thom. 2ᵃ 2ᵃᵉ, quæst. 81 et 82.

morte est elle vraye devotion? » Il replique : « Vraye, comme un corps mort est vray corps, encore qu'il soit privé de son ame. » Je duplique : « Mais ce corps n'est pas un vray homme. » Il triplique : « Ce n'est pas un vray homme entier et parfaict, mais c'est le vray corps d'un homme, et le corps d'un vray homme, mais mort. Ainsi la devotion sans la charité, est une vraye devotion, mais morte et imparfaitte. Elle est vraye devotion morte et informe, mais non pas vraye devotion vivante et formée. Il ne faut que distinguer les termes de vraye et d'imparfaite, si bien esclaircie par sainct Thomas [1], pour trouver le dissolvant de vostre difficulté. Celuy qui a la devotion sans la charité, a une vraye mais imparfaite devotion : celuy qui a la charité a une devotion vraye et parfaite. Par la charité il est bon, et par la devotion devot; perdant la charité, il perd la premiere qualité, pour prendre celle de mauvais, et non pas la seconde. C'est pourquoy je vous ay dit que l'on peut estre devot et meschant; d'autant que par le peché mortel on ne perd pas toutes les habitudes acquises, ny mesme la foy et l'esperance, si ce n'est par les actes formez d'infidelité et desespoir. »

Il avoit couché ce sentiment au premier chapitre de sa Philothee, et je ne m'en estois pas encor apperceu. Voicy ses termes :

« La devotion n'est autre chose qu'une agilité et vivacité
» spirituelle, par le moyen de laquelle la charité fait ses ac-
» tions en nous, ou nous par elle, promptement, affectionne-
» ment : et comme il appartient à la charité de nous faire
» generalement et universellement pratiquer tous les com-
» mandemens de Dieu, il appartient aussi à la devotion de
» les nous faire promptement et diligemment. C'est pourquoy
» celuy qui n'observe tous les commandemens de Dieu, ne
» peut estre estimé ny bon ny devot, puisque pour estre bon,

---

[1] $2^a\ 2^{ae}$, quæst. 23, art. 7.

« il faut avoir la charité, et pour estre devot, il faut avoir,
« outre la charité, une grande vivacité et promptitude aux
« actions charitables[1]. »

SECTION V.

De la charité dévote.

Il mettoit de la difference entre charité devote, et devotion charitable; tant son esprit estoit penetrant aux choses interieures, et arrivant jusques à la division de l'ame et de l'esprit, des moëlles et des cartillages; tant il estoit prudent et sçavant en la parole mystique. Il disoit donc que, la devotion charitable estoit celle qui nous portoit avec promptitude, agilité et allegresse, aux actions qui regardoient le service de Dieu, premierement et principalement pour l'amour et la gloire de Dieu, secondement et accessoirement pour le bien qui nous revient de ce service; où vous voyez que nostre interest est joint à celuy de Dieu, quoy que sousmis et subordonné. Mais la charité devote c'est lors que la charité commande à la devotion de produire son acte, c'est à dire, sa promptitude et vivacité aux choses qui concernent le service de Dieu, par le seul motif de plaire à Dieu, sans aucune reflexion sur nostre interest : ce qui est un degré de perfection beaucoup plus eminent que le premier, et qui approche de la devotion des Anges, qui sont appellez esprits administrateurs, et serviteurs agiles et prompts comme des brandons de flamme, lesquels sont tousjours prests de faire la volonté de Dieu et d'executer ses commandemens avec une extreme ferveur, diligence, agilité, allegresse; c'est pourquoy on les represente tousjours jeunes et avec des aisles, pour tesmoigner leur promptitude et vivacité, qualitez convenables à la jeunesse et au vol des oyseaux.

[1] Part. 1, chap. 1.

Au demeurant, tout ce que la devotion a de parfait (j'entends de perfection surnaturelle) elle le tire de la charité qui est le lien de perfection, et sans laquelle il n'est point de perfection chrestienne. La devotion charitable est donc une devotion parfaite, puis qu'elle est animee et accompagnee de charité : mais la charité devote est d'autant plus parfaitte que le motif en est plus pur, ainsi qu'il a esté remarqué cydessus [1], de la doctrine de nostre Bien-heureux tiree de son Theotime [2]. Et c'est de la charité devote plustost que de la devotion charitable qu'il faut entendre ces mots du premier chapitre de la Philothee, dignes de soigneuse remarque. « La vraye et vivante devotion, ô Philothee, presuppose l'amour de Dieu : ains elle n'est autre chose qu'un vray amour de Dieu; mais non pas toutesfois un amour tel quel. Car entant que l'amour divin embellit nostre ame, il s'appelle grace, nous rendant agreables à sa divine Majesté; entant qu'il nous donne la force de bien faire, il s'appelle charité : mais quand il est parvenu jusques au degré de perfection, auquel il ne nous fait pas seulement bien faire, mais nous fait operer soigneusement, frequemment et promptement, alors il s'appelle devotion. » Pourveu que l'on adjouste à ces termes, que ceste promptitude et allegresse d'operation procede du seul motif de la charité, ou bien qu'il y tienne le principal rang, et que le motif naturel de la devotion ne luy soit pas seulement soumis, mais rapporté : car en fin la vraye charité ne cherche point son interest, et ce qui recherche son interest ne peut estre charité.

SECTION VI.

De la vraye et fausse devotion.

Nenny, ne vous figurez pas que la devotion qui s'exerce hors l'estat de grace, c'est à dire, lors que l'on est coulpa-

---

[1] Sect. 2. — [2] Liv. 11, chap. 2.

ble de peché capital, soit une fausse devotion ; elle ne laisse pas d'estre vraye vertu morale, quoy que morte et informe. — Qu'est-ce donc que fausse devotion, me demandiez vous? — Je vous renvoyeray pour cela au commencement du premier chapitre de la Philothee, de nostre bien-heureux Pere, où il represente assez naïvement les masques de la fausse devotion, et encor au premier chapitre du Combat spirituel, où ce subjet est merveilleusement bien deduit.

Mais vous ne vous contentez pas de ces renvoys, vous voulez que l'on vous paye sur le champ, et comptant. Je vous diray donc que la fausse devotion est l'hypocrite, d'autant que ce n'en est qu'un fantosme et une apparence trompeuse, qui n'a pour but que d'aller à la gloire et reputation de saincteté par une fausse porte. C'est celle dont l'Apostre parle, quand il dit que ceux-là renoncent à la vraye vertu de pieté, qui n'en ont que l'image et la monstre. Telle estoit la devotion des Pharisiens, contre laquelle Nostre Seigneur declame avec tant de zele dans l'Evangile.

Il y a encore une autre espece de fausse devotion plus fine et plus deliee que la precedente. Car l'hypocrite sçait bien en sa conscience qu'il ne vaut rien, et qu'il ressemble à ces vers luisans et à certain bois pourry qui n'eclairent que parmy les tenebres, et à ces pommes du rivage d'Asphalte qui n'ont que l'escorce belle, et au dedans ne sont pleines que de vent et de poussiere : mais celle dont je veux parler, trompe ceux-là mesme qui l'ont ; lesquels, comme ce mauvais pasteur dont il est parlé dans l'Apocalypse[1], pensent estre vivans et ils sont morts, et s'imaginent estre devots et ne le sont nullement. Ce sont ceux qui renferment toute leur pieté et tout le service qu'ils rendent à Dieu dans une seule chose qui leur plaist, et à laquelle ils ont facilité et inclination. Tel qui sera addonné au jeusne, mettra toute sa devotion en l'abstinence, et mesprisera tout autre exercice

---

[1] Apoc. III, 1.

de vertu, s'espanoüissant sur les loüanges de la sobrieté, comme si c'estoit le comble de la santé du corps, et de la saincteté de l'ame. Un autre qui sera enclin à la liberalité ou à la misericorde, se portera promptement et allaigrement à faire l'aumosne, fondé sur les passages de l'Escriture qui recommandent ceste vertu, mais entendus selon sa particuliere affection ; comme si celuy-cy, *Donnez l'aumosne, et vous voila nets*[1], et cet autre, *Rachette tes pechez par aumosne*[2], s'entendoient de la vertu naturelle et acquise de l'aumosne, et non de l'infuse et surnaturelle, c'est à dire, animée de charité. Enquoy il se trompe beaucoup, puis que l'Apostre nous apprend que l'aumosne de tous ses biens (on n'en peut faire de plus grande) peut estre faite sans la charité, et ainsi ne servir de rien à salut[3]. Un autre qui sera enclin à la priere, mettra toute sa devotion à faire de longues oraisons ; ce que nostre Seigneur reprend aux Pharisiens, disant que par cette industrie ils mangeoient le bien des vefves[4], qui à cause de cela les reputoient pour des saincts. Mais si la priere n'est accompagnee de charité, qui ne voit que c'est cét encens, que Dieu dit par un prophete, qu'il a en abomination[5] ; que c'est un encens sans feu, et qui n'exhalle aucune odeur ; une priere qui se tourne en peché, et honorer Dieu des lévres et non du cœur.

La vraye devotion, je dy celle qui est simplement morale, et non infuse, n'est rien de tout cela ; et si est tout cela, elle n'est point cela en particulier ; mais elle est tout cela en general, puisque c'est une promptitude, diligence, agilité, et vivacité spirituelle, qui nous porte à jeusner, donner l'aumosne, prier, et faire toutes les actions des autres vertus morales pour le service de Dieu, et mesmes des actes de foy et d'esperance : quoy que tout cela soit mort et inutile pour le ciel sans la charité. Nostre bien-heureux Pere, en son

---

[1] Luc. xi, 41. — [2] Dan. iv, 24. — [3] I Cor. xiii, 3. — [4] Matth. xxiii, 14. — [5] Isai. i, 13.

Theotime[1], monstre excellemment que les vrayes vertus (mesmes les morales et acquises) ne sont jamais les unes sans les autres, beaucoup moins les vives et infuses, puis que quiconque a la charité les a toutes : vouloir donc mettre toute la devotion dans la pratique d'une seule vertu, et mespriser ou negliger toutes les autres, c'est un abus, et au lieu de la vraye devotion, en embrasser une fausse. Ce n'est pas pourtant à dire qu'avec la charité (sans laquelle il n'est point de perfection vrayement chrestienne) on ne puisse faire progrez en la perfection par l'exercice particulier de quelque vertu speciale pratiquee par le motif et le commandement de la charité, veu que les saincts les plus parfaicts et les plus eminens en saincteté, se sont rendus signalez en la pratique de quelques vertus singulieres : les uns en l'abstinence, les autres en la taciturnité, les autres au mespris des richesses ; qui en l'austerité, qui au zele des ames, qui en la misericorde, qui en l'humilité, qui en l'oraison, qui en la patience, qui en la chasteté. Mais ce n'est pas à dire qu'ils n'ayent pratiqué les autres vertus dans les occurrences, la charité estant un general d'armee qui les employe toutes, et les fait combattre sous son estendard, contre les vices qui leur sont contraires, pour le service de la gloire, ou la gloire du service du Dieu des batailles. Nostre Bienheureux exprime cecy merveilleusement bien dans son Theotime, en ces mots.

« Tous les vrays amans sont egaux, en ce que tous don-
» nent tout leur cœur à Dieu, et de toute leur force : mais
» ils sont inesgaux en ce qu'ils le donnent tous diversement
» et avec les differentes façons ; dont les uns donnent tout
» leur cœur de toute leur force, moins parfaictement que les
» autres. Qui le donne tout par le martyre, qui tout par la
» virginité, qui tout par la pauvreté, qui tout par l'action,
» qui tout par la contemplation, qui tout par l'exercice pas-

[1] Liv. 2, chap. 7.

» toral, et tous le donnans tout par l'observance des com-
» mandemens, les uns pourtant le donnent avec moins de
» perfection que les autres¹. »

La vraye devotion donc (je dy parlant de la morale simple) est une vivacité et promptitude spirituelle qui nous fait employer les actions de toutes les vertus au culte et service de Dieu : et ceux qui la restreignent à l'usage d'une vertu, ressemblent à celuy qui arracheroit les plumes d'un oyseau, et ne luy en laisseroit qu'une :

> Moveat cornicula risum ².

C'est pourtant là une faute assez commune parmy ceux qui font profession de pieté.

SECTION VII.

De la ferveur de la devotion.

Non cette enqueste n'est point curieuse; je la tiens non seulement utile, mais necessaire : on demande, puis que la devotion est une ferveur et promptitude aux choses qui concernent le culte et service de Dieu, si l'on peut en cela commettre excez, et estre trop fervent et prompt. Response. La vraye vertu consiste en la mediocrité, et ce poëte ancien a tres bien dit que

> Virtus est medium vitiorum utrinque reductum ³.

Il y a une ferveur qui est blasmee en l'Escriture, et en laquelle sainct Pierre ne veut point que nous marchions⁴; autrement, c'est suivre la lumiere d'un ardant qui nous meineroit en des precipices : il ne faut pas croire à tout esprit. Cette ferveur vicieuse et inconsideree s'appelle soucy, angoisse, empressement; contre quoy declame nostre bienheureux Pere en sa Philothee⁵, et avoit de coustume de l'ap-

---

¹ Liv. 10, chap. 8. — ² Horat. lib. 1, Epist. III, 19. — ³ Ibid. Epist. XVIII, 9. — ⁴ I Petr. IV, 12. — ⁵ Part. 3, chap. 10.

peller le poison de la devotion. Il l'a descrit assez clairement, et l'a depeint de si naïves couleurs au lieu que nous venons de citer, qu'il ne faut que le lire pour la recognoistre. Il y a d'autre part une certaine langueur et lascheté spirituelle contraire à la devotion qui est une diligence, et celle-cy une negligence : celle-là est un soin, celle-cy un oubly : celle-là est une activeté, celle-cy une paresse : celle-là ne neglige rien, celle-cy mesprise tout, et laisse tout perdre faute d'un peu d'attention. C'est ceste oysiveté mere de tant vices tant blasmee en la saincte parole; ceste tiedeur vomie.

La vraye devotion reside au milieu de ces deux extremitez, et est à proprement parler, une promptitude, activeté, vivacité, diligence, vigilance, agilité moderee, judicieuse, consideree, qui fait tout en son temps, avec nombre, poids et mesure; car l'honneur du Roy de gloire ayme le jugement. Dieu veut estre servy avec sagesse, prudence et retenue : les vierges folles, toutes vierges qu'elles sont, n'ont point d'entree au festin nuptial. Ceste ferveur judicieuse est ceste verge que veit le prophete, veillante sur un pot qui boüilloit[1]. C'est elle qui nous apprend à n'estre pas excessivement sages, mais de l'estre a sobrieté. C'est l'eau qui tempere et destrempe le vin. En un mot c'est le niveau et l'esquerre qui ajuste et alligne tout le bastiment de la vraye et vivante devotion. Sans cela c'est plustost demolir qu'edifier, c'est arracher plustost que planter : car le zele indiscret et sans science, en gaste plus qu'il n'en conserve, et recule au lieu d'avancer. Bref, la devotion sans prudence, est une muraille sans chaux et sans ciment, qui s'esboule au premier heurt. Celle qui est animee de charité ne manque point de la vraye prudence chrestienne, laquelle sçait les moyens de conduire nos actions à une fin parfaitte. Si elle fait moins, elle le fait mieux ; si elle fait peu, elle fait ce peu avec tant

[1] Jerem. 1, 11, 13.

d'amour, tant de soin, tant d'attention, qu'elle rend une chose petite, grande et excellente : en sorte qu'elle blesse le cœur de l'Espoux celeste avec un seul de ses regards, un seul de ses cheveux.

SECTION VIII.

De la devotion et de la vacation.

L'une des grandes maximes de nostre bien-heureux François estoit celle-cy, que la devotion qui non seulement contrevenoit, mais qui n'estoit pas conforme à la legitime vacation d'un chacun, estoit sans doute une fausse devotion : il l'a dit, et l'a prouvé assez amplement en sa Philothee[1]. Il va plus outre, et monstre qu'elle est convenable à toutes vacations, et qu'elle est comme la liqueur, qui prend la forme du vase où elle est mise.

Il avance encore une plus hardie proposition, qui est celle-cy, que c'est non une simple erreur, mais une heresie (or l'heresie est une erreur opiniastrement soustenue), de bannir la devotion de quelque vacation que ce soit, pourveu qu'elle soit juste et legitime : ce qui fait voir l'injuste opinion de ceux qui s'imaginent que l'on ne puisse faire son salut dans le siecle, comme si le salut n'estoit que pour le Pharisien, et non pour le Publicain et pour la maison de Zachee. Certes c'est une erreur qui avoisine de bien pres celle de Pelagius de mettre le salut dans certaines vacations, comme s'il dependoit de la nature et non pas de la grace : comme on se peut sauver en toutes par la grace, sans la grace on se perd en toutes. Nostre Bien-heureux appuye donc de plusieurs exemples ceste verité, qu'en toutes conditions on peut estre sainct et grand sainct, et par conséquent sauvé, et arriver à un haut degré de gloire.

En fin il conclud : « Il est mesme arrivé que plusieurs

[1] Part. 1, chap. 3.

» ont perdu la perfection en la solitude, qui est neantmoins
» si desirable pour la perfection, et l'ont conservée parmy
» la multitude, qui semble si peu favorable à la perfection.
» Loth, dit sainct Gregoire, qui fut si chaste en la ville, se
» souilla en la solitude. Où que nous soyons, nous pou-
» vons et devons aspirer à la vie parfaite. »

Mais apres tout, qu'est-ce qu'estre parfaittement devot en sa vacation? C'est faire tous les devoirs et offices ausquels nous sommes obligez par nostre condition, avec ferveur, activeté et allegresse, pour l'honneur et l'amour de Dieu, et avec rapport à sa gloire. Ce culte regarde l'acte de religion; ceste vivacité et promptitude, l'acte de devotion; et cét amour, celuy de charité. Agir ainsi c'est estre parfaittement devot en sa vacation, et servir Dieu par amour en la maniere qu'il desire : c'est estre selon son cœur, et marcher selon ses volontez.

SECTION IX.

Des degrez de la devotion.

Quand vous vous enquerez des degrez de la devotion, je pense que vous entendez parler de la vivante, infuse, et animee charité. Cela supposé, je vous responds qu'elle a les mesmes degrez que la charité, qui luy sert de forme et de vie. Et quels sont ces degrez? Sainct Thomas les marque fort distinctement[1] apres sainct Augustin : 1° celuy des commençans ; 2° celuy des profitans ; 3° celuy des parfaits; ou, pour mieux dire, celuy des avancez. Car la charité de ceste vie pouvant tousjours estre augmentee, elle ne sera au terme de sa parfaitte subsistance qu'au ciel, où elle ne recevra plus d'accroissement. Quel est donc le premier degré des devots? C'est celuy de ceux qui s'abstiennent du peché, repoussent les tentations et pratiquent les mortifications interieures et

---

[1] 2ª 2ᵉ, quæst. 24, art. 9.

exterieures, et les exercices de vertus avec peine et difficulté. Les profitans sont ceux qui exercent ces choses avec plus de facilité, c'est à dire, avec peu ou point d'effort, comme courans en la voye de Dieu, avec un cœur ouvert. Les avancez sont ceux qui combattent le vice, et font les actions de vertu pour l'amour de Dieu, avec joye, allegresse et un contentement extreme. Voila les trois degrez de charité remarquez par le Docteur Angelique. Mais les trois degrez de la devotion charitable, ou de la charité devote, sont : 1° quand on pratique les exercices qui regardent le service de Dieu avec un peu de pesanteur; 2° quand on s'y porte avec plus de vitesse; 3° quand on court et vole avec plaisir et alaigrement.

Nostre bien-heureux Pere exprime cecy par deux similitudes extremement propres.

« Les austruches ne volent jamais, les poules volent pe-
» samment, toutesfois bassement et rarement : mais les ai-
» gles, les colombes, les arondelles volent souvent, viste-
» ment et hautement. Ainsi les pecheurs ne volent point en
» Dieu, ains font toutes leurs courses en la terre et pour la
» terre : les ⁀ns de bien, qui n'ont pas encore atteint la
» devotion, volent en Dieu par leurs bonnes actions, mais
» rarement, lentement et pesamment : les personnes devotes
» volent en Dieu frequemment, promptement et hautement.
» Bref, la devotion n'est autre chose, qu'une agilité et viva-
» cité spirituelle, par le moyen de laquelle la charité fait ses
» actions en nous, ou nous par elle, promptement, affec-
» tionnement[1]. »

La seconde dit ainsi :

« Tout ainsi qu'un homme qui est nouvellement guery de
» quelque maladie, chemine autant qu'il luy est necessaire,
» mais lentement et pesamment : de mesme le pescheur
» estant guery de son iniquité, il chemine autant que Dieu

---

[1] Introduction à la vie dévote, part. 1, chap. 1.

» luy commande, pesamment neantmoins et lentement jus-
» ques à tant qu'il aye atteint la devotion : car alors, comme
» un homme bien sain, non seulement il chemine, mais il
» court et saute en la voye des commandemens de Dieu, et
» de plus il passe et court dans les sentiers des conseils, et
» inspirations celestes. En fin la charité et la devotion ne
» sont non plus differentes l'une de l'autre, que la flamme
» l'est du feu ; d'autant que la charité estant un feu spirituel,
» quand elle est fort enflammee, elle s'appelle devotion. Si
» que la devotion n'adjouste rien au feu de la charité, sinon
» la flamme qui rend la charité prompte, active et diligente,
» non seulement à l'observation des commandemens de
» Dieu, mais à l'exercice des conseils et inspirations ce-
» lestes [1]. »

SECTION X.

De la voye purgative.

Des trois voyes qui conduisent à la perfection, la premiere est appellee purgative, et consiste en la purgation de l'ame ; de laquelle, comme en un champ qui est en friche, il faut oster les ronces des pechez, avant qu'y planter des arbres qui portent de bon fruict. Mais il faut considerer le temps de cette purgation ; sçavoir, celuy qui precede la justification de l'ame, ou celuy qui la suit : car ces deux temps appellent deux purgations bien differentes.

Avant la justification l'ame privee de la grace gratifiante par le peché à mort, est comme morte et en estat de mort, comme le tesmoigne l'Apostre[2] ; de sorte que son retour à la vie de la grace est une espece de resurrection mystique : à raison dequoy sainct Jean disoit, *Ne sçavez vous pas que par la dilection vous estes transferez de la mort à la vie ? car celuy qui n'aime point*, c'est à dire qui n'a point la charité,

---

[1] Introduction à la vie dévote, part. 1, chap. 1. — [2] Ephes. II, 1, 5.

*demeure en la mort*¹. Il est vray que la foy, l'esperance, la crainte de Dieu, la penitence, sont comme les fourriores de la grace qui justifie : mais nonobstant toutes ces preparations et dispositions, mesmes procedantes de la grace excitante, la premiere grace qui nous rend agreables à Dieu est purement gratuite, et ne procede que de la pure bonté du Pere des misericordes, qui a pitié de qui il luy plaist, et qui respand la charité en nos cœurs par son sainct Esprit. Or ceste grace arrivant en l'ame, est comme un soleil qui remontant sur nostre horizon, chasse les tenebres de la nuict, et emplit tout l'air de sa chaleur et de sa lumiere. Aussi elle bannit le peché dont les œuvres sont de tenebres, et nous fait marcher en la splendeur de l'Orient de la dilection sacree. Ainsi se fait la purgation de l'ame introduitte dans le celier du sainct amour, par la premiere grace qui nous rend agreables à Dieu.

Mais ce n'est pas assez d'estre justifiez, *il faut*, dit sainct Jean, *que celuy qui est justifié soit justifié encore d'avantage, et que celuy qui est sanctifié, se sanctifie de plus en plus*², et de jour en jour disposant, comme le Psalmiste parle, des montees en son cœur, pour aller de vertu en vertu vers le Dieu des dieux habitant en la Syon celeste³. Ce n'est pas assez d'estre purgé des pechez à mort, avec lesquels la grace (en laquelle consiste nostre vie spirituelle) est incompatible, il faut outre cela travailler continuellement et sans relasche à la purgation des affections que nous pourrions avoir au peché que nous avons quitté, qui sont comme les restes de nostre maladie, qui nous pourroient causer des recheutes; lesquelles possible seroient pires que nos premieres erreurs, et qui sont comme les racines d'un arbre abbatu par la cognee, lesquelles repoussent un taillis espais, si elles ne sont arrachees de la terre. La cause qui fait que tant de gens apres avoir receu la grace au sacrement de Penitence, re-

---

¹ I Joan. III, 14. — ² Apoc. XXII, 11. — ³ Psal. LXXXIII, 6, 8.

tournent à leur bourbier et à leur vomissement, et souvent à une vie pire que la precedente, c'est que ils n'ont pas travaillé comme ils devoient à l'extirpation des affections du peché qui leur ont fait regreter les aulx d'Egypte, et regarder en arriere ; à raison dequoy ils ont esté jugez indignes du royaume de la grace, d'où ils se sont bannis par leurs secondes fautes.

Il y a une autre purgation à faire qui n'est pas de petite importance; c'est celle des affections au peché veniel. Certes celle des pechez veniels doit durer tout le temps de nostre vie : car si le juste en commet au moins sept par jour, combien en doivent commettre ceux qui ont peu d'attention à leurs voyes ? Et il ne faut pas s'imaginer de se pouvoir deffaire de ces mousches importunes tant que nous vivrons, puisque ceux-là mesmes, qui, par privilege special du ciel, ont esté confirmez en grace, n'en ont pas esté exempts; mais nous pouvons bien, par la faveur de la grace celeste, nous purger des affections et des attaches à ceste espece de peché. C'est ce que dit nostre bien-heureux Pere en sa Philothee, en ces mots :

« Nous ne pouvons jamais estre du tout purs des pechez
» veniels, au moins pour persister long-temps en ceste pu-
» reté ; mais nous pouvons bien n'avoir aucune affection aux
» pechez veniels. Certes, c'est autre chose de mentir une
» fois ou deux de gayeté de cœur en chose de peu d'impor-
» tance ; et autre chose de se plaire à mentir, et d'estre af-
» fectionné à ceste sorte de peché [1]. »

Il y a encore une autre espece de purgation plus delicate, mais qui n'est pas pourtant peu considerable, c'est celle de l'affection aux choses qui en leur substance ne sont pas mauvaises, mais qui sont inutiles et dangereuses ; comme, par exemple, le jeu, le bal, les festins, l'ornement des habits et des meubles. Car bien que ces choses ne soient pas absolu-

[1] Part. 1, chap. 22.

ment deffenduçs, si est-ce qu'il y a tousjours du peril d'y exceder, et de la vanité à s'y amuser; et l'affection à des choses si frivoles, sert de glus à nos aisles spirituelles qui les empesche de s'eslancer vers le vray bien : la saincte parole nous avertit que celuy qui mesprise de se corriger des petites fautes, tombera peu à peu en de grandes¹, jusques à descheoir tout à fait de la grace.

Ce n'est pas encore tout : nous avons outre les pechez veniels certaines propensions et inclinations naturelles, qui panchent vers des excez vicieux, et qui s'appellent imperfections. Elles ne sont pas proprement pechez, ny mortels, ny veniels; neantmoins ce sont manquemens et defectuositez dont il se faut corriger, d'autant qu'elles sont des-agreables à Dieu et aux hommes. Telles sont les propensions à la cholere, au chagrin, à la joye, au ris excessif, à la cajollerie, à la complaisance, à la tendresse sur soy, à la deffiance, à l'empressement, à la precipitation, aux vaines affections. Il faut avoir soin de se purger de ces deffauts, qui sont comme autant de mauvaises herbes, qui croissent sans semer dans le terroir de nostre nature corrompuë, qui nous incline au mal dés nostre naissance. Il n'y a si ingrat et sterile territoire, qui ne se rende fertile par une diligente culture, et par les ameliorements qu'y apporte le travail et l'industrie du laboureur.

> Nemo adeo ferus est, qui non mitiscere possit,
> Dummodo culturæ patientem commodet aurem².

Les industries pour proceder à toutes ces sortes de purgations, tant des pechez mortels, veniels, que des imperfections, et des affections à tout cela, sont fort judicieusement declarees en la Philothee de nostre bien-heureux Pere³, où vous pourrez avoir recours pour vostre plus grand esclaircissement.

¹ Eccli. xix, 1. — ² Horat. lib. 1, Epist. 1, 39, 40. — ³ Part. 1, chap. 6, 7, 22, 23, 24.

SECTION XI.

Des pechez veniels et des imperfections.

Mais vous voulez que je vous die quelle est la vraye difference du peché veniel et de l'imperfection. J'ay autrefois fait la mesme question à nostre bien-heureux Pere, et je tascheray de rappeler en ma memoire l'enseignement qu'il me donna sur ce sujet, pour vous le communiquer.

Tout peché veniel est imperfection, mais toute imperfection n'est pas peché veniel. Au peché il y a tousjours de la malice, et la malice est dans la volonté : d'où la maxime, qu'il n'y a point de peché s'il n'est volontaire ; et selon la grandeur ou petitesse de ceste malice, ou selon la matiere sur laquelle elle s'exerce, le peché est ou mortel ou veniel.

Que si la distinction d'entre le peche mortel et veniel est si difficile, que c'est où les plus habiles theologiens se trouvent fort empeschez ; et si le prophete mesme a dit, *Qui est-ce qui entend les pechez? Seigneur, delivrez-moy de ceux qui ne me sont pas cognus, et de ceux d'autruy*[1], ausquels possible je participe sans y penser : comme ferons-nous pour rencontrer la difference qui est entre le peché veniel et l'imperfection?

Voicy celle que m'apprit nostre Bien-heureux : apres cela ne m'en demandez point d'autre, si vous n'avez entrepris de me rendre funambule sans contre-poids. L'imperfection est un deffaut procedant du temperamment naturel, de la propension et inclination de nostre humeur, et de nostre appetit sensitif, plustost que de nostre partie raisonnable ; et nous y tombons lors que nostre partie superieure ne veille pas assez sur l'inferieure, pour reprimer ses excez et tenir ses mouvemens en bride. Mais le peché veniel, quoy qu'il se puisse faire par precipitation ou par surprise, non de

---

[1] Psal. xviii, 13, 14.

propos longuement deliberé, si est-ce qu'il est tousjours accompagné de quelque legere malice, discernee promptement par le jugement, et aggreée par la volonté. En un mot, il m'est avis que l'on peut appeler l'imperfection un deffaut de juste temperamment et proportion dans l'action de l'homme; et le peché veniel, le mesme deffaut dans l'action humaine : en sorte que l'imperfection soit dans la partie sensitive, et le peché veniel dans la raisonnable.

Autre est, disent les philosophes, et les theologiens aussi, l'action de l'homme, et l'action humaine : celle-là se fait par l'homme, entant qu'animal ; celle-cy, entant qu'animal raisonnable. Et parce qu'elles ont une grande affinité, on les confond quelque fois, quoy qu'elles soient fort differentes ; car aux unes il y a plus de stupidité ou d'inconsideration, aux autres plus de malignité et de depravation. Il a bien à dire entre un ris immoderé et un regard esgaré, un chagrin de mauvaise humeur, sans aucun sujet, un geste immodeste, mais sans aucun dessein, un marcher precipité, un parler lent, qui semble desdaigneux, et un trop prompt, qui paroist volage et inconsideré, qui ne sont, à proprement parler, que des imperfections de nature ; et une œillade affettee, un ris affetté, une gausserie aiguë, une raillerie mesprisante, un jugement trop libre, quoy qu'en chose de peu d'importance, un outrage fait de gayeté de cœur, bien qu'il ne porte prejudice à aucun, qui sont des pechez veniels, à cause de la malice qui les accompagne.

On me demande maintenant si les imperfections sont matiere suffisante de confession aussi bien que les pechez veniels. Je respond, selon le sentiment de nostre bien-heureux Pere, qu'il est bon de s'en accuser pour apprendre du confesseur les moyens de s'en corriger et de s'en deffaire, et que ceste accusation est un acte d'humilité ; mais pourtant il n'estimoit pas que ce fust matiere suffisante pour asseoir dessus les paroles de l'absolution. C'est pourquoy il faisoit dire à ceux ou celles qui ne luy disoient que des imperfections, quelque peché veniel commis autrefois, pour y prendre matiere suffisante d'absolution : je dy matiere suffisante non absolument necessaire, ces deux qualitez appartenantes au peché mortel qui est matiere suffisante et necessaire de confession et absolution.

SECTION XII.

Du recueillement interieur, et des aspirations, ou oraisons jaculatoires.

Le bien-heureux François ne recommandoit rien tant à ses devots, que deux exercices : l'un, du recueillement interieur ; l'autre, des aspirations et oraisons jaculatoires. Par eux, il disoit que tous les deffauts des autres pouvoient estre reparez, et que sans eux les autres estoient sans sel, c'est à dire, sans assaisonnement.

Il appelloit le recueillement interieur, le ramas ou resserement de toutes les puissances de l'ame dans le cœur, pour y traitter avec Dieu, seul à seul, et cœur à cœur : ce qu'il disoit se pouvoir faire en tout lieu et à toute heure, sans que les compagnies ny les occupations pussent empescher cette retraitte. Il comparoit cela au resserrement du herisson, ou de la tortue, que ces animaux peuvent faire par tout et en tout temps. C'est possible à cela que l'Escriture appelle les prevaricateurs ou pecheurs, quand elle les convie de retourner et revenir à leur cœur. C'est ceste reflexion si frequente sur Dieu et sur soy, qui estoit le cher exercice du grand sainct Augustin, quand il repetoit si souvent, « Seigneur que je vous cognoisse, et que je me cognoisse ! » et du grand sainct François, quand il disoit, « Qui estes vous, ô mon Dieu, mon Seigneur ? et qui suis-je, moy poudre et vermisseau de la terre ? » Ces frequens regards de Dieu et de nous, ou de Dieu en nous et de nous en Dieu, nous tiennent merveilleusement en devoir, et ou nous empeschent de tomber, ou font que nous nous relevons promptement de nocheutes, selon ce que disoit le Psalmiste : *Je considere tousjours le Seigneur devant moy; il est à ma droite pour empescher que je ne sois esbranlé*[1]; *il me tient par la dextre, il me meine en sa volonté, pour me recevoir en sa gloire*[2]. Il enseigne comme il faut pratiquer cet exercice dans sa Philothee, partie deuxiesme, chapitre douziesme, et celuy des aspirations ou oraisons jaculatoires au chapitre suivant. Il n'y a celuy tant soit peu versé aux choses spirituelles qui ne sçache ce que c'est. Ce sont de courtes elevations d'esprit vers Dieu, comme des eslans de nostre ame, lesquels, ainsi que de petits dards, donnent dans le cœur de Dieu: sur quoy l'Espoux avoüe dans le Cantique que le sien est blessé par les regards et par les cheveux de son espouse[3], qui sont de saintes et affectueuses pensees.

Il desiroit que ces deux exercices nous fussent aussi frequens et familiers que le respirer et l'aspirer : le respirer, c'est tirer le vent à soy ; aspirer, c'est le repousser. *J'ay ouvert la bouche*, disoit David, *et j'ay attiré l'esprit de Dieu*[4] ; et Dieu dit par ce mesme prophete, *Ouvre ta bouche, et je la rempliray*[5] : et le mesme dit en un autre lieu, *Beny soit Dieu qui ne m'a point osté mon oraison ny sa misericorde*[6]; comme si celle-cy estoit attachée à celle-là, comme la naissance de Jacob estoit liée à celle d'Esaü qu'il tenait par le pied. Il disoit que tous les exercices spirituels sans recueillement interieur, c'est à dire, sans attention et intention pure, estoient des holocaustes sans moëlle, des veaux de levres, ou des levres de veau; et que sans oraisons jaculatoires l'oraison et vocale et mentale estoit un ciel sans estoilles, un arbre sans feuilles, une teste sans cheveux, un temple sans ornemens, une viande sans goust. Quand on perdoit les ocasions de faire l'une ou l'autre oraison, par des occupations necessaires, il vouloit que ce deschet se reparast par de plus

---

[1] Psal. xv, 8. — [2] Psal. lxxii, 24. — [3] Cantic. iv, 9. — [4] Psal. cxviii, 131. [5] Psal. lxxx, 11. — [6] Psal. lxv, 20.

frequens recueillemens, et de plus frequentes oraisons jaculatoires ; et par là il asseuroit que se reparoient toutes les ruines, et que l'on pouvoit faire grand progrez dans la perfection. Il est bon que je vous exprime son sentiment par ses propres mots.

« En cet exercice de la retraicte spirituelle, et des orai-
» sons jaculatoires, gist la grande œuvre de la devotion. Il
» peut suppleer au defaut de toutes les autres oraisons : mais
» le manquement d'iceluy ne peut presque point estre re-
» paré par aucun moyen. Sans iceluy on ne peut pas bien
» faire la vie contemplative, et ne sçauroit-on que mal faire
» la vie active : sans iceluy le repos n'est qu'oysiveté, et le
» travail qu'embarrassement. C'est pourquoy je vous con-
» jure de l'embrasser de tout vostre cœur, sans jamais vous
» en departir[1]. »

SECTION XIII.

Des confrairies.

Il conseilloit aux personnes pieuses qu'elles donnassent hardiment, et sans tant de consultation, leurs noms à toutes les confrairies qu'elles rencontreroient, pour se rendre, par ce moyen, participantes de tous ceux qui craignent Dieu, et qui vivent selon sa loy. Il avoit pitié des difficultez que font de bonnes ames de s'y enrooller, sur la fausse crainte qu'elles ont de pecher si elles n'accomplissoient certains devoirs, qui sont plustost recommandez que commandez par les reglemens qui ont esté dressez pour la conduite et le bon ordre de ces confrairies. « Car, disoit-il, si les regles des conventuels n'obligent d'elles-mesmes, ny à peché mortel ny à veniel, combien moins les statuts des confrairies ? Ce que l'on recommande aux confreres de faire certaines

---

[1] Introduction à la vie dévote, part. 2, chap. 13.

choses, reciter certaines prieres, se trouver à certaines assemblées ou processions, se confesser ou communier en certains jours, n'est que de conseil et non de precepte. A ceux qui font telles actions de pieté il y a des indulgences concedées, que manquent de gaigner ceux qui ne les pratiquent pas ; mais manquement tout à fait exempt de peché. Il y a beaucoup à gaigner, et n'y a rien à perdre. »

Il s'estonnoit de ce que si peu de gens s'y enroolloient, et de ce que les voyes de Syon pleuroient, parce que si peu de personnes frequentoient ses solemnitez. Il disoit que deux sortes de gens estoient cause de cela. Les uns, par scrupule, et par une vaine apprehension de se mettre sur le col un joug qu'ils ne pourroient porter : ce qui est une terreur vrayement panique, et craindre où il n'y a nul sujet de crainte. Les autres, par impieté, se moquans de ceux qui se rangent en ces pieuses societez, comme de bigots et de personnes hypocrites : ce qui empesche que plusieurs ne s'y aggregent, de peur d'estre monstrez au doigt et mocquez par ces insolens.

Voicy son sentiment sur le subjet de cét exercice de pieté selon qu'il s'en est expliqué dans sa Philothee.

« Entrez volontiers aux confrairies du lieu où vous estes,
» et particulierement en celles, desquelles les exercices ap-
» portent plus de fruict et d'edification. Car en cela vous fe-
» rez une sorte d'obeissance fort agreable à Dieu, d'autant
» qu'encor que les confrairies ne sont pas commandees, el-
» les sont neantmoins recommandees par l'Eglise ; laquelle,
» pour tesmoigner qu'elle desire que plusieurs s'y enrool-
» lent, donne des indulgences et autres privileges aux con-
» freres. Et puis c'est tousjours une chose fort charitable de
» concourir avec plusieurs, et cooperer aux autres, pour
» leurs bons desseins. Et bien qu'il puisse arriver que l'on
» fist d'aussi bons exercices à part soy, comme l'on fait aux
» confrairies en commun, et que peut estre l'on goustat plus
» de les faire en particulier, si est-ce que Dieu est plus glo-

» rifié de l'union et contribution que nous faisons de nos
» biens-faicts avec nos freres et prochains¹. »

SECTION XIV.

De l'amour de la parole de Dieu.

C'estoit son opinion qu'il estoit malaisé qu'une ame perist pour jamais, qui estoit affectionnée à ouyr la parole de Dieu ; puis que c'est une parole de vie et de vie eternelle, et que ceux-là sont appellez dieux à qui ceste parole est faite², c'est à dire, sont disposez par elle à la grace justifiante qui les rend participans de la nature divine. Il disoit qu'entre les marques de predestination, celle-cy estoit une des meilleures, d'aymer à ouyr la parole de Dieu, et ceste loy sans tache, qui convertit les ames, et donne de la sagesse aux plus petits. *Celuy qui est de Dieu*, dit le sainct Evangile, *ayme à ouyr la parole de Dieu*³. Qui ayme Dieu, ayme sa parole et la garde en son cœur. Ouyr la voix de son pasteur, c'est une marque de bonne oüaille, et qui sera un jour à la droitte pour recevoir ceste sentence : *Venez, les benis de mon Pere*⁴, etc.

Mais il ne vouloit pas que l'on fust auditeur vain et inutile de ceste parole, et semblable à celuy qui se regarde dans un miroir, et oublie aussi tost comme il est fait : il desiroit qu'on la mist en pratique ; autrement ce seroit redoubler son crime et son chastiment, ayant sceu la volonté du maistre, et n'ayant pas fait son devoir de l'executer. Il enseignoit que Dieu se disposoit à exaucer nos prieres, à mesure que nous nous efforcions de pratiquer ce qu'il nous proposoit par la bouche de ses organes, et des ambassadeurs de ses volontez, qui sont les predicateurs. Car comme nous luy demandons en l'oraison dominicale qu'il nous remette nos offenses,

¹ Part. 2, chap. 15. — ² Joan. x, 35. — ³ Id. viii, 47. — ⁴ Matth. xxv, 34.

comme nous pardonnons à ceux qui nous ont offensez[1] : ainsi est il prest de faire ce que nous desirons de luy, et que nous luy demandons en l'oraison, si nous sommes prompts à l'execution de ses volontez, qu'il nous declare et manifeste par sa parole.

Et afin que vous cognoissiez que c'est la pure doctrine de nostre Bien-heureux, oyez comme il la declare en sa Philothee.

« Soyez devote à la parole de Dieu, soit que vous l'escou-
» tiez en devis familiers avec vos amis spirituels, soit que
» vous l'escoutiez au sermon. Oyez-la tousjours avec atten-
» tion et reverence ; faictes-en bien vostre profit, et ne per-
» mettez pas qu'elle tombe à terre : ains recevez-la comme
» un precieux baume dans vostre cœur, à l'imitation de la
» tres-saincte Vierge, qui conservoit soigneusement dedans
» le sien toutes les paroles que l'on disoit à la louange de
» son enfant ; et souvenez-vous que nostre Seigneur re-
» cueille les paroles que nous luy disons en nos prieres, à
» mesure que nous recueillons celles qu'il nous dit par la
» predication[2]. »

SECTION XV.

De la lecture spirituelle.

Comme la charité est l'huille de la lampe des vertus parfaittes ; aussi la lecture spirituelle est l'huille de la lampe de l'oraison. Il est mal-aisé de persever long-temps en l'exercice de l'oraison interieure, cordiale et mentale, sans estre aidé de la lecture des livres de pieté. Je ne dy pas que plusieurs saincts, qui ne sçavoient pas seulement lire, n'ayent esté excellens en la vertu d'oraison ; mais c'estoit par un don special de Dieu, et comme par une de ces graces que les theologiens appellent gratuitement donnees. Nous parlons

---

[1] Matth. vi, 12. — [2] Part. 2, chap. 17.

icy de l'oraison qui se fait par voye ordinaire : non qu'elle ne soit surnaturelle, estant fondee sur la foy et la charité; mais parce qu'elle se pratique dans le train commun, où la grace aide nos facultez interieures, sans y faire un deluge de passivetez, qui leur causent des transports anagogiques.

C'est pour cela que nostre bien-heureux Pere recommandoit tant la lecture spirituelle, comme une pasture de l'ame, qui nous accompagnoit par tout et en tout temps, et qui ne nous pouvoit jamais manquer, là où l'on n'a pas tousjours des predications, ny des conducteurs et directeurs spirituels, et nostre memoire ne nous peut pas tousjours rapporter à point nommé, ce que nous avons ouy aux sermons et exhortations, ou appris dans les enseignemens particuliers de ceux qui nous ont fait le bien de nous instruire dans les voyes de salut. Il vouloit que ceux qui se veulent addonner à la devotion fissent provision de livres de pieté, comme d'autant d'allumettes du sainct amour; et qu'ils ne passassent aucun jour sans fournir à leurs ames ceste celeste nourriture, comme estant un bois propre à entretenir le feu sacré du divin amour sur l'autel de leur cœur. Il veut qu'on les lise avec grand respect et devotion, et qu'on les tienne pour autant de lettres missives (ce sont ses mots) « que les saincts » nous ont envoyées du ciel, pour nous en monstrer le che- » min, et nous donner courage d'y aller. »

Il faut avouer qu'il n'y a point de si fideles amis, de conseillers si prudens, ny de plus asseurez directeurs que ces morts qui nous parlent si vivement dans leurs escrits, et qui nous y enseignent la voye de la vraye vie, et de la vivante verité. Durant les jours de leur conversation sur la terre, ils ont esté, pour la plus part, les truchemens des volontez de Dieu, et ses ambassadeurs en l'administration de sa parole, dont ils ont distribué le pain aux petits par leurs langues, qui leur servoient de plumes; et apres leur mort leurs plumes leur servent de langues, par lesquelles, comme par des tuyaux, ils se font entendre à nous : c'est par ces canaux que nous recevons la pourpre royale de la doctrine de salut, et de la science des saincts, et qui fait les saincts.

Entre les directeurs vivans à peine de mille, dit Avila, de dix mille, dit le bien-heureux François, s'en trouve-t-il un qui ait les qualitez requises : et certes l'experience fait voir par d'assez tristes effects qu'à peine entre cent mille s'en rencontre-t-il un qui soit assorty de toutes les conditions necessaires ; et quand il se trouverait, qui ne sçait que l'homme entre ses miseres a celle-cy, que Job estime des plus grandes, de ne demeurer jamais en un mesme estat[1]? S'il est bon aujourd'huy, il sera mauvais demain ; la malice peut changer son entendement et pervertir sa volonté ; de désinteressé, peu à peu il deviendra insensiblement interessé ; et, ce qui est le pis, sans que luy-mesme s'en apperçoive et le pense estre : et puis voila un aveugle qui en conduit d'autres, et tous ensemble tombent dans la fosse. Le plus seur est de n'avoir pour directeurs spirituels que les morts, c'est à dire, les bons livres. Que si l'on y rencontre des obscuritez ou des difficultez, on en peut demander l'intelligence et l'esclaircissement à ceux d'entre les docteurs, predicateurs et confesseurs, que l'on jugera capables et experimentez, sans s'attacher aux resolutions d'un seul homme, comme si c'estoit un oracle ; l'oracle sacré nous apprenant que le *salut est où il y a plusieurs conseils*[2].

SECTION XVI.

Des occasions de faire bien ou mal.

Il y a deux sortes d'occasions, dont les unes peuvent estre appellees pierres d'edification ; les autres, d'achopement : celles-là doivent estre recherchees des personnes qui veulent faire progrez en la perfection chrestienne ; celles-cy doivent estre soigneusement evitees.

[1] Job XIV, 2. — [2] Prov. XI, 14.

Il faut avoir l'esprit egal, juste et ferme, disoit nostre bien-heureux Pere, et tenir la balance droitte dans la varieté des occurrences de ceste vie, et eviter les deux extremitez blasmables de la presomption et de la lascheté. Ce qui arrivera, si, selon le conseil du prophete roy, nous nous reposons entre deux voyes, nous deffians de nostre foiblesse et infirmité, qui ne nous est que trop cognüe, et nous confians entierement en la toute puissance de Dieu, dont nous ne sçaurions douter sans mescreance et impieté. Et comme la cognoissance de celle-là nous obligera de dire que de nous mesme nous ne pouvons rien, et sommes plus imbecilles que la poussiere, et que la fueille qui est le joüet du vent : aussi la recognoissance de l'autre nous fera changer de force, et prendre des aisles d'aigle qui s'esleve sans s'abbattre, et dire hardiment qu'il n'y a rien que nous ne puissions, secondez et soustenus de celuy qui se plaist à relever le trosne de sa puissance sur nos infirmitez, et qui choisit les choses debiles pour confondre les fortes.

C'est une bonne chose que la crainte, et celuy qui a tousjours peur est appellé heureux par le sainct oracle[1], lequel nous advertit d'operer nostre salut avec crainte et tremblement[2], et de servir Dieu avec frayeur[3]. Neantmoins il nous dit en un autre lieu que la parfaite charité pousse la crainte dehors[4], comme Sara chassa Agar de la maison d'Abraham; et en cent endroits elle nous exhorte à une totale confiance en la bonté et toute puissance de celuy qui fait tout ce qu'il veut au ciel et en la terre, et à qui nulle parole n'est impossible. *Confiez vous, car j'ay vaincu le monde*[5], dit le Sauveur à ses disciples : et à celuy qui se deffioit, *Homme de peu de foy, pourquoy as tu douté*[6]? *Ceux qui se confient en Dieu, ne s'esmouveront non plus que la montagne de Syon*[7].

En cette confiance les serviteurs de Dieu ont ozé faire de

---

[1] Prov. xxviii, 14. — [2] Philipp. ii, 12. — [3] Psal. ii, 11. — [4] 1 Joan. iv. 18. — [5] Joan. xvi, 33. — [6] Matth. xiv, 31. — [7] Psal. cxxiv, 1.

grandes choses. Moyse avec une baguette a entrepris de dompter Pharaon; Gedeon, Madian, avec des cruches et des trompettes; David, Goliath, avec une fonde; et Judith, de trancher la teste d'Holopherne avec son propre glaive au milieu de son armee. Toutes choses sont possibles au croyant. La charité est une vertu ardante et agissante, elle est forte comme la mort, et aspre au combat comme l'enfer : elle rend ceux qu'elle anime vaillans et hardis, et comme elle ne cherche point son propre interest, mais celuy de Dieu, elle ne s'appuye point aussi sur ses propres forces, mais sur celles de Dieu qu'elle sçait estre infinies. *Le Seigneur*, dit elle, *est ma protection; qui craindray-je? il est le deffenseur de ma vie, qui redouteray-je*[1]*? avec l'aide de mon Dieu je perceray les murailles*[2] *de toutes difficultez.*

Si nous avions beaucoup de ceste confiance, tant s'en faut que nous redoutassions les mauvais rencontres, qu'au contraire nous rechercherions toutes les occasions de signaler nostre fidelité; comme les vaillans hommes cherchent la guerre par tout, pour y tesmoigner leur courage et leur addresse; parce que c'est dans les perils et les difficultez que s'exerce la vertu qui porte le nom de force.

Mais aussi d'autre part la cognoissance que mille experiences nous donnent de nostre foiblesse, et du peu de correspondance que nous avons à l'esprit de grace, nous doit porter à fuir toutes les occasions qui nous peuvent provoquer à peché. De là vient ceste demande de l'oraison dominicale, par laquelle nous prions Dieu que nous ne soyons point induits en tentation[3] : et ces advertissemens sacrez qui nous disent, que qui ayme le peril y perira[4]; qu'il faut fuir la fornication[5], d'autant que ce vice ne se peut mieux combatre, qu'à la façon des Parthes, en fuyant. Et le Sauveur mesme fuyant devant ceux qui le cherchoient pour le faire mourir, son heure n'estant pas encor arrivee, nous donne

---

[1] Psal. xxvi, 1. — [2] Psal. xvii, 30. — [3] Matth. vi, 13. — [4] Eccli. iii, 27. — [5] I Cor. vi, 18.

exemple de fuyr devant la mort de l'ame qui est le peché, comme devant la face du serpent.

Mais si la necessité de nostre condition nous expose à divers rencontres, et ces rencontres à plusieurs occasions de peché, que faudra-t-il faire? faudra-t-il abandonner sa vacation et laisser tout là, de peur de se mettre au hazard de chopper? C'est à quoy respond tres-prudemment, et fort judicieusement nostre bien-heureux Pere au chapitre quatriesme du livre douziesme de son traitté de l'Amour de Dieu, où il dit ces belles paroles. « La curiosité, l'ambition, » l'inquietude, avec l'inadvertance et inconsideration de » la fin pour laquelle nous sommes en ce monde, sont » cause que nous avons mille fois plus d'empeschemens » que d'affaires, plus de tracas que d'œuvre, plus d'oc- » cupation que de besongne. Et ce sont ces embarrasse- » mens, Theotime, c'est à dire, les niaises, vaines et su- » perflues occupations, desquelles nous nous chargeons, » qui nous divertissent de l'amour de Dieu, et non pas les » vrays et legitimes exercices de nos vacations. » Et apres avoir produit les exemples de David, de sainct Louys et de sainct Bernard, il adjouste : « Celuy qui n'est en cour, à la » guerre, au palais que par devoir, Dieu l'assiste, et la » douceur celeste luy sert d'epitheme sur le cœur, pour le » preserver de la peste qui regne en ces lieux-là. »

Après tout, il faut prendre les mesures du salut du costé de la grace, non de la part de la nature. Quand la grace nous assiste et nous affermit le cœur, nous demeurons victorieux, et nous triomphons du peché dans le milieu des tentations et des occasions plus pressantes : mais si elle nous manque, ou, ce qui est bien plus ordinaire, si nous luy manquons, c'est à dire, si nous faillons à luy correspondre, nous avons beau nous enfermer en des murailles, nous enfoncer en des solitudes, nous tombons par tout. L'exemple de Loth est expres sur ce sujet. Il fut si sage et si constant parmy les plus pernicieux exemples, et les plus licencieuses occasions du mal que luy fournissoit une ville abominable, et vous sçavez ce qu'il fit en estant sorty, et retiré dans la solitude. Non à nous, Seigneur, non à nous, mais à vostre nom soit honneur et gloire. Si nous demeurons debout, c'est à la grace de Dieu que nous en sommes redevables ; si nous tombons, c'est nostre faute : le sainct oracle nous criant, *Ta perte vient de toy, ô Israël ; mais de Dieu, ton secours*[1].

SECTION XVII.

De la lecture des vies des saincts.

Entre les livres de pieté il estimoit fort l'histoire de la vie des saincts. L'Eglise en tous les siecles a tousjours esté fort curieuse et diligente à recueillir dans ses annales et dans ses menologes, les actions des chrestiens qui ont excellé en vertu et saincteté. Je n'ignore pas qu'il n'y ait quantité de legendes, principalement de celles qui ont esté faites en des siecles ignorans et barbares, qui ont quantité de choses non seulement fabuleuses, mais vaines et ridicules. Mais il ne faut pas confondre le precieux avec le vil, et à cause de la crasse qui est meslée avec l'or qui sort d'une mine, jetter le bon avec le mauvais ou inutile ; il faut tout esprouver et retenir ce qui est bon. Nous avons, Dieu mercy, quantité d'escrivains de fort bonne marque, qui se sont occupez à ce genre d'escrire, desquels nous pouvons tirer quantité de saincts enseignemens et de salutaires instructions.

Nostre bien-heureux Pere loüoit beaucoup ceste sorte de lecture, et appelloit de fort bonne grace, la vie des saincts, l'Evangile mis en œuvre. Car l'Evangile nous dit ce qu'il faut faire, et les actions des saincts qui l'ont si justement pratiqué, nous dit comme il le faut faire. « Le chemin, dit un notable Stoïque, est long par les preceptes, il est rac-

[1] Osee XIII, 9.

courcy et plus efficace par les exemples. » L'Evangile est l'exemplaire qui nous est monstré sur la montagne de la perfection, et les vies des saincts sont autant de copies de ce principal exemplaire. Et mesme l'Evangile et le Code de l'ancienne alliance ont jugé les exemples si energiques pour nous monstrer à embrasser le bien et à eviter le mal, que l'un et l'autre Testament en sont parsemez comme le ciel d'estoiles. Or dans les vies des saincts il y a plusieurs de leurs actions qui sont entierement imitables, selon la mesure de la grace qui nous est donnée ; d'autres, en partie ; d'autres, en quelque façon ; d'autres qui ne nous laissent que de l'admiration sans aucune apparence ny esperance d'y atteindre. Toutes neantmoins ne laissent pas de laisser un grand goust de pieté à ceux qui les lisent avec humilité, et desir d'y apprendre à glorifier Dieu en ses saincts et ses saincts en luy. Il en est de ceste lecture comme de la manne qui avoit tel goust que desiroit ressentir celuy qui la mangeoit. Par ce moyen nous pouvons suivre les traces du grand sainct Anthoine qui, en imitant les vertus qu'il voyoit plus eminemment reluire parmy les anacoretes du desert, des vertus de tant de saincts fit en soy le sainct de tant de vertus, que sa memoire sera en une éternelle benediction, et devant Dieu et devant les hommes. De tant de differentes fleurs il est en nous de tirer, comme abeilles industrieuses, le rayon de miel d'une excellente pieté. Et quoy que les traits de l'esprit de Dieu soient autant et plus divers dans les ames, que ne sont ceux de nos visages : si est-ce que de toutes les bonnes actions des saincts nous pouvons tirer de quoy imiter, ou au moins de quoy admirer la grace de Dieu, qui a fait en eux et par eux tant de grandes choses ; de quoy honorer Dieu en ces choses là par nostre admiration.

Mais comme seroit-il possible, me dira-t-on, que ceux qui sont dans la vie civile, dans les offices de magistrature, dans le traffic, les boutiques et les mesnages, ou dans la guerre et la cour, puissent imiter les anciens anacoretes qui vivoient dans les profondes solitudes des deserts, cachez dans les antres et les bois, et ne frequentans qu'avec Dieu et les Anges? Cela est plus aisé qu'il ne semble, et plus au pouvoir de ces gens là qu'il ne leur est advis. Ce sera en changeant la solitude, l'orale en cordiale, et en faisant des hermitages et des cellules en leurs cœurs; ce qui ne peut estre empesché par tous les tracas des occupations, ny par aucunes affaires. Si l'occasion du martyre ne se presente pas, pourquoy ne le pourra-t-on pas estre de volonté, de resolution, et en preparation de cœur? Qui n'est pas pauvre en effect, qui l'empesche de l'estre d'esprit et d'affection? et qui ne peut imiter Job en un degré de patience heroïque, le suivre en un degré de moindre patience? Les mariez mesme peuvent practiquer à certain temps le conseil de continence, comme l'Apostre mesme leur conseille, pour vacquer extraordinairement à l'oraison[1]. Quoy que l'on die, il n'y a point de vie de sainct, quelque eslevée et transcendante qu'elle soit, qui n'ait quelque chose d'imitable, ou en partie, ou en quelque maniere. Et quand il ne nous en resteroit rien que l'admiration, n'est-ce pas tousjours une excellente maniere de loüer la gloire de la grace divine? *O Dieu!* disoit David, *vous m'avez comblé de delectation en la veuë de vos ouvrages, et je me resjouïray à l'aspect de vos operations*[2]. *Vos productions sont merveilleuses, et mon ame ne les cognoist que trop*[3].

SECTION XVIII.

De la douceur de la confession.

Ce que le Sage dit de la confusion se peut aussi dire de la confession, puis qu'il n'y a gueres de veritable confession de ses fautes, sans quelque espece de confusion. Il dit donc, qu'*il y a une confusion qui ameine peché, et une confusion*

---

[1] 1 Cor. vii, 5. — [2] Psal. xci, 5. — [3] Psal. cxxxviii, 14.

qui apporte grace et gloire[1]. Il y a de mesme une sorte de confession dissimulée et sacrilege, qui, comme l'oraison irrespectueuse, se tourne en peché; mais la franche, entiere, sincere et veritable se change en honneur, et devant Dieu et devant les hommes : devant Dieu, qui ne mesprise jamais le cœur contrit et humilié; et devant les hommes aussi, car qui est celuy qui n'estime et ne loüe la confession d'un David, d'un Manasses, d'un Prodigue, et qui ne blasme les dissimulées d'Adam et de Caïn ?

L'ennemy de nostre salut se sert d'un stratageme qui luy est assez ordinaire pour nous faire tomber dans le mal, et empescher que nous ne nous en relevions. Il oste par ses illusions et fascinations la honte au peché, cachant sa laideur à celuy qu'il sollicite de le commettre; et puis, quand il est commis, il le remplit d'ignominie et de vergogne, pour empescher qu'il ne s'en accuse, et qu'il ne soit jetté dans la piscine probatique de la Penitence, par l'ange du Seigneur des armees, qui est le prestre. Au lieu que le bon esprit, qui nous rameine en la terre de droicture, et qui nous destourne de la mauvaise voye, nous fait cognoistre qu'il y a de l'infamie à commettre le peché et à y croupir, mais que c'est une chose honorable de rompre ses mal-heureux liens, et de sacrifier à Dieu des sacrifices de loüange pour la liberté reconquise, et pour la sortie de ceste terre de servitude et d'esclavage.

Et certes c'est l'esprit de mensonge qui met la honte à la confession, et l'arrache au peché : mais c'est l'esprit de verité qui nous apprend que comme la gloire de Dieu est diminuée par nos pechez, il est honoré par nostre confession et nostre repentance. Et de fait quand Josué voulut convier et presser Achan de confesser son crime au violement de l'interdit, il l'y invite par ces douces et amiables paroles : *Mon fils, donne gloire à Dieu*[2]; c'est à dire, annonce ton ini-

---

[1] Eccli. IV, 25. — [2] Josue VII, 19.

quité. En cet esprit de loüange de Dieu David disoit : *J'ay dit, Je confesseray mon injustice contre moy-mesme, et Dieu me remettra par ce moyen mon crime* [1].

Accuser son peché devant Dieu, c'est l'excuser, c'est le mettre à couvert soubs l'ombre de ses aisles et de sa misericorde, c'est le jetter dans le profond de la mer rouge du sang de Jesus-Christ : mais l'excuser, c'est l'aggraver de telle sorte, que ceste excuse non seulement accuse, mais est ordinairement pire que le mal qu'elle veut excuser. C'est pourquoy David demande à Dieu avec instance qu'il mette une garde en sa bouche, et une porte de circonstance à ses lévres, de peur que sa langue ne se porte à des paroles de malice : et quelles sont ces paroles de malice ? Il s'explique, adjoustant que ce sont celles qui cherchent des excuses au peché [2]. Pecher est assez commun à la foiblesse humaine : mais soustenir opiniastrement sa faute, vouloir persuader que l'on a eu raison de la commettre, appeller le mal bien, et mettre les tenebres en la place de la lumiere, c'est offenser le sainct Esprit; et combattre une verité manifestement, c'est estre condamné par son propre jugement, estre en quelque maniere en sens reprouvé ; et se glorifier d'avoir mal fait, cela c'est estre arrivé dans la profondeur de l'abysme du mal.

Or que la confession franche et repentante appaise Dieu, et arreste le bras de sa vengeance, toute l'Escriture le tesmoigne : les exemple d'Achab, des Ninivites, de David, et tant d'autres, en sont des marques illustres. Qu'il vueille aussi cette confession, tous les sacrifices pour le peché de l'ancienne loy le monstrent assez, et le sacrement de Penitence en la nouvelle, si clairement marqué au chapitre vingtiesme de sainct Jean.

Mais parce que ce remede semble un peu amer à ceux à qui le peché a semblé si doux, et qui ne veulent manger de ce pain parce qu'ils ont les dents agacees des grappes vertes

---

[1] Psal. xxxi, 5. — [2] Psal. cxl, 3, 4.

de l'iniquité : ce n'est pas un petit motif pour les exciter à le prendre avec confiance, que de leur representer que Dieu est glorifié par ceste declaration, comme il est deshonnoré par nos coulpes. Cela c'est dorer la pillule comme il faut, et l'envelopper dans une cerise confite ; c'est frotter d'un rayon de miel un gobelet remply d'absynthe. C'est ainsi que se conduisoit le bien-heureux François, ne parlant pas beaucoup de la laideur et horreur du peché, à ceux qu'il voyoit estre portez à la penitence, mais avoir de la peine à digerer le morceau de la Confession ; leur servant comme de sage femme pour les aider à se décharger du fardeau qui leur pesoit, et à enfanter l'esprit de salut. Et de fait, quoy que les considerations de l'infamie et vilainie du peché, jointes aux maux et temporels et eternels qu'il traine apres soy, soient de bons motifs pour induire les plus obstinez à repentance, et cent et cent fois inculquez dans les sainctes pages, si est-ce que tout au plus ils ne sçauroient nous causer que ceste contrition imparfaitte et interessée que l'on appelle attrition.

Mais la consideration de la gloire, de l'honneur, de l'amour et de l'interest de Dieu, est ce qui excite la vraye contrition amoureuse, laquelle efface le peché et nous reçoit en grace avec Dieu, mesme sans la confession et l'absolution en effect, mais toutesfois desirée : ce que ne fait pas l'attrition, laquelle, mesme avec le desir du sacrement sans l'effect, ne nous remet pas en grace avec Dieu.

Je vous veux icy rapporter une des inductions à la confession de ce bien-heureux Prelat, dont il se sert en sa Philothée, où il dit ainsi.

« Le scorpion qui nous a piquez, est veneneux en nous
» piquant ; mais estant reduit en huile, c'est un grand me-
» dicament contre sa propre piqueure : le peché n'est hon-
» teux que quand nous le faisons ; mais estant converty en
» confession et penitence, il est honorable et salutaire. La
» contrition et confession sont si belles et de si bonne odeur,

« qu'elles effacent la laideur et dissipent la puanteur du pe-
» ché. Simon le Lepreux disoit que Magdeleine estoit peche-
» resse : mais nostre Seigneur dit que non, et ne parle plus
» sinon des parfums qu'elle respandit, et de la grandeur de
» sa charité. Si nous sommes bien humbles, Philothée, nos-
» tre peché nous desplaira infiniment, parce que Dieu en
» est offencé : mais l'accusation de nostre peché nous sera
» douce et agreable, parce que Dieu en est honoré[1]. »

Ce qui confirme clairement et fortement ce que je vien d'avancer touchant la suavité de la confession, dont le joug est suave et le fardeau leger, si nous nous despoüillons de nostre interest propre, pour n'aspirer qu'à celuy de Dieu, qui est son honneur et sa gloire ; et descouvre aussi avec combien de facilité il emmene les pecheurs à la franche declaration de leurs fautes. O que les rayons gracieux du soleil sont bien plus efficaces et puissans, pour despoüiller l'homme, que les impiteuses haleines de la bize! Retirez vous, aquilon, et venez, autan, vent chaud du midy, et soufflez sur les jardins de nos ames, et les puanteurs en seront chassees, et nos parfums respandront leurs exhalaisons devant Dieu en odeur de suavité.

SECTION XIX.

De la Penitence et de l'Eucharistie.

Il comparoit de fort bonne grace ces deux Sacremens aux deux arbres differens que Dieu avoit mis au paradis terrestre (aussi disoit-il que l'Eglise estoit un vray paradis de la terre, et qu'elle estoit, quoy que militante icy bas, appellee en l'Evangile en beaucoup d'endroits, le royaume des cieux) : la penitence, à celuy de la science du bien et du mal, parce que c'est un tribunal, ou celuy qui preside de la part de Dieu, doit discerner entre la lepre et la lepre, entre le

[1] Part. 1, chap. 19.

peché mortel et veniel, et entre ce qui est et qui n'est pas peché ; et parce que le penitent y apprend de la bouche du serviteur de Dieu, de qui il prend la loy, à eviter le mal et à suivre le bien, qui sont les deux pieds et les deux bras de la justice chrestienne, et l'apprend de celuy qui a pour luy, comme truchement des volontez divines, la science de la voix. Il est vray qu'il y a ceste difference, que l'arbre de la science du bien et du mal fut deffendu à nos premiers parents ; mais cestuy-cy est commandé, par cét arrest formidable : *Si vous ne faites penitence, vous perirez tous*[1]. Et tant s'en faut qu'il en faille retirer sa main, qu'au contraire ceux qui par la dureté de leur cœur impenitent ne se servent pas de ce remede, se thesaurisent des tresors de courroux au jour de la vengeance, Dieu jurant en sa colere qu'ils n'entreront point en son repos.

Quant au fruict de vie, c'est une figure si expresse du sainct sacrement de l'Eucharistie qu'il n'est pas besoin de s'estendre beaucoup sur cette preuve. Escoutons seulement là dessus, ce que nous en dit nostre bien-heureux Pere en sa Philothee.

« Comme les hommes demeurans au paradis terrestre
» pouvoient ne mourir point selon le corps, par la force de
» ce fruict vital que Dieu y avoit mis : ainsi peuvent-ils ne
» point mourir spirituellement par la vertu de ce Sacrement
» de vie. Que si les fruicts les plus tendres et sujets à corrup-
» tion, comme sont les cerises, les abricots et les fraises,
» se conservent aisement toute l'annee, estans confits au
» succre ou au miel : ce n'est pas merveille si nos cœurs,
» quoy que fresles et imbeciles, sont preservez de la corrup-
» tion du peché, lors qu'ils sont succrez et emmiellez de la
» chair et du sang incorruptible du Fils de Dieu. O Philo-
» thee, les chrestiens qui seront damnez demeureront sans
» replique, lors que le juste Juge leur fera voir le tort qu'ils

[1] Luc. XIII, 3, 5.

« ont eu de mourir spirituellement, puis qu'il leur estoit si
« aisé de se maintenir en vie et en santé, par la manduca-
« tion de son corps qu'il leur avoit laissé à ceste intention.
« Miserables, dira-t-il, pourquoy estes vous morts, ayans à
« commandement le fruict et la viande de la vie[1] ? »

Cét enseignement est fondé sur la parolle mesme du Fils de Dieu, qui dit en tant de lieux qu'il est le vray pain descendu du ciel donnant la vie au monde. *Je suis le pain descendu du ciel, afin que celuy qui en mangera ne meure point eternellement* : et encore, *Si vous ne mangez la chair et ne beuvez le sang du Fils de l'homme, vous n'aurez point de vie en vous ; mais qui la mange, a la vie eternelle : qui me mange vivra pour l'amour de moy*[2].

Ce bien-heureux Pasteur avoit accoustumé de dire, parlant de ces deux Sacremens, que c'estoient comme les deux poles de la vie devote : que par l'un, c'est la Penitence, nous renoncions à tout mal et à nous-mesmes, surmontions tous les vices et toutes leurs tentations, et nous despouillions du vieil homme; et par l'autre, qui est l'Eucharistie, nous nous revestions du nouveau, qui est Jesus-Christ, pour cheminer en justice et saincteté de verité, et aller de vertu en vertu, avec le Dieu des vertus, vers la montagne de la perfection. Il loüoit fort ceste pensee de sainct Bernard qui vouloit que ses freres attribuassent à l'usage frequent de ce Sacrement de vie, vray soleil des Sacremens, et toutes les victoires qu'ils remportoient sur les vices, et tout leur progrez en la vertu ; disant que c'estoit là qu'ils puisoient avec joie dans les sources du Sauveur, et qu'ils devoient beaucoup benir Dieu de ces fontaines d'Israël, de ces fontaines ouvertes en la maison de Jacob pour la purification des pecheurs et des ames soüillees.

[1] Part. 2, chap. 20. — [2] Joan. vi, 50-59.

SECTION XX.

De la frequente communion.

Il disoit que l'on ne pouvoit donner de regle certaine, ny de jours determinez en general pour la communion frequente; cela dependant de la disposition de chaque particulier et du conseil qu'il doit ou prendre de soy-mesme, ou recevoir d'autruy sur ce sujet, principalement de celuy à qui il aura descouvert le fonds de son ame, pourveu qu'il ait les qualitez requises pour le conseiller.

Neantmoins il loüoit beaucoup le conseil de sainct Augustin, qui souhaittoit que celuy (il parle des laïques) qui est sans peché mortel, et sans affection au mortel et au veniel, communie confidemment, mais pourtant humblement tous les dimanches. Il ne dit pas, sans peché veniel; car qui en est exempt? mais sans affection à ceste sorte de peché, ne le commettant que par surprise et inadvertance, non de propos deliberé.

C'estoit son avis, et qu'il a tesmoigné assez souvent, qu'il n'y avoit que trois sortes de peché, qui escartassent de la communion : l'usure, d'autant que c'est un peché que le temps fait, et dont on ne peut avoir l'absolution si on ne le quitte sur le champ, et mesme avec restitution du mal acquis par le passé : le deuxiesme, la haine, car il se faut necessairement reconcilier avec son frere avant qu'approcher de la sainte table : le troisiesme, la deshonnesteté d'attache, et dont on ne veut pas eviter les prochaines occasions. Cét avis est fort notable.

Une autre pensée excellente : il disoit que ceux qui cherchent des excuses pour se dispenser de communier souvent ressemblent à ces invitez de la parabole, qui ne laisserent pas d'indigner contre eux le pere de famille qui les avoit appellez, quoy que leurs causes de refus parussent assez recevables. Mais il tenoit que celles qu'alleguoient ceux qui se retiroient de la table sacree du banquet eucharistique, estoient autant d'accusations ; si que l'on pouvoit dire d'eux ce mot du Psalmiste : *Fiat mensa eorum coram ipsis in laqueum, et in retributiones et in scandalum*[1]. Les uns disent qu'ils ne sont pas assez parfaits ; et comment le deviendront-ils, s'ils s'esloignent de la source de toute perfection ? d'autres, qu'ils sont trop fragiles ; et c'est icy le pain des forts : d'autres, qu'ils sont infirmes ; et c'est icy le medecin auquel il faut dire, *Guerissez moi, Seigneur, car je suis malade*[2] : d'autres, qu'ils n'en sont pas dignes ; et l'Eglise ne met elle pas en la bouche des plus purs, ces mots de l'humble Centenier, *Seigneur, je ne suis pas digne que vous entriez en ma maison*[3] ? d'autres, qu'ils sont accablez d'affaires ; et c'est ici celui qui crie, *Venez à moy, vous tous qui estes travaillez et surchargez, et je vous soulageray*[4] : d'autres, qu'ils craignent de le recevoir à leur condamnation ; mais ils seront bien plus condamnez de ne le recevoir, et de dire au Sauveur, *Retirez vous de nous, nous ne voulons point la science de vos voyes*[5] : d'autres, que c'est par humilité ; mais fausse humilité et pareille à celle d'Achab qui s'opposoit à la gloire de Dieu, feignant de craindre de le tenter ; et comment peut-on apprendre à bien recevoir le corps de Jesus-Christ, sinon en le recevant, comme l'on apprend à nager en se baignant, à escrire en escrivant, tout exercice en le pratiquant ?

Le Sauveur se plaint d'estre abandonné de son peuple, d'estre fait comme un desert à Israël, que les chemins de Syon pleurent, nul ne venant à ses solemnitez, de frapper à la porte et que personne ne luy ouvre, qu'on luy nie l'entrée des hostelleries de Bethleem. Certes il est fort à redouter que ceux qui le laissent ne soient delaissez de luy, qu'il ne rejette en l'autre vie ceux qui le repoussent en celle-cy, et qu'il n'ait honte devant son Pere de ceux qui au-

---

[1] Psal. LXVIII, 23. — [2] Psal. VI, 3. — [3] Matth. VIII, 8. — [4] Id. XI, 28. — [5] Job XXI, 14.

ront eu honte de luy devant les hommes. Quelle vergogne aux Chrestiens! le bœuf a cognu son possesseur et l'asne la creche de son maistre, et Israël ne l'a pas cognu : il est, comme du temps de sainct Jean, au milieu de nous; et on l'ignore : il est dans le monde, et n'y est pas recognu; il y est en propre personne, quoy que voilé, et les siens mesme ne le reçoivent pas. Que ceux-là repensent à la menace que Dieu fait par Osée, *Parce que tu m'as rejetté, je te rejetteray; parce que tu m'as oublié, je t'oublieray*[1] : formidable parole!

SECTION XXI.

Haute estime de la charité.

La vertu de charité estoit en si haute estime en son esprit, qu'il sembloit qu'à sa comparaison les autres ne fussent rien : aussi la comparoit-il ordinairement au soleil devant lequel les autres astres disparoissent. En cela il convenoit avec le sentiment du grand Apostre, qui met toutes les vertus à neant quand elles sont despourveuës de la charité[2] : c'est pour cela qu'il veut que le chrestien sur toutes choses s'estudie d'avoir la charité comme estant le lien de perfection[3], et que toutes ses actions soient assaisonnées de charité[4]. C'est là la perle precieuse de l'Evangile pour laquelle avoir il faut jouer de son reste, et renoncer à soy-mesme et à tous ses interests : car la charité ne cherche point ses propres avantages, elle est ennemie jurée de toute proprieté. Tout ce qui n'est point Dieu, ne luy est rien ; car elle ne sçait aymer que Dieu en toutes choses, toutes choses qu'en Dieu, et Dieu sur toutes choses, sans toutes choses, et hors de toutes choses. C'est la vraye sagesse de Salomon, plus estimable que toutes les richesses des autres vertus, et avec laquelle nous arrivent toutes sortes de biens et temporels et eternels:

[1] Osee IV, 6. — [2] I Cor. XIII, 1-3. — [3] Coloss. III, 14. — [4] I Cor. XVI, 14.

car tout arrive ensemble en bien à ceux qui ayment Dieu. C'est le tresor caché dans le champ, lequel pour se faire riche il faut vendre tout ce que l'on a. Si par imagination de choses impossibles, on pouvoit avoir la charité seule sans les autres vertus, il vaudroit mieux l'avoir, que toutes les autres sans elle; puis que les autres sans elle ou ne servent de rien pour le salut, ou peut estre ne servent que pour nous rendre plus coulpables devant Dieu, ayant sceu sa volonté sans l'avoir entierement executée, et l'ayant cogneu sans le glorifier comme il falloit. Il vouloit donc que la premiere et principale estude du chrestien, fust de bien cultiver la charité, puis que c'estoit la racine et le fondement de l'arbre et de l'edifice du salut, et que sans elle, c'estoit plustost arracher que planter, et demolir que bastir.

Or les actes de charité, sont ou elicites, c'est à dire tirez d'elle mesme, qui sont les siens propres; ou commandez, ce sont ceux qu'elle fait faire aux autres vertus, et qu'elles produisent par son ordonnance. Que ceux-là ne soient plus excellens que ceux-cy, il n'y a nul doute, puis que la charité estant la plus grande des trois vertus theologales, les autres qui ne sont que morales ne peuvent entrer en aucune comparaison avec elle.

Mais quand elle mesme, sans commander aux autres vertus de produire leurs actes, les produit par son pur et unique motif, qui est l'amour, l'honneur et la gloire de Dieu, c'est un des plus haults poincts où puisse arriver la perfection de ceste vie, la plus parfaitte imitation de l'action des bien-heureux, et la plus exacte prati... ceste demande dominicale, que la volonté de Di... ...ite en la terre comme elle est executée au ciel par les ..., lesquels, dit nostre Bien-heureux en son Theotime, « n'aiment aucune » chose pour autre fin quelconque que pour celle de l'amour » de la divine bonté, et par le motif de luy vouloir plaire [1]. »

---

[1] Liv. 11, chap. 13.

Et c'est en ce sens que l'Apostre disoit que *la charité es patiente, benigne,* qu'*elle endure tout,* qu'*elle croit tout,* qu'*elle espere tout, et sans pretension d'aucun interest* [1], si ce n'est celuy du bien-aymé, c'est à dire, sa gloire.

Elle est cet or pur que sainct Jean conseilloit d'acheter [2] à celuy qui vouloit devenir riche des vrayes richesses spirituelles : et comme l'or est la mesure et le prix de toutes choses, c'est aussi la charité qui donne le prix et la valeur aux vertus chrestiennes et parfaites ; puis que sans elle elles sont mortes et informes, et sans aucune perfection ny merite pour le ciel. Elle est leur ame, leur vie, leur forme, leur royne, leur couronne : c'est elle qui les met en bon ordre et en bataille contre les vices qui leur sont opposez ; sans elle rarement en obtiennent elles la victoire, sans elle toute victoire est sans triomphe. Voicy comme en parle nostre Bienheureux en sa Philothee. « Le roy des abeilles ne se met
» point aux champs qu'il ne soit environné de tout son petit
» peuple : et la charité n'entre jamais dans un cœur, qu'elle
» n'y loge avec soy tout le train des autres vertus, les exer-
» çant et mettant en besongne, comme un capitaine fait ses
» soldats [3]. »

C'estoit sa pensée que toutes les vertus tiroient toute leur lumiere et leur chaleur de la charité, comme

. . . . Suum solem, sua sidera norunt [4].

C'est pourquoy il inculquoit souvent ce mot du Sage, *Garde ton cœur avec toute sorte de soin, car c'est de luy que procede la vie* [5] ; et la charité est le vray cœur, l'ame et la vie des vertus, sans quoy elles sont mortes et inutiles pour la vraye vie, qui est celle de l'eternité.

---

[1] I Cor. XIII, 4-7. — [2] Apoc. III, 18. — [3] Part. 3, chap. 1. — [4] Virgil. Æneid. VI, 641. — [5] Prov. IV, 23.

SECTION XXII.

De l'excellence des vertus.

Toutes les vertus sont egalement vertus; car toutes sont de bonnes habitudes desquelles on ne peut mal user, d'autant qu'elles cessent d'estre vertus quand on en abuse, et quand on quitte leur milieu pour pancher dans les extremitez; mais elles ne sont pas egales vertus, d'autant qu'il y en a de plus excellentes les unes que les autres.

Sainct Thomas prefere en quelque chose les vertus intellectuelles aux morales, et les morales aux intellectuelles pour quelque autre consideration. Entre les intellectuelles le premier rang appartient à la sagesse; entre les morales, à la justice; entre les theologales, à la charité[1].

Mais nostre Bien-heureux se faschoit de ce que l'on s'amusoit trop à peser les excellences naturelles des vertus, sans s'arrester à leur excellence surnaturelle qu'elles tirent toute ou presque toute de la charité. J'adjouste presque toute, pour oster l'occasion à ceux qui la cherchent : critiques qui ne font que pointiller et regratter sur tout, bourdons qui piquent et bourdonnent assez, et qui ne font que traverser l'œconomie des abeilles et devorer leur miel, sans faire jamais aucuns rayons, non pas seulement de la cire; ils reprennent assez, mais n'ayez pas peur qu'on les reprenne, car ne faisans aucun ouvrage, c'est le vray moyen de n'estre jamais repris, leur irreprehensibilité consistant en leur faineantise. J'ay donc dit presque toute, pour ne heurter l'opinion de quelques theologiens modernes (et je dy modernes parce que dans l'Escriture, les conciles et les anciens peres, il y a un profond silence là dessus) qui veulent que la difficulté, l'excellence, ou dignité de l'œuvre faite en charité,

---

[1] 1ª 2ᵉ, quæst. 66, art. 3-6.

soit suivie de quelque salaire accidentel, recognoissans que toute la mesure de la gloire essentielle se tire de la charité qui anime et accompagne l'œuvre.

C'est donc principalement à l'excellence surnaturelle des vertus qu'il faut avoir attention, puis que Dieu ne regarde pas tant ce que nous faisons pour son service, qu'avec combien d'amour nous le faisons : *non quantum, sed ex quanto*, comme l'on parle en l'escole. D'où procede que souvent des actes de petites vertus faits avec un grand amour seront fort prisez devant les yeux de Dieu, quoy que mesprisez devant ceux des hommes, qui ne voyent que l'exterieur et ne jugent que par l'escorce; et que d'autres qui ont plus d'esclat ne seront rien ou presque rien devant Dieu, quoy que les hommes en fassent beaucoup d'estime : d'autant que ce qui est haut devant les hommes est desdaigné de Dieu, lequel regarde les choses basses et humbles de pres, et les hautaines de loing, ayant sur tout egard à l'humilité au ciel et en la terre.

Mais à quoy, me demande-t-on, pourra-t-on cognoistre ceste excellence surnaturelle des actions faites en charité? — Certes si nul ne sçait s'il a la charité, à peine sçaura-t-il s'il l'a plus ou moins excellente; neantmoins, comme il y a des conjectures morales pour l'un, il y en a aussi pour l'autre : que celuy qui veut examiner cela entre chez soy avec la lampe, et visite exactement la Hierusalem de son interieur; sur tout qu'il considere la pureté ou impureté de son intention, sa ferveur judicieuse, sa fermeté de cœur et de volonté, et de là il pourra tirer quelques bluettes de cognoissance. Que si Dieu la luy cache, qu'il se cache, et ayant fait tout son possible qu'il se recognoisse pour serviteur inutile.

Pour les actions d'autruy, qu'il en juge tousjours non seulement en bien, mais en mieux; et que mesme il tasche d'excuser par l'intention ce qui paroistra defectueux dans l'action, se souvenant de ce sainct oracle : *Ne jugez point avant le temps, jusques à ce que le Seigneur vienne, qui ma-*

nifestera *la cachette des tenebres, et les conseils des cœurs*[1].

Que ceux qui font de grands actes de vertu ne s'en glorifient point, puisque leur vraye excellence, qui est l'interieure, leur est cachee. Que ceux qui en font de moindres ne se descouragent point, puis qu'ils peuvent estre animez de beaucoup d'amour; et qu'ils se consolent sur ces exemples, des deux pites de la pauvre vefve[2], et du verre d'eau donné par l'amour de Dieu[3], dont il est fait si honorable mention dans l'Evangile, et du demy manteau de sainct Martin dont nostre Seigneur fit tant d'estat. Rien n'est petit de ce qui se fait pour Dieu avec un grand amour; rien de grand qui n'est animé que d'un foible amour : cét amour est le prix et le poids de toutes nos actions, sans cét amour sainct Paul dit non seulement qu'il ne fait rien, mais qu'il n'est rien[4].

SECTION XXIII.

Des vertus chrestiennes.

Un de ses grands deplaisirs estoit de voir que les Chrestiens parlassent de vertus, et les exerçassent si peu chrestiennement. « La plus part, disoit-il, ne discourent de la vertu, et qui pis est ne la pratiquent que comme les philosophes anciens, et en ont plustost des sentimens de Payens que dignes du Christianisme. » On ne parle que d'acquerir la vertu, d'acquerir la perfection, comme si les vrayes vertus chrestiennes estoient des vertus acquises et non infuses; et comme si la charité, en laquelle consiste la substance de la perfection chrestienne, estoit une vertu acquise et naturelle, non infuse et surnaturelle. « Une perfection acquise, disoit-il, c'est une perfection morale qui nous est commune avec les infideles et les errans ; et travailler à acquerir la perfection, c'est parler en philosophe, non en chrestien. » Car les

---

[1] I Cor. iv, 5. — [2] Marc. xii, 42-44. — [3] Matth. x, 42. — [4] I Cor. xiii, 1-3.

vertus morales acquises sont differentes d'espece des morales infuses, c'est à dire animées de charité¹. Quand j'oy donc certaines gens parler de perfection acquise et de perfection à acquerir, il me semble que j'oy parler des philosophes, plustost que raisonner des chrestiens.

Les vrayes vertus chrestiennes sont les infuses; non seulement les trois theologales qui sont infuses et surnaturelles en leur substance, mais les morales qui sont eslevees à la qualité d'infuses et surnaturelles, aussi tost que la charité est respandue dans une ame par le sainct Esprit.

Si l'on demande que deviennent donc les vertus morales acquises, quand la charité est esteinte en une ame par le peché mortel; on respond que leur qualité d'infuses y perit quand la charité y disparoist, mais que celle d'acquises y demeure. Que si l'on dit qu'elles sont chrestiennes estans pratiquees par un chrestien; on respond qu'entre homme et chrestien il y a ceste difference, que tout chrestien est homme, mais que tout homme n'est pas chrestien : aussi que toute vertu qui est exercee par un chrestien, est bien vertu de chrestien, mais n'est pas pour cela vertu chrestienne, puis que pour estre chrestienne il faut qu'elle soit exercee par l'esprit du Christianisme qui est surnaturel.

Si l'on replique qu'il suffit qu'elle soit exercee par l'esprit de la foy ou de l'esperance, qui sont vertus infuses et chrestiennes; on respond que tout cela est mort et imparfait sans la charité, et que parlant des vertus chrestiennes parfaites, nulle ne peut porter ce titre sans la charité, non pas mesme la foy et l'esperance, quoy que vertus infuses, divines et surnaturelles; beaucoup moins les morales humaines, qui ne sont qu'acquises et naturelles².

Si on repart que la foy et l'esperance sont vertus vrayement chrestiennes, et qui peuvent neantmoins estre sans charité, on répondra qu'elles sont chrestiennes, mais impar-

---

¹ S. Thom. 1ᵃ 2ᵃᵉ, quæst. 63, art. 4. — ² Id. 2ᵃ 2ᵃᵉ, quæst. 23, art. 7.

faites, c'est à dire mortes et informes, quoy qu'infuses, en l'absence de la charité. Mais en la presence de la charité, d'imparfaites, informes et mortes qu'elles sont, elles deviennent formees, parfaites et vives; et les morales acquises sont renduës infuses, surnaturelles, chrestiennes formees, parfaites et vives.

Et c'est de ces vrayes et parfaites vertus chrestiennes que nostre Bien-heureux desiroit que les Chrestiens fussent mieux instruits, et à l'exercice desquelles il souhaitoit qu'ils travaillassent de tout leur cœur, sans s'amuser apres les simples morales qui ne sont que les servantes de la vraye Penelope, qui est la charité; sans s'occuper vainement à courir apres des ombres fuyardes, apres des vertus, pas une desquelles, sans la charité, ne peut attaindre à la derniere fin.

Est aliquid quo tendis et in quod dirigis arcum,
An passim sequeris corvos testaque lutoque [1].

SECTION XXIV.

De la perfection de diverses vacations.

En consequence de ce que nous venons de rapporter de luy en la section qui precede, il avoit peine à souffrir que l'on mist la perfection chrestienne en certaines vacations, estats, ou conditions de vie. Et ne luy plaisoit pas ceste distinction de perfection en interieure et exterieure, en parlant de la perfection chrestienne, laquelle consiste essentiellement en la charité, et par consequent est toute interieure [2].

Quand on disoit donc que telle vacation estoit plus parfaite que celle-là, il demandoit aussi-tost de quelle perfection. Si de la naturelle morale, ou humaine, il recognoissoit qu'il pouvoit y avoir difference, inegalité, et par consequent inferiorité ou preeminence. Si de la chrestienne consistante en

[1] Pers. Satyr. III, 60, 61. — [2] S. Thom. 2ª 2ᵃᵉ, quæst. 184, art. 1.

la charité, il repartoit aussi-tost, « Qui vous a dit que ceux qui sont de ceste vacation ont plus de charité que ceux des autres ? et alleguoit soudain ce bel exemple de saincte Catherine de Gennes, qui disoit à quelqu'un lequel dilatoit ses philacteres, et estendoit ses franges : « Je ne puis me persuader qu'une robe donne plus d'amour de Dieu. Il y a bien de la distance entre l'habit et l'habitude : tout manteau n'est pas accompagné du double esprit d'Elie, autrement l'investiture de la perfection chrestienne seroit de facile conqueste. » Establir la perfection sur des choses si fresles, c'est bastir sur le bois, le foin et les festus ; c'est edifier sur le sable, et c'est Pelagiennement transferer à la nature ce qui n'appartient qu'à la grace ; et mesurer la grace à l'ame des vaisseaux naturels, c'est redonner dans le mesme brisant.

Nostre Bien-heureux disoit de fort bonne grace, que ceux qui disputoient de l'estat de perfection sans penser à la perfection de leur estat, c'est à dire, à se perfectionner en leur condition, estoient pareils à ce philosophe ancien qui tomba dans une fosse en mesurant le ciel avec un astrolabe, attentif aux estoiles, et non à ce qui estoit à ses pieds. Sur tout il admiroit ceste subtile precision et abstraction de l'escole, qui veut que l'estat de perfection puisse estre sans la perfection, et au rebours la perfection sans l'estat : c'est à dire, estre en estat de santé lors qu'on est malade, et en estat de maladie quand on est sain. Le tout fondé sur la distinction de la perfection exterieure et interieure, comme si en parlant de la perfection vrayement chrestienne, celle-là pouvoit estre sans celle-cy : et comme s'il y avoit une vraye et essentielle perfection chrestienne exterieure et non interieure, c'est à dire, une vraye vertu morale qui fust chrestienne, infuse et parfaite sans avoir la charité. Opinion qui n'est pas seulement apocryphe, mais un vray hyppogryphe. N'est-ce pas faire de la perfection chrestienne, si saincte, si divine, si venerable, si surnaturelle, si admirable ; une qualité morale, humaine et acquise ? Dieu nous preserve de prendre ce change; Lia pour Rachel, une statuë par David, du cuivre pour de l'or, un doublet pour une piece fine! En vain tend-t-on des filets aux oyseaux qui volent haut, et qui les apperçoivent de loing.

SECTION XXV.

Chemin raccourcy à la perfection.

Voicy un conseil d'importance qu'il donnoit ordinairement à ceux qui desiroient faire progrez en la pieté. « Choisissez leur, disoit-il, une vertu particuliere, infuse, vive et parfaite, c'est à dire, animee et accompagnee de charité, et vous addonnez bien fort à son exercice, y rapportant toutes les autres, comme les soldats se ramassent pour combattre sous leur enseigne ou estendard, et vous verrez qu'en peu de temps vous avancerez beaucoup. Quand les abeilles voltigent sur trop de fleurs, c'est lors qu'elles font moins de miel, que quand elles s'arrestent long-temps sur quelqu'une. Sautiller de vertu en vertu, comme un oyseau de branche en branche, n'est pas pour faire un long voyage, et tirer pays bien avant dans le territoire de la perfection. » Il exprime ce conseil en ces termes dans sa Philothee : « Il est utile qu'un chacun choisisse un exercice particulier de quelque vertu; non point pour abandonner les autres, mais pour tenir plus justement son esprit rangé et occupé [1]. »

Il vouloit que la charité fust tousjours la royne et la generale de l'armee en l'ost des vertus, et que toutes, comme des poussins, se ramassassent sous ses aisles, et combattissent sous son enseigne, selon ce qui est escrit au Cantique, *Il a mis en moy l'ordre de la charité*[2]; ou une autre lecture porte, *Il m'a rangé sous l'estendard de sa dilection* : mais il desiroit qu'il y eust une vertu particuliere qui servist comme de sergent de bande pour faire avancer les autres, les tenir en

---

[1] Part. 3, chap. 1. — [2] Cantic. II, 14.

rang et en haleine, et leur faire suivre et executer les ordonnances de la charité. Il tenoit que les plus grands saincts s'estoient rendus fort parfaits par ceste industrie. Et comme il y a tousjours en nous l'une des quatre humeurs qui predomine, sans prejudice des autres; aussi nous devons avoir pour favorite une vertu, nous y exercer plus frequemment, et y rapporter la pratique des autres. Il rapporte de cela, au lieu que nous venons de marquer, quantité d'exemples de saincts, qui se sont fort avancez dans la perfection par l'exercice d'une vertu en laquelle ils se sont rendus signalez et excellens, s'en servant comme de ciment pour lier ensemble toutes les autres du lien de perfection qui est la charité, et comme d'une chanterelle pour amasser toutes les autres, et les faire venir en leurs mains, c'est à dire, en leur maniement et possession. Et en suite il en donne une fort agreable et propre similitude.

« En quoy ils imitent les brodeurs, qui sur divers fonds
» couchent en belle varieté les soyes, l'or et l'argent, pour
» en faire toutes sortes de fleurs : car ainsi ces ames pieuses,
» qui entreprennent quelque particulier exercice de devo-
» tion, se servent d'iceluy comme d'un fonds pour leur bro-
» derie spirituelle, sur lequel elles pratiquent la varieté de
» toutes les autres vertus; tenans en ceste sorte leurs actions
» et affections mieux unies et rangees par le rapport qu'elles
» en font à leur exercice principal, et font ainsi paroistre
» leur esprit.

» En son beau vestement de drap d'or recamé,
» Et d'ouvrages divers à l'esguille semé ¹. »

SECTION XXVI.

Du choix de ceste vertu.

En suitte de l'avis precedent, on me demande de quelle

¹ Introduction à la vie dévote, part. 3, chap. 1.

maniere il faut faire le choix de ceste particuliere vertu, à l'exercice de laquelle on doit rapporter la pratique de toutes les autres. C'est une question que j'ay faite autrefois à nostre bien-heureux Pere et de laquelle je seray bien-aise de vous communiquer la resolution.

Je pourrois vous renvoyer à un petit traité spirituel que nous avons fait sur ce subjet, lequel est publié, et a pour titre *de l'Unité vertueuse* : mais je me doute que vous ne vous contenteriez pas de ce renvoy, et que vous voulez que vostre payement soit comptant, quand la somme en devroit estre moindre. Je vous diray donc en peu de mots, et selon que ma memoire me le peut suggerer (car il y a long-temps que je n'ay veu cét escrit), quelques moyens pour bien faire ce choix, dont il y en a quelques uns que j'ay appris de nostre Bien-heureux.

Le premier est de demander à Dieu lumiere pour cela par de ferventes prieres, en luy disant qu'il nous enseigne sa volonté afin que nous la fassions, car il est nostre Dieu[1]. *O Seigneur, vous estes bon, et par vostre bonté monstrez-moy vos justifications*[2]; c'est à dire, faites moy voir ce que vous desirez de moy, et en quoy il vous plaist que je m'exerce le plus pour vostre gloire. Apres des prieres, des penitences, des confessions et des communions sur ce subjet, escoutons ce que Dieu dira au dedans de nous et à nostre cœur, et suivant simplement son inspiration nous ne pouvons manquer de rencontrer Jesus-Christ et sa volonté sous l'escorte d'une si claire estoile : il est mal-aisé de se fourvoyer, et de faire naufrage à l'aspect de ce nort. C'est luy, dit le Psalmiste, qui nous tient par la main droite, qui nous meine en sa volonté pour nous acheminer, et recevoir en fin en sa gloire[3].

Le second moyen est le sort, c'est à dire, de choisir au hazard, comme l'on choisit les saincts du mois dans les communautez. Ce qui se peut faire mettant des billets où soient

---

[1] Psal. CXLII, 10. — [2] Psal. CXVIII, 68. — [3] Psal. LXXII, 24.

escrits separement les noms de plusieurs vertus, et apres l'invocation du nom de Dieu prendre le premier qui se rencontrera et le recevoir comme de la main du sainct Esprit qui nous l'envoye et nous le donne. Ceste obeyssance a quelque chose de fort accomply dans son volontaire aveuglement, et de plus excellent qu'il ne semble : car ce qui semble hazard pour nous ne l'est nullement dans l'ordre de la providence, sans lequel ne tombe pas une seule fueille d'arbre, un seul cheveu de nostre teste : et cela mesme n'est point sans exemple dans la saincte Escriture, où nous lisons l'election de sainct Mathias à l'Apostolat faite de la sorte, quoy que l'affaire fust d'une si haute importance.

Le troisiesme moyen sera de nous sousmettre pour ce choix au jugement de nostre confesseur ou directeur spirituel : lequel cognoissant mieux que nous mesme la vertu qui nous est la plus propre et necessaire, ne manquera pas de nous en marquer une convenable ; laquelle recevans de sa main, aura double operation, et la sienne propre, et encore celle de l'obeyssance et sousmission, qui est une des exquises entre les morales chrestiennes : supposant tousjours celle qu'il faut supposer necessairement, sçavoir la charité, sans laquelle quiconque bastit la maison de la pieté, fait plustost une ruine qu'un edifice. Le moyen est excellent et doit estre fort prisé : car c'est proprement consulter la bouche du Seigneur, que de recevoir la loy de celle de son ange, aux levres duquel il a mis en depost la science des sainctz et qui fait les saincts. « Faites ce que vous voudrez, dit nostre bien-heureux Pere en quelque endroit, vous ne trouverez jamais mieux Dieu, que par le chemin de la fidele obeyssance. »

Le quatriesme moyen sera de choisir la vertu la plus conforme à nostre vacation, à laquelle par nostre condition nous avons desja une obligation speciale. Sommes nous en sujettion? l'obeissance nous sera fort convenable ou l'humilité : en prelature? le zele des ames : en estat de judicature? la justice ; en grande authorité? la clemence : en condition de travail? la diligence ou la fidelité : en condition de trafic? l'equité où la loyauté : en celle de pauvreté? la patience : en celle de richesse? la misericorde ou aumosne : en estat militaire? la vaillance : en celuy du celibat? la chasteté : en celuy du mariage? la douceur : en celuy de cloistre? l'observance ; et ainsi des autres conditions. C'est ce que dit nostre bien-heureux Pere, par ces notables paroles :

« Chaque vacation a besoin de pratiquer quelque speciale
» vertu. Autres sont les vertus d'un prelat, autres celles
» d'un prince, autres celles d'un soldat, autres celles d'une
» femme mariée, autres celles d'une vefve : et bien que tous
» doivent avoir toutes les vertus, tous neantmoins ne les
» doivent pas esgalement pratiquer; mais un chacun se doit
» particulierement addonner à celles qui sont requises au
» genre de vie auquel il est appellé[1]. »

Le cinquiesme moyen sera de recognoistre à quel vice ou imperfection nous sommes les plus enclins, et choisir la vertu qui luy est opposee, comme celle dont la pratique nous est la plus necessaire. Car comme ceux qui veulent redresser un jeune arbre, le recourbent autant qu'ils peuvent du costé contraire à celuy où il penchoit; ainsi ce sera un tres-utile exercice de prendre comme à prix fait la pratique de la vertu qui destruira le deffaut auquel nous sommes les plus subjets, et le moyen le plus court pour nous mettre en la droicture de cœur que requiert la perfection. Cet avis est de nostre bien-heureux Pere, et il l'exprime ainsi en sa Philothee :

« Quand nous sommes combattus de quelque vice, il faut,
» tant qu'il nous est possible, embrasser la pratique de la
» vertu contraire, rapportant les autres à icelle : car par ce
» moyen nous vaincrons nostre enremy, et ne laisserons
» pas de nous avancer en toutes les vertus. Si je suis combatu par l'orgueil ou par la colere, il faut qu'en toute

---

[1] Introduction à la vie dévote, part. 3, chap. 1.

» chose je me panche et plie du costé de l'humilité et de la
» douceur, et qu'à cela je fasse servir les autres exercices de
» l'oraison, des Sacremens, de la prudence, de la constance
» et de la sobrieté¹. »

Le sixiesme et dernier moyen de ceux qui me viennent maintenant en memoire, est de choisir la vertu qui nous aggree d'avantage, et à laquelle nous avons plus de propension; pourveu que ce ne soit pas par le seul motif naturel de ceste inclination et de cet aggreement, mais parce que Dieu veut bien et nous permet de faire nostre election selon ceste propension. Et ne faut point en cela craindre le meslange de l'amour propre; car il est banny de nostre esprit, et nostre cœur en est delivré, par la pureté d'intention de ne chercher en ce choix que la seule gloire de Dieu par l'exercice de cette vertu choisie et pratiquee par le motif de la charité. Joint que c'est desja un grand avantage sur la partie que ceste complaisance en ceste vertu aimee, cela applanissant les difficultez qui se trouveroient en l'exercice d'un autre. L'experience nous apprenant que la viande profite d'avantage qui est prise avec plus d'appetit : ce qui plaist repaist plus gracieusement, et mesme plus utilement. Quand la grace s'allie avec une nature disposée, il se fait de ceste alliance une saincte generation de vertus et de bonnes œuvres qui passe dans l'abondance et la fertilité. Je ne dy pas que l'on ne puisse aussi faire choix par pure force d'esprit des vertus ausquelles on a plus de repugnance, telles que sont celles qui s'opposent aux manquemens et fautes ausquelles nous tombons plus ordinairement; mais s'il est bon de faire l'un, il n'est pas blasmable de faire l'autre : disons avec l'Apostre, Il faut faire cestuy-cy, et ne pas omettre ou mespriser celuy-là.

Voilà ce que j'ay maintenant à vous dire avec toute la briefveté que j'ay pû sur le subject de la question qui m'a esté

---

¹ Part. 3, chap. 1.

faitte : qui voudra un plus ample esclaircissement, pourra consulter le petit opuscule de l'Unité vertueuse, dont nous avons parlé au commencement.

SECTION XXVII.

Desreglement notable.

Il avoit de coustume de blasmer un desreglement notable, qui est assez frequent parmy les personnes qui font une particuliere profession de pieté. C'est qu'elles prennent plaisir des vertus moins convenables à leur vacation, et negligent de s'exercer en celles qui y sont plus conformes. « Cela, dit-il, procede du dégoust assez ordinaire que la pluspart des hommes ont des conditions ausquelles ils sont attachez par devoir; » ce qui faisoit dire à ce poëte :

> Rure ego viventem, tu dicis in urbe beatum ;
> Unicuique hominum sua nimirum est odio sors [1].

Vous diriez qu'en ce subjet ils soient comme ces filles qui ont les pasles couleurs, desgoustees des bonnes viandes, et desmesurement friandes de certaines choses qui leur sont plus nuisibles que profitables ; ou semblables à ces appetits des-ordonnez des femmes grosses, dont les marques demeurent quelquefois imprimees en leur fruit. Et comme le desordre et la relaxation s'introduit peu à peu dans les cloistres, quand ceux qui les habitent se veulent contenter des exercices de vertu qui se pratiquent dans la vie seculiere : il n'arrive gueres moins de trouble dans les familles des particuliers, quand une devotion indiscrette et peu judicieuse y veut introduire des exercices de cloistre. Il y en a qui pensent fort loüer une maison privée, un mesnage de gens mariez, quand ils disent que c'est un vray cloistre, que l'on y vit comme dans un couvent, sans s'aviser que c'est chercher

---

[1] Horat. lib. 1, Epist. xiv, 10, 11.

des figues sur des halliers, et des raisins dans les ronces, et comme ce mauvais peintre du poëte,

<small>Delphinum sylvis affingere, fluctibus aprum [1].</small>

Les palmiers qui produisent des dattes si douces, si meures et si succrées dans les regions chaudes, plantez en de plus froides n'ont que des fruicts aspres, rudes, indigestes et dangereux.

Ce n'est pas que ces exercices ne soient bons et saincts, mais il faut regarder les circonstances des lieux, des temps, des personnes, des conditions; la charité hors de l'ordre n'est plus charité, c'est un poisson hors de l'eau, c'est un arbre transplanté en un solage qui ne luy est pas propre. « Dieu commanda en la creation aux plantes, dit nostre bien» heureux François, de porter leurs fruicts chacune selon son » genre : ainsi commande-t-il aux Chrestiens, qui sont les » plantes vivantes de son Eglise, qu'ils produisent des » fruicts de devotion, un chacun selon sa qualité et voca» tion. La devotion doit estre differemment exercée par le » gentil-homme, par l'artisan, par le valet, par le prince, » par la vefve, par la fille, par la mariee : et non seule» ment cela, mais il faut accommoder la pratique de la de» votion aux forces, aux affaires et aux devoirs de chaque » particulier [2]. »

Et puis ayant monstré par quelques exemples combien la devotion propre à une vacation est messeante et inepte à une autre, il blasme le dereiglement de ceux qui, par un zele sans science, font ces transplantations, avec sa douceur et moderation accoustumée en ces termes. « Ceste faute neant» moins arrive bien souvent, et le monde qui ne discerne » pas, ou ne veut pas discerner entre la devotion et l'in» discretion de ceux qui pensent estre devots, murmure et » blasme la devotion, laquelle ne peut mais de ces desor» dres. »

---

[1] Horat. de Art. poet. 30. — [2] Introduction à la vie dévote, part. 1, chap. 3.

Il compare cette inegalité d'esprit si peu raisonnable et judicieuse (c'est en quelqu'une de ses epistres) à ces friands qui veulent qu'on leur serve des cerises fraisches ou des fruicts nouveaux à Noël, et des glaces au mois d'aoust, ne se contentans pas de manger chaque chose en sa saison : ces cerveaux ainsi demontez ont plus besoin de purgations que de raisonnemens.

SECTION XXVIII.

Du discernement des vertus.

Dieu l'avoit doüé d'une clarté interieure merveilleuse pour separer le precieux du vil. Il estoit de ces spirituels qui sçavent bien juger de toutes choses : et le don de la discretion, c'est à dire, du discernement des esprits et des actions humaines estoit fort evident en luy. Il estoit une lampe ardante et luisante dans les lieux plus obscurs, et à ceux qui avoient le cœur droit et l'intention sincere il faisoit lever une lumiere fort agreable parmy leurs tenebres, pour addresser leurs pas aux sentiers de justice et de paix. Il avoit un jugement fort penetrant dans les actions humaines : il estoit mal-aisé de le surprendre et de luy en imposer, il mettoit aussi-tost le doigt sur les ulceres les plus cachez, et il faisoit voir des courbeures et tortuositez en des actions que les moins clair-voyans eussent tenuës pour fort droites. Je vous veux faire cognoistre cela en quelques discernemens qu'il faisoit au regard des vertus.

1° Il preferoit celles dont l'usage estoit plus frequent, commun et ordinaire, à celles dont les occasions de les pratiquer se rencontroient plus rarement, quoy que celles-cy parussent plus exquises et éclattantes. Par exemple, les occasions de mettre en œuvre la constance, la vaillance, la magnificence, la magnanimité, le zele actif, ne se presentent pas frequemment; mais celles de la douceur, de l'humilité, de la condescendance, de l'affabilité, de la courtoisie, de l'honnesteté, de la misericorde, de la patience, du support du prochain, de la cordialité, simplicité et amitié s'offrent à nous presque à chaque pas : cependant on neglige de les exercer, et on aspire avec grand desir de pratiquer les autres, et l'on en recherche soigneusement les rencontres sans les pouvoir trouver. N'est-ce pas aller en des regions fort esloignees chercher des simples, qui n'auront pas plus d'effect pour la guerison de nos maux, que ceux qui croissent en nos jardins? La soye nous fait plus braves, mais ne nous couvre pas plus que la laine, et ne nous eschauffe pas tant. L'usage des perdrix est plus friand et delicat que celuy du mouton et du bœuf, mais il n'est pas si ordinaire. L'occasion de gaigner les heritages et les pistoles n'est pas si frequente que celle d'amasser des liards et des sols; et enfin l'entassement de plusieurs petites sommes fait un grand thresor. C'est pour cela qu'il desiroit que l'on s'addonnast aux vertus dont l'usage estoit plus frequent, comme estant plus necessaire à la vie, et instrument fort propre pour faire un grand progrez en la perfection, et avec lesquels on thesaurisoit de grands thresors pour le ciel, pourveu que l'on fust attentif et fidele à les exercer.

2° Il ne vouloit pas que l'on jugeast de la grandeur ou petitesse surnaturelle d'une vertu par son action exterieure : d'autant qu'une petite en apparence, peut estre pratiquee avec beaucoup de grace celeste; et une de plus grand éclat avec un foible et petit amour de Dieu, qui est neantmoins la regle et le prix de leur vraye valeur devant Dieu. Et qui ne void que plusieurs petites actions de vertu faites avec un grand amour de Dieu, font un monceau de tesmoignages pour la divine gloire, beaucoup plus eminent que moins d'actions de vertus plus luisantes et brillantes, mais moins ardentes et embrasées de l'amour celeste.

3° Il preferoit les vertus les plus universelles, c'est à dire, dont la qualité se respandoit sur plus d'actions, à celles qui estoient plus bornées. Par exemple (mais la charité tous-

jours exceptée, qui est une vraye panacée, comprenant en soy toutes les autres, les animant, les gouvernant, les ralliant ensemble, comme vray lien de perfection), il estimoit plus l'oraison, qui est le flambeau de toutes les autres ; la devotion, qui consacre toutes nos actions avec promptitude et vivacité au service de Dieu ; l'humilité, qui nous fait avoir un bas sentiment de tout ce que nous sommes, et faisons ; la douceur, qui nous fait ceder à tout le monde; la patience, qui nous fait tout souffrir : que celles de magnanimité, de magnificence, de liberalité, de jeusne, d'austerité, de pieté, de chasteté, de studiosité et de simplicité, qui sont attachées à certains objects, et moins communicatives. Sentiment conforme à celuy de la plus saine et judicieuse philosophie, laquelle prefere les quatre vertus morales appellées cardinales, à toutes celles qui leur sont subalternes, à raison de leur estenduë, les autres se rapportantes à elles, comme les lignes des circonferences se reünissent dans leurs centres. Exemple. La justice, qui est la premiere entre les cardinales, est preferée à toutes celles qui luy sont subalternes; comme sont la religion, l'oraison, la devotion, la pieté, l'observance, l'obeyssance, la gratitude, l'amitié, l'affabilité, la liberalité, l'equité et l'aumosne : par ce que cette vertu universelle nous fait rendre à chacun, c'est à dire, à Dieu, à nous-mesmes, au prochain ce qui luy appartient; au lieu que ces inferieures sont plus bornées et ne regardent qu'ou Dieu, comme la religion, l'oraison, la devotion ; ou nous et le prochain, comme font les autres. Ainsi les theologiens nous apprennent que les Anges superieurs conçoivent les objets par des especes plus universelles, que les inferieurs. Et nostre Bien-heureux exprime le sentiment qu'il avoit de cecy par une similitude fort gentille qu'il couche en ces termes : « Le sucre est plus excellent que le sel, mais le sel a
» un usage plus frequent et plus general. C'est pourquoy il
» faut tousjours avoir bonne et prompte provision de ces

» vertus generales, puis qu'il s'en faut servir presque ordi-
» nairement¹. »

4° Les vertus éclatantes, et, comme il les appelloit quelquefois, les vertus empanachées, luy estoient un peu suspectes : au moins, disoit-il, que par là, c'est à dire, par leur grand lustre, elles donnoient une forte prise à la vaine gloire, qui estoit le vray poison des vertus ; et nommoit cet orgueil de fort bonne grace, un vray sublimé. Ce n'est pas qu'il mesestimat ces vertus-là, lesquelles de leur estoc sont fort excellentes ; mais il se deffioit de l'imbecilité humaine, dont les yeux sont si foibles, qu'ils s'esblouyssent à une trop brillante lumiere. Chacun veut taster des vertus prisées, honorées et estimées ; mais de celles qui sont abjectes, basses et mesprisées par ceux qui ne s'y connoissent pas, peu de gens en veulent gouster ; et s'ils y goustent, ils ne veulent pas achever d'avaller le calice. « Voyez, dit nostre Bien-
» heureux, un devotieux hermite tout deschiré et plein de
» froid ; chacun honore son habit gasté, avec compassion de
» souffrance : mais si un pauvre artisan, un pauvre gentil-
» homme, une pauvre damoiselle en est de mesme, on l'en
» méprise, on s'en mocque, et voila comme sa pauvreté est
» abjecte². » Ne voyez-vous pas que ceux qui cherchent ainsi les vertus glorieuses et de reputation, ne visent pas tant à la solidité de la vertu, qu'à la monstre et à la pompe qui l'environne.

Quam pulchrum est digito monstrari, et dicier, Hic est ³!

Ceux-là pour la plus part ressemblent au chien de la fable, qui quitta le corps pour l'ombre.

5° Combien blasmoit-il ceux qui ne faisoient estat des vertus que selon qu'ils les voyent prisées par le vulgaire, tres-mauvais juge et estimateur d'une telle marchandise ! Il

---

¹ Introduction à la vie dévote, part. 3, chap. 1. — ² Ibid. chap. 6. —
³ Pers. Satyr. 1, 28.

n'en est pas des vertus comme de l'or, dont les pieces les plus grosses et les plus massives sont les meilleures : au contraire, il en est souvent comme de l'eau, dont la plus prisée est la plus legere ; et de l'air, dont le plus pur et excellent est le moins espais. Voicy son jugement sur ce subjet. « Il y a, » dit-il, de certaines vertus, lesquelles pour estre proches » de nous, sensibles, et, s'il faut ainsi dire, materielles, » sont grandement estimées, et tousjours preferées par le » vulgaire : ainsi prefere-t-il communément l'aumosne tem- » porelle à la spirituelle; la haire, le jeusne, la nudité, la » discipline et les mortifications du corps, à la douceur, à la » debonnaireté, à la modestie et aux mortifications du cœur, » qui neantmoins sont bien plus excellentes. Choisissez-donc, » Philothée, les meilleures vertus, et non pas les plus esti- » mées ; les plus excellentes, et non pas les plus apparentes ; » les meilleures, et non pas les plus braves¹. » Et en un au- tre endroit : « Il y a des vertus abjectes et des vertus ho- » norables : la patience, la douceur, la simplicité et l'humi- » lité mesme sont des vertus que les mondains tiennent pour » viles et abjectes; au contraire ils estiment beaucoup la » prudence, la vaillance et la liberalité². » Si en tous les arts il ne faut croire que les experts, encore les bien experts ; c'est bien manquer de prudence, de priser les vertus par l'estime qu'en fait le monde qui y est si peu versé, qui est tout confit en malignité, et où l'on ne void que convoitise des yeux et de la chair, et orgueil de vie. Ce seroit peser la valeur d'un homme de bien par le jugement traversé de son ennemy, menteur en ses balances. *O Seigneur,* disoit le Psalmiste, *regardez-moy en pitié, selon le jugement de ceux qui vous ayment*³. Les amis de Job, pource qu'ils n'estoient pas droits de cœur, jugeoient que ses afflictions procedoient de la colere de Dieu contre cet homme juste ; et c'estoient

---

¹ Introduction à la vie dévote, part. 3, chap. 1. — ² Ibid. chap. 6. — ³ Psal. cxviii, 132.

des tesmoignages de son amour, et afin qu'il fît éclater sa vertu.

6° Il reprenoit encore une autre pratique en matiere de vertu : de ceux qui ne vouloient s'exercer qu'en celles qui estoient à leur goust, sans se soucier de celles qui regardoient plus particulierement leur charge et leur devoir, servans Dieu à leur mode, non selon sa volonté; abus si frequent et si contagieux, que l'on voit une infinité de personnes devotes en estre infectées. Il faisoit tous ses efforts pour faire comprendre à ces personnes-là, à marcher selon l'esprit de la foy, et du renoncement de soy-mesme, non selon leurs inclinations naturelles ; lesquelles, quelque bonté apparente dont elles facent monstre, sont de faux phares environnez de veritables escueils, où mille actions, bonnes d'elles-mesmes, c'est à dire de leur nature, vont faire un triste naufrage pour l'eternité. Je deteste vostre encens, c'est à dire vos oraisons, et aussi vos jeusnes, dit le Seigneur, pource que dans vos abstinences je trouve vostre propre volonté[1] : vous faites le bien à vostre mode, selon qu'il vous aggrée, non selon mon bon plaisir. Or toute plante que mon Pere n'aura point plantée, sera arrachée et jettée au feu[2] : nul pampre ne portera bon fruict, que celuy qui me sera conjoint comme à son tronc[3].

SECTION XXIX.

Des vertus morales.

Pour mesurer la bassesse ou sublimité des vertus chrestiennes, il ne faut pas les considerer selon leurs excellences et perfections naturelles, ny selon les actes qui paroissent à nos yeux, mais selon la force et la foiblesse de la charité qui les produit, ou fait produire. C'est là la toise d'or qui doit arpenter la saincte cité de Jerusalem ; et toute la gloire de

---

[1] Isai. i, 13, et lviii, 3. — [2] Matth. xv, 13. — [3] Joan. xv, 2.

la fille du Roy, l'ame en grace, est au dedans, c'est à dire en son interieur.

Cecy est merveilleux, que la moindre petite action, ne fust elle que naturelle, comme boire, manger et marcher, faite avec une grande et puissante charité, plaist tellement à Dieu, qu'il se confesse blessé, mais blessé au cœur par un seul traict d'œil, et un seul des cheveux de son amante saincte¹; et luy est incomparablement plus agreable qu'une plus grande et signalee, comme jeusner, porter la haire, donner l'aumosne, prier, avec une lasche et tiede charité. Certes c'est l'amour qui fait tout nostre poids et nostre prix devant ses yeux.

Et ce qui est de plus admirable, c'est qu'une action de quelque vertu de moindre calibre faite avec une sublime charité, a quelquefois porté des ames tout à coup à un haut degré de perfection. C'est ce que remarque nostre Bien-heureux, aprez sainct Gregoire de Nazianze, « que par une » seule action de quelque vertu bien et parfaitement exercée, » une personne a atteint au comble des vertus; alleguant » Rahab, laquelle ayant exactement pratiqué l'office d'hos- » pitalité, parvint à une gloire supreme : mais cela s'entend » quand telle action se faict excellemment avec grande fer- » veur et charité². » L'action de resignation et de soumission à la volonté de Dieu que fit sainct Paul soudain aprez son terrassement, le porta si haut qu'il en rejaillit jusques au troisiesme ciel. Vous voyez comme sont loüées les deux pites de la pauvre vefve evangelique, d'autant qu'elle les avoit jettées dans le gazophylace avec une fervente dilection; et la haute estime que fit nostre Seigneur du demy manteau que sainct Martin avoit donné à un pauvre pour son amour : action de ferveur de ce catechumene, qui l'esleve depuis à cette perfection de saincteté si exemplaire, qui l'a fait éclater comme une lampe ardente et luisante sur le

---

¹ Cantic. iv, 9. — ² Introduction à la vie dévote, part. 3, chap. 1.

chandelier de la maison de Dieu. Et que sçavons-nous si cet acte heroique de chasteté que fit le patriarche Joseph, laissant son manteau entre les mains de son impudique maistresse, ne le porta point depuis à ces hauts degrez de vertu et d'honneur, où depuis il fut mis en spectacle au monde, aux hommes et aux Anges?

C'est pourquoy il ne faut rien negliger en matiere d'occasions grandes ou petites qui se presentent pour exercer la vertu, puis que nous pouvons relever celles-cy par une ferveur signalée, et ne devons pas estre lasches en operant celles-là, qui de leur nature mesme sont desja fort considerables.

SECTION XXX.

Des scrupules.

Vous direz que j'ay bien peu de charité pour le prochain, Anastasie, ma tres-chere sœur, puis que ce qui vous afflige me resjouyt, comme si je me faisois des roses de vos espines. Vous dites que depuis que vous vous estes rangée à un train de vie plus devot qu'auparavant, et que vous avez voulu prendre garde de plus prez à vos voyes, pour mettre vos pas dans les sentiers de la justice, il vous est arrivé une fourmilliere de scrupules qui vous rongent et devorent, et que des mousches d'imperfections, selon le jugement de vôtre confesseur, vous paroissent des elephans de peché, à cause de vostre infidelité et ingratitude à correspondre aux graces que Dieu vous a faites, et que vous reconnoissez qu'il vous fait de jour en jour.

Certes nous ne nous plaindrions pas de cette benite desloyauté et mesconnoissance, s'il n'y avoit au fonds de nostre ame quelque sainct desir de nous en amender; mais desir si secret, qu'il est caché à nos propres yeux, et imperceptible à nôtre entendement. Ignorez-vous que l'œil qui void tout, ne se void pas luy-mesme, si quelque glace fidele ne luy monstre comme il est faict? mais s'il ne veut pas croire au rapport de cette glace, n'est-il pas juste qu'il demeure dans l'ignorance de ce qu'il est? O qu'il est bon pourtant, que Dieu nous cache ce peu qui nous reste de fidelité, comme un charbon vif soubs un grand tas de cendre; et que nous nous imaginions que nôtre vertu nous a laissez, et que la lumiere de nos yeux ne soit plus avec nous! ouy certes il nous est bon d'estre ainsi humiliez, afin que nous gravions plus profondement dans nos cœurs les justifications divines. Mais aprez tout cela, il ne faut pas perdre courage : aprez la pluye viendra le beau temps, et aprez les picqueures de ces abeilles, nous mangerons le rayon de miel; nous aurons la lumiere aprez ces obscuritez. Car Dieu a cette coustume de faire sortir la splendeur du milieu des tenebres, et de tirer la clarté d'entre les nuages, principalement pour ceux qui ont le cœur droit, et l'intention bonne, comme je sçay, par sa grace, que vous l'avez. *Me voila prest, mais sans me troubler,* disoit le Psalmiste, *de garder vos commandemens, ô Seigneur*[1]. Prenez-garde qu'il dit, que c'est sans se travailler : gardez-vous sur tout du trouble qui est avant-coureur de l'amertume de cœur; et dans cette amertume tres-amere, il est mal-aisé, sans une grace tres-speciale de Dieu, de rencontrer la paix.

Vous me demandez des avis pour vous tirer de cette misere, et les voicy tels qu'il plaist à Dieu me les suggerer. 1° Lisez le chapitre deuxiesme de la troisiesme partie de la Philothée de nostre bien-heureux Pere, tout au commencement, et vous y verrez la vraye image de vostre mal. Ce n'est pas peu de le connoistre; estant bien conneu et reconnu, il est a moitié guery. Il est vray qu'il n'en donne pas de remedes; car il n'en parle que par occasion, et non à dessein : aussi est-ce un mal dont la cure est fort difficile, et duquel j'ay de coustume de dire, qu'il en est comme de la jalousie,

---

[1] Psal. cxviii, 60.

à qui tout sert d'entretien, et fort peu de choses de remedes. Le jaloux cherche tousjours ce qu'il craint de trouver, et le scrupuleux ne fait qu'esgratigner ses playes en les maniant; il prend un plaisir malin à les gratter, mais à la fin ceste demangeaison luy est cuisante.

2° C'est un bon signe quand en une terre nouvellement deffrichée, il croist beaucoup de chardons et de ronces; c'est un tesmoignage evident de sa graisse, et par consequent de sa future fertilité, quand elle sera bien cultivée et ensemencée. C'est une assez bonne marque en une ame, quand en son commencement de la vie devote elle est attaquée de scrupules; car c'est un tesmoignage que la grace a imprimé en elle une grande aversion du peché, puis que son ombre seule (ainsi faut-il appeller le scrupule) l'espouvante. C'est un signe de guerison, lors qu'aprez une forte fievre il vient des enleveures aux levres, ou en la bouche; la nature jettant ainsi au dehors la chaleur excessive qui estoit au dedans, et qui desregloit l'harmonie du temperament des humeurs.

3° Mais vous craignez, dites-vous, que toute vostre devotion ne soit fondée que sur l'esprit servile et mercenaire, et que tout ce bastiment n'aille en ruine, establi sur de si foibles fondemens. Cet esprit est bon, tres-chere Anastasie, pour les commençans tels que nous sommes encore; et si un jour nous pouvons aspirer à la classe des profitans, vous verrez que Dieu changera nostre crainte en dilection, nos plaintes en joye, nos apprehensions en confiance, et que deschirant nôtre sac, il nous environnera de liesse. Il en est, vous le sçavez, de l'esprit de la crainte servile et mercenaire, comme d'une aiguille qui fait passer la soye dans l'estoffe, et quand l'ouvrage est fait, on la remet dans le peloton. Ceste crainte nous saisit par nos interests, nous fait apprehender de tomber en enfer, et de deschoir du paradis : mais c'est pour nous conduire à l'interest de Dieu, qui est sa gloire; où lors que nous sommes arrivez, nous nous despoüillons du vieil homme, et nous revestons du nouveau, c'est à dire, nous nous habillons de Jesus-Christ mesme, qui nous remplit de saincteté et de justice, et nous couronne de ses misericordes : et puis la parfaite charité met dehors la crainte servile, pour ne garder que la filiale et amoureuse.

4° Ce que vous avez à craindre, ce seroit la servilité et mercenaireté : car ces qualitez sont incompatibles avec la charité. Mais je sçay, la grace en soit à Dieu, qu'elles sont esloignées de vostre ame ; et que vous redoutez plus la coulpe que la peine, et que ce n'est pas par la seule crainte du supplice, et par le seul desir de la recompense que vous fuyez le mal et embrassez le bien, mais par un motif plus pur et plus eslevé, qui est celuy de l'amour et de la gloire de nostre commun maistre Jesus-Christ nostre Seigneur.

5° Mais vos scrupules, dites-vous, font apprehender que vous ne vous absteniez du mal, et que vous ne fassiez ce peu de bien qui sort de vous, plus pour vostre interest que pour celuy de Dieu. Ma chere Sœur, si vous avez peur de cela, voila une bonne peur ; et en laquelle, comme David parle, est toute vostre forteresse[1] : gardez bien de sortir de ce chasteau, ny de vous escarter de ce retranchement ; que ce soit la vostre tour de force contre la face de vos ennemis. Asseurément, ma bonne Sœur, si vous avez peur de preferer vostre interest à celuy de Dieu, vous ne l'y prefererez nullement : et souvenez-vous qu'en disant cecy, je ne flatte point, je ne desguise point, je ne mens point, et que je parle sincerement, veritablement, rondement et selon l'esprit de Dieu. Celuy qui craint Dieu, fera le bien, et fera le bien bien, s'il le craint avec amour ; et il craint avec amour, s'il craint de ne le pas craindre avec amour, car autre que l'amour ne peut donner une telle crainte. Bien-heureux celuy qui craint Dieu de la sorte, il ne voudra que trop faire son commandement. Bien-heureux celuy qui de ceste façon est tousjours en apprehension, et qui redoute en toutes ses œuvres ; car c'est

[1] Psal. lx, 4.

signe qu'il ne se confie pas en soy, mais qu'il jette toute sa pensée et sa confiance en Dieu, et qu'enfin il abondera en delices, estant appuyé sur ce bien-aymé.

6° Vous direz que ces remedes que je vous propose, sont plutost des diversions et des fomentations qui amusent vostre esprit, qu'elles n'en arrachent les espines. Voila qui va bien, ce sont donc ces benites espines qui nous faschent, ma chere Sœur, c'est à dire le mal de peine, plutost que celuy de coulpe. Or pour moy, je ne pretends apporter des remedes qu'à celuy-cy, nullement à l'autre, puis que c'est une chere participation des espines de Jesus-Christ en la croix, duquel est toute nostre gloire. Pourveu que Dieu ne soit point offensé dans ces scrupules, et par ces scrupules, il n'importe pas qu'ils vous donnent des inquietudes, et interrompent un peu vostre repos; cela vous rendra plus vigilante sur vous-mesme, et moins sujete à vous endormir dans une dangereuse securité.

7° Vous voudriez aussi tost arracher cette zizanie, de peur qu'elle ne suffoque le bon grain de la pieté que la grace a semée dans vostre cœur : et moy je vous dy, et vous le dy de la part de Dieu, comme le Pere de famille, *Laissez-la croistre jusques à la moisson, de peur que vous n'enleviez le bon avec le mauvais*[1]. Un temps viendra que nous aurons plus de lumiere, plus de force, plus de discernement, pour consulter la bouche du Seigneur, et separer ce qui est precieux d'avec le chetif. Nous dirons un jour à tous ces petits renardeaux qui demolissent maintenant, et apportent quelque ravage à la vigne de nostre interieur : *Retirez-vous de moy, malins, et je sonderay les ordonnances de mon Dieu*[2].

8° Pourveu, dites-vous, que je ne perde point de veüe la belle estoile de la grace parmy ces orages, que tout se bouleverse autour et dedans moy; que la mer fasse des vagues, et les vents des orages, je souffriray volontiers pour l'amour

---

[1] Matth. xiii, 29, 30. [2] Psal. cxviii, 115.

de Dieu : il n'y a que ce naufrage du sainct amour que ma foiblesse me fait apprehender. Bon courage, ma Sœur, la crainte est un excellent pilote, et qui sçaura bien destourner des escueils le vaisseau de nostre cœur, duquel procede nostre vie : elle est la meilleure et plus seure gardienne et conservatrice de la grace. Creature de peu de foy, pourquoy doutez-vous ? Dieu est avec vous, encore que vous ne l'apperceviez; il est au milieu de vostre ame, et vous ne le sçavez-pas : c'est luy qui y met cette bonne crainte de l'offenser. Si vostre ame a quelque deffaillance devant ce salutaire, il faut suresperer en sa parole; car c'est luy qui a dit : *Confiez-vous, c'est moy qui a vaincu le monde*[1]. *Je suis avec vous en la tribulation, je vous en tireray, et vous en glorifieray*[2]. Voyez comme il promet de nous faire tirer profit de nostre tribulation, et de nous couronner par nostre propre affliction.

9° Je feray comme le bon architriclin de l'Evangile; je vous serviray le meilleur à la fin de cette lettre. C'est le conseil des conseils, d'avoir qui bien nous conseille : vostre chere ame est entre les mains d'un conducteur qui a de la preud'hommie et de la charité ce qu'il luy en faut, et de la capacité de reste pour vous bien conseiller en cette occurrence, ses levres sont gardiennes de la science de salut pour vous; il est l'ange de l'Eternel des armées, de la bouche duquel vous devez prendre la loy. Si vous acquiescez à ses sages avis, vous serez bien tost delivrée de ces eschardes qui deschirent vostre conscience : si non, n'est-il pas bien employé que vous demeuriez en ces peines d'esprit, puis que vous n'en voulez pas sortir par la porte de bon conseil? Souvenez-vous de cette redoutable parole qu'un prophete dit à un roy de la part du Roy des roys: *L'obeyssance fait mieux que le sacrifice, et c'est un peché semblable à l'idolatrie, que de resister; et ne vouloir pas acquiescer aux avis des*

---

[1] Joan. XVI, 33. — [2] Psal. XC, 15.

plus sages que nous, c'est une espece de magie[1]. N'en doutez point, ma chere Sœur, car qui est opiniastre est idolatre de ses opinions, et se fait une idole de son propre jugement : et c'est une espece de fascination magique, de ne se rendre pas aux conseils qui nous sont donnez de la part de Dieu pour nostre bien. Remaschez bien enfin cet oracle sacré : *Le salut est où il y a plusieurs conseils*[2].

SECTION XXXI.

Apostille.

J'oubliois à respondre à ce mot de la vostre, que ces scrupules vous traversent de telle sorte dans l'exercice de l'oraison, que vous n'y avez que des distractions et des divagations d'esprit, que vous apprehendez fort estre volontaires. — Certes si vous l'apprehendez fort, il est encore plus fort certain qu'elles ne sont pas volontaires ; car quel meilleur bouclier que cette crainte contre la mauvaise volonté ? qui craint d'avoir la volonté mauvaise, asseurement l'a bonne, puis que la volonté a la bonté qui craint de la perdre, comme celuy là craint de perdre son thresor qui en a un. Je sçay bien que ces distractions sont fascheuses à une ame qui desire s'unir paisiblement à Dieu en l'oraison ; mais à celle qui desire s'y unir fortement, puissamment, malgré tous ces empeschemens, je ne voy pas qu'elles puissent apporter grand trouble. Dieu est le Seigneur des armées et des batailles, aussi bien que Dieu et Prince de paix. Il ayme les Sulamites pacifiques, mais il ayme aussi les Sulamites guerrieres, et les vaillantes Amazones, desquelles il dit dans le Cantique : *Que verrez-vous en la Sulamite, sinon des chœurs de bataillons, des escadrons de combattans*[3] ? C'est dans les combats que se gaignent les victoires, et par les victoires que l'on remporte les triomphes.

[1] I Reg. xv, 22, 23. — [2] Prov. xxiv, 6. — [3] Cantic. vii, 1.

Mais, dites-vous, ma sœur N** qui n'est point agitée de scrupules, m'apprend qu'elle fait son oraison avec une tranquillité d'esprit fort profonde, et qu'elle y experimente des suavitez qui luy semblent des avant-gousts du paradis. — C'est grand pitié que d'estre fille, et le pis que j'y voy, est que ce soit un mal incurable ! Faut-il donc que sa felicité spirituelle vous tourmente, au lieu de vous resjouyr et de vous en conjouyr avec elle, ou pour mieux dire, d'en jouyr avec elle? son abondance fait-elle vostre disette? Ne vous contentez-vous pas d'estre toute seule en secheresse, sans regarder de je ne sçay quel œil la pluye volontaire que Dieu envoye sur son heritage, et les sources de benediction qu'il donne à cette fille de Caleb[1]? faut-il que sa facilité à l'oraison vous face trouver plus dure vostre infelicité, et qu'elle mette du fiel en vostre viande, et du vinaigre en vostre breuvage? Estes-vous ainsi ingenieuse à aggrandir vostre mal par le bien d'autruy? Que l'imbecilité de l'esprit humain est grande! quand il n'a pas assez de peine chez soy, il en va chercher ailleurs; et c'est sa peine que les autres n'en ayent pas de semblable! Il nous est tousjours avis que les moissons et les vandanges de nos voisins sont plus amples que les nostres, et que leurs trouppeaux ont plus de laine et de laict.

O non, ce me direz-vous, mon Pere, ce n'est pas par esprit d'envie que je vous ay marqué cela, mais pour vous faire mieux connoistre ma misere; je sçay qu'elle fait un meilleur usage que moy, de la grace, et qu'ainsi la bonté adorable de Dieu la traite plus doucement. — Il m'est advis que j'entends icy la voix de Jacob, et de la femme de Jeroboam, qui se presente au prophete sous un habit desguisé, neantmoins je veux avoir de vous de plus sinceres pensées. Et bien, representez-vous que cette chere sœur est plus humble et plus obeyssante que vous aux avis de sa guide, et qu'ainsi elle est plus disposée à recevoir le doux traittement

---

[1] Josue xv, 19.

de Dieu : l'esprit est extremement suave à ceux qui l'ayment et qui le cherchent de tout leur cœur. Faites le mesme, et ne doutez point que Dieu ne vous delivre de vos espines, et ne vous donne quelque part à ses roses. Je l'en supplie, si c'est pour sa gloire et pour vostre salut.

PARTIE DOUZIESME.

SECTION I.

Posseder son ame en patience.

Vous me demandez, mes cheres Sœurs, ce que c'est que de posseder son ame en patience. Nostre bien-heureux Pere vous respondra pour moy, que c'est le grand bon-heur du chrestien de posseder son ame; et à mesure que la patience est plus parfaite, de posseder plus parfaitement son ame [1]. Mais il faut sçavoir ce que c'est que patience, et que perfection, avant que sçavoir ce que c'est que cette possession de l'ame patiente et parfaite.

La patience est une vertu, dit le docteur Angelique, qui empesche que la droitte raison ne succombe soubs la tristesse qui procede des maux qui nous surviennent [2]. Or cette vie mortelle estant une continuelle guerre et luitte sur la terre, contre les accidens fascheux qui nous arrivent de tous costez, jugez si l'Apostre a eu raison de dire, que *la patience nous est sur tout necessaire*. Mais il adjouste le bon mot, *Afin que faisant la volonté de Dieu, nous remportions l'effect de sa promesse* [3], qui est de couronner ceux qui auront legitimement combattu le bon combat, parachevé leur course, gardé leur foy, et perseveré jusques à la fin.

Ce n'est pas le tout, pour arriver à cette couronne de justice que nous promet le juste Juge, de souffrir, si nous ne souffrons selon l'exemplaire de perfection qui nous est mons-

---

[1] Introduction à la vie dévote, part. 3, chap. 3. — [2] 2ª 2ᵉ, quæst. 136, art. 1. — [3] Hebr. x, 36.

tré en la montaigne du Calvaire. Car Jesus-Christ nous a donné l'exemple de suivre ses traces, en souffrant pour nous : et s'il a fallu qu'il endurast pour entrer en sa gloire, c'est à dire, en une gloire qui luy appartenoit, et qui ne luy pouvoit manquer ; combien est-il plus juste que nous passions par plusieurs souffrances, à celle qui ne nous est pas deuë, mais que nous ne pouvons obtenir que par l'ayde de sa grace, et que nous n'esperons que de sa misericorde ? Car ce n'est pas ny celuy qui veut, ny celuy qui court qui l'attrape, mais Dieu qui la donne par pitié : ce n'est ny celuy qui plante, ny celuy qui arrose, mais Dieu qui fait l'accroissement.

Je me glorifieray en mes infirmitez et tribulations, dit le Docteur des nations, *afin que la vertu de Jesus-Christ habite en moy*[1]. Et quelle est cette vertu de Jesus-Christ, qui s'exerce parmy les afflictions, sinon la patience ? de laquelle il dit ailleurs, *Que Dieu addresse nos cœurs et nos corps au salut par la charité de Dieu, et la patience de Jesus-Christ*[2]. Ce dernier trait est notable, où vous voyez qu'il fait marcher la charité devant la patience, comme sa racine et son fondement ; parce que la patience, qui n'est point fondée et enracinée en la charité, est plutost une patience morale et philosophique, que divine et chrestienne, plutost acquise et humaine, qu'infuse et theologale ; en un mot, plutost imparfaite que parfaitte, puis que sans la charité, il n'est point de parfaitte vertu[3]. Donc, quand l'Escriture nous apprend que *la patience a son œuvre parfaitte*[4], cela s'entend de la patience chrestienne et vive, c'est à dire animée de charité.

On me demande quelle difference je mets entre l'une et l'autre patience acquise, et infuse. — Tres-grande en toute façon : car l'une est morte, l'autre est vive ; l'une naturelle, l'autre surnaturelle ; l'une a pour object le bien de l'homme, l'autre le bien exterieur de Dieu, qui est sa gloire ; l'une est

---

[1] II Cor. xii, 9. — [2] II Thess. iii, 5. — [3] S. Thom. 2ᵃ 2ᵃᵉ, quæst. 23, art. 7. — [4] Jacobi i, 4.

sans aucun merite, l'autre est meritoire du ciel, à cause de la grace ou charité qui l'accompagne. Et c'est par la vive et parfaite que proprement et chrestiennement nous possedons nos ames avec perfection, c'est à dire, en charité et par le motif de la charité.

On recharge en s'enquerant ce que c'est que posseder? — Le mot en son terme emporte sa signification : possession est une parole composée de ces deux, *pieds*, et *session* ou *assiette*, pour ce qu'anciennement on prenoit possession d'un heritage en mettant le pied dessus, et ainsi on s'en establissoit le maistre et possesseur. Posseder son ame, c'est la tenir en sa puissance, retenir ses eschapées, comme un cheval que l'on tient avec un camorre ou un frein. David appelle cela avoir son ame entre ses mains [1]; et son fils Salomon, avoir son ame en son pouvoir [2] : ce qui ne se peut faire chrestiennement et parfaitement que par la grace, selon ce qui est escrit, *Il est bon d'establir et d'affermir son ame en la grâce* [3]; car ceux qui s'appuyent là-dessus, c'est à dire sur le Seigneur, ne seront point confondus eternellement. Posseder donc son ame par la patience chrestienne et parfaitte, c'est endurer toutes sortes d'afflictions et de traverses pour l'amour de celuy qui a souffert tant de contradictions et tant d'opprobres pour nous : c'est l'imiter en ses souffrances, c'est cheminer comme il a cheminé, endurer de la façon qu'il a enduré. Or il a enduré premierement et principalement pour l'amour de son Pere; nous devons de mesme endurer pour son amour, et rapporter toutes nos souffrances à sa gloire. Car si nous ne souffrons avec luy et pour luy, nous ne regnerons point avec luy : si nous ne mourons ensemble avec luy, nous ne vivrons point ensemble avec luy : si pour son amour nous ne passons au travers du feu et de l'eau des afflictions, nous n'entrerons point au rafraichissement eternel.

---

[1] Psal. cxviii, 109. — [2] Prov. xxiii, 2. — [3] Hebr. xiii, 9.

Bien-heureux sont ceux qui souffrent persecution pour la justice; car le royaume des cieux est pour eux[1]. Qu'est-ce à dire, *pour la justice?* C'est pour l'amour de Dieu et la charité en laquelle consiste nostre justice et saincteté. Car si la patience n'est animée de charité, elle aura certes de la gloire, mais non pas devant Dieu, qui n'alloüe que ce qui est fait en son amour et pour son amour : et il ne faut point parler de posseder parfaitement son ame, sinon par cette patience vive, au lieu de perfection, qui est la charité.

SECTION II.

Qui se plaint peche.

C'estoit un des mots ordinaires de nostre Bien-heureux : « Qui se plaint, peche. » Vous desirez sçavoir comme il entendoit cela, et s'il n'est pas loisible de se plaindre à la justice, pour avoir raison des torts qui nous sont faits; ou si on ne se peut pas plaindre en ses maladies, pour en tirer du soulagement, et dire ses douleurs au medecin, afin qu'il y apporte des remedes selon sa science.

Ce seroit prendre ce mot trop au pied levé et à la rigueur, de luy donner une telle intelligence; ce seroit une lettre meurtriere, à laquelle il nous faut donner un esprit de plus douce vie. Voyez-vous, il entendoit parler des plaintes qui vont le grand galop du côté du murmure, et disoit que pour l'ordinaire ceux qui se plaignoient de cette façon pechoient, par ce que nostre amour propre a cela d'injuste, qu'il aggrandit tousjours les torts qui nous sont faits, et est fort menteur en ses balances, usant de termes excessifs et superlatifs pour exprimer des injures assez legeres, et que nous tiendrions pour neant, si nous les avions faites à autruy.

Ce n'est pas qu'il trouvast mauvais que l'on poursuivist tranquillement, paisiblement et sans passion en justice les

---

[1] Matth. v, 10.

outrages qui seroient faits à nos biens, à nos corps, à nostre honneur : il a fait un chapitre exprez en sa Philothée¹, pour monstrer que l'on peut conserver justement sa reputation sans prejudice de l'humilité, et aussi de la charité. Mais la foiblesse humaine est telle qu'il est malaisé, mesme à la face de la justice, de tenir son esprit en bride, et de garder l'equanimité requise : d'où est venu ce proverbe, qu'en cent livres de procez, il n'y a pas une once d'amitié.

Il vouloit aussi quand on estoit malade, que l'on dist tout simplement son mal à ceux qui pouvoient y apporter du remede, telle estant la volonté de Dieu, qui a creé la medecine, et qui ordonne que l'on honore le medecin². Voicy comme il parle sur ce subjet en sa Philothée. « Quand vous serez
» malade, offrez toutes vos douleurs, peines et langueurs
» au service de nostre Seigneur, et le suppliez de les joindre
» aux tourmens qu'il a receus pour vous. Obeyssez au me-
» decin, prenez les medecines, viandes et autres remedes
» pour l'amour de Dieu, vous ressouvenant du fiel qu'il
» print pour l'amour de vous. Desirez de guerir, pour luy
» rendre service ; ne refusez point de languir, pour luy
» obeyr; et disposez-vous à mourir, si ainsi il luy plaist,
» pour le loüer et jouyr de luy³. »

Hors de ces cas de justice et de maladie, il estimoit les plaintes non seulement inutiles; mais, pour l'ordinaire, injustes, estant extremement difficile que celuy qui est offensé et souffre du mal, ne passe les bornes de la verité et de l'equité, en faisant ses plaintes. Car soit que ces maux nous arrivent par des causes innocentes ou malicieuses, il faut tousjours regarder à la premiere, qui est la volonté de Dieu, lequel se sert des unes et des autres; de celles-là absolument, de celles-cy par sa permission; ou pour nous corriger, ou pour nous faire croistre en vertu : de sorte que quelque plainte que nous facions, elle rejaillit tousjours en quelque

---

¹ Part. 3, chap. 7. — ² Eccli. xxxviii, 1-12. — ³ Part. 3, chap. 3.

maniere contre sa providence. A raison de cela David disoit à Dieu : *Je me suis teu, et n'ay osé ouvrir ma bouche, pour ce que c'est de vostre main que partent les coups dont je ressens la pesanteur*[1]. Et Job affligé jusques au poinct que chacun sçait, ne dit pas, Le diable m'a osté les biens que le Seigneur m'avoit donnez ; mais, *Le Seigneur me les a donnez, le Seigneur me les a ostez, son sainct nom soit beny*[2].

Plusieurs personnes qui ont assisté nostre Bien-heureux en plusieurs maladies qu'il a euës durant sa vie, et en celle dont il est mort, m'ont dit que jamais ils ne luy ont ouy faire une seule plainte ; disant tout simplement son mal comme il le sentoit, sans l'agrandir ny diminuer, s'abandonnant tout à fait à leurs ordonnances, prenant sans contredit tous les remedes qui luy estoient ordonnez, non seulement avec courage, mais avec quelque tesmoignage de joye. C'estoit à luy de chanter ce verset : *Pour vostre amour, Seigneur, nous sommes mortifiez sans cesse, et tenus pour des brebis que l'on mene à la boucherie*[3].

SECTION III.

Sainct usage des offenses receuës.

Je vous vay dire un enseignement exquis en matiere de pratique de vertu de nostre bien-heureux François. Il disoit que la moisson des vertus estoit de souffrir des affronts et des injures, par ce que plusieurs vertus se presentoient en foule pour y prendre part et s'y exercer. 1° La justice ; car qui est celuy qui ne peche, et par consequent qui ne soit digne de correction ? Estes-vous offensé ? considerez combien de fois vous avez offensé Dieu, et combien il est juste que les creatures vous en punissent, comme instrumens de la justice vindicative de Dieu, que vous avez outragé. *Nous avons peché*, disoit un prophete, *nous avons fait injustice*,

---

[1] Psal. xxxviii, 10. — [2] Job i, 21. — [3] Psal. xliii, 22.

nous avons commis iniquité, à raison dequoy ces maux nous arrirent[1]. Quand Dieu nous tueroit, encore le devrions-nous benir, et tirer consolation de ces coups de baston et de verges.

2° Si l'on nous accuse justement, il faut reconnoistre simplement sa faute, et en demander pardon à Dieu et aux hommes, et remercier celuy qui nous la represente, quand bien mesme ce seroit de mauvaise grace, nous souvenans que les medecines ont ordinairement le goust desplaisant, mais un effet salutaire. C'est misericorde, disoit David, quand on me corrige, mesme avec reproche; c'est une mauvaise graisse que l'huile du flatteur[2]. 3° Si l'accusation est fausse, il faut paisiblement et sans émotion rendre tesmoignage à la verité; car nous devons cela à cette vertu, et à l'edification du prochain, qui pourroit tirer scandale de nostre silence comme d'un aveu tacite. 4° Cela fait, si l'on persevere à nous accuser, il ne se faut pas deffendre davantage, mais faire place au passage de la colere en pratiquant la patience, le silence et la modestie.

5° La prudence y prendra encore sa part, d'autant que les outrages mesprisez s'esvanouyssent : si vous vous y opposez avec colere, il semble que vous les avoüiez. 6° La discretion vient en suitte de la prudence, qui veut estre de la partie et exercer son acte, qui est toute moderation. 7° La force et grandeur de courage a dequoy aussi s'exercer en se surmontant soy mesme; ce que cet ancien poëte n'a pas mesconneu, qui disoit :

> Fortior est qui se, quam qui fortissima vincit
> Mœnia, nec virtus altius ire potest.

8° La temperance, ou pour le moins l'attrempance, y pretend encore, tenant en bride les passions, et les regentant avec un sceptre de fer, de peur qu'elles ne s'eschappent 9° L'humilité aussi y a une grande portion, puis qu'elle a

---

[1] Dan. III, 29-31. — [2] Psal. CXL, 5.

cela de propre, de nous faire non seulement cognoistre, mais aymer nostre abjection. 10° La foy mesme, qui a, selon sainct Paul, fermé la gueule des lyons[1], vient au secours, et nous fait regarder Jesus-Christ, autheur et consommateur de nostre foy, chargé d'opprobres et de contumelies, et au milieu de tout cela, fait comme un sourd et un muet, qui n'a aucune repartie. 11° L'esperance accourt à cette occasion, et nous fait attendre une couronne qui ne flestrira jamais, et le poids d'une gloire excellemment excellente, pour ce leger moment de tribulation que nous endurons. 12° Enfin la charité qui est patiente, douce, benigne et gracieuse, qui croit tout, qui espere tout, qui endure tout, qui souffre tout, est la maistresse du cœur, qui donne et regle le ton de toutes les autres vertus : elle est cette Sulamite du Cantique, en laquelle on ne void que des chœurs de combattans[2], pour ce qu'elle met en belle ordonnance les escadrons et les bataillons des autres vertus.

O combien cheririons-nous les outrages et les contumelies qui nous sont faites, si nous estions bons mesnagers de nostre salut! et que ces occasions nous seroient precieuses, puis qu'elles nous fournissent le moyen d'exercer en mesme temps tant d'actions agreables à Dieu! *O Dieu*, disoit le Psalmiste, *j'ay caché vos paroles en mon cœur, de peur que je ne vous offense*[3]. Et les Apostres sortoient tous joyeux des assemblées, où ils avoient esté jugez dignes de souffrir des affronts pour le nom de Jesus[4], qui est Dieu, beny par tous les siecles. Amen.

SECTION IV.

Humilité solide.

On venoit quelquefois dire à nostre Bien-heureux que quelques uns mesdisoient de luy, et en disoient des choses

---

[1] Hebr. xi, 33. — [2] Cantic. vii, 1. — [3] Psal. cxviii, 11. — [4] Act. v, 41.

estranges et scandaleuses. Car il n'y a point de soleil si eslevé qui n'ait quelque peu d'ombre; ny de vertu si eminente, qui ne soit sujete aux calomnies.

Nam quis invidiæ fines virtute reliquit.

Et au lieu de s'excuser et se deffendre il disoit de bonne grace : « Ne disent-ils que cela? Ho! vrayement ils ne sçavent pas tout : ils me flattent, ils m'espargnent, je voy bien qu'ils ont de moy plus de pitié que d'envie, et qu'ils me souhaittent meilleur que je ne suis. Or sus, Dieu soit beny, il se faut corriger : si je ne merite d'estre repris en cela, je le merite d'une autre façon; c'est tousjours misericorde que je le sois si benignement. »

Quand on prenoit sa deffense, et que l'on disoit que cela estoit faux : « Hé bien ! disoit-il, c'est un advertissement, afin que je me garde de le rendre vray : n'est-ce pas une grace que l'on me fait, de m'advertir que je me destourne de cet escueil? » Quand il voyoit que l'on s'estomaquoit contre le mesdisant : « Helas! disoit-il, vous ay-je passé procuration de vous courroucer pour moy? laissez-les dire, ce n'est qu'une croix de parole, une tribulation de vent, la memoire en perira avecque le son; il faut estre bien delicat pour ne pouvoir souffrir le bourdonnement d'une mousche. Qui nous a dit que nous soyons irreprehensibles? possible voyent-ils mieux mes deffauts que moy, ny que ceux qui m'ayment : nous appelons souvent des veritez du nom de mesdisance, quand elles ne nous plaisent pas. Quel tort nous fait-on quand on a mauvaise opinion de nous? ne la devons nous pas avoir telle de nous-mesmes? Telles gens ne sont pas nos contrarians, mais nos partisans, puisqu'avec nous ils entreprennent la destruction de nostre amour propre : pourquoy nous fascher contre ceux qui viennent en nostre ayde contre un si puissant ennemy? »

C'est ainsi qu'il se mocquoit des calomnies et des outrages, estimant que le silence ou la modestie estoient capables d'y resister, sans employer la patience pour si peu de chose Ce qu'il a si bien pratiqué et en tant de rencontres qui sont marquées par les escrivains de sa vie, il en a marqué son sentiment dans sa Philothée en ces beaux mots.

« L'homme vrayement humble, aymeroit mieux qu'un
» autre dit de luy qu'il est miserable, qu'il n'est rien, qu'il
» ne vaut rien, que non pas de le dire luy-mesme : au moins
» s'il sçait qu'on le die, il ne contredit point, mais acquiesce
» de bon cœur ; car croyant fermement cela, il est bien ayse
» qu'on suive son opinion [1]. »

SECTION V.

De l'amour de nostre abjection.

La question que l'on me propose est, comment il se peut faire que nous venions à aymer nostre bassesse, vilité et abjection. Je responds que cela se fait par le moyen de la vraye humilité chrestienne et parfaitte. On me dit que j'explique une mesme chose par un autre mot, et que l'humilité et l'abjection sont une mesme chose. Nostre bien-heureux Pere viendra icy à mon secours pour me justifier et nous apprendre « qu'il y a de la différence entre la vertu d'humilité
» et l'abjection. Car l'abjection, c'est la petitesse, bassesse
» et vileté qui est en nous, sans que nous y pensions : mais
» quant à la vertu d'humilité, c'est la veritable connoissance
» de nostre abjection. Or le haut point de cette humilité
» gist, à non seulement reconnoistre volontairement nostre
» abjection, mais l'aymer et s'y complaire ; et non par man-
» quement de courage et generosité, mais pour exalter tant
» plus la divine Majesté, et estimer beaucoup plus le pro-
» chain en comparaison de nous-mesmes. » Ces paroles sont tirées de sa Philothée [2] ; desquelles nous apprenons : 1° qu'il y a difference entre l'humilité et abjection ; 2° que nous pou-

[1] Part. 3, chap. 5. — [2] Id. chap. 6.

vons avoir celle-cy sans celle-là ; 3° mais non la vraye humilité, sans la connoissance et l'amour de celle-cy ; 4° que ce n'est pas assez d'aymer son abjection pour estre chrestiennement et parfaictement humble, si nous ne l'affectionnons par charité, c'est à dire pour l'amour de Dieu et du prochain.

Il y a une grande distance entre la vertu morale d'humilité, et la chrestienne et parfaite, non seulement en ce que celle-là est morte, et celle-cy vive; mais en ce que celle-là n'est pour l'ordinaire que dans l'entendement et la connoissance, mais celle-cy est principalement dans la volonté et l'amour. Les anciens philosophes ont dit des merveilles touchant la misere et le neant de l'homme ; mais quelque connoissance qu'ils eussent qu'ils n'estoient rien et ne valoient rien, ils pensoient bien neantmoins estre quelque chose, s'évanouyssans en leurs pensées, et s'épanouyssans en leurs vanitez et fausses folies; et, comme dit un d'entr'eux, mettans leurs noms à la teste des traittez qu'ils faisoient du mépris de la gloire, ils cherchoient cela mesme qu'ils méprisoient, faisant comme ceux qui prennent en refusant, et comme les rameurs, qui bandent de toutes leurs forces pour arriver au lieu où ils tournent le dos.

Sans le glaive de la grace, le moyen de trancher la teste aux Goliats du propre amour? Cette victoire n'appartient qu'à la vraye charité, qui ne cherche point son interest. Il est presque impossible (parlant naturellement) que nous aymions nostre abjection et vilité pour nostre interest : mais tres-facile avec la charité, quand nous pensons que par cet amour nous rendons gloire à Dieu, devant qui nostre substance est un vray neant, et tout homme vivant n'est qu'une vanité universelle. Pour respondre donc en deux paroles à la demande qui m'a esté faite, je dy que c'est par la charité que nous aymons, et par l'humilité que nous connoissons nostre vilité, bassesse et abjection ; et que si l'humilité n'est charitable, elle ne peut estre accomplie.

SECTION VI.

De l'estat de perfection.

Quand on parloit d'estat de perfection, il vouloit que l'on distinguast soigneusement ces deux mots d'estat et de perfection, non seulement d'entr'eux, mais en eux-mesmes : car outre que l'estat et la perfection sont deux choses fort differentes, il y a de plus bien de la difference d'estat à estat, et de perfection à perfection : Ce qu'il expliquoit ainsi.

Le mot d'estat derive de celuy de stabilité, et signifie communement une vacation ou condition de vie : laquelle, pour ce que l'on ne change que rarement, on l'appelle estat. Il y a neantmoins des vacations ou conditions qui se peuvent plus aisement changer les unes que les autres : car les unes se peuvent quitter par la seule volonté de ceux qui les ont embrassées, pour en prendre d'autres; et il y en a d'autres, à cause de quelque profession publique, qui ne se peuvent laisser d'authorité privée, mais seulement par la dispense et permission des superieurs.

L'estat chrestien, auquel nous entrons par le Baptesme, et auquel nous sommes affermis par la Confirmation, est un estat tout à fait immuable, par ce que ces deux Sacremens impriment des caracteres indelebiles au temps de cette vie et en l'eternité de l'autre, à raison de quoy on ne les reïtere point : comme aussi le sacrement de l'Ordre, lequel, pour la mesme raison, met celuy qui le reçoit dans un estat immobile. Ceux qui se sequestrent du siecle pour se jetter dans les communautez et instituts approuvez par l'Eglise, entrent par leur profession votive dans un estat et condition qui n'imprime pas de caractere, comme font les trois Sacremens que nous avons nommez : mais ils ne peuvent pas d'eux-mesmes changer cet estat ny le quitter, sans le congé et la dispense des superieurs (qui en ont la faculté en certains Ordres), ou du souverain Pontife, qui est le superieur general, ou pour mieux dire, generalissime, non seulement de toutes les communautez particulieres, mais de la congregation de tous les fideles, qui vivent sous sa houlete pastorale, dans le sein de l'Eglise universelle. Cette condition votive s'appelle estat, d'autant qu'elle ne se peut pas aisement changer, au moins de l'authorité privée de ceux qui l'ont embrassée et voüée, mais seulement par l'authorité publique de ceux qui ont le pouvoir d'en dispenser. Le mesme se dit de la condition des prelats et pasteurs majeurs, qui sont les evesques, lesquels ne peuvent quitter leurs charges de leur propre mouvement, sans la dispense et le congé du sainct Siege apostolique. Pour le regard des autres estats et vacations tant de l'Eglise que de la police seculiere, ils se peuvent changer selon la volonté de ceux qui les exercent, lesquels peuvent passer d'une condition à une autre sans difficulté. On peut encore dire, que les mariez sont en un estat en quelque façon immuable, puis que nulle puissance humaine ne peut separer ce que Dieu a une fois legitimement conjoint. Voila pour le regard du mot d'estat.

Quant à celuy de perfection, il vouloit que l'on distinguast fort soigneusement la naturelle, morale, acquise, humaine et exterieure, de la surnaturelle, theologale, infuse, divine et interieure; puis que ces deux choses ne sont pas moins distantes, que le ciel est esloigné de la terre : et si on les veut confondre,

Quis cœlum terris non misceat, et mare cœlo [1]?

La premiere n'est que philosophique, et peut estre pratiquée par un infidele, aussi bien que par un chrestien; et par un chrestien qui est dans le peché mortel, aussi bien que par le justifié : mais la seconde n'est que dans le chrestien qui est en grace et qui a la charité. La premiere s'acquiert par l'exer-

---

Juvenal. Satyr. II, 25.

cice des vertus morales : la seconde consiste en la charité, qui est une vertu infuse et non acquise.

L'estat de perfection pris en cette seconde maniere n'est autre que l'estat de grace de l'homme justifié, et qui a la charité. Estat interieur, surnaturel et infus, auquel nul ne peut dire s'il y est, si ce n'est par conjecture; nul ne sçachant s'il est digne d'amour ou de haine, si ce n'est par revelation speciale[1] : estat auquel peut estre tout chrestien, et auquel il est obligé de tendre et de pretendre, en quelque condition qu'il soit : estat auquel il est establj par le Baptesme, et restably par le sacrement de Penitence, qui est la seconde table aprez le naufrage, lors qu'il en est descheu par le peché à mort. Et pris en la premiere signification, l'estat de perfection ne dit autre chose qu'une condition où on exerce toutes les vertus morales, ou quelques unes d'entre elles, pour arriver à leur perfection naturelle, acquise et humaine; non pas pour acquerir la perfection surnaturelle et divine, qui consiste en la charité, laquelle estant une vertu gratuitement infuse dans le cœur par le sainct Esprit, n'est pas une vertu acquise, et ne se peut acquerir par toutes les vertus morales qui la precedent, ny par toutes les forces de la nature : car ce n'est ny celuy qui veut, ny celuy qui court, mais Dieu seul qui fait cette misericorde, et la fait à qui il veut, son esprit se respandant où et comme il luy plaist.

Ce qui nous monstre que parler de l'estat de perfection sans user de distinction, c'est tomber en des embarrassemens et confusions merveilleuses, qui font donner insensiblement dans l'écueil du Pelagianisme, attribuant à la nature ce qui n'appartient qu'à la grace, par un change subtil et presque imperceptible. Car, entre Chrestiens, quand on parle d'estat de perfection, l'esprit est aussi tost remply de cette opinion, que l'on parle de la perfection interieure et

---

[1] S. Thom. 1ª 2ᵉ, quæst. 112, art. 5.

essentielle du Christianisme, qui consiste en la charité ; laquelle seule entre les vertus est le lien de perfection : et cependant on n'entend pas cette perfection-là, mais une perfection exterieure et accidentelle, morale, humaine, et naturelle, qui se peut pratiquer sans charité et sans grace justifiante, et acquerir par les forces de la nature. D'où résulte ce desordre prodigieux, et cette dangereuse erreur, que l'on puisse par cette perfection exterieure et naturelle, qui peut estre sans la grace gratifiante, arriver à la perfection interieure et essentielle du Christianisme : opinion non seulement fausse, mais de pernicieuse consequence, et qui ramene des enfers l'erreur de Pelagius.

Si l'on dit que cet estat de perfection morale et exterieure, joint à la grace qui justifie, font faire un grand progrez en la perfection interieure et essentielle du Christianisme, on ne dit rien pource que l'on dit trop. Et ce discours a quelque chose de semblable au desraisonnable raisonnement que font les Protestans contre le celibat des ecclesiastiques. « Si chacun, disent-ils, gardoit le celibat, le monde finiroit bien tost. » Cette preuve peche en l'excez ; parce qu'elle est fondée sur une hypothese qui ne peut arriver, selon le cours des choses humaines. Aussi par l'estat de perfection exterieure, entenduë l'une et l'autre perfection, et interieure et exterieure, et essentielle et accidentelle jointes, c'est ne rien dire, pour trop dire ; d'autant que c'est mesler le certain avec l'incertain, ce qui paroist avec ce qui ne paroist pas, l'acquis avec l'infus, et attacher inseparablement la nature à la grace, ce que le peché separe à tout propos.

Dire que par l'estat de perfection interieure on entend une perfection instrumentelle, c'est à dire des instrumens qui en la main de la charité, laquelle est la perfection mesme, servent beaucoup à meriter son accroissement; c'est s'embarrasser en de plus grandes absurditez, puisque ces instrumens ne sont instrumens de perfection, surnaturelle et infuse, qu'entant qu'ils sont en la main de la charité, et exercez par elle. Hors de là ce ne sont qu'instrumens d'imperfection, puis que toutes les vertus sont imparfaites sans la charité, selon le Docteur Angelique[1]; ou, tout au plus, ce ne sont qu'instrumens de perfection morale et naturelle.

Repliquer que par l'estat de perfection l'on entend l'une et l'autre perfection, c'est pour fuïr Caribde se jetter en Scylla, et pour eviter le Pelagianisme, donner dans l'erreur des Protestans de nostre âge, qui se disent asseurez d'estre en grace, de certitude de foy, puis que l'on se dit estre en l'estat de la perfection interieure, aussi bien que de l'exterieure; quoy que la certitude conjecturale de posseder celle-là ne soit pas infailliblement asseurée, selon la doctrine catholique. Ainsi,

Dum vitant stulti vitia, in contraria currunt[2].

Adjouster que par l'estat de perfection instrumentale et exterieure on tend à la perfection essentielle et interieure, c'est ne rien dire qui ne soit commun à tous les Chrestiens de quelque estat et condition qu'ils soient, puis que tous sont obligez à avoir la charité, à y tendre et pretendre, s'ils veulent estre sauvez : or la charité et la perfection sont une mesme chose.

Il est vray que ces deux sortes de perfection et d'estat de perfection peuvent estre conjointes et disjointes : conjointes, quand celuy qui est en l'estat que l'on appelle de perfection exterieure, est en estat de grace et de charité ; et disjointes, quand il perd la charité par le peché mortel. C'est pourquoy il se faut bien garder de conjoindre tousjours, comme choses inseparables, ces deux icy qui peuvent estre separées; ny de les disjoindre aussi, en sorte qu'on les estime inassociables : mais estimans chacune separement autant qu'elle est estimable, prisans aussi beaucoup leur assemblage. Estimons la condition de ceux que l'on dit estre en l'estat de perfection exterieure et accidentelle, sans juger

---

[1] 2ᵃ 2ᵐ, quæst. 23, art. 7. — [2] Horat. lib. 1, Satyr. II, 24.

s'ils sont en l'interieure et essentielle, qui consiste en la grace gratifiante, et qui rend agreable, puis que ce sont lettres closes, non seulement à nous, mais encore à eux-mesmes; et sans juger aussi qu'ils n'y soient pas, puis que c'est une chose qui nous est incertaine, et un cas reservé à la connoissance de Dieu : mais aussi gardons nous bien de confondre la nature avec la grace, et l'estat de perfection naturelle, avec celuy de la perfection surnaturelle, car ce seroit mesler le precieux avec le vil.

La perfection exterieure est morte, informe et inutile pour le salut sans l'interieure ; et sans celle-cy son estat ne merite pas qu'on en face grand estat, puis qu'il est escrit : *Dequoy sert à l'homme de gaigner tout le monde, s'il perd eternellement son ame* [1]? Cet estat de perfection exterieure, sans la charité, et perfection interieure, est un corps sans ame, un Polipheme aveugle, une corneille du poëte, un colosse de Daniel, de grande apparence, bigarré de divers metaux, mais qui n'a que des pieds de terre. Voicy comme en parle nostre bien-heureux Pere en sa Philothée. « Il y a bien de la » difference, dit-il, entre l'estat de perfection et la perfec» tion ; puis que tous les evesques et religieux sont en l'estat » de perfection, et tous neantmoins ne sont pas en la per» fection, comme il ne se void que trop [2]. » Quand donc on dit dans l'eschole que l'on peut estre en l'estat de perfection sans estre en la perfection, il faut entendre cet estat de la perfection exterieure, lequel peut estre sans charité ; et par le mot de perfection, il faut entendre l'estat de grace et de charité qui est la vraye, essentielle et interieure perfection du Christianisme.

Maintenant on me demande si cette vacation ou condition de vie n'est pas bien nommée estat, qui est affermie par des vœux et par une profession publique approuvée par l'Eglise. — Qui peut douter de cela, puis qu'elle a une si

---

[1] Matth. xv, 28. — [2] Part. 3, chap. 11.

grande fermeté morale, et un establissement et stabilité si solide? Si est-ce que parlant comparativement, il est encore moins immuable et plus changeable que l'estat permanent où nous mettent les sacremens de Baptesme, de Confirmation et d'Ordre, qui impriment des caracteres ineffaçables et indispensables; et mesme que celuy du Mariage legitimement contracté et consommé, lequel ne peut estre rompu quant au lien, par aucune puissance de la terre, mais par la seule mort : d'autant que les vœux de la profession cœnobitique peuvent estre dispensez par les superieurs à qui le sainct Siege en donne la faculté, ou par le souverain Pontife.

Mais il naist une autre question plus curieuse ; sçavoir, si les trois vœux de la profession que nous avons dite, ne mettent pas au moins ceux qui les font dans l'estat de toute la perfection exterieure. Je responds, avec soumission, que leurs vœux les mettent en estat, c'est à dire dans une condition stable, de laquelle de leur authorité privée ils ne se peuvent pas retirer ; et en estat qui les oblige de tendre à la perfection naturelle des trois choses qu'ils promettent à Dieu par leurs vœux, qui sont la continence, la desapropriation et l'obeyssance. Que s'ils ont avec cela la charité, leur condition les oblige de tendre au progrez en la perfection interieure par ces trois choses qu'ils ont voüées, comme par les trois principaux instrumens de leur vacation et condition. Que s'ils n'ont point la charité, ils demeurent tousjours obligez à l'exercice de la perfection naturelle des trois choses qu'ils ont voüées. On demande en suitte s'ils ne sont pas tenus de tendre à la perfection de l'observance de leurs regles et constitutions. Je respons qu'il faut distinguer entre leurs vœux et l'observance de leurs regles et statuts, par ce qu'ils sont obligez de garder soubs peine de peché mortel les promesses votives qu'ils ont faites à Dieu; mais leurs regles et constitutions (au moins celles de sainct Basile, de sainct Augustin et de sainct Benoist) n'obligent point à leur observation soubs peine de peché mortel, ny veniel, comme le declarent tous les scholiastes de ces regles là.

Mais toute la perfection morale et exterieure n'est elle pas comprise dans les trois choses qu'ils promettent en leurs vœux?—Si l'on y veut reduire et rapporter toutes les vertus morales (ce qui se pourroit faire selon cette maxime generale des philosophes moraux, qui dit que les vertus morales parfaites ne sont jamais les unes sans les autres : maxime fort bien deduite et demonstrée par nostre bien-heureux Pere en son Theotime [1]), je penserois que cette proposition se pourroit soustenir. Mais outre que c'est prendre la carriere bien large, c'est mettre tous les autres chrestiens dans le mesme estat de perfection, avec beaucoup de facilité. Car ou c'est le vœu qui les met en estat de perfection, ou ce sont les vœux de ces trois choses qui composent leur profession : si c'est le vœu, tout homme qui vouera quoy que ce soit, se mettra en l'estat de perfection exterieure, morale et instrumentelle, puis qu'il se sert de l'instrument du vœu; si ce sont les vœux des trois choses qu'ils promettent, un chrestien seculier qui voudra faire trois vœux de trois choses aussi grandes, comme de quelques jeusnes, oraisons, aumosnes (qui sont trois choses tant loüées dans l'Escriture, et ausquelles se peuvent aisement rapporter toutes les bonnes œuvres, et toutes les vertus morales), sera aussi en l'estat de perfection, puis que par le vœu il est en un estat stable, et par l'exercice de ces trois vertus il peut arriver à la perfection morale et exterieure.

Si l'on dit que les trois vœux que l'on professe publiquement doivent estre attachez à l'observance de quelque regle approuvée par l'Eglise : outre que tout cecy s'avance sans preuve, et sans l'authorité ny de l'Escriture, ny des Conciles, ny des Peres; on peut dire que le vœu simple et solemnel ne sont pas differens d'espece, que l'un et l'autre

---

[1] Liv. 11, chap. 7.

obligent esgalement devant Dieu, et que l'adjonction d'une regle n'est pas de si grande consideration qu'elle puisse composer l'estat de perfection exterieure, puis que son observance n'oblige point soubs peine de peché mortel ny veniel. Si on repart que les vœux simples n'obligent pas pour tousjours; on répond qu'ils obligent pour toute la vie, quand ils sont conceus pour toute la vie, comme de jeusner toute sa vie un tel jour de la semaine. Si on dit que l'on en est facilement dispensé; la facilité ou difficulté de la dispense ne change pas pourtant la nature du vœu : il suffit que nul ne s'en peut dispenser soy-mesme, mais que cela dépend du jugement du superieur.

Il est bien vray que la philosophie morale, à laquelle appartient la connoissance de la perfection des vertus acquises et naturelles, reduit toutes les vertus de cette sorte, soubs les quatre cardinales, c'est à dire principales, qui sont la prudence, justice, force et temperance, comme aux troncs, dont toutes les autres subalternes et subordonnées sont des branches. Mais je n'ay point encore leu aucune ethique, qui reduise toutes les vertus morales sous les trois vœux, dont il est question. Sainct Thomas en sa Somme range toute la morale chrestienne soubs les sept vertus generales; les trois appellées theologales, et les quatre cardinales : et je ne sçay point d'autheur qui la rapporte toute aux trois vœux. Cependant il le faudroit ainsi pour y attacher l'estat de toute la perfection morale, exterieure et naturelle.

Nous recueillirons de tout cecy, quand on parlera d'estat de perfection, de distinguer avec soin l'estat de la perfection, et la perfection exterieure et accidentelle, de l'interieure et essentielle; donnans à chacune dans nostre estime le rang qui luy est deu, selon son excellence naturelle et surnaturelle, nous gardans bien d'attribuer à la nature l'honneur qui n'appartient qu'à la grace, et beaucoup moins de rendre la grace dependante de la nature : mespris qui arrive à ceux lesquels jugent du sac sur l'etiquette, estimans la perfection intérieure par l'exterieure, et mesurans la charité par les vertus naturelles et morales, au lieu de mesurer celles-cy à l'aune de celles-là, puis qu'elles sont sans merite et perfection chrestienne, quand elles ne sont point animées ny accompagnées de charité.

SECTION VII.

De la patience és calomnies.

Ce mot du divin Apostre luy plaisoit extremement, et il l'inculquoit fort souvent : *Ne vous deffendez pas, tres-chers, mais donnez place à la colere*[1]. Les coups de canon s'amortissent dans la laine ou dans la terre, mais font d'estranges escornes contre les pierres et les corps qui leur resistent. La douce parole, dit l'oracle sacré, esteint le courroux[2], comme l'eau esteint le feu. Rien n'appaise si tost un elephant quand il est en fougue, comme la veuë d'un petit agneau. L'ours fuit devant le chat, qui est un animal doux domestique. La possession de la terre est donnée par la beatitude evangelique à ceux qui sont doux, patiens et debonnaires[3], par ce qu'ils se rendent par leur douceur maistres et possesseurs de tous les cœurs. *Les mansuets*, dit le Psalmiste, *possederont la terre*[4] : et un prophete appelle le Messie *Agneau dominateur de la terre*[5]. *La douceur est-elle survenuë*, dit David? *nous voilà corrigez*[6]. Les debonnaires estans souples et pliables à tout, comme ils font aisément les volontez des autres, les autres aussi s'accommodent facilement à leurs volontez.

Son grand avis dans les calomnies d'importance, dont on est quelquefois accueilly, estoit de regarder le Sauveur, mourant comme un infame sur la croix, au milieu de deux brigands. « C'est-là, disoit-il, le serpent d'airain et sans venin, l'aspect duquel nous guerit de la morsure et des

---

[1] Rom. xii, 19. — [2] Prov. xv, 1. — [3] Matth. v, 4. — [4] Psal. xxxvi, 11. — [5] Isai. xvi, 1. — [6] Psal. lxxxix, 10.

attaintes de la calomnie, qui a le poison de l'aspic soubs la langue : devant ce grand exemple de souffrance nous aurons honte de nous plaindre, et beaucoup plus d'avoir du ressentiment contre les calomniateurs. »

Voicy un de ses avis sur ce subjet, ainsi qu'il est couché dans sa Philothée[1] : « Si on nous blasme injustement, opposons paisiblement la verité à la calomnie : si elle persevere, perseverons à nous humilier, remettans ainsi nostre reputation avec nostre ame és mains de Dieu par la bonne et mauvaise renommée, à l'exemple de sainct Paul[2], afin que nous puissions dire avec David : *O mon Dieu, c'est pour vous que j'ay supporté l'opprobre, et la confusion a couvert mon visage*[3]. »

Sur cette lecture que je viens de faire, on me demande comme il est possible de servir Dieu par la mauvaise renommée, veu qu'elle donne du scandale, et qu'il est escrit, *Malheur à qui donne le scandale*[4]. — Mais on remarquera qu'il y a bien de la difference entre le scandale actif et passif : c'est le propre des meschans de donner celuy-là, et des foibles esprits de prendre celuy. J'entends que c'est le propre des meschans de donner le scandale, quand leurs vices en sont une cause legitime : mais les plus gens de bien peuvent donner scandale sans leur faute, pour des crimes qui leur sont faussement imputez. Ainsi nostre Seigneur est appellé *pierre de scandale*[5] : et luy-mesme disoit à ses disciples, qu'ils seroient scandalisez en luy[6] : et Simeon prophetiza qu'il seroit un signe de contradiction[7]. Et le Sauveur disoit à ses Apostres : *Vous serez bien-heureux quand les hommes mediront de vous, et vous chargeront de toutes sortes de crimes en mentant, et que vous souffrirez tout cela pour l'amour de moy; resjouyssez-vous, car vostre loyer sera grand pour cela dans les cieux*[8].

[1] Part. 3, chap. 7. — [2] II Cor. vi, 8. — [3] Psal. lxviii, 8. — [4] Matth. xviii, 7. — [5] I Petr. ii, 8. — [6] Matth. xxvi, 31. — [7] Luc. ii, 34. — [8] Matth. v, 11, 12.

Ce n'est pas à dire pourtant que nous ne puissions avoir recours à l'oraison, pour prier Dieu qu'il détourne ce fleau de nostre tabernacle; nostre foiblesse, qui nous est si conneuë, nous obligeant à le supplier de ne nous induire point en tentation. Ainsi David, homme selon le cœur de Dieu, le prioit qu'il delivrast son ame des levres injustes et des langues trompeuses [1]; qu'il le rachetast de la calomnie des hommes, et qu'il ostast de luy l'opprobre et le mespris, afin qu'il gardast ses preceptes avec plus de facilité et de contentement [2]. Quiconque peut garder la paix du cœur dans l'orage des calomnies a fait un grand progrez dans le pays de la perfection.

SECTION VIII.

De la douceur des paroles.

Jamais le succre ne gasta de saulce. C'estoit un proverbe qui passoit souvent par la bouche de nostre Bien-heureux; et certes il parloit en cela de l'abondance de son cœur, qui estoit un vray rayon de miel, lequel distilloit par ses levres. Mais il ne vouloit point que l'on dist de douces paroles, si, comme la langue a naturellement sa racine au cœur, elles ne partoient d'une franche, ronde et naifve cordialité. Il detestoit merveilleusement les levres trompeuses, qui parloient en un cœur et en un cœur, qui traittoient de paix avec leur prochain, tandis qu'ils conçoivent en leur pensée quelque mal contre luy. Malheur, dit le sacré texte, à ceux qui ont le cœur double [3]. Le sainct Esprit n'habite point en une ame maligne, feinte et dissimulée: rien n'est si contraire à Dieu, qui est la simplicité mesme, comme la duplicité.

« Ressouvenez-vous, dit-il en sa Philothée, que l'Espouse,
« au Cantique des cantiques, n'a pas seulement le miel en
« ses levres et au bout de sa langue; mais elle l'a encore
« dessous la langue, c'est à dire dans la poictrine; et n'y a

---

[1] Psal. cxix, 2. — [2] Psal. cxviii, 22, 134. — [3] Eccli. ii, 14.

» pas seulement du miel, mais encore du laict. Car aussi ne
» faut-il pas seulement avoir la parole douce à l'endroit du
» prochain, mais encore toute la poictrine, c'est à dire, tout
» l'interieur de nostre ame. Et ne faut pas seulement avoir la
» douceur du miel, qui est aromatique et odorant, c'est à
» dire, la suavité de la conversation civile avec les estran-
» gers; mais aussi la douceur du laict entre les domestiques
» et proches voisins : en quoy manquent grandement ceux
» qui en la ruë semblent des anges, et en la maison des dia-
» bles [1]. »

Qui ne dira que des gens de cette sorte sont des personnes contrefaites et masquées, semblables à ces cousteaux qui tranchent des deux costez; et à ces serpens appellez amphisbenes, qui ont deux testes, à leurs deux extremitez, et mordent des deux costez?

Il reprenoit aussi certaine douceur affectée de paroles sucrées et de complimens, qui ne partent nullement du cœur, et qui se disent par forme d'ajencement et de cajollerie : il disoit quelquefois de cette sorte de langage fardé, ce mot assez commun en Italie, *Finocchio, finocchio.*

D'autre costez il reprenoit un vice fort ordinaire aux peres et aux maistres, qui penseroient deroger à leur gravité et authorité, s'ils avoient dit quelques paroles de douceur, et usé de quelques caresses envers leurs enfans et serviteurs : cela s'entend des enfans desja grands; car les petits, qui sont jeunes, et le passe-temps des peres et des meres, n'en sont souvent que trop caressez, et ces amadoüemens sont ordinairement la semence de beaucoup de vices en ces petites ames. Quand un fils ou une fille qui ont desja de l'âge font quelques fautes legeres, les peres et les meres les relevent avec un ton aigre et poignant; et il arrive assez de fois que la reprehension est si mal assaisonnée, qu'elle est pire et plus reprehensible que la faute reprise. S'ils se gouver-

[1] Part. 3, chap. 8.

nent bien, vivans avec toute sorte de vertu et d'obeyssance, ils ne font que leur devoir; jamais un pere, ny une mere, ne leur tesmoignera de satisfaction par aucune parole ny caresse : ce qui descourage merveilleusement ces tendres esprits, et leur fait desagreer le chemin de la vertu, qui est assez aspre, la voyant si peu estimée par ceux-là mesmes qui la leur recommandent. Le mesme arrive aux pauvres serviteurs, qui font tous leurs efforts pour rendre leurs services agreables à des maistres, qui plus insensibles que des marbres, ne leur rendroient pas le moindre tesmoignage d'aggréement; ce qui leur fait perdre le cœur, et les porte quelquefois en de telles infidelitez, qu'elles ont fait naistre le proverbe : Autant de serviteurs, autant d'ennemis.

Je me souviens d'avoir autrefois leu dans les Commentaires du grand mareschal de Montluc les regrets qu'il fait sur la mort d'un de ses fils, brave et vaillant gentilhomme, qui estoit mort au lict d'honneur en une bataille, de ce qu'il n'avoit jamais tesmoigné que des rudesses à ce pauvre garçon, le gourmandant lors mesme qu'il avoit rendu plus de marques de son courage, et sans luy faire jamais paroistre l'estime qu'en son ame il faisoit de sa valeur, de laquelle il avoit conceu de hautes esperances : tardive repentance et hors de saison.

La justice des hommes est ordinairement manchote et percluse du bras qui doit distribuer les recompenses à la vertu, n'ayant d'entier et de pesant, que celuy qui chastie les fautes : encore combien d'imperfections, commet-elle dans les punitions? une sincere justice estant souventefois une rigoureuse injure.

SECTION IX.

Des habits et des habitudes.

Nostre grand roy sainct Louys, à qui nostre Bien-heureux avoit une devotion tres-speciale, disoit un mot excel-

lent, qui est ainsi rapporté dans la Philothée. « L'on se doit
» vestir selon son estat, en sorte que les sages et bons ne
» puissent dire, Vous en faites trop ; ny les jeunes gens,
» Vous en faites trop peu. Mais en cas que les jeunes ne se
» vueillent pas contenter de la bien-seance, il se faut arrester
» à l'advis des sages. »

Sur quoy nostre bien-heureux François disoit que comme l'on cognoist l'animal au pelage ou au plumage, l'habit donnoit un grand jour pour recognoistre les mœurs des personnes ; nonobstant le proverbe, L'habit ne fait pas le moyne. Car bien qu'il soit assez vray touchant ceux dont il parle, dequoy la robe est quelquefois plus reglée que les mœurs ; il n'en est pas de mesme des seculiers, lesquels estans en pleine liberté de s'habiller comme il leur plaist ; ce, comme il leur plaist, est ce qui ouvre le pas à la conjecture.

Entre l'habit et l'habitude, il y a non seulement de la ressemblance quant au mot, mais encore quant à la chose : car comme le corps peut estre revestu de bons ou mauvais habits ; aussi l'ame le peut estre de bonnes ou mauvaises habitudes. Ce que l'Escriture favorise quand elle nous avertit de despoüiller le vieil homme avec ses mœurs, c'est à dire avec ses habitudes, pour nous revestir du nouveau, qui soit selon la justice et sainteté de Dieu [1] ; et l'Apostre, à ce propos, nous exhorte de nous desvestir de nostre mauvaise conversation, et de nous revestir de Jesus-Christ[2] : et Jesus-Christ mesme dit à ses Apostres en montant au ciel, qu'ils se tiennent recueillis et en solitude jusques à ce qu'ils fussent revestus de la vertu d'enhaut [3], c'est à dire, des dons du sainct Esprit, qui sont autant d'habitudes infuses et celestes.

Or comme nostre bon roy sainct Louys vouloit que chacun s'habillast modestement selon sa condition, sans vouloir paroistre plus ou moins qu'il n'est pour ses habits ; le plus

---

[1] Coloss. III, 9, 10, et Ephes. IV, 24. — [2] Rom. XIII, 13, 14. — [3] Luc. XXIV, 49.

sentant la vanité; et le moins, la chicheté et tacquinerie : aussi nostre bien-heureux François desiroit que chacun pratiquast les bonnes habitudes, c'est à dire les vertus les plus convenables à sa vacation, sans s'arrester à celles qui y sont les moins sortables. Non pas que tous les Chrestiens ne soient obligez de pratiquer toutes les vertus quand les occasions s'en presentent, et qu'ils en ont le moyen; mais c'est parce que toutes vertus ne peuvent pas être exercees par tous, ny à toute occasion : par exemple, la magnificence et la liberalité ne peuvent pas estre pratiquees par les pauvres; ny la patience, constance, longanimité, par ceux qui n'ont aucune souffrance. Mais parce qu'il arrive par un desordre de jugement ordinaire, que ceux d'une condition se veulent exercer en des vertus qui seroient plus convenables à ceux d'une autre, et laissent par ceste mauvaise conduite, à pratiquer ce qui est de leurs devoirs, et ce que Dieu demande d'eux dans le genre de vie où il les a appellez; nostre Bienheureux reprend fort suavement ceste extravagance, qui n'est que trop commune, dans sa Philothee, où je vous renvoye pour ce regard [1].

SECTION X.

De parler de Dieu.

Cette parole de sainct Pierre plaisoit fort à nostre Bienheureux, *Si quelqu'un parle, que ce soit comme parole de Dieu; si quelqu'un agit, que ce soit comme par la vertu que Dieu luy donne*[2] : comme s'il disoit, Soit que vous parliez, soit que vous operiez, que tout cela se fasse selon Dieu et par le motif de luy plaire. C'est ce que sainct Paul dit : *Toutes choses quelconques que vous ferez, soit en parole, soit en œuvre, faites les au nom*, c'est à dire en l'honneur et pour la gloire, *de nostre Seigneur Jesus-Christ*[3]. Si nous

---

[1] Part. 1, chap. 3. — [2] 1 Petr. iv, 11. — [3] Coloss. iii, 17.

estions exacts à observer cét avis, toutes nos paroles seroient de Dieu, et toutes nos actions seroient comme divinisees, puis qu'elles seroient faites non seulement en grace, mais par le motif de la grace celeste, ainsi que disoit l'Apostre : *Non moy, mais la grace de Dieu en moy, avec moy, par moy*[1]. Quelle digne maniere de parler et d'agir! c'est là ceste plus excellente voye que l'Apostre demonstre[2].

Pour pratiquer ce notable precepte, voicy de remarquables avis de nostre bien-heureux Pere. Le premier en quelqu'une de ses Epistres : « Il ne faut jamais parler de Dieu, » ny des choses qui regardent son culte, c'est à dire la reli- » gion, tellement quellement, et par maniere de devis et » d'entretien, mais tousjours avec un grand respect, estime » et sentiment. »

Le second est en sa Philothee, ou il l'exprime en ces termes : « Parlez tousjours de Dieu, comme de Dieu, c'est à » dire reveremment et devotement, non point faisant la » suffisante et la precheuse, mais avec esprit de douceur, » de charité et d'humilité[3]. »

Le premier avis regarde ceux qui parlent des choses de la religion indifferemment, comme de tout autre subjet d'entretien et de conversation, sans aucun esgard au temps, au lieu et aux personnes, et sans aucun autre dessein sinon de passer le temps et de deviser. Misere dont se plaint sainct Hierosme de son temps, disant que tous les arts et sciences avoient leurs experts, à qui il appartenoit seulement d'en traitter en maistres : il n'y avoit que l'Escriture saincte et la theologie qui est la royne des sciences, laquelle estoit si indignement traittee que l'on faisoit des symposiaques ou discours de table, non seulement dans les maisons particulieres, mais dans les cabarets ; le jeune eventé, l'artisan ignorant, le vieillard radoteur, la vieille babillarde, toutes sortes de gens du vulgaire se voulant mesler de dire leur advis touchant les plus relevez mysteres de la foy.

[1] I Cor. xv, 10. — [2] Id. xii, 31. — [3] Part. 3, chap. 26.

Le second advertissement est pour ceux qui dans les conversations, veulent faire les rabby, et passer pour personnes fort entenduës en la. pieté et en la parole mystique; soustenans leurs opinions avec despit, aigreur, chagrin, opiniastreté, orgueil; faisant plus de bruit que ceux qui ont meilleure raison qu'eux, mais non pas si forte voix et teste, comme si le crier bien haut adjoustoit quelque chose à la solidité d'un argument, ou plustost à en faire esclater d'avantage la solidité.

Le troisiesme advis est au mesme livre de la Philothée, en ces mots : « Ne parlez donc jamais de Dieu, ny de la devo-
» tion, par maniere d'acquit et d'entretien, mais tousjours
» avec attention et devotion. Ce que je dis, pour vous oster
» une remarquable vanité qui se trouve en plusieurs qui font
» profession de devotion, lesquels à tous propos disent des
» paroles sainctes et ferventes par maniere d'entregent, et
» sans y penser nullement; et apres les avoir dites, il leur est
» advis qu'ils sont tels que les paroles tesmoignent : ce qui
» n'est pas[1]. »

Vous voyez bien à quelles gens il parle en ce dernier, et comme il les panse sur le vif. De telles paroles ressemblent à ces pluyes chaudes qui tombent durant les plus vehementes ardeurs de l'esté, lesquelles bruslent et dessechent les plantes au lieu de les arroser : aussi elles tarissent plustost la devotion qu'elles n'en accroissent la source; et sont comme ces fruicts qui croissent aux bords du lac d'Asphalte, qui ont l'escorce fort belle et dorée, mais au dedans n'ont que du vent ou des vers. *Mes petits enfans*, disoit S. Jean, *ne vous amusez point à aimer Dieu et le prochain, de parole et de langue, mais d'œuvre et de verité*[2] : où vous voyez qu'il oppose l'œuvre à la parole, et la verité à la langue, parce que tout homme est menteur, et une vanité universelle.

[1] Part. 3, chap. 26. — [2] I Joan. III, 18.

SECTION XI.

De la mocquerie.

Quand il entendoit en compagnie que l'on se mocquoit de quelqu'un, il tesmoignoit à sa contenance que le discours luy deplaisoit; il en mettoit un autre en avant pour le destourner, et quand il ne pouvoit en divertir les causeurs, il levoit la barre, comme aux combats de la barriere, quand les assaillans et tenans s'y eschauffent trop, et faisant le holà : « C'est trop, disoit-il, c'est trop fouler le bon homme; ce n'est pas vivre à discretion, mais c'est en passer les bornes. Qui nous donne droit de nous entretenir ainsi aux despens de cette personne? voudrions nous bien que l'on nous mist ainsi sur le tapis, et que l'on y fit l'anatomie de nos miseres avec le rasoir de la langue? Supporter le prochain et ses imperfections, c'est une grande perfection, et une grande imperfection que de les decouper et detailler de la sorte par la mocquerie. » Sur ce subjet il exprime fort bien son sentiment en sa Philothee, en ces termes.

« C'est une des plus mauvaises conditions qu'un esprit
» peut avoir que d'estre mocqueur. Dieu haït extremement
» ce vice, et en a fait jadis des estranges punitions. Rien
» n'est si contraire à la charité, et beaucoup plus à la devo-
» tion, que le mespris et contemnement du prochain. Or la
» derision et mocquerie ne se fait jamais sans ce mespris:
» c'est pourquoy elle est un fort grand peché, en sorte que
» les docteurs ont raison de dire que la mocquerie est la plus
» mauvaise sorte d'offense, que l'on puisse faire au prochain
» par les paroles; parce que les autres offenses se font avec
» quelque estime de celuy qui est offensé, et celle-cy se fait
» avec mespris et contemnement[1]. »

Or la saincte parole prononce mal-heur sur celuy qui

---
[1] Part. 3, chap. 27.

mesprise, et le menace qu'il sera mesprisé. Dieu prend tousjours le party de ceux qui sont mesprisez, contre les moqueurs et mesprisans. *Qui vous méprise, me méprise*[1] : et parlant des petits enfans, *Gardez,* dit nostre Seigneur, *de mépriser pas un d'eux*[2] : et Dieu consolant Moyse sur quelque opprobre qu'Israël luy avoit fait, *Ils ne t'ont pas méprisé,* luy dit-il, *mais moy.* Nostre Seigneur n'est pas moins sensible sur les mépris que l'on fait de ses serviteurs, que sur les persecutions qui les travaillent, et sur lesquelles il crioit du haut du ciel à Saül : *Pourquoy me persecutes tu* ?[3] Il sçait combien cette sorte d'outrage est injurieuse à un bon cœur, qui le souffre pour son amour. *Pour vous, Seigneur,* disoit David, *j'ay enduré l'opprobre et le mépris, et la confusion a couvert mon visage*[4] : et pour monstrer combien cela luy estoit dur à supporter, il prie Dieu en un autre endroit, d'oster de luy l'opprobre et le mépris[5], et de le delivrer de ceux qui le regardent avec derision, qui se gaussent de luy en hochant la teste, et faisant des huees[6]. Elizee fut si sensible à un reproche fort leger qui luy estoit fait par des enfans, qu'il fit descendre des ours d'une montagne qui les devorerent[7] : et l'Histoire ecclesiastique nous apprend la haute vengeance que Theodose prit des habitans de Thessalonique qui avoient jetté de la bouë contre ses statuës. Ce qui nous doit faire redouter la punition du Dieu des vengeances sur ceux qui deshonorent ses images vivantes qui sont nos prochains, desquels il a dit : *Qui vous touche, me touche en la prunelle de l'œil*[8].

Une fois quelque damoiselle se rioit d'une autre, en sa presence, qui n'estoit pas belle, et se mocquoit de quelques defectuositez naturelles avec lesquelles elle estoit venue au monde; et apres luy avoir dit modestement que c'estoit Dieu qui nous avoit faits et non pas nous-mesmes, et que les

[1] Luc. x, 16. — [2] Matth. xviii, 10. — [3] Act. ix, 4. — [4] Psal. lxviii, 8. — [5] Psal. cxviii, 22. — [6] Psal. xliii. — [7] IV Reg. ii, 23, 24. — [8] Zach. ii, 8.

œuvres de Dieu estoient parfaites, l'autre se gaussant encore d'avantage de ce qu'il avoit dit que les œuvres de Dieu estoient parfaites : « Croyez-moy, luy dit-il, elle est en l'ame plus droite, plus belle et mieux formee, et contentez vous que je le sçay bien. » Il rabatit son caquet, et la renvoya avec sa courte honte.

Une autre fois on se rioit devant luy, d'un homme absent, qui avoit la taille toute gastee, et estoit bossu devant et derriere : il prit aussi tost sa deffense, et allegua le mesme mot de l'Escriture, que les œuvres de Dieu estoient parfaites[1]. « Comment parfaites, releva quelqu'un, en une taille si imparfaitte ! » Le Bien-heureux reprit de fort bonne grace : « Hé ! pensez vous qu'il n'y ait pas de parfaits bossus, aussi bien que des personnes de taille extremement droite ? » Comme on le vouloit faire expliquer de quelle perfection il entendoit parler, de l'interieure ou de l'exterieure : « Baste, dit-il, que ce que j'ay dit est vray, parlons de quelque chose de meilleur. »

SECTION XII.

De ne juger autruy.

L'homme ne void que le dehors, mais Dieu seul le dedans; il n'appartient qu'à luy seul de sonder le cœur et les reins, et de connoistre les pensées. Nostre bien-heureux Pere disoit à ce propos que l'ame du prochain estoit l'arbre de la science du bien et du mal, auquel il est deffendu de toucher, soubs peine d'estre chastié, parce que Dieu s'en est reservé le jugement.

Qui es-tu, dit le sacré texte, *qui juges ton frere? sçais-tu que tu te condamnes toy-mesme en le jugeant*[2]*? Qui es-tu qui juges le serviteur d'autruy? ne sçais-tu pas que s'il tombe ou se releve, c'est pour son maistre, non pour toy*[3]*? Prend ce qui t'appartient, et t'en va*[4] : qui t'a donné la hardiesse

[1] Deut. xxxii, 4. — [2] Rom. ii, 1. — [3] Id. xiv, 4. — [4] Matth. xx, 14.

d'entreprendre sur la charge de celuy qui a receu du Pere eternel tout jugement, c'est à dire, toute puissance de juger au ciel et en la terre?

Nostre Bien-heureux remarquoit une inegalité d'esprit fort ordinaire parmy les hommes, portez naturellement à juger ce qu'ils ne cognoissent pas, et qui fuyent de juger ce qu'ils cognoissent ; semblables à ceux dont sainct Judes parle, *qui blasphement en ce qu'ils ignorent, et se corrompent en ce qu'ils sçavent*[1], Lamies aveugles chez elles et clairvoyantes dans les maisons d'autruy.

> Cum tua non videas oculis maia lippus inunctis.
> Cur in amicorum vitiis tam cernis acutum,
> Quam aut aquila, aut serpens Epidaurius [2]?

Et qu'est-ce qu'ils ne cognoissent pas? C'est l'interieur d'autruy; car la fenestre de Momus est encor à desirer : et cependant ils sont tousjours apres à fourrer les doigts de leur curiosité dans ce plat couvert reservé au grand maistre. Et qu'est-ce qu'ils cognoissent? C'est leur interieur, ou au moins ils le doivent cognoistre : et neantmoins c'est où ils craignent d'entrer, comme le criminel à l'audience de ses juges; tant ils apprehendent le tribunal inexorable de leur propre conscience, qui leur fournit mille tesmoins, et autant de juges et d'executeurs.

> . . . . Hos diri conscia facti
> Mens agit attonitos, et surdo verbere cædit,
> Occultum quatiente animo tortore flagellum [3].

Nostre Bien-heureux represente extremement bien ceste espece d'injustice en sa Philothee, en disant : « C'est chose
» esgalement necessaire pour n'estre point jugez, de ne point
» juger les autres, et de se juger soy-mesme. Car comme
» nostre Seigneur nous deffend l'un [4]; l'Apostre nous ordonne
» l'autre, disant : *Si nous nous jugions nous mesmes, nous*

---

[1] Judæ 10. — [2] Horat. lib. 1, Satyr. III, 25-27. — [3] Juvenal. Satyr. XIII, 192-194. — [4] Matth. VII, 1.

» *ne serions point jugez*¹. Mais, ô Dieu, nous faisons tout
» au contraire : car ce qui nous est deffendu, nous ne cessons
» de le faire, jugeant à tout propos le prochain; et ce qui
» nous est commandé, qui est de nous juger nous-mesmes,
» nous ne le faisons jamais². »

Nous ressemblons à cette femme, laquelle ayant tousjours fait durant sa vie tout le contraire de ce que son mary luy commandoit, s'estant noyee dans une riviere, son mary estant repris de ce qu'il recherchoit son corps contre le fil de l'eau : « Estimez-vous, dit-il, que la mort luy ait fait perdre son esprit de contradiction? »

Cependant il est escrit, *Ne jugez point, et vous ne serez point jugez; ne condamnez point, et vous ne serez point condamnez*³ : et encore, *Gardez de juger avant le temps, mais suspendez vostre jugement jusques à ce que le Seigneur vienne, lequel estant venu descouvrira la cachette des obscuritez, et desvoilera les conseils des cœurs; alors chacun sera justement loüé ou blasmé selon ses œuvres*⁴.

Que deviendront donc les juges et les tribunaux de justice, dira-t-on, s'il est deffendu de juger autruy? Je respondray à ceste objection, cela mesme que nostre Bien-heureux, qui dit ainsi : « Mais ne peut on donc jamais juger le prochain? Non
» certes jamais : c'est Dieu, Philothee, qui juge les criminels
» en justice. Il est vray qu'il se sert de la voix des magistrats
» pour se rendre intelligible à nos oreilles : ils sont ses tru-
» chemens et interpretes, et ne doivent rien prononcer que
» ce qu'ils ont appris de luy, comme estans ses oracles. Que
» s'ils font autrement, suivans leurs propres passions, alors
» c'est vrayement eux qui jugent, et qui par consequent se-
» ront jugez. Car il est deffendu aux hommes, en qualité
» d'hommes, de juger les autres⁵. »

C'est pour ce subjet que les juges sont appellez dieux en

---

¹ I Cor. xi, 31. — ² Part. 3, chap. 8. — ³ Luc. vi, 37. — ⁴ I Cor. iv, 5. — ⁵ Introduction à la vie dévote, part. 3, chap. 28.

l'Escriture ¹, parce qu'en jugeant ils tiennent la place de Dieu. Et Moyse pour cela est appellé le dieu de Pharaon ².

On demande s'il est deffendu d'avoir des soupçons, fondez sur de bonnes et fortes conjectures. On respond que non, parce que soupçonner n'est pas juger, mais seulement un acheminement à juger : mais il faut bien prendre garde à ne se laisser surprendre à de faux indices, et là dessus à precipiter son jugement; et c'est icy l'escueil où tant de gens font naufrage dans le jugement temeraire, c'est icy la lueur du flambeau où tant de papillons inconsiderez bruslent leurs aislerettes. Pour eviter ce desordre nostre Bien-heureux donne une excellente maxime, dont l'observation est non seulement utile, mais necessaire en la vie, qui est, que si une action pouvoit avoir cent visages, on la regarde tousjours par celuy qui est le plus beau. Si on ne peut excuser une action, on peut l'adoucir en excusant l'intention : si mesme on ne peut excuser l'intention, il faut accuser la violence de la tentation, ou la rejetter sur l'ignorance, ou sur la surprise, ou sur la foiblesse humaine, pour tascher d'en amoindrir au moins le scandale.

Si l'on dit que c'est benir l'inique, luy mettre des coussins sous les coudes, et chercher des excuses au peché; on peut repartir que ce n'est pas louër ny excuser le peché, mais c'est traiter le pecheur avec clemence; un jugement sans misericorde estant reservé à celuy qui n'aura point eu pitié ou du mal-heur, ou de l'infirmité de son frere, et qui aura mesprisé sa propre chair en luy, car il est nostre chair et nostre frere, ou nostre selon la chair.

En fin, ceux qui ont bien soin de leurs consciences, dit nostre Bien-heureux, tombent rarement en des jugemens temeraires. C'est le fait d'une ame oysive, et qui n'est gueres occupee en elle-mesme, de s'arrester à esplucher les actions d'autruy. Ce que dit excellemment un ancien, que le genre

---

¹ Psal. LXXXI, 1, 6. — ² Exod. VII, 1.

d'hommes qui est curieux à s'enquerir de la vie des autres, est fort negligent à corriger ses propres deffauts : l'homme vertueux est comme le ciel, qui a tous ses yeux au dedans de soy.

SECTION XIII.

Du mespris.

On rapportoit un jour devant luy ce dicton, que l'on attribuoit à un grand et sainct personnage, par lequel il disoit que pour atteindre à la perfection il falloit

>Spernere mundum,
>Spernere nullum,
>Spernere sese,
>Spernere sperni.

« Pour les trois premiers, reprit nostre Bien-heureux, qu'ils passent; mais le quatriesme non, puis que le haut point de l'humilité consiste à aimer et cherir le mespris, et à se resjouir d'estre mesprisé. Ce que David tesmoigna bien quand il se resjouit d'avoir esté pris pour un basteleur par sa propre femme Michol; et sainct Paul se glorifie d'avoir esté foüetté, lapidé, tenu pour fol, et pour la racleure et la balieure du monde; et les Apostres se resjouissans sortans des assemblees, où ils avoient esté chargez d'opprobres, de mespris et de contumelies pour l'amour de Jesus-Christ. Le vray humble se mesprisant soy-mesme est bien aise de trouver des gens qui se rangent de son party, et qui l'aident à se rendre encore plus vil et abbaissé : il reçoit les opprobres, comme des dons de Dieu, et ne se trouve proprement digne que des indignitez. »

Encore trouvoit-il quelque chose à redire aux trois premiers mespris. A celuy du monde, si l'on prenoit le monde pour l'univers, qui est le grand theatre des merveilles de Dieu dont les œuvres sont tres-bonnes et parfaittes, et parfaittement bonnes. Mais en prenant ce mot de monde au mauvais sens, qu'il a presque tousjours en l'Escriture, pour tous les vitieux ; encore vouloit-il que l'on mesprisast leurs vices, mais non pas leurs personnes : car qui sçait s'ils ne se convertiront point ? combien de vaisseaux d'ignominie ont esté changez, par le changement de la droitte de Dieu, en vaisseaux d'honneur ?

Ne mespriser personne, qui est le second, semble destruire le premier, si par le monde on entend les vicieux, et non pas les vices. Et certes il est bien raisonnable de ne mespriser personne ; mais il est encore plus raisonnable et plus avantageux, pour avancer en la perfection, de priser et estimer tous les hommes, comme creatures et images de Dieu, capables de sa grace et de sa gloire. C'est ce que nous enseigne l'Apostre quand il nous avertit de nous prevenir les uns les autres en honneur [1], et de tenir tous les hommes pour nos superieurs [2], et d'obeyr à nos vrays et legitimes superieurs, quand bien ils seroient discoles, c'est à dire, vitieux ; parce que c'est resister à Dieu, que de resister à la puissance qu'il a ordonnee, et qui est l'image de son pouvoir et de sa justice ; et ne faut pas seulement leur obeyr pour crainte de leur glaive, mais aussi pour la conscience, parce que telle est la volonté de Dieu [3].

Le troisiesme, qui est de se mespriser soy-mesme, n'est pas encor sans quelque temperament, parce que nous ne devons pas, sous pretexte d'humilité, mes-cognoistre et mespriser les graces que Dieu nous a faittes ; ce seroit, pour eviter le piege de la vanité, se jetter dans le precipice de l'ingratitude. « Rien, disoit nostre Bien-heureux, ne nous peut tant humilier devant la misericorde de Dieu que la multitude de ses biens-faits, ny rien tant humilier devant sa justice que la multitude de nos mes-faits : et il ne faut pas craindre que ce qu'il a mis en nous nous enfle, tant que

---

[1] Rom. xii, 10. — [2] Philipp. ii, 3. — [3] I Petr. ii, 13-18, et Rom. xiii, 1-5.

nous serons attentifs à ceste verité, que ce qui est de bon en nous, n'est pas de nous. » Verité que l'Apostre exprime avec tant d'energie par ces beaux mots : *Qu'as-tu, que tu n'ayes receu ? et si tu l'as receu, de quoy te glorifies-tu, comme si tu ne l'avois pas receu*[1] ? La vive consideration des graces receues nous rend humbles ; car la cognoissance engendre la recognoissance, comme l'ignorance la mescognoissance : que si nous mesprisons les dons de Dieu en nous par une fausse humilité, nous meritons d'en estre privez par une veritable justice.

SECTION XIV.

De la mesdisance.

Tout ainsi qu'il y a de la difference entre mentir et dire un mensonge ; car mentir, c'est dire une chose que l'on sçait ou que l'on croit estre fausse, mais dire un mensonge, c'est dire une chose qui est fausse et que l'on pense neantmoins à la bonne foy estre vraye : ainsi il y a bien de la difference entre mesdire et avancer une mesdisance ; car mesdire n'estant autre chose que dire le mal d'autruy, on peut dire ce mal là avec bonne ou mauvaise intention. La bonne intention est quand on rapporte le mal d'autruy à celuy qui y peut apporter du remede, ou à qui il appartient de le corriger, soit pour le bien public, soit pour le bien de celuy mesme qui a failly ; ou bien quand on en parle entre amis par esprit d'amitié, de bien-vueillance et de compassion, principalement quand la faute est publique et notoire : en ce cas là on dit une mesdisance, c'est à dire, on parle du mal d'autruy, mais sans peché. Mesdire, c'est quand on le dit avec une intention maligne, par haine, envie, colere, mespris, desir de luy nuire, et de soüiller sa renommee : en ce cas là c'est peché grand ou petit selon la mesure du tort qui est fait au prochain, et qui en revient à sa reputation.

[1] I Cor. iv, 7.

Nostre Bien-heureux avoit de coustume de dire, que qui osteroit la mesdisance du monde, en osteroit une grande partie des pechez et de l'iniquité : et avoit raison, car tous les pechez de commission se rapportans à ces trois chefs, de pensee, de parole et d'œuvre, les plus frequens, et quelquefois les plus dangereux sont ceux de parole, pour plusieurs raisons.

La premiere, que ceux de pensee ne sont nuisibles qu'à celuy qui les commet, et ne donnent à autruy ny scandale, ny fascherie, ny mauvais exemple, Dieu seul les cognoissant, et en estant offensé; et puis un retour soudain vers Dieu par une amoureuse repentance les efface, et escrase ces scorpions sur la playe mesme qu'ils ont fait au cœur. Mais ceux de parole passent plus avant ; car le mot lasché ne peut estre rappellé que par une honteuse retractation, et cependant le cœur du prochain en demeure infecté et empoisonné par l'oreille.

La deuxiesme, que les pechez d'œuvre, quand ils sont notables, sont subjets à la punition publique; ce qui les rend plus rares, à cause de la crainte du supplice qui sert de bride et de camore aux plus scelerats. Mais la medisance, la mocquerie, la raillerie (si la calomnie n'estoit extremement attroce, infamante et criminelle) n'est point ordinairement reprise par la justice; au contraire, quand la gausserie est ingenieuse et subtile, elle passe pour galanterie et gentillesse d'esprit : ce qui fait que tant de gens tombent dans ceste faute; l'impunité, dit un ancien, estant une friande amorce au peché.

La troisiesme est le peu de restitution et de reparation que l'on en fait : ceux qui conduisent les ames au tribunal de la penitence, estans, à mon avis, un peu trop indulgens, pour ne dire lasches, en cela; ce qui est de plus grande importance que l'on n'estime. Si l'on a blessé quelqu'un au corps, voyez combien la justice politique chastie severement de tels outrages : autresfois la loy du talion vouloit que l'on rendist œil pour œil, et pied pour pied. Si l'on a volé les biens que l'on appelle de fortune, il y va de la galere ou du gibet. Mais pour les mesdisances, si elles ne sont outrageuses au dernier poinct, à peine pense-t-on d'en faire reparation d'honneur, ou amende honorable. Cependant ceux qui ont le courage assis en bon lieu estiment beaucoup plus la reputation, que les richesses ny que la vie, entre les biens naturels l'honorable tenant sans contredit le plus notable rang. Puis que l'on ne peut avoir accez au ciel avec le bien d'autruy, voyent ceux qui mesdisent, de quelle façon ils s'y peuvent promettre l'entrée, s'ils ne restablissent la renommee de leur prochain qu'ils ont tasché de demolir par leurs detractions.

SECTION XV.

Des equivoques.

Il avoit en horreur la doctrine des equivoques, et disoit quelquefois de bonne grace, que par cét artifice theologizé on vouloit canonizer le mensonge. L'esprit de Dieu qui est un esprit de simplicité hayt les personnes doubles et ruzées, semblables à ces perdrix de Paphlagonie qui ont deux cœurs. Voicy comme il declare son sentiment sur ce sujet en sa Philothee.

« Il n'y a nulle si bonne et desirable finesse que la sim-
» plicité. Les prudences mondaines et artifices charnels ap-
» partiennent aux enfans de ce siecle : mais les enfans de
» Dieu cheminent sans destour, et ont le cœur sans replis.
» *Qui chemine simplement*, dit le Sage, *il chemine confidem-*
» *ment*[1]. Le mensonge, la duplicité, la simulation tesmoi-
» gnera tousjours un esprit foible et vil[2]. »

Dieu conduit le juste par de droittes voyes, parce qu'il est droit de cœur. Ceux qui marchent par des voyes obliques et

---

[1] Prov. x, 9. — [2] Part. 3, chap. 30.

tenebreuses, ne sont pas enfans de droitture, ny de lumiere : ils ressemblent à ces poissons de mer que l'on appelle seches, qui pris dans les filets jettent une liqueur noire comme de l'encre, dont ils obscurcissent l'eau qui les environne pour eviter la prise du pescheur, et s'eschapper dedans ce trouble. Les prudens sont ordinairement surpris en leur astuce, et attrapez dans les conseils qu'ils ont pris : ce qui fait par avanture, que sainct Paul appelle mort la prudence de la chair[1], d'autant qu'elle fait tomber dans le peché qui est la mort de l'ame. *Si la bouche qui ment*, dit le Sage, *tue l'ame*[2] ; que ne fera la langue trompeuse qui parle en un cœur et en un cœur, c'est à dire, qui divise le cœur? et le cœur divisé, dit un Prophete, n'est-ce pas la mort[3]? Aussi est-ce pour de telles gens qui ont le cœur double et traistre, que dit le Psalmiste : *Que la mort vienne sur eux, et qu'ils descendent en enfer tous vivans*[4].

Il disoit de ceste doctrine infernale et falsifique dans la boutique du pere de mensonge, ce que nostre Seigneur disoit des Scribes et Pharisiens qui rodoient par mer et par terre pour faire un proselite, et l'ayans dressé à leur mode, ils le rendoient non pas vertueux, mais doublement coulpable : car ceux qui pensent sauver la verité par cét artifice la tuënt et suffoquent doublement, puis que rien n'outrage tant la verité et la simplicité, qui sont une mesme chose, comme fait la duplicité; et y a-t-il rien de plus double qu'un équivoque? « Certes, dit nostre Bien-heureux, c'est un grand ornement de la vie chrestienne que la fidelité, rondeur et sincerité du langage : » c'en est donc un grand détraquement, que la matoiserie, la fourbe et la supercherie.

[1] Rom. viii, 6. — [2] Sap. i, 11. — [3] Osee x, 2. — [4] Psal. liv, 16.

SECTION XVI.

De la contradiction.

Il n'y a point d'esprits plus ennemis de la société humaine, que ceux qui sont opiniastres, testus et sujets à la contradiction : ce sont les pestes des conversations, les boutefeux des compagnies, des semeurs de querelles et de noises, et semblables à des herissons et à des marrons qui picquent de tous costez. Un esprit au contraire doux, condescendant, flexible, qui cede aisement, pliable, traittable, est un charme vivant; c'est un rayon de miel qui attire à soy toutes les mousches : parce que il se rend serviteur de tous, il devient le maistre de tous; il se fait tout à tous, et ainsi il les gaigne tous. Les esprits aspres, revesches, qui ont un zele amer, sont sujets à une vaste solitude ; chacun les fuit, comme les animaux s'escartent du lyon; ce sont des ronces, où l'on ne se peut frotter sans s'esgratigner.

Nostre Bien-heureux loüoit beaucoup l'avis de sainct Louys, qui estoit de ne desdire jamais personne, sinon qu'il y eut du peché, ou un dommage notable à consentir. Ce sainct roy ne disoit pas cela par prudence humaine, de laquelle il estoit ennemy : ny selon la maxime de cet empereur payen, qu'il ne falloit que personne se retirast mal content de devant le prince ; il disoit cela par matoiserie, et enseignant à ses semblables à gaigner les hommes par belles paroles. Sainct Louys marchoit d'un autre air, et parloit avec un sentiment vrayement chrestien, qui est d'eviter tout debat et toute contestation, selon le conseil de sainct Paul, qui veut que l'on evite la rencontre des personnes contentieuses, qui ne demandent que noises et disputes[1].

Mais ne sera-ce point une connivence, et par consequent une participation à l'erreur ou à la faute d'autruy, si on ne

---

[1] Tit. III, 9.

s'y oppose pas en le pouvant faire? Voicy la repouse de nostre Bien-heureux à cette difficulté. « Quand il importe, « dit-il, de contredire à quelqu'un, et d'opposer son opinion « à celle d'autruy, il faut user de grande douceur et dexte- « rité, sans vouloir violenter l'esprit d'un autre; car aussi « bien ne gaigne-t-on rien prenant les choses asprement. »

Ce n'est pas seulement des femmes, mais encore des hommes que se peut usurper ce mot d'un ancien,

Nolunt ubi velis, ubi nolis cupiunt ultro [1];

parce que de nostre nature

Nitimur in vetitum semper, cupimusque negata [2].

Et comme disoit ce docte historien, *Ingrata quæ tota prohibita furore prosequimur* : et ce poëte,

Quod licet, ingratum est; quod non licet, acrius urit [3] :

et le Sage : *Les eaux desrobées sont les plus douces* [4].

Quand vous desesperez un cheval à force de le tempester et tourmenter, s'il a de la fougue il prendra le frein aux dents, et emportera le cavalier mal-gré qu'il en ait où il voudra. Luy lasche-t-il la bride, cesse-t-il de le battre de l'esperon? il s'arreste et se rend traittable. Un poëte dit cela si bien.

Vidi ego nuper equum contra sua fræna tenacem,
Ore reluctanti fulminis ire modo;
Constitit, ut primo laxatas sensit habenas [5].

Il en est de mesme de l'esprit humain : si vous le pressez, vous l'oppressez; si vous l'oppressez, vous le cabrez; si vous le cabrez, vous le bouleversez tout à fait. Il peut estre persuadé, non pas contraint : le contraindre de croire c'est luy arracher toute creance. *La douceur est-elle arrivee*, dit David? *le voila corrigé* [6]. L'esprit de Dieu, qui est suave, est dans le zephir doux et rafraischissant, non dans le tour-

---

[1] Terent. Eunuch. act. IV, scen. IV, 43. — [2] Ovid. lib. 3 Amor. IV, 17.
[3] Ibid. lib. 2, XIX, 3. — [4] Prov. IX, 17. — [5] Ovid. lib. 3 Amor. IV, 13 15.
[6] Psal. LXXXIX, 10.

billon, ny dans le vent d'orage et de tempeste. Qui dit un esprit de contradiction, dit un demon en chair humaine. Ces vers grossiers en langage ont le sens fort bon, et n'ont pas moins de raison que de rime :

> Contra verbosos noli contendere verbis ;
> Sermo datur multis, animi sapientia paucis.

SECTION XVII.

De la mauvaise taciturnité.

Il y a des personnes qui sont taciturnes de leur naturel : d'autres qui le sont par orgueil, par gravité, par pesanteur d'esprit, par vanité, par desdain : d'autres, par ignorance et stupidité : d'autres, par chagrin et melancolie : il y en a fort peu qui le soient par vraye et solide vertu, c'est à dire par moderation et par jugement.

On parloit un jour devant nostre bien-heureux Pere, d'un certain personnage fort ignorant et grossier, qui neantmoins avoit de la vanité, et vouloit passer pour habile homme, et pour grand personnage à force de se taire, et de faire une mine grave, refroignée, tesmoignant son homme d'authorité, faisant l'entendu, et desdaignant les autres comme de petits esprits, comme s'il eust dit avec son sourcil relevé :

> Odi prophanum vulgus, et arceo [1].

Le Bien-heureux dit son avis là-dessus de fort bonne grace : « Si cela est, il a trouvé le secret pour acquerir de la reputation à bon marché. » Et puis s'estant un peu teu, il reprit : « Il n'y a rien qui ressemble tant à un homme sage, qu'un fol quand il se tait. Nous ne sommes que par la raison, et comme rien ne manifeste nostre raison aux autres comme la parole, de là est venu l'ancien proverbe, que la parole demonstre l'homme. Ce n'est pas sagesse de ne dire

[1] Horat. lib. 3, Od. 1, 1.

mot, mais c'est sagesse de parler quand il faut, et comme il faut, et de se taire aussi en temps et lieu. »

Sur ce mesme propos il declare son sentiment avec plus de clarté dedans sa Philothée, en ces termes : « Le parler
» peu, tant recommandé par les anciens sages, ne s'entend
» pas qu'il faille dire peu de paroles, mais de n'en dire pas
» beaucoup d'inutiles. Car en matiere de parler, on ne re-
» garde pas à la quantité, mais à la qualité; et me semble
» qu'il faut fuyr les deux extremitez : car de faire trop l'en-
» tendu et le severe, refusant de contribuer aux devis fami-
» liers qui se font és conversations, il semble qu'il y ait, ou
» manquement de confiance, ou quelque sorte de desdain ;
» de babiller aussi et cajoler tousjours, sans donner ny loisir
» ny commodité aux autres de parler à souhait, cela tient
» de l'esventé et du leger[1]. »

Afin que la taciturnité soit une vertu, il faut, comme toutes les autres, qu'elle consiste en une certaine mediocrité, et qu'elle evite les deux extremitez que remarque nostre Bien-heureux; lesquelles ne peuvent estre que vicieuses et de mauvaise grace, principalement en la vie civile et sociale, en laquelle il faut contribuer son escot de paroles dans la conversation, et ne passer pas tousjours son temps aux despens des autres. Et c'est en cela que consiste ceste vertu de bonne conversation que les Grecs nomment eutrapelie. Certes, quoy que le babil vain et indiscret sente son estourdy, et soit fort importun en compagnie; si est-ce qu'un silence morguant, mesprisant, hautain et dédaigneux, est incomparablement plus odieux et desagreable, d'autant qu'il procede de superbe, qui est un vice haï de Dieu et des hommes. Le parler moderé et amiable est une vraye marque de sagesse et de jugement. Ce mot de sainct Jacques est fort notable, *Celuy qui ne peche point de sa langue est homme parfait*[2] : combien plus parfait celuy qui en fait un bon usage à la gloire de Dieu et à l'edification du prochain!

[1] Part. 3, chap. 30. — [2] Jacobi III, 2.

SECTION XVIII.

Des pures vertus.

Voicy un excellent mot de nostre Bien-heureux, mais qui est peu entendu : « Moins il y a de nostre interest particulier » en la poursuite des vertus, plus la pureté de l'amour divin » y reluit [1]. » Il sera bon que je vous l'explique. Toutes les vertus, la charité seule exceptée, ont pour visee le particulier interest de la creature. Cela est clair aux morales et naturelles ; car comme elles sont bornees dans l'estenduë de la capacité de la nature, à raison dequoy on les appelle acquises, elles ne peuvent pas s'eslever au de là sans l'aide surnaturelle de la grace celeste. Et bien que la religion, qui regarde le culte de Dieu, semble se terminer en Dieu, si est-ce que son object n'est pas Dieu, mais l'acte de son service ; autrement, dit le docteur Angelique, elle seroit vertu theologale et non morale [2]. Que si elle regarde Dieu, comme premiere verité revelante, c'est par la foy, non par elle mesme ; et si elle le considere comme fin derniere, c'est par le moyen de la charité, non par ses propres forces. Et ce qui est de plus remarquable, c'est que mesme les deux vertus theologales, de foy et d'esperance, comme telles, c'est à dire, sans estre animées et accompagnees de la charité, sont imparfaites, parce qu'elles sont mortes [3] : et bien qu'elles ayent Dieu pour object, neantmoins elles se terminent dans l'interest de la creature, non dans celuy de Dieu ; cela estant reservé à la charité, laquelle seule entre toutes les vertus tant acquises que theologales ne cherche point son propre interest, mais celuy de Dieu seul. C'est la doctrine du grand sainct Thomas duquel voicy les termes : « La foy et l'esperance portent à » Dieu entant que de luy nous provient la cognoissance du

---

[1] Introduction à la vie dévote, part. 4, chap. 14. — [2] 2ª 2ᵉ, quæst. 81, art. 5. — [3] Ibid. quæst. 23, art. 7.

» vray et la possession du bien, mais la charité va à Dieu,
» pour nous faire arrester à luy, non afin qu'il nous en
» revienne quelque avantage¹. » D'où il tire qu'elle est la
plus excellente de toutes les vertus et la plus grande, comme
dit sainct Paul², parce qu'elle regarde Dieu plus purement,
ne l'aimant que pour l'amour de luy mesme, et parce qu'il
merite d'estre souverainement aymé, et aymé sur toutes
choses, en toutes choses, hors et sans toutes choses.

De là nous pouvons apprendre que comme il n'est point
de vertu chrestienne vive et parfaite sans elle, plus elles
participent de sa pureté, plus elles sont accomplies; et plus
elles sont accomplies, plus elles sont agreables à Dieu, et
plus amplement salariées de luy, quoy qu'elles pensent moins
à ce salaire.

Mais comment arrivera-t-on à ceste pureté? Ce sera ou en
rapportant tous les motifs des autres vertus à celuy de la
charité, qui n'est autre que de plaire à Dieu et d'augmenter
sa gloire exterieure : ou bien en ramassant tous ces motifs
dans celuy du divin amour, comme on recueille les rayons
du soleil dans un miroir ardant, pour en tirer une grande
flamme : ou enfin n'exerçant les autres vertus que pour le
seul et unique motif de la charité, selon que sainct Paul l'enseigne, quand il dit qu'elle est patiente, benigne, qu'elle
croit, espere et souffre tout; bref, qu'elle est une vertu generale qui embrasse toutes les autres, et les exerce en un
degré eminent³. C'est le sentiment de nostre bien-heureux
Pere, que je ne me lasse jamais de vous raconter, tiré de son
Theotime, où il dit ces beaux mots,

« Or le souverain motif de nos actions, qui est celuy du
» celeste amour, a cette souveraine proprieté, qu'estant plus
» pur, il rend l'action qui en provient plus pure; si que les
» Anges et les saincts de paradis n'ayment chose aucune,
» pour autre fin quelconque que pour celle de l'amour de la

---

¹ 2ª 2ᶜ, quæst. 23, art. 6. — ² 1 Cor. xiii, 13. — ³ Ibid.

» divine bonté, et par le motif de luy vouloir plaire. Ils
» s'entr'ayment voirement tous tres-ardemment, ils nous
» ayment aussi, ils ayment les vertus; mais tout cela pour
» plaire à Dieu seulement. Ils suivent et pratiquent les ver-
» tus, non entant qu'elles sont belles et aymables, mais en-
» tant qu'elles sont agreables à Dieu. Ils ayment leur felicité,
» non entant qu'elle est à eux, mais entant qu'elle plait à
» Dieu. Ouy mesme, ils ayment l'amour duquel ils ayment
» Dieu, non parce qu'il est en eux, mais parce qu'il tend à
» Dieu; non parce qu'il leur est doux, mais parce qu'il plaist
» à Dieu; non parce qu'ils l'ont et le possedent, mais parce
» que Dieu le leur donne et qu'il y prend son bon plaisir[1]. »

Et n'estoit pas seulement son avis, que l'on reduisit les motifs de toutes les vertus à celuy de la charité, mais il la donnoit encor comme un bouclier general, contre les assaults de tous les vices; asseurant qu'elle estoit ceste tour de David, en laquelle, comme en un arsenal bien fourny, estoient toutes sortes d'armes[2], pour resister aux attaques de nos ennemis et les vaincre. Il estimoit que par elle seule nous pouvions nous rendre victorieux de toutes les tentations, lesquelles toutes ne visoient à autre fin, qu'à nous la faire perdre. Donnez-moy une Philothée, et je vous liray l'endroit où il nous baille cét enseignement, qui est certes fort notable. Voicy comme il parle.

« Si vous me croyez, vous ne vous opiniastrerez pas à
» vouloir opposer la vertu contraire à la tentation que vous
» sentez, parce que ce seroit quasi vouloir disputer avec elle;
» mais apres avoir fait une action de ceste vertu directement
» contraire, si vous avez eu le loisir de recognoistre la qualité
» de la tentation, vous ferez un simple retour de vostre cœur
» du costé de Jesus-Christ crucifié, et par une action d'a-
» mour en son endroit, vous luy baiserez les sacrés pieds.
» C'est le meilleur moyen de vaincre l'ennemy, tant és petites

---

[1] Liv. 11, chap. 13. — [2] Cantic. iv, 4.

» qu'és grandes tentations : car l'amour de Dieu contenant
» en soy toutes les perfections de toutes les vertus, et plus
» excellemment que les vertus mesmes, il est aussi un plus
» souverain remede contre tous vices ; et vostre esprit s'ac-
» coustumant en toutes tentations de recourir à ce rendez-
» vous general, ne sera point obligé de regarder et examiner
» quelles tentations il a, mais simplement se sentant troublé,
» il s'accoisera en ce grand remede, lequel outre cela est si
» espouventable au malin esprit, que quand il voit que ses
» tentations nous provoquent à ce divin amour, il cesse de
» nous en faire [1]. »

En un mot, c'est là l'alexipharmaque general de tous nos maux, nostre vraye panacée, et le moyen le plus universel pour exercer purement et parfaitement les vertus. A raison dequoy l'Apostre disoit, *Sur toutes choses ayez la charité, car c'est le lien de perfection* [2]; *la dilection est l'accomplissement de toute la loy* [3] : et encore, *Que toutes vos actions se fassent en charité* [4] et pour la charité. Qui ayme accomplit la volonté de Dieu, volonté qui ne desire que nostre sanctification, c'est à dire, que nous soyons saincts comme Dieu, qui est la mesme charité, et parfaits, comme nostre Pere celeste est parfait. De là ce mot qui estoit si ordinaire en la bouche de nostre Bien-heureux : « Tout le monde a des moyens et des secrets pour s'avancer et arriver à la perfection : pour moy je n'en sçay point d'autre que d'aymer Dieu de tout son cœur, et son prochain comme soy mesme; que d'aymer Dieu pour l'amour de luy-mesme, et toutes choses pour l'amour de Dieu. » C'est à peu pres ce que dit le Sage : *Crains Dieu, et garde ses commandemens; car voila le tout de l'homme* [5].

---

[1] Part. 4, chap. 9. — [2] Coloss. III, 14. — [3] Rom. XII, 10. — [4] I Cor. XVI, 14. — [5] Eccle. XII, 13.

SECTION XIX.

De la perfection exterieure.

On fit une fois une consultation de docteurs en theologie, d'une université que je ne veux pas nommer, sur le subjet d'une fille Benedictine qui desiroit se ranger dans l'institut de la Visitation. Le monastere d'où elle se vouloit retirer n'estoit pas dans une entiere reforme; une partie des filles y repugnoient : à peine la closture y estoit elle bien establie; celles qui ne vouloient pas la reforme y estoient plustost renfermees que reformees, et y rongeoient leur frein par contrainte, en attendant l'occasion de se loger ailleurs : la communauté n'y estoit que pour la table, non pour le vestiaire; l'oraison mentale s'y pratiquoit fort peu : bref, l'observance n'y alloit que d'une aisle. Cette fille desireuse d'une parfaite reformation pressoit fort ses parens de la mettre en lieu où elle pust vivre selon la regle, tout institut luy estant indifferent. Les parens qui secondoient son dessein, bien qu'elle fust professe, se mettent en devoir de luy chercher une place en quelque compagnie bien reglee : la creance qu'ils avoient au Bien-heureux leur fit jetter les yeux sur la congregation de la Visitation, en laquelle la fille mesme avoit grand desir de se voir enroollee. Consultation là dessus, en laquelle le principal debat de messieurs nos maistres fut de faire des comparaisons entre les regles de sainct Benoist, que la fille vouloit quitter, et celle de sainct Augustin, qui est celle de la Visitation, et qu'elle vouloit embrasser. Mais encore de quel biais furent prises ces confrontations? Du costé du poisson et de la viande, des chemises de toile et de laine, des matelats et des paillasses, du grand et du petit Office, de Matines dites à minuict ou à neuf heures du soir, et autres remarques de semblable estofe : et parce que la regle de sainct Benoist se trouva avoir ces grands et notables avantages sur celle de sainct Augustin, sans aucun égard à l'observance de l'une ou de l'autre il fut conclu que la Benedictine qui estoit dans une maison d'imparfaite observance, retrograderoit de la perfection, de ceste taille que nous avons representée, si elle se faisoit Augustine dans une maison d'observance accomplie; et permis à elle cependant d'attendre la Redemption d'Israël, et que la parfaite reforme fust mise en la maison où elle avoit fait profession, renvoyée comme cela *ad longos annos,* par fins de non-recevoir.

Or, quoy que ce ne fust nullement l'avis du Bien-heureux qu'elle changeast ny de maison ny d'ordre, estimant fort ceste maxime evangelique, *Ne passez point de maison à autre*[1], ce qui tesmoigne une instabilité blasmable; et beaucoup moins qu'elle se rangeast à la Visitation, tant pour ne charger point ceste congregation naissante d'envie et de jalousie, que pour ne l'exposer point à la contradiction des langues; et quoy qu'il estimast à propos de ranger ceste postulante en quelque monastere de Benedictines qui fust entierement reformé, soit pour tousjours, soit en attendant que la reformation parfaite fust establie dans la maison où elle estoit professe; et mesme inclinant plustost qu'elle demeurast au lieu de sa profession, pourveu qu'elle y pust vivre en tranquilité d'esprit et en tranquilité de conscience, pour y procurer, par ses prieres et son exemple, une reforme accomplie avec celles qui conspiroient à mesme dessein : neantmoins le resultat de ces messieurs n'estoit pas à son goust, luy semblant qu'il estoit basty sur des fondemens bien fresles. Un jour il me disoit là-dessus : « Je ne sçay à quoy s'aheurtent ces bons personnages, comme si la perfection chrestienne consistoit au poisson, à la serge, à la paille, à la nudité, aux veilles et autres semblables austeritez. Si cela estoit, les païsans seroient les plus parfaits de tous les Chrestiens, lesquels n'ont souvent que la terre pour lict, qui ne mange-

---

[1] Luc. x, 7.

ront pas un morceau de chair en toute l'année, nuds, deschirez, morfondus, qui n'ont pour l'ordinaire que l'eau pour breuvage et le pain pour nourriture, encore du pain de douleur et plus dur, plus pesant et plus noir que la terre; et il faudroit qu'ils retrogradassent de leur perfection s'ils se jettoient dans les cloistres les plus reformez, où l'on ne pratique point un genre de vie à beaucoup pres si austere que le leur.

» C'est de la perfection essentielle du Christianisme qu'il s'agit; je ne sçay pas si ces bonnes gens la veulent ou peuvent mettre autre part qu'en la charité, et s'ils font estat, sans charité, de toutes ces mortifications exterieures, veu que sainct Paul n'estime rien sans elle, le martyre mesme, fut-ce celuy du feu [1]. Je ne scay pas bien par où ils veulent prendre leurs mesures. Il ne leur restoit plus que de comparer sainct Augustin avec sainct Benoist, et de donner l'avantage de la doctrine et de la capacité à faire des regles de perfection chrestienne à sainct Benoist sur sainct Augustin. Sur sainct Augustin qui est l'aigle entre les docteurs de l'Eglise, comme sainct Jean l'est entre les evangelistes; par la bouche duquel les anciens conciles d'Affrique ont parlé, de qui les sentences sont recueillies comme des oracles par toute l'Eglise, et des lévres et de la plume duquel, comme de l'ange du Seigneur, les plus sçavans prennent la loy. A sainct Benoist, dis-je, du sacerdoce duquel on doute, et de la literature duquel nous ne voyons point que les bibliotheques gardent les monumens, quoy que d'ailleurs il ait esté un grand sainct, et un tres-excellent legislateur entre ceux qui ont dressé des loix et des regles pour les cenobites. Mais luy-mesme au dernier chapitre de la sienne en donne son jugement en verité, et en esprit d'humilité, qui est l'esprit fondamental de son ordre, disant qu'elle n'a rien de comparable à celle de sainct Basile, ce grand astre de l'Eglise grec-

---

[1] I Cor. XIII, 1-3.

que et qui balance la palme de la suffisance et doctrine avec sainct Gregoire de Nazianze, son cher amy et frere d'alliance. Et cependant nous voyons que la regle de sainct Augustin a tellement esté preferée à celle de sainct Basile en l'Eglise latine et occidentale, que nous ne sçavons aucun ordre en l'Eglise romaine, qui milite sous la regle de sainct Basile, et il y en a plus de quatre-vingts, tous differens, qui vivent sous celle de sainct Augustin, et il n'y en a pas dix ou douze qui soient rangez sous celle de sainct Benoist.

» Joint, disoit nostre Bien-heureux, que ce n'est pas par l'excellence ou eminence des saincts qu'il faut juger de leurs escrits; la science et la charité n'allans pas toujours d'un mesme air, et la plus grande ou moindre charité estant la mesure de la vraye saincteté, et la mesure aussi de la dignité des regles : or en quelle de toutes les regles cenobitiques ceste royne des vertus est elle plus recommandee qu'en celle de sainct Augustin, qui semble n'estre qu'un discours continuel de la charité? De plus, il n'est pas question de comparer une regle à une autre (comparaison qui a quelque chose d'odieux), mais une observance à une autre : car quand la regle de sainct Benoist auroit sur celle de sainct Augustin tous ces advantages que ces messieurs luy attribuent, qui ne sçait qu'il est plus seur pour le salut de se ranger dans une communauté où une regle de moindre excellence seroit exactement observee, que dans une autre où une plus eminente regle ne seroit pas gardee? de quoy servent les loix si on ne les observe?

Le pis que je voy en cecy est que les gens mesme du mestier, se servent en leurs jugemens et estimations de ces mauvaises balances dont le Psalmiste parle[1], et que les simples soient conduits par des guides si clairvoyantes. Certes la vraye et essentielle perfection n'est pas ce que pensent beaucoup de gens, et elle est ce que beaucoup de gens ne pensent

---

[1] Psal. LXI, 10.

pas. Dieu vueille avoir pitié de nous, et nous benir de la lumiere de son visage, afin que nous cognoissions ses voyes en la terre, et que nous annoncions son salutaire à toutes les nations : et destourne de nos jours ceste menace du Sauveur, *Sinite illos; cœci sunt*[1], etc. »

SECTION XX.

Pharizaïsme doucement repris.

Les filles de la Visitation furent introduites en l'une des bonnes villes de ce royaume, où il y avoit desja plusieurs monasteres de moniales qui estoient en grande vogue et reputation, principalement à cause de leur austerité exterieure; chose qui frappe le sens, et qui donne fort dans les yeux de ceux qui n'en ont que de chair, et qui ne sçavent pas que Dieu se peut adorer, et avec cela et sans cela encore, en esprit et verité.

La suavité et douceur cordiale qui se rencontra parmy les filles de l'institut dressé par nostre Bien-heureux les rendit aussi tellement aymees par les personnes qui les aborderent et qui gousterent leur conversation, qu'il sembloit que l'on quittast le gland rude et sauvage, apres avoir trouvé la fleur du froment esleu. Là dessus murmures en campagne, pareils à ces vents et à ces frizelis qui presagent et devancent les grands orages. De combien d'artifices ne se servist-on pour destourner les femmes et filles seculieres de la hantize des sœurs de saincte Marie! Mais la mansuetude et la cordiale patience estant des charmes qui briseroient les rochers, et qui les feroient sortir de leurs places, ce que l'on employoit pour les divertir les poussoit et pressoit d'avantage à rechercher leur conversation. Solitude aux autres grilles.

De là on en vint aux invectives, aux reprehensions, aux mocqueries : que c'estoient des sœurs doüillettes, qu'elles

[1] Matth. xv, 14.

avoient trouvé un chemin de roses pour aller au ciel ; qu'elles avoient descendu nostre Seigneur de la croix, voulans dire qu'elles ne pratiquoient pas beaucoup d'austeritez corporelles ; que c'estoient des moniales à la mode, et autres semblables sornettes et tricheries : sans que ces bonnes langues considerassent deux choses ; l'une, que comme les tonneaux remplis de vin nouveau elles se salissoient de leur propre bave ; l'autre, que cét institut avoit esté dressé principalement pour la reception et le soulagement des femmes et filles infirmes et incommodees de force et de santé, mais d'esprit sain et bon, dont les corps debiles ne pourroient pas supporter les rigueurs exterieures des autres communautez : raisons capables (si la passion n'eust l'ascendant) de fermer la bouche à ces murmures iniques, et à renverser sur les visages qui les proferoient leur propre douleur.

En fin la contradiction des langues et la persecution des autres malices spirituelles, en vint si avant que les pauvres filles de nostre Bien-heureux furent contraintes de gemir un peu dans le sein de leur bon Pere, et de luy en escrire quelques plaintes, pour tirer de sa poictrine charitable quelque consolation, et des avis pour se conduire en des traverses si espineuses ; les aiguillons des picquoteries, sortans des mesmes lieux d'où elles attendoient des rayons de miel, d'assistance et de congratulation. Il escrivit donc plusieurs advertissemens sur ce sujet à la superieure, et entr'autres celuy-cy, qui depuis, pour sa beauté, a esté rangé parmy ses sentences.

« Gardez bien, ma fille, de respondre en sorte quelcon-
» que à ces bonnes sœurs, ny à leur fondatrice, sinon avec
» une invariable humilité, douceur et suavité de cœur. Ne
» vous deffendez point [1] : ce sont les propres termes du
» sainct Esprit. Si elles mesprisent vostre institut, parce
» qu'il leur semble moindre que le leur, elles contreviennent

[1] Rom. XII, 19.

» à la charité, en laquelle les forts ne méprisent point les
» foibles, ny les grands les petits. Je veux qu'elles soient
» plus que vous; mais les Seraphins méprisent ils les petits
» Anges? et les grands saincts en paradis méprisent-ils les
» moindres? O ma chere fille, qui plus aymera, sera plus
» aymé, sera le plus glorieux là sus au ciel. Ne vous mettez
» point en peine, le prix est donné à l'amour[1]. »

Peut-on pinser plus delicatement et amiablement la corde du Pharizaisme, et vaincre plus suavement, et neantmoins fortement, le mal par le bien? Qu'est-il arrivé de ceste persecution, sinon que celles qui vouloient mespriser ont esté mesprisees; les ravalees, relevees; les humiliees, exaltees; et ce qui avint à Joseph, que ses freres mirent en honneur le voulans perdre pour leur jalousie? Je n'en veux pas dire d'avantage pour n'entrer trop avant dans les particularitez, et prendre, comme l'on dit, le loup par les aureilles.

SECTION XXI.

Des aversions.

Il y en a qui à vive force et par l'aide de la grace arrachent de leurs cœurs le peché de haine qu'ils avoient contre quelqu'un: mais tout ainsi qu'apres que l'on a coupé un arbre par le pied, les racines ne laissent pas de demeurer en la terre, et il faut du temps pour les arracher; ainsi à la haine du peché succede la passion, et à la passion de haine celle d'aversion, d'autant plus malaisée à extirper qu'elle paroit moins blasmable que l'autre.

On sçait bien qu'il faut pardonner à l'ennemy, quelque grand outrage qu'il nous ait fait, si nous voulons que Dieu nous remette nos offenses; c'est ce que nous demandons tous les jours au Pere celeste dans l'oraison que son Fils nostre Seigneur nous a dictee de sa propre bouche : mais comme en

[1] Part. 3, chap. 5, art. 83.

suite d'une furieuse tempeste, apres que les vents se sont retirez, les flots de la mer ne laissent pas d'estre esmeus quelque espace de temps ; aussi apres que pour l'amour de Dieu l'on a renoncé à la haine que l'on portoit à son ennemy, il y en a qui pensent faire beaucoup de dire qu'ils ne luy veulent point de mal ; sans se souvenir que par la loy de Jesus-Christ ce n'est pas assez de ne vouloir point de mal, cela c'est n'avoir pas de haine; mais il faut avoir de l'amour et de la dilection, c'est à dire, vouloir du bien à son prochain soit amy soit ennemy, l'un et l'autre estant egalement creature de Dieu, ouvrage de Dieu, image de Dieu, capable de grace et de gloire.

Il y en a qui disent, pressez de ces raisons : Non seulement je luy pardonne l'offense qu'il m'a faite, et ne luy en veux point de mal, mais encor je luy souhaitte les mesmes biens de nature, de grace et de gloire qu'à moy-mesme : neantmoins je ne me puis resoudre de le voir, ny de converser avec luy, parce que cét object present esmeut mes puissances, et je crain de r'ouvrir mes playes et d'esmouvoir mes passions à sa veuë, en me ressouvenant du tort qu'il m'a fait.

Cette excuse semble avoir quelque couleur, quand on considere la foiblesse humaine, plus debile qu'un roseau qui se plie à tous vents : mais quoy que ceste deffiance semble loüable, elle ne l'est pas neantmoins devant Dieu, qui veut et que l'on se resjouisse en luy avec crainte, et aussi que l'on se confie en luy à mesure que l'on se deffie de soy mesme ; que l'on s'humilie sans decouragement, et que l'on s'appuye totalement sur sa grace, nullement sur la nature. C'est ce que nous enseigne la saincte parole, quand elle nous dit que nous ne pouvons rien de nous comme de nous, que toute nostre suffisance vient de Dieu[1], que sans luy nous ne pouvons rien faire[2], mais aussi qu'avec luy nous pouvons tout[3],

---

[1] II Cor. III, 5. — [2] Joan. xv, 5. — [3] Philipp. iv, 13.

et traverser les murailles de toutes sortes d'obstacles[1] ; si bien que nous ayant donné le vouloir et le commencer, nous devons esperer qu'il nous baillera le parfaire pour sa bonne volonté[2] : et ainsi s'il nous fait la grace de pardonner de bon cœur, de ne vouloir point de mal, et de desirer toute sorte de bien, nous devons aussi nous confier en celuy qui a vaincu le monde, qu'il nous donnera la force de resister aux tentations, que l'ennemy de nostre salut pourroit exciter en l'appetit irascible de la partie inferieure de nostre ame, à la veuë de celuy à qui nous avons pardonné, pourveu que ce pardon ait esté fait de bon cœur.

Il y en a mesme qui vaincus de ces persuasions diront : Je le veux bien voir, et ne fuiray point de me trouver en la compagnie où il se rencontrera ; mais de luy parler, c'est ce que je ne puis faire, parce que je craindrois de m'eschapper en quelques reproches, et de là d'en venir aux injures qui rallumeroient le feu de la haine au lieu de l'esteindre, et rendroient la derniere erreur pire que la premiere.

Certes quand celuy que la fiévre a quitté, boit encore avec quelque sorte d'empressement, c'est signe qu'il y a encore quelque reste d'emotion et de chaleur dedans ses veines. Quelques mines que fassent telles sortes de gens, qui sortent à regret de l'Egypte de la haine, et qui regardent en arriere, il y a sans doute quelque aigreur secrette et cachee dedans leur cœur, et ces Adams ne couvrent leur nudité que de fueilles de figuier. Il leur faut dire comme Josué à Achan, qui cachoit ce qu'il avoit pris et ne vouloit pas confesser son larcin : *Mon fils, donne gloire à Dieu et recognois ton offense*[3]. C'est à ces personnes-là de prier Dieu qu'il leur arrache toute rancune du cœur, et qu'il leur donne sa paix en les faisant hommes de bonne volonté. C'est à eux de prendre leur cœur à deux mains, et d'en oster, par un genereux effort, ceste yvraye de secrette aversion, qui suffo-

---

[1] Psal. xvii, 30. — [2] Philipp. ii, 13. — [3] Josue vii, 19.

que la semence des bonnes inspirations en eux ; et de dire à Dieu qu'il aide leur infirmité, afin qu'ils puissent pratiquer cét enseignement de l'Evangile, de faire du bien à ceux qui les hayssent [1], et de surmonter le mal par le bien [2].

Nous scellerons ce que nous venons d'avancer par une belle sentence de nostre bien-heureux François, qui dit ainsi. « Les Payens ayment ceux qui les ayment ; mais les » Chrestiens doivent exercer leur amitié à l'endroit de ceux » qui ne les ayment pas, et envers ceux ausquels ils ont » beaucoup de repugnance et d'aversion. » Sentence tirée de l'esprit et de la doctrine de l'Evangile [3]

SECTION XXII.

Des passions et affections.

Je conferois un jour avec luy pour estre esclaircy de diverses choses sur le sujet des passions humaines, desquelles j'escrivois un traitté, qui depuis fut imprimé et inseré parmy nos *Diversitez*. Quand il m'eut respondu diverses instances, il me demanda : « Et des affections qu'en direz vous ? » Je vous avouë que je fus surpris à cette parole, et quoy que je n'ignorasse pas la distinction de l'appetit raisonnable, et du sensitif, je ne m'imaginois pas pourtant qu'il y eut une telle difference entre les passions et les affections, que celle qu'il m'apprit. Je me figurois que les passions estans gouvernees par la raison s'appelloient affections, mais il me fit bien voir que c'estoit autre chose.

Il me dit donc que nostre appetit sensitif se partageoit en deux ; en concupiscible, qui a sa residence au cœur ; et en irascible, qui a son siege au foye : au lieu que l'appetit raisonnable a sa demeure dans le cerveau, quoy qu'il se partage comme l'autre en concupiscible et irascible. L'appetit sensitif concupiscible a soubs soy six passions : 1° l'amour :

[1] Matth. v, 44. — [2] Rom. xii, 21. — [3] Matth. v, 44-48.

2° la haine ; 3° le desir ; 4° l'aversion ; 5° la joye ; 6° la tristesse. L'irascible en a cinq : 1° la colere ; 2° l'esperance; 3° le desespoir ; 4° la crainte ; 5° la hardiesse ou le courage.

Il y a tout autant d'affections et de mesmes noms dans l'appetit raisonnable, qui est la volonté. Mais il y a ces differences entre les passions et les affections, que les passions de l'appetit sensitif nous sont communes avec les bestes irraisonnables : car nous voyons qu'elles ont de l'amour, de la haine, du desir, de l'aversion, de la joye, de la tristesse, de la colere, de l'esperance, du desespoir, de la crainte, et de la hardiesse, et tout cela selon le mouvement du sens, sans aucun degré de raison. L'homme animal, c'est à dire, qui se laisse emporter à l'impetuosité de ses sentimens, *est comparé aux bestes sans raison et leur est fait semblable*, dit le Psalmiste[1].

Mais celuy qui use de sa raison se sert de ses affections avec un bon et droit usage, et n'employe au mouvement de l'appetit raisonnable que ce qui est selon la lumiere et le discours de la raison naturelle ; dans laquelle, parce qu'elle est fautive, et sujette aux tromperies et illusions, il arrive souvent du desordre, et c'est ce que les philosophes appellent perturbations.

Mais quand le chrestien regeneré, c'est à dire justifié, et qui a la grace et charité, se sert tant des passions de l'appetit sensitif que des affections du raisonnable pour le service de la gloire de Dieu et de son sainct amour ; alors il ayme comme il faut aymer, il haït comme il faut haïr, il desire comme Dieu veut, il a aversion de ce qui deplaist à Dieu, il s'attriste des offenses faites à Dieu, il se resjoüit et prend plaisir aux choses qui sont agreables à Dieu, il se courrouce par zele contre ce qui blesse l'honneur deub à Dieu, il espere en Dieu, il n'espere point en la creature, il craint l'offense et l'indignation de Dieu, et prend courage à le servir. Et

---

[1] Psal. XLVIII, 13, 21.

c'est ainsi que le grand Psalmiste, homme selon le cœur de Dieu, disoit que sa chair, c'est à dire ses passions sensitives, et son cœur, c'est à dire ses affections raisonnables, se resjouyssoient au Dieu vivant[1].

Les vents qui sortent, comme tiennent quelques uns, des cavernes et concavitez de la terre, font sur la mer deux effets bien differens : car sans eux on n'y pourroit naviger, ny faire des voyages de long cours; et c'est par eux que se font les tempestes et les naufrages. Les passions et les affections renfermees dans les deux cavernes de l'appetit concupiscible et de l'irascible, sont autant de mouvemens internes qui nous portent dans le mal, s'ils sont mutinez, desordonnez, dereglez; et qui nous conduisent au bien et au port de salut, s'ils sont conduits par la raison et par la charité.

Voila ce que j'appris lors de luy, et qui m'ouvrit les yeux dans la conduite de mon ouvrage. Si vous desirez plus amplement vous informer de ce beau sujet, voyez ce qu'il en escrit en son traitté de l'Amour de Dieu[2].

SECTION XXIII.

Des propassions en Jesus-Christ.

On me demande si nostre Seigneur Jesus-Christ a eu des passions. Je ne sçaurois plus pertinemment respondre à ceste question que par les propres termes de nostre bien-heureux Pere en son Theotime, où il dit ainsi.

« Jesus-Christ a craint, desiré, s'est doulu et resjouy
» jusques à pleurer, blesmir, trembler et suer le sang, bien
» qu'en luy ces mouvemens n'ont pas esté des passions pa-
» reilles aux nostres : dont le grand sainct Hierosme, et
» apres luy l'escole, ne les a pas osé nommer du nom de
» passions, pour la reverence de la personne en laquelle ils
» estoient; ains du nom respectueux de propassions, pour

---

[1] Psal. LXXXIII, 3. — [2] Liv. I, chap. 5.

» tesmoigner que les mouvemens sensibles en nostre Seigneur
» y tenoient lieu de passion, bien qu'ils ne fussent pas pas-
» sions : d'autant qu'il ne patissoit ou souffroit chose quel-
» conque de la part d'icelles, sinon ce que bon luy sembloit,
» et comme il luy plaisoit, les gouvernant et maniant à son
» gré; ce que nous ne faisons pas nous autres pecheurs, qui
» souffrons et patissons ces mouvemens en desordre, contre
» nostre gré, avec un grand prejudice du bon estat et police
» de nos ames[1]. »

Les Theologiens ont donné à ces mouvemens, le nom de propassions, parce qu'ils tenoient lieu de passions; et quoy que son corps en souffrist et patist, neantmoins c'estoit avec une telle sousmission à l'empire de sa raison et de son incomparable sagesse, que mesme jusques à la mort il n'a donné congé à son esprit de sortir de son corps que quand il a voulu, et quand son heure fut arrivée, en faisant comme Noé de la colombe, qu'il lascha hors de son arche quand il le jugea expedient. Pour tesmoignage de cela; quoy que son ame en l'agonie du jardin fust triste jusques à la mort, et ceste tristesse forte jusques au point de le mettre soubs le pressoir et d'espreindre le sang de son corps, il ne laissa pas de dire à son Pere qu'il fist de luy selon sa volonté, s'abandonnant aux souffrances de tous les tourmens qui luy estoient preparez et presens en sa pensée.

On adjouste une autre demande : en quoy different les passions des affections. A quoy je respons, que les passions impriment leurs mouvemens aux yeux, au visage, en la contenance, où elles causent de grandes et notables alterations; mais les affections, comme telles, ne sont qu'en la partie raisonnable, qui, comme le faiste du mont Olympe, est exempte de tous ces orages et de ces violentes impressions : non pas que quand les affections sont esmeuës il ne se respande quelques effects de leur esmotion dans l'appetit

[1] Liv. 1, chap. 3.

sensitif, et que la raison ne communique aux sens quelque part de son touchement; mais à proprement parler le mot de passion vient de patir et souffrir, ce qui marque un changement et quelque alteration dans le sens. Mais le mot d'affection vient où de celuy d'*affigere*, qui veut dire affiger, attacher, d'autant que la raison s'attache à quelque objet; ou de celuy d'*afficere*, comme si elle estoit frappee et aheurtée à une certaine determination, par la resolution de la volonté.

Or il arrive assez souvent que nous avons des passions sensitives, sans aucune affection raisonnable; et des affections raisonnables, sans aucune passion sensitive. Par exemple, il arrivera quelquefois que le tentateur jettera dans l'appetit sensitif de violentes suggestions qui font dire aux plus saincts, ce que disoit David, qu'il estoit arrivé en haute mer, où il estoit englouty de l'orage [1]; qu'il enduroit force, et que c'estoit au Seigneur de respondre pour luy [2]; que son œil estoit troublé de grande colere, et mesme son estomac [3]. Et neantmoins la partie superieure tient bon contre ces assaults du demon du midy, et se maintient dans le party de la grace et de l'amour celeste. C'est cette loy des membres, repugnante à celle de l'esprit, dont l'Apostre se plaint, jusques à souhaitter pour cela d'estre deslivré du corps de cette mort, et jusques à dire qu'il fait non le bien qu'il veut, mais le mal qu'il hait [4]. Voicy une piece de nostre bienheureux Pere qui exprime ce combat interieur tres-excellemment; c'est en son Theotime.

« Combien de fois avons-nous des passions en l'appetit
» sensuel, ou convoitises contraires aux affections que nous
» sentons en mesme temps dans l'appetit raisonnable, ou
» dans la volonté! Le jeune homme duquel parle sainct
» Hierosme [5], se coupant la langue à belles dents, et la

---

[1] Psal. LXVIII, 3. — [2] Isai. XXXVIII, 14. — [3] Psal. XXX, 10. — [4] Rom. VII, 14-24. — [5] In vita Pauli.

» crachant sur le nez de cette maudite femme, qui l'enflam-
» moit à la volupté, ne tesmoignoit-il pas d'avoir en la vo-
» lonté une extresme affection de desplaisir, contraire à la
» passion du plaisir, que par force on luy faisoit sentir en la
» convoitise et appetit sensuel? Combien de fois tremblons-
» nous de crainte entre les hazards, ausquels nostre volonté
» nous porte, et nous fait demeurer! Combien de fois hays-
» sons-nous les voluptez, esquelles nostre appetit sensuel se
» plaist; aymans les biens spirituels, esquels il se desplaist!
» En cela consiste la guerre que nous sentons tous les jours
» entre l'esprit et la chair; entre nostre homme exterieur qui
» dépend des sens, et l'homme interieur qui dépend de la
» raison; entre le vieil Adam, qui suit les appetits de son
» Eve, ou de la convoitise, et le nouvel Adam, qui seconde
» la sagesse celeste, et la saincte raison [1]? »

SECTION XXIV.

Des affections raisonnables.

Les affections que nous avons en la partie raisonnable de nostre ame, sont plus ou moins excellentes, selon la hautesse ou la bassesse de leurs objects. Celles qui ne naissent que du raisonnement que nous faisons, tiré de la connoissance que les sens nous suggerent, sont de la moindre classe. Celles-là d'une plus haute, qui procedent de la lumiere que fournissent les sciences humaines. Il y en a d'autres qui sortent de la lumiere de la foy, mais morte et imparfaite. D'autres enfin qui naissent de la clarté surnaturelle de la foy vive et parfaite, c'est à dire, animée de charité.

Celles du dernier rang se peuvent nommer affections sensibles, d'autant qu'elles sortent d'une source assez trouble et espaisse, qui est l'experience du sentiment; rien n'entrant en nostre entendement, selon la maxime des philosophes,

[1] Liv. 1, chap. 5.

qui n'ait passé par l'estamine des sens. Neantmoins cette sorte d'affections ne laisse d'estre juste, puis qu'elle est raisonnable ; la conservation de la santé, le desir des choses necessaires à l'entretien de la vie, comme la nourriture et le vestement, une demeure commode, une vacation qui aggrée, une compagnie sortable, estant choses si honnestes, que l'on n'en peut equitablement blasmer la recherche, pourveu qu'elle se face selon la regle de droite raison.

Celles du second estage se peuvent dire purement humaines, puis que c'est de la science humaine et acquise qu'elles prennent leur origine. Par elles nous nous portons à la recherche des vertus morales, et par cette acquisition à la paix interieure, au repos de l'esprit, à la speculation des choses naturelles. Exercices si honorables, qu'il faudroit renoncer à la raison, pour y trouver à reprendre.

Celles de la troisiesme classe se peuvent nommer chrestiennes, mais toutesfois moins parfaites que celles du quatriesme degré. Celles-cy tirent leur source de la foy, c'est à dire des veritez chrestiennes divinement revelées, mais foy encore morte et non operante par charité. Elles nous portent au desir de l'eternelle felicité, et des biens qui nous y sont promis, lesquels nous connoissons par la foy, et attendons par l'esperance ; mais en cela nous regardons plustost nostre interest que celuy de Dieu. Ce qui est l'effet de la foy et de l'esperance, qui ne sont pas informées par la charité [1].

Et enfin celles du quatriesme et plus haut departement, sont des affections qui tirent leur naissance de la charité, royne, forme, ame et vie de toutes les vertus, et sans laquelle elles ne servent de rien pour la vie éternelle. Celles-cy se peuvent nommer parfaites et accomplies ; par ce que celuy qui a la charité, a la plenitude de l'accomplissement de la loy, et le lien de perfection. Par ces sainctes affections

---

[1] S. Thom. 2ᵃ 2ᵃᵉ, quæst. 23, art. 6.

nous aymons Dieu sans aucun interest, pour l'amour de luy-mesme, et toutes choses pour l'amour de luy, c'est à dire, en luy, selon luy et avec rapport à luy. Nous l'aymons sur toutes choses, en toutes choses, hors et sans toutes choses, par ce qu'il est tout à toutes et en toutes choses. Ce sont-là les vrayes et sinceres affections de la charité non feinte; et celles que les parfaits Chrestiens commencent en la terre, pour les continuer eternellement au ciel, où Dieu est toutes choses à tous et en tous.

Cette doctrine si belle, si claire, si pure, si saincte et si remarquable, est tirée du Theotime du bien-heureux François de Sales [1].

SECTION XXV.

Sureminence du divin amour.

Marthe se trouble et s'empresse de beaucoup de choses, mais il n'y en a qu'une de necessaire : Marie a choisi la tres-bonne part, qui ne luy sera point ostée. Qui n'aura pitié du pauvre cœur tracassé et troublé de tant de diverses affections toutes specieuses et raisonnables, et dont les attraits le violentent avec tant de douceur, que comme il n'y a rien de si suave que cette force, il n'y a rien aussi de si fort que cette suavité? Cependant il n'y a qu'un amour qui luy soit necessaire, qui est celuy de Dieu, sans lequel il n'aura jamais de repos, ny de vray contentement, et avec lequel il possedera toutes les choses qu'il sçauroit souhaitter.

« O Dieu, disoit le grand sainct Augustin, celuy-là vous
» ayme moins qu'il ne faut, qui ayme quelque chose avec
» vous, sans l'aymer pour l'amour de vous.

» Entre tous les amours, dit mon bien-heureux Pere,
» celuy de Dieu tient le sceptre, et a tellement l'authorité
» de commander inseparablement unie et attachée à sa na-

[1] Liv. 1, chap. 6.

» ture, que s'il n'est maistre, incontinent il cesse d'estre,
» et perit. Tout est sujet à ce celeste amour, qui veut tous-
» jours estre roy ou rien, ne pouvant vivre qu'il ne domine
» et regne, ny regner si ce n'est souverainement. Il est vray
» (poursuit-il) qu'il gouverne l'ame avec une douceur
» nompareille ; car il n'a ny forçats ny esclaves, mais il re-
» duit toutes les facultez à son obeyssance, avec une force
» si delicieuse, que comme rien n'est si fort que l'amour, il
» n'y a rien de si doux que sa force [1]. »

C'est un soleil qui à son lever efface peu à peu, comme avec une esponge de lumiere, tous ces menus feux que la nuit par son absence avoit allumez dans le ciel. C'est la verge de Moyse, qui engloutit celle des mages d'Egypte. Non seulement celuy-là peche, et peche griefvement, qui ayme quelque chose plus que Dieu, mais encore, qui ayme quelque chose à l'esgal de Dieu. Le lict et la royauté ne peuvent souffrir de compagnon. Le lict du cœur est trop estroit, il ne peut recevoir l'amour de la creature en partage avec celuy du Createur : nul ne peut servir à deux maistres, et quelle convenance de la lumiere avec les tenebres, de Christ avec Belial ?

Que bien-heureuse est l'ame qui peut dire à la tentation du peché, ce que dit sainct Michel à cet ange revolté, qui vouloit estre semblable au tres-haut, *Qui est comme Dieu ?* et avec David, *Qui est comme le Seigneur nostre Dieu, qui habite dans les hauts lieux, et qui regarde les choses humbles au ciel et en la terre* [2] ? *O Dieu, qui vous est semblable entre les forts* [3] ? ou avec le Sauveur, *Arriere de moy, sathan; car il est escrit : Tu adoreras le Seigneur ton Dieu, et à luy seul tu serviras* [4].

« L'amour sacré, dit nostre bien-heureux Pere, est un
» enfant miraculeux, puisque la volonté humaine ne le peut

---

[1] De l'Amour de Dieu, liv. 1, chap. 6. — [2] Psal. cxii, 5, 6. — [3] Exod. xv, 11. — [4] Matth. iv, 10.

« concevoir, si le sainct Esprit ne le respand dans nos
« cœurs; et comme surnaturel, il doit presider et regner
« sur toutes nos affections, voire mesme sur l'entendement
« et la volonté. »

Or quand nous parlons de l'amour sacré, nous entendons celuy de la charité, qui est l'amour de Dieu, mais non pas amour interessé et de convoitise, tel qu'il se trouve en pratique en l'esperance; mais un amour pur, et qui ne recherche point son interest, comme parle sainct Paul [1], et qui ne laisseroit pas d'aymer Dieu pour l'amour de luy-mesme, quand il n'auroit point en ses mains de delectations infinies, et une maison toute pleine de gloire et de richesses, et toute sorte de salaire avec luy.

> C'est Dieu seul qu'elle respire,
> Et à luy seul qu'elle aspire.

SECTION XXVI.

Des avantages reciproques de l'amour sur la volonté, et de la volonté sur l'amour.

La volonté humaine et le bien ont une telle convenance et alliance, que comme un fer en esclaircit un autre, on vient à la connoissance du bien, en disant que c'est ce que la volonté ayme : et de la volonté, en disant que c'est une faculté toute retournée vers le bien, c'est à dire, qui l'a pour son object. Son mal est d'estre aveugle, et de ce qu'elle ne void le bien que par l'entremise de l'entendement, qui luy sert de flambeau, par lequel elle l'apperçoit. Et parce que l'entendement se peut tromper, de là vient que souvent la volonté prend un faux bien pour un vray; ayant tant d'inclination au bien, qu'elle s'y transporte aussi tost qu'elle l'apperçoit, sans pouvoir discerner s'il est faux ou veritable.

Or le mouvement de la volonté vers le bien, c'est ce que

---

[1] 1 Cor. xiii, 5.

l'on appelle amour, qui est la premiere et principale affection de l'appetit raisonnable. Ce mouvement est si puissant qu'il peut estre comparé à ces intelligences motives qui font rouler les cieux : car il donne le bransle à la mesme volonté qui le produit ; laquelle devient telle que ce qu'elle ayme : bonne, si son amour est bon ; mauvaise, s'il est mauvais. « Si tu aymes le ciel, disoit sainct Augustin, tu es celeste ; » si la terre, terrestre ; si Dieu, tu es Dieu par participa- » tion. » C'est à cause de ce divin amour que sainct Pierre nous appelle participans de la divine nature[1]. *Ils se sont rendus abominables selon les choses qu'ils ont aymées,* dit un prophete parlant des meschans[2].

> Mon amour, c'est mon choix,
> Mon amour c'est mon poids :
> Par tout où je me porte,
> C'est luy qui me transporte.

« L'amour, dit nostre bien-heureux Pere, domine tellement » en la volonté, qu'il la rend toute telle qu'il est. La volonté » n'est esmeuë que par ses affections, entre lesquelles l'a- » mour, comme le premier mobile et la premiere affection, » donne le bransle à tout le reste, et fait tous les autres » mouvemens. » En suite, il compare la volonté à la femme, et l'amour au mary ; celle-là prenant la qualité noble ou roturiere de celuy-cy : et appelle les autres affections les enfans de l'amour et de la volonté, qui sont tels que leur pere et leur mere.

Toutefois, quoy que l'amour ait un si grand ascendant sur la volonté, et qu'il la rende semblable à luy, ce n'est pas à dire que ce mariage soit indissoluble ; car comme il se contracte librement, il se dissout aussi volontairement : et comme le peché n'est autre chose qu'une preference que la volonté fait de l'amour de la creature à celuy du Createur ; aussi la repentance n'est-elle autre chose qu'une aversion

---

[1] II Petr. 1, 4. — [2] Psal. xiii, 1.

que la volonté conçoit de la creature, pour se retourner vers le Createur, changeant son mauvais amour en un sainct et legitime.

Ainsi l'amour et la volonté ont de reciproques avantages l'un sur l'autre. Mais quand tous deux s'accordent l'un à aymer l'autre à vouloir le souverain bien, qui est Dieu, ô quelle heureuse harmonie, puis que, selon saint Augustin, la volonté humaine n'est jamais plus libre que quand elle est plus sousmise et assujettie à celle de Dieu ; et nostre amour, jamais si noble ny si sublime que quand il a pour object celuy que les Anges desirent de voir, encore qu'ils le voyent et contemplent sans cesse, d'autant que l'agreable appetit du desir demeure dans la satieté de leur jouyssance ; et plus ils voyent celuy qu'ils desirent, plus ils desirent de le voir, par ce qu'il est tout desirable, et que devant luy est tout leur desir !

SECTION XXVII.

Puissance du bon amour.

Ce qu'est le premier mobile entre les spheres celestes, l'amour l'est entre les passions et affections de l'âme qui luy sont inferieures. Le premier, dit l'axiome des philosophes, en chaque espece des choses, sert de regle et de mesure à tout le reste. Et l'amour qui est la premiere passion de l'appetit sensitif, et la premiere affection du raisonnable, donne le poids et la mesure à toutes celles qui la suivent. Qu'il soit ainsi, voyons-le par le denombrement des parties, qui est la plus forte de toutes les preuves. Que hayssons-nous, sinon ce qui est contraire à ce que nous aymons ? Que desirons-nous, sinon ce que nous aymons ? Dequoy avons-nous aversion, sinon de ce que nous n'aymons pas ? Dequoy nous resjouyssons-nous, sinon de la jouyssance de ce que nous aymons ? Dequoy nous attristons-nous, sinon de la privation de ce que nous aymons ? Contre qui s'arme nostre colere et indignation, sinon contre ce qui s'oppose à ce que nous aymons? Qu'esperons-nous, sinon le bien que nous aymons? D'où naist le desespoir, sinon du desplaisir de ne pouvoir atteindre à ce que nous aymons? la crainte, sinon de perdre ce que nous aymons? et la hardiesse, sinon de la poursuite courageuse du bien que nous aymons?

L'affection ou passion de l'amour est donc cette Sulamite du Cantique, en laquelle on ne void que des chœurs de combattans[1], puis que c'est elle qui met en bataille les escadrons des autres affections, et les range en belle ordonnance. Sainct Augustin va plus avant, car il dit que l'amour (il entend celuy de Dieu, que nous appellons charité) embrasse toutes les vertus, et par son motif leur donne l'ame et la vie; c'est en son livre des Mœurs de l'Eglise, où il parle en ces termes : « Ce que l'on dit, que la vertu est divisée en quatre
» (il entend les quatre vertus cardinales), on le dit, ce me
» semble, à raison des diverses affections qui proviennent
» de l'amour : de maniere que je ne feray nulle doute de de-
» finir ces quatre vertus; en sorte que la temperance soit
» l'amour qui se donne tout entier à Dieu; la force, un
» amour qui supporte volontiers toutes choses pour Dieu; la
» justice, une force servante à Dieu seul, et pour cela com-
» mandant droitement à tout ce qui est subject à l'homme;
» la prudence, un amour qui choisit ce qui luy est profita-
» ble, pour s'unir avec Dieu, et rejette ce qui est nuisible[2]. »

Ce passage est rapporté par nostre bien-heureux Pere en son Theotime[3], où par une ample demonstration il fait voir que la charité ou l'amour de Dieu est la racine et le fondement de toutes les vertus, selon la doctrine de l'Apostre[4]. Comme donc l'amour est le prince et le centre de toutes les affections de l'ame raisonnable; aussi celuy de Dieu, que nous appellons charité, est le tronc où se rapportent les branches de toutes les vertus : lesquelles sans cela ne peu-

---

[1] Cantic. vii, 1. — [2] Cap. 15, n. 25. — [3] Liv. ii, chap. 8. — [4] I Cor. xiii.

vent estre appellées parfaites, dit sainct Thomas[1], ny apporter des fruicts dignes de penitence et de la vie eternelle ; parce que le pampre ne peut porter de raisin, s'il n'est uny au sep, ny le rameau de la bonne œuvre, dit sainct Gregoire, avoir aucune verdeur, s'il ne demeure uny à la racine de la charité.

> Mettez la charité en l'ame, tout y sert ;
> Ostez la charité de l'ame, tout s'y perd.

SECTION XXVIII.

Avantage de la charité sur la foi et l'esperance.

Non seulement il ne pouvoit souffrir que l'on fist quelque estime des vertus morales à comparaison de la charité ; mais il ne vouloit pas mesme que sans elle, ou devant elle, on fist grand compte de la foy et de l'esperance, qui d'ailleurs sont des vertus si excellentes, surnaturelles et infuses de Dieu. En cela il se conformoit au sentiment de l'Apostre si ouvertement declaré, en la premiere de celles qu'il escrit à ceux de Corinthe. *La foy, l'esperance et la charité sont trois dons precieux*, dit le Vaisseau d'elite ; *mais le plus grand de tous, c'est la charité*[2]. Il est le plus grand, non seulement parce que les deux precedens sans celuy-cy ne servent de rien pour la vie eternelle ; mais aussi parce qu'il leur donne la vie et la forme, la foy et l'esperance estans des vertus mortes et imparfaites sans la charité.

Il est vray que la foy est « un amour de l'esprit envers » les beautez des mysteres divins, » comme dit nostre bienheureux Pere[3] : et que « cet acquiescement que fait nostre » ame aux choses revelées commence par un sentiment » amoureux de complaisance, que la volonté reçoit de la » beauté et suavité de la verité proposée ; de sorte que la » foy comprend un commencement d'amour, que nostre

---

[1] 2ᵃ 2ᵃᵉ, quæst. 23, art. 7. — [2] I Cor. XIII, 13. — [3] De l'Amour de Dieu, liv. 1, chap. 5.

» cœur ressent envers les choses divines[1]. » Il est vray aussi que l'esperance est « un amour que nostre volonté conçoit » envers l'utilité des biens qui nous sont promis en l'autre » vie[2] : » mais amour de convoitise et interessé ; et par consequent imparfait et incapable, sans la charité, de nous introduire en la vie eternelle[3]. Mais le parfait amour de Dieu, qui ne se trouve qu'en la charité, est un amour desinteressé, qui ayme la souveraine bonté de Dieu, en luy, et pour luy-mesme, sans aucune autre pretension, sinon qu'il soit ce qu'il est, c'est à dire eternellement aymé, glorifié et adoré, par ce qu'il merite de l'estre[4]. Et c'est en ce qu'elle attaint plus parfaitement la derniere fin, que consiste sa preeminence. Laquelle est encore plus clairement manifestée par nostre Bien-heureux en son Theotime, en ces termes.

« Le salut est monstré à la foy, il est preparé à l'esperance, » mais il n'est donné qu'à la charité. La foy monstre le che-» min de la terre promise comme une colomne de nuée et de » feu, c'est à dire, claire, obscure : l'esperance nous nourrit » de sa manne de suavité : mais la charité nous introduit, » comme l'arche de l'alliance qui nous fait le passage au » Jourdain, c'est à dire, au jugement, et qui demeurera au » milieu du peuple, en la terre celeste promise aux vrays » Israëlites, en laquelle ny la colomne de la foy ne sert plus » de guide, ny on ne se repaist plus de la manne d'espe-» rance[5]. »

Ce qu'un ancien disoit de la pauvreté, qu'elle estoit un grand bien, mais peu conneu ; nous le pouvons à meilleur titre dire de la charité : c'est un thresor caché, une perle enfermée dans une nacre, et de laquelle peu de personnes sçavent le prix. Les errans de nostre âge s'amusent après la foy morte, à laquelle ils attribuent toute leur justice et leur salut. Plusieurs catholiques s'amusent aprez l'amour inte-

---

[1] De l'Amour de Dieu, liv. 2, chap. 13. — [2] Id. liv. 1, chap. 5. — [3] Id. liv. 2, chap. 17. — [4] S. Thom. 2ᵃ 2ᵃᵉ, quæst. 23, art. 6. — [5] Liv. 1, chap. 6.

ressé qui est dans l'esperance, et servent Dieu comme mercenaires, plus pour leur propre interest, que pour celuy de Dieu. Peu ayment Dieu comme il doit estre aymé, c'est à dire d'amour de charité et desinteressé : cependant sans cette robe nuptiale, sans cette huile de la lampe des vierges sages, il n'y a point d'entrée aux nopces de l'Agneau. C'est icy que l'on peut chanter avec le Psalmiste : *Le Seigneur a regardé du haut des cieux sur les enfans des hommes, pour voir si quelqu'un entend comme il le faut rechercher,* c'est à dire, comme il veut estre servy : *tous ont decliné de son service, tous y sont inutiles, il n'y en a un seul qui l'honore comme il le veut estre* [1] : cela s'entend en esprit et verité ; et qu'est-ce que le servir ainsi, sinon l'honorer et luy obeïr pour l'amour de luy-mesme sans aucun particulier et propre interest?

Mais quiconque a appris de servir Dieu à la façon de ses vrays et chers adorateurs, c'est à dire en foy et esperance vives, animées et accompagnées de charité ; celuy-là se peut dire estre du nombre de la gent saincte, du sacerdoce royal, du peuple d'acquisition, et estre entré dans le sanctuaire de la vraye saincteté et justice chrestienne ; duquel nostre bienheureux Pere parle ainsi : « Au sanctuaire estoit l'arche d'al-
» liance, et en icelle, ou au moins joignant icelle, estoient
» les tables de la loy, la manne dans une cruche d'or, et
» la verge d'Aaron, qui fleurit et fructifia en une nuict ; et
» en cette supreme pointe de l'esprit se trouvent : 1° la lu-
» miere de la foy, representée par la manne cachée dans la
» cruche, par laquelle nous acquiesçons à la verité des mys-
» teres que nous n'entendons pas ; 2° l'utilité de l'esperance,
» representée par la verge fleurie et feconde d'Aaron, par
» laquelle nous acquiesçons aux promesses des biens que
» nous ne voyons point ; 3° la suavité de la tres-saincte cha-
» rité, representée és commandemens de Dieu, qu'elle com-
» prend, par laquelle nous acquiesçons à l'union de nostre

[1] Psal. XIII, 2, 3.

» esprit avec celuy de Dieu, laquelle nous ne sentons pres-
« que pas¹. »

SECTION XXIX.

De l'œconomie de l'ame.

Comme ce seroit temerité à un homme de vouloir faire profession de la medecine sans sçavoir l'anatomie du corps humain; aussi estimoit nostre Bien-heureux une inconsideration notable à quelqu'un de vouloir embrasser la vie spirituelle, sans entendre l'œconomie, et comme l'anatomie de l'ame : il appelloit cela s'embarquer sans biscuit.

Il n'y a rien de si frequent dans les livres de devotion, que ces mots, selon la partie ou portion inferieure ou superieure de l'ame; et cependant il n'y a rien de moins entendu de la pluspart de ceux ou de celles qui les lisent. Et par ce que, ou l'erreur, ou le defaut de lumiere dans les principes est cause de grands embarassemens dans le progrez, il tenoit que pour eviter cela, la connoissance de ces ressorts de nostre interieur estoit « grandement requise (ce sont ses mots) » pour entendre les traitez des choses spirituelles² ; » à raison dequoy il l'a expliquée assez amplement au premier livre de son traitté de l'Amour de Dieu. Et par ce que vous y trouvez, dites-vous, non pas de l'obscurité (car c'est un defaut qui ne tomba jamais sous la plume, et qui n'est point dans les escrits de nostre bien-heureux Pere); mais de la difficulté, à cause, dit vostre humilité, de la petitesse de vos esprits, vous desirez que je vous explique verbalement son explication. Quoy que ce soit allumer une chandelle pour vous monstrer le jour, j'acquiesceray neantmoins à vostre desir, et vous diray tout simplement et à la bonne foy, comme je l'entends.

Quoy que nostre ame soit une et indivisible, neantmoins

¹ De l'Amour de Dieu, liv. 1, chap. 12. — ² Ibid.

elle a des facultez tres-divisées et tres-distinctes : elle est vegetante, sensitive, et raisonnable. Par la premiere qualité nous ressemblons aux plantes ; par la seconde, aux animaux ; par la troisiesme, aux Anges : ainsi l'homme est toute creature, l'abregé de l'univers et un petit monde. Or nous pouvons en esprit partager nostre ame (quoy qu'indivisible en sa nature et en son essence) en deux parties, et chaque partie en deux portions ; et voicy comment. La partie inferieure est celle qui vegete et qui nous fait sentir, appellée pour cela partie animale et sensitive, et par sainct Paul la loy des membres, la chair, le vieil Adam, l'homme terrestre et animal.

Dans cette partie basse et inferieure, il y a deux portions. La premiere est la vegetante, qui regarde les fonctions de la nourriture, digestion, croissance, et semblables, qui nous sont communes avec les plantes : et comme il y a des plantes qui ont des sympathies et dispathies les unes envers les autres, dont l'on ne peut rendre autre raison que celle du grand Ouvrier de toutes choses qui l'a ainsi voulu ; aussi y a-t-il des hommes qui ont des gousts et des aversions de certaines choses, dont il n'y a point d'autre raison qui nous soit conneuë que leur complexion ou disposition naturelle. Mais cecy n'estant ny bien ny mal, est fort indifferent et peu considerable.

La portion superieure de cette partie inferieure est celle qui contient les sens exterieurs et interieurs, et les passions de l'appetit sensitif ; en quoy nous sommes communs avec les animaux, qui ont les mesmes sens et les mesmes appetits. Les sens exterieurs sont cinq : 1° le voir ; 2° l'ouyr ; 3° l'odorer ; 4° le gouster ; 5° et le toucher. Les interieurs sont en nombre semblable : 1° le sens commun ; 2° la fantaisie ; 3° l'imagination ; 4° le souvenir ; 5° et l'estimative. L'appetit sensitif se distingue en concupiscible, et irascible. Dans le concupiscible il y a six passions : 1° l'amour ; 2° la hayne ; 3° le desir ; 4° la fuitte ou aversion ; 5° la joye ; 6° la tristesse.

Dans l'irascible il y en a cinq : 1° la colere; 2° l'espoir; 3° le desespoir; 4° la crainte; 5° et la hardiesse.

Les animaux ont tout cela aussi bien que l'homme; car nous connoissons qu'ils voyent, oyent, odorent, goustent, touchent. Ils ont un sens commun, qui est le receptacle des especes des cinq sens exterieurs. Ils ont fantaisie et imagination, et mesme des songes : on entend japper des chiens en dormant, qui en est un indice assez clair. Ils ont memoire sensitive; car ils se souviennent de leurs maistres, et du bien et du mal qu'on leur fait; ils suivent l'un et fuyent l'autre par l'estimative. Quant aux passions, on les recognoist en eux. Le chien, animal philantrope et domestique, ayme son maistre, hait l'estranger et le larron, desire, fuit, se resjoüit et s'attriste, a de la colere, espere et attend qu'on luy face du bien, entre en desespoir quand il est trop pressé, a quelquefois de la crainte, d'autres fois du courage. L'homme animal qui n'agit que par cette partie inferieure de l'ame, est comparé par David aux animaux sans raison, et leur est fait semblable [1].

La partie superieure de l'ame est celle qui est tout à fait raisonnable, et qui doit gouverner l'inferieure, ainsi que l'escuyer conduit et meine son cheval, selon ce que dit un prophete, *Leurs chevaux sont leurs corps* [2], parlant des personnes spirituelles : et selon ce que Dieu dit au premier homme aprez sa creation, *Ton appetit sera soubs toy*, c'est à dire, ta partie inferieure sera sujette à la superieure, *et tu le domineras* [3] : et ce que Pharaon dit à Joseph, *Tu seras sur ma maison, tout le peuple obeyra au commandement de ta bouche, sans ton commandement nul ne remuera* [4].

Cette partie a deux portions aussi bien que l'inferieure. L'inferieure portion de nostre partie superieure est celle par laquelle nous raisonnons selon l'experience et la connois-

---

[1] Psal. xlviii, 13, 21. — [2] Isai. xxxi, 3. — [3] Gen. iv, 7. — [4] Id. xli, 40.

sance que les sens fournissent à nostre entendement. Et la portion superieure est celle par laquelle nous discourons selon nostre cognoissance purement intellectuelle, et qui n'est point fondée sur le rapport des sens. « Celle-cy, dit » nostre Bien-heureux, est communement appellée esprit, » et portion mentale de l'ame; et celle-là est ordinairement » appellée le sens, ou sentiment et raison humaine[1]. »

Et c'est icy que se trompent beaucoup de gens, qui prennent la partie inferieure de l'ame, pour cette portion inferieure de la partie superieure et raisonnable, qui est appellée sens par les spirituels, d'autant qu'elle fonde son raisonnement sur la cognoissance qu'elle emprunte de l'experience des sens : au lieu que l'autre est purement animale, et tout à fait attachée au sang et à la matiere. Or comme le sens est une chose fort fragile et aisée à decevoir, il ne se faut pas estonner si le desordre arrive souvent dans les affections raisonnables, qui ne se forment que sur le desordre tiré du rapport des sens.

La portion superieure de la partie superieure, qui embrasse les trois facultez principales de l'ame raisonnable, la memoire, l'entendement et la volonté, et qui ne discourt que selon la cognoissance purement intellectuelle, non tirée des sens, n'est pas du tout si sujette à deception; aussi n'en est elle pas tout à fait exempte : la raison de cela est, qu'elle peut raisonner selon deux sortes de lumiere, dont l'une est foible et fautive, l'autre certaine et indubitable. La premiere est la lumiere naturelle, ou de la science, selon laquelle ont raisonné et discouru les philosophes anciens; lumiere sujette à mille erreurs, et qui est comme ces ardans qui conduisent en des precipices. L'autre lumiere est celle de la foy, qui est un don tres-bon, un present parfait, descendant du Pere des lumieres, et du Dieu de toute verité, et qui ne nous enseigne rien qui soit sujet à fausseté. Et c'est cette lumiere

---

[1] De l'Amour de Dieu, liv. 1, chap. 11.

selon laquelle discourent les Chrestiens et les theologiens : lumiere de revelation pour les nations qui cheminent en la clarté et en la splendeur de l'orient d'enhaut, de celuy qui est appellé Homme d'orient, Soleil de justice et Lumiere du monde : lumiere de la foy revelée par la parole de Dieu, devant laquelle les lueurs de toutes les sciences humaines ne sont que des estoiles devant le soleil, bien qu'elle mesme soit cette belle brune du Cantique; noire, mais specieuse[1], noire pourtant, c'est à dire, bazanée, decolorée et obscure, comparée à la lumiere de gloire, par laquelle on voit dans le ciel la lumiere de la divinité sans voile, sans miroir et sans enigme, mais face à face.

Encore faut-il distinguer en cette lumiere surnaturelle de la foy, celle qui provient de la foy vive, ou celle qui procede de la foy morte et depourveuë de charité : parce que ceux-cy sont comme les rayons pasles et blaffards du soleil, qui passent au travers d'un nuage espais, ou, comme parle le Psalmiste, au travers d'une eau tenebreuse, ramassée dans les nuées de l'air[2]; et ceux qui n'ont que celle-cy, sont appellez gens de petite foy. Mais ceux qui ont la foy vive et operante par charité, ceux-là sont ces justes dont la lumiere resplendissante s'accroist tousjours jusques au jour parfait, et qui marchent en la clarté du midy, en rejettant les œuvres de tenebres.

Toutes ces distinctions apportées, il est aisé à juger de quelle façon l'on doit parler des actions humaines, selon le lieu d'où elles partent. Car si elles sont purement animales et sans raison, elles sont plutost actions de l'homme comme animal, qu'actions de l'homme comme raisonnable. Ainsi elles seront de la partie inferieure de l'ame, toute embourbée dans la chair, le sang et la matiere.

Que si elles sortent de la raison, mais fondée sur la seule experience des sens, alors on pourra dire qu'elles partent de

---

[1] Cantic. I, 4. — [2] Psal. XVII, 12.

la portion inferieure de la partie superieure et raisonnable de nostre ame : laquelle à comparaison de la precedente, est superieure; mais conferée avec la suivante, qui raisonne selon la pure connoissance intellectuelle, peut estre nommée inferieure.

En suite, si nous agissons selon les connoissances que nous fournissent les sciences humaines, procedantes de la lumiere naturelle, qui ne void que cette portion se peut appeller superieure, comparée à celle qui ne raisonne que par le rapport des sens? mais elle sera inferieure si on la compare à celle qui provient de la lumiere surnaturelle de la foy, laquelle surpasse de bien loin toute lumiere naturelle, et de la raison humaine; sainct Paul la definissant *une demonstration des choses qui n'apparoissent point*[1].

Maintenant, si elles tirent leur origine de la foy morte et informe, qui ne void qu'elles sont superieures au regard de celles qui naissent de la lumiere des sciences; mais extremement inferieures à celles qui sourdent de la foy vive et operante par charité, veu que la foy, fist elle des miracles, dit l'Apostre, n'est rien sans la charité[2]? Toutes les œuvres faites sans charité, quelque esclat qu'elles ayent, fust-ce le martyre, n'ont aucun merite, ny par consequent aucune entrée à la vie eternelle.

En consequence de ces lumieres et de ces cognoissances, c'est à nous maintenant de mettre à nos levres une porte de circonstance, et à parler comme il convient des parties et portions de l'ame inferieures et superieures, sans prendre Lia pour Rachel, et une statuë pour David; comme font plusieurs qui marchent en la vanité de leurs sens, ayans l'entendement obscurcy et aveugle en ces cognoissances; et cependant, ou blasment ce qu'ils ignorent, ou se corrompent en ce qu'ils sçavent, et se nourrissans en leurs pensées basses et terrestres, font gloire de leur confusion.

[1] Hebr. xi, 1. — [2] I Cor. xiii, 1-3.

SECTION XXX.

Usage de cette œconomie en l'exercice de la meditation.

Servira encore beaucoup en l'exercice de l'oraison mentale, la cognoissance de cette œconomie ou description des facultez de l'ame et de ses parties et portions. Car tous ses ressorts agissans en la meditation, il est non seulement utile, mais comme necessaire que celuy qui la pratique sçache quelle de ses facultez agit quand il est en cet exercice. Car tout ainsi qu'un artisan ne peut parfaitement accomplir son ouvrage, s'il ignore les noms de ses outils, et l'addresse de s'en servir : comme seroit-il possible (sinon par don d'enhaut, et par une faveur speciale du ciel) qu'une personne se portast comme il faut en l'exercice de l'oraison mentale, si elle ignore le mouvement de son interieur, et les replis et ressorts de son ame? *Si tu t'ignores, ô la belle*, disoit le sainct Amant à son espouse, *va dehors et chemine aprez les traces de tes troupeaux*[1]. Il est malaisé d'arriver à cette science des saincts, si on ne connoist point les facultez de son ame, qui sont comme ses pieds (symbole des affections), avec lesquelles elle va à Dieu, et ses aisles de colombe, avec lesquelles elle vole dans le repos.

Vous cognoistrez mieux ce que je vous dy, si je vous fay cognoistre comment jouënt toutes les parties, portions et facultez de nostre ame dans l'exercice de la meditation faite selon la methode que nostre bien-heureux Pere nous en a dressee au second livre de sa Philothée. Elle est telle : il distingue l'oraison mentale en trois principales parties; le commencement, le milieu et la fin ; qui sont comme la teste, le corps et les pieds.

La premiere partie, il la nomme preparation, et la fait consister en trois actes. Le premier, se mettre en la presence

[1] Cantic. 1, 7.

de Dieu : le second, se representer le poinct ou le sujet que l'on veut mediter : le troisiesme, l'invocation de la grace celeste.

La seconde partie s'appelle consideration, et consiste en trois actes. Le premier, c'est la ratiocination, ou acte de l'entendement, lequel discourt sur le poinct ou sujet que l'on a pris pour mediter : le second, c'est l'affection, qui est un mouvement de la volonté, tiré de la ratiocination, pour nous porter à la suitte de quelque bien, ou à la fuitte de quelque mal : le troisiesme est la resolution, qui n'est autre chose que la determination de la volonté esmeüe par l'affection, par laquelle nous embrassons quelque bien, ou nous esloignons de quelque mal. Car la fin principale de l'oraison mentale est de nous rendre meilleurs et plus agreables à Dieu, et non pas plus sçavans.

La troisiesme partie s'appelle conclusion, et a aussi trois actes. Le premier est le remerciement, ou action de graces des cognoissances, lumieres et affections receuës en l'oraison : le second, l'offrande de nos resolutions au sainct amour de Dieu : le troisiesme, la demande de les reduire en execution, quand les occasions s'en presenteront.

Et à la fin il faut faire une brieve reveuë ou recapitulation sommaire de nostre oraison ; ce que nostre bien-heureux Pere appelle bouquet spirituel, qui est comme le recueil des sentimens que nous y avons eus, et des affections et resolutions que nous y avons faites, lesquelles font le principal, et comme le grand œuvre de l'oraison, car c'en est tout le fruict.

Maintenant, si vous voulez voir comme tous les ressorts de l'esprit bandent en cet exercice, vous prendrez garde que l'entendement agit, si la maniere de presence de Dieu que l'on y exerce est intellectuelle ; ou que l'imagination joüe son roolle, si elle est imaginaire. Par exemple ; si l'on se met en la presence de la divine Essence qui est par tout, à raison de son immensité, et en laquelle nous sommes ayant vie et mouvement, cette sorte de presence ne peut estre qu'intellectuelle. Mais si on se met en la presence de Jesus-Christ nostre Seigneur, selon quelqu'un des mysteres de sa vie, de sa mort, ou de sa resurrection, c'est à dire, selon son humanité; cette espece de presence sera imaginaire, dautant que nostre imagination en formera une image dans nostre esprit.

Le mesme se doit dire de ces deux facultez au second acte de la preparation, qui est la representation du sujet à mediter. Car ou il sera purement intellectuel; comme si c'estoit quelque perfection divine, quelque vertu ou quelque vice, ou quelque sentence de l'Escriture ou des Peres : et alors l'entendement agira. Mais si le sujet est de quelqu'un des mysteres de l'humanité de Jesus-Christ, comme de son incarnation, de sa naissance, circoncision, flagellation, crucifiement, resurrection, ascension, et autres semblables; alors l'imagination en formera une figure en nostre ame pour ayder nostre speculation.

Quant à l'invocation de la grace divine, sans laquelle nous ne pouvons rien faire, c'est à l'entendement de la produire, si nous considerons, en la faisant, la verité de nostre impuissance dans le bien; Dieu estant celuy qui fait en nous et pour nous toutes nos bonnes œuvres, nous en donnant la volonté, et le moyen de l'accomplir : nostre insuffisance estant telle que nous sommes incapables de nous, comme de nous, de produire une seule bonne pensée, toute nostre capacité venant de luy. Si nous faisons cette invocation dans le souvenir de ses bienfaits precedans, qui nous fait esperer son assistance en l'oraison, ce sera un acte de memoire. Mais si elle est affectueuse et remplie d'ardeur, d'amour, d'humilité et de soumission, ce sera un acte de la volonté.

La ratiocination, qui est le premier acte de la seconde partie, s'appelle consideration, et une action de l'entendement, qui pense et raisonne sur le sujet proposé, afin d'en tirer des lumieres et des cognoissances, d'où naissent des saines et sainctes affections en la volonté. Car la meditation est comme un fusil spirituel, auquel par l'atoucher du raisonnement, on produit des estincelles, desquelles aprez on tire du feu et des flammes. *Mon cœur s'est eschauffé dedans moy*, dit le Psalmiste, *et le feu s'est embrazé en ma meditation*[1]. Ce sont ces lampes toutes de feu et de flammes, dont il est parlé aux Cantiques[2].

Le second acte qui suit la ratiocination, c'est l'affection, action de la volonté, qui est l'appetit raisonnable, et la partie de l'ame appellée affective. Or cette affection n'est autre chose qu'une volonté, qui s'esbranle et qui s'esmeut pour se determiner à quelque operation.

C'est pourquoy elle est immediatement suivie du troisiesme acte, qui est la resolution; action aussi de la volonté, par laquelle l'affection est déterminée, et renduë comme un mercure fixe. L'affection est comme un metal fondu, et la resolution en est comme le moule où il est jetté; il y prend une certaine forme, qui demeure pour tousjours quand il est refroidy.

C'est en ces deux actes que l'appetit raisonnable, tant concupiscible qu'irascible, exerce ses operations avec ses onze affections ou mouvemens, ausquels se peuvent reduire toutes les affections de l'ame raisonnable. Que si l'excez de l'esprit est tel, soit par l'impulsion de la grace, soit par l'effort de la nature, que l'appetit sensitif en ressente des impressions, alors les passions mesmes de l'appetit sensitif, et les cinq sens interieurs sont en faction, et exercent leurs fonctions. D'où procedent les exstases, les alienations, les pamoisons et autres souffrances extraordinaires dans les corps des personnes fort contemplatives; à quoy se peut rapporter ce mot du Psalmiste : *Mon cœur et ma chair se sont resjouys au Dieu vivant*[3].

Là s'exerce l'amour envers Dieu pour luy-mesme, et de

---

[1] Psal. xxxviii, 4. — [2] Cantic. viii, 6. — [3] Psal. lxxxiii, 3.

toutes choses en Dieu et pour Dieu, c'est à dire, avec rapport à sa gloire. Là se forme la hayne contre tout ce qui desplaist à Dieu, principalement contre le peché qu'il deteste souverainement. Là les desirs des collines eternelles qui sont comme les aisles de l'ame; aisles tantost de colombe pour leur douceur, tantost d'aigle pour leur force. Là les aversions des pechez veniels et des moindres imperfections, par ce que cela est des-agreable au bien-aymé des bien-aymez. Là la joye au Seigneur, à laquelle nous exhortent en tant de lieux les lettres sainctes. Là la bonne tristesse qui engendre la penitence à salut, et qui produit la compassion, la misericorde, la componction. Là la colere du sainct zele. Là la saincte esperance en celuy qui doit estre tout nostre desir, et nostre grand asyle. Là le mespris des creatures en n'esperant point en elles. Là la crainte chaste, et mesme la servile, mais sans servilité. Là le courage et la generosité qui nous porte aux entreprises difficiles pour le service de Dieu avec cette confiance que nous pouvons tout avec luy, s'il daigne nous appuyer et nous fortifier de son assistance.

Le premier acte de la troisiesme partie de la meditation, qui est la conclusion, c'est l'action de graces ou remerciement. Il despend de la memoire, si nous nous souvenons des biens-faicts que nous avons receus de Dieu, tant generaux que particuliers; selon que disoit David : *J'exhaleray, Seigneur, la memoire de vostre douceur, bonté et liberalité*[1]. *Mon ame, benissez le Seigneur, et n'oubliez jamais ses retributions*[2]. Il sera acte de volonté, s'il est de gratitude et reconnoissance. Il sera acte de l'entendement, s'il demeure dans la cognoissance. Il ira mesme dans l'imagination, s'il nous represente les biens-faicts de Dieu en particulier, specialement ceux que nous venons de recevoir en l'oraison; lumieres, affections, resolutions et sentimens : car c'est principalement sur cela que se doit faire le remerciement,

---

[1] Psal. CXLIV, 7. — [2] Psal. CII, 2.

comme l'on fait l'action de graces lors que l'on sort d'un festin ou banquet.

Le second acte de la conclusion, c'est l'offrande ou oblation, qui est une action de la volonté : car c'est à elle, comme à la maistresse de toutes nos facultez raisonnables, d'offrir à Dieu, en sacrifice d'holocauste, tout ce que nous avons et tout ce que nous sommes, principalement les affections et sainctes resolutions qu'il vient de communiquer à nostre cœur en l'oraison.

Le troisiesme acte, c'est la petition ou demande ; dans lequel la memoire fait sa fonction, si nous nous souvenons de nos besoins generaux ou particuliers, ou de ceux de nos prochains, pour representer à Dieu nos desirs, et respandre nos oraisons devant sa face. Ou bien c'est l'entendement qui agit, si nous jugeons et discernons posement ce que nous demandons : car l'honneur du Roy de gloire ayme le jugement. Si nous demandons avec instance et ardeur, comme Jacob disant, *Je ne vous lascheray point que je n'aye obtenu la benediction* [1] ; ou comme David, *Jusques à quand, Seigneur, ne m'exaucerez-vous point? jusques à quand destournerez-vous vostre face et vos oreilles de moy*[2]? ce sera, sans doute, une action de volonté.

Quant à la recapitulation, c'est une reveuë non seulement de tous les actes de nostre oraison, mais encore de toutes les parties, portions et facultez de nostre ame, où tous les ressorts agissent en peu de temps, comme tous les roüages d'un horloge sont en branle lors que l'heure frappe.

Par ce sommaire denombrement vous voyez que toutes les fonctions de l'ame ont leur employ dans l'exercice de la meditation, et combien il importe de sçavoir ces ressorts interieurs, et cette œconomie de l'ame, pour se conduire avec justesse, addresse et lumiere dans cette obscure pratique, où tant d'esprits s'égarent.

---

[1] Gen. XXXII, 26. — Psal. XII, 1.

Si vous voulez vous informer plus amplement de toutes ces parties et portions de l'ame, voyez nostre bien-heureux Pere en son traité de l'Amour de Dieu, livre premier, chapitres quatre, cinq, unze et douziesme. Mais si vous desirez avoir un guide tres-asseuré dans l'exercice de l'oraison mentale, qui est une espece de labyrinthe spirituel, pour eviter l'embarassement et l'egarement, prenez en main le filet qu'il en fournit au six et septiesme livre de ce mesme traitté; où vous trouverez un clair abbregé, ou, pour mieux dire, un excellent consommé de toute la theologie mystique.

FIN DU DEUXIÈME VOLUME.

TABLE

DES MATIÈRES CONTENUES DANS LE DEUXIÈME VOLUME.

PARTIE SEPTIESME.

		Pages
I.	De l'égalité d'esprit.	1
II.	De trois exercices spirituels.	5
IV.	Repartie agreable.	8
V.	A un evesque.	9
VI.	De l'accommodement.	11
VII.	De trois livres de pieté.	18
VIII.	Histoire de la naissance de Philothee.	20
IX.	Du soin principal des evesques.	31
X.	De l'amour de Dieu.	32
XI.	Tout par amour, rien par force.	34
XII.	De la confusion penitente.	37
XIII.	Le trosne de la misericorde de Dieu.	39
XIV.	Zele raisonnable.	40
XV.	Suitte.	43
XVI.	Sublime pensée d'indifference.	46
XVII.	De l'abandon de soy-mesme entre les bras de Dieu.	50
XVIII.	De la resignation, indifference et simple attente.	53
XIX.	Force d'esprit.	59
XX.	De l'ennemy reconcilié.	61
XXI.	La vraye mesure des vertus.	63
XXII.	De l'humilité.	66
XXIII.	La continence des yeux.	68
XXIV.	La Magdeleine au pied de la croix.	69
XXV.	Resignation notable.	71
XXVI.	De la sincerité.	73
XXVII.	De la charité envers le prochain.	74
XXVIII.	De la raison et du raisonnement.	76
XXIX.	Justice et judicature.	78
XXX.	Transfigurations mystiques.	79

PARTIE HUICTIESME.

		Pages.
I.	De l'obeyssance.	82
II.	La science et la conscience.	84
III.	Patience dans les douleurs.	86
IV.	De la fidelité aux petites occasions.	88
V.	La moderation de la vie.	90
VI.	De la justice commutative et distributive.	91
VII.	Des hosteliers.	92
VIII.	De l'esprit de magnificence et d'abjection.	96
IX.	Frugalité d'un grand et sainct prelat.	98
X.	Traict aigu.	105
XI.	Simplesse scientifique.	107
XII.	Un de ses sentimens sur la passion de nostre Seigneur.	110
XIII.	De l'odeur de pieté.	112
XIV.	Suitte du propos precedent.	115
XV.	Remise en Dieu.	116
XVI.	De l'egalité d'esprit.	118
XVII.	Du vœu de closture.	120
XVIII.	De l'empressement.	139
XIX.	D'un prodige.	144
XX.	Imitation empeschee.	148
XXI.	Des fondations.	156
XXII.	De la prudence et de la simplicité.	158

PARTIE NEUFVIESME.

I.	De quatre paroles : et de la premiere.	160
II.	De la seconde.	164
III.	De la troisiesme.	168
IV.	De la quatriesme.	170
V.	D'acquerir la perfection.	185
VI.	Porter la croix.	197
VII.	De l'amour du prochain.	199
VIII.	Ce que c'est qu'aymer en Dieu.	200
IX.	Simplicité qui paroist duplicité.	207
X.	Aymer d'estre hay, et hayr d'estre aymé.	211
XI.	De l'ordre de la charité.	213
XII.	De la charge pastorale.	214
XIII.	Parole de Thaulere.	216
XIV.	Où trouver Dieu.	218

	TABLE DES MATIÈRES.	517
		Pages.
XV.	Pur amour du prochain.	220
XVI.	Des esprits reflechissans.	221
XVII.	D'un superieur ignorant.	223
XVIII.	Du merite.	225
XIX.	De l'avancement en la perfection.	227
XX.	Chemin racourcy à la perfection.	229
XXI.	Autre demande sur le mesme abbregé.	233
XXII.	Il poursuit.	238
XXIII.	De la lecture spirituelle.	241
XXIV.	De la purgation de l'ame.	244

PARTIE DIXIESME.

I.	De la mortification.	253
II.	Paradoxe touchant la volonté de Dieu.	255
III.	Tout par amour, rien par force.	258
IV.	Retraitte projettée.	260
V.	Son sentiment sur la predication des controverses.	262
VI.	Du don de convertir les errans.	264
VII.	Des reformes.	265
VIII.	De la conduite des moniales.	269
IX.	De la fausse douceur.	273
X.	Il excite par ses larmes un impenitent à componction.	274
XI.	Consolation à un penitent.	276
XII.	Marcher en l'esprit de la foi.	277
XIII.	Encore de l'esprit de la foi.	280
XIV.	D'une congregation.	282
XV.	Mépris de l'estime.	284
XVI.	De la pureté du divin amour.	286
XVII.	De quelques degrez d'humilité.	288
XVIII.	De la prudence et de la simplicité.	293
XIX.	Discernement interieur.	295
XX.	Du soin de l'evesque.	304
XXI.	De l'empressement.	308
XXII.	Des consolations interieures.	309
XXIII.	Des vertus acquises et infuses.	310
XXIV.	Du sentiment de la divine presence.	313
XXV.	Vivre et mourir pour Dieu.	316
XXVI.	De quelque malade.	318
XXVII.	Des desirs.	320
XXVIII.	D'un faux zele.	323
XXIX.	Suitte de la plainte.	324

		Pages.
XXX.	D'un malade.	326
XXXI.	Suavité d'esprit.	328
XXXII.	Son unité d'esprit.	329
XXXIII.	Suitte.	332
XXXIV.	Calme dans l'orage.	335
XXXV.	De la haïne du monde.	337

PARTIE UNZIESME.

I.	De la patience.	341
II.	De la mercenaireté.	344
III.	Des bonnes inclinations.	350
IV.	De la devotion.	353
V.	De la charité devote.	356
VI.	De la vraye et fausse devotion.	357
VII.	De la ferveur de la devotion.	361
VIII.	De la devotion et de la vacation.	363
IX.	Des degrez de la devotion.	364
X.	De la voye purgative.	366
XI.	Des pechez veniels et des imperfections.	370
XII.	Du recueillement interieur, et des aspirations, ou oraisons jaculatoires.	372
XIII.	Des confrairies.	374
XIV.	De l'amour de la parole de Dieu.	376
XV.	De la lecture spirituelle.	377
XVI.	Des occasions de faire bien ou mal.	379
XVII.	De la lecture des vies des saincts.	383
XVIII.	De la douceur de la confession.	385
XIX.	De la Penitence et de l'Eucharistie.	389
XX.	De la frequente communion.	392
XXI.	Haute estime de la charité.	394
XXII.	De l'excellence des vertus.	397
XXIII.	Des vertus chrestiennes.	399
XXIV.	De la perfection de diverses vacations.	401
XXV.	Chemin raccourcy à la perfection.	403
XXVI.	Du choix de ceste vertu.	404
XXVII.	Desreglement notable.	409
XXVIII.	Du discernement des vertus.	411
XXIX.	Des vertus morales.	416
XXX.	Des scrupules.	418
XXXI.	Apostille.	424

PARTIE DOUZIESME.

		Pages.
I.	Posseder son ame en patience.	427
II.	Qui se plaint peche.	430
III.	Sainct usage des offenses receuës.	432
IV.	Humilité solide.	434
V.	De l'amour de nostre abjection.	436
VI.	De l'estat de perfection.	438
VII.	De la patience és calomnies.	447
VIII.	De la douceur des paroles.	449
IX.	Des habits et des habitudes.	454
X.	De parler de Dieu.	455
XI.	De la mocquerie.	456
XII.	De ne juger autruy.	45.
XIII.	Du mespris.	462
XIV.	De la mesdisance.	464
XV.	Des equivoques.	466
XVI.	De la contradiction.	468
XVII.	De la mauvaise taciturnité.	470
XVIII.	Des pures vertus.	472
XIX.	De la perfection exterieure.	476
XX.	Pharizaïsme doucement repris.	480
XXI.	Des aversions.	482
XXII.	Des passions et affections.	485
XXIII.	Des propassions en Jesus-Christ.	487
XXIV.	Des affections raisonnables.	490
XXV.	Sureminence du divin amour.	492
XXVI.	Des avantages reciproques de l'amour sur la volonté, et de la volonté sur l'amour.	494
XXVII.	Puissance du bon amour.	496
XXVIII.	Avantage de la charité sur la foi et l'esperance.	498
XXIX.	De l'œconomie de l'ame.	504
XXX.	Usage de cette œconomie en l'exercice de la meditation.	507

FIN DE LA TABLE DU DEUXIÈME VOLUME.

www.ingramcontent.com/pod-product-compliance
Lightning Source LLC
Chambersburg PA
CBHW071614230426
43669CB00012B/1939